Schriften zum Strafvollzug, Jugendstrafrecht und zur Kriminologie

Herausgegeben von Prof. Dr. Frieder Dünkel
Lehrstuhl für Kriminologie an der
Ernst-Moritz-Arndt-Universität Greifswald

Band 57

Regine Kratochvil-Hörr

Der Beschlussarrest: Dogmatische Probleme und Anwendungspraxis im Land Berlin

MG 2016
Forum Verlag Godesberg

Bibliographische Information der Deutschen Nationalbibliothek

Die Deutsche Nationalbibliothek verzeichnet diese Publikation
in der Deutschen Nationalbibliografie; detaillierte bibliografische
Daten sind im Internet über http://dnb.d-nb.de abrufbar.

© Forum Verlag Godesberg GmbH, Mönchengladbach
Alle Rechte vorbehalten.
Mönchengladbach 2016
DTP-Satz, Layout, Tabellen: Kornelia Hohn
Institutslogo: Bernd Geng, M.A., Lehrstuhl für Kriminologie
Gesamtherstellung: BoD - Books on Demand, Norderstedt
Printed in Germany

ISBN 978-3-942865-60-9
ISSN 0949-8354

Meinen Eltern

Inhaltsübersicht

Vorwort

Der sog. Beschlussarrest oder auch Beuge- bzw. Ungehorsamsarrest stellt in der jugendrichterlichen Praxis eigentlich ein Ärgernis dar, denn er wird immer dann relevant, wenn ein verurteilter Jugendlicher oder Heranwachsender die angeordneten Weisungen oder Auflagen nach dem JGG nicht erfüllt. Er stellt sozusagen das jugendrechtliche Pendant zur Ersatzfreiheitsstrafe im Erwachsenenstrafrecht dar, geht aber in Teilbereichen weit darüber hinaus, da er sogar bei Ordnungswidrigkeiten wie Schulabsentismus in Betracht gezogen werden kann (vgl. § 98 Abs. 2 OWiG). Der Jugendarrest insgesamt stand schon seit den 1970er Jahren in der Kritik. Die Meinungen zwischen Abschaffung und Ausgestaltung im Sinn eines stationären Sozialen Trainingskurses sind innerhalb der Wissenschaft und Praxis nach wie vor gespalten. Durch die Einführung des sog. Warnschussarrests hat der Jugendarrest leider aktuell eine ebenfalls in Wissenschaft und Praxis kritisierte Aufwertung erfahren.

Einigkeit besteht hinsichtlich des sog. Beschlussarrests insoweit, als er die *ultima ratio* der richterlichen Sanktionspalette sein sollte, wenn Änderungen von Weisungen oder Auflagen aussichtslos erscheinen. Unklar in der dogmatischen Auslegung ist, ob es sich um eine Beugemaßnahme oder einen Ungehorsamstatbestand i. S. einer Ersatzsanktion handelt. Für beide Auffassungen finden sich Anhaltspunkte im Gesetz.

Berichte aus der Praxis, dass ca. ein Drittel oder mehr der vollstreckten Jugendarreste derartige Beschlussarreste sind, wurden als alarmierendes Zeichen für Unzulänglichkeiten der jugendrichterlichen Sanktionspraxis gewertet. Leider ist der empirische Kenntnisstand, um was für Fälle es sich dabei handelt, und was im Verlauf des Verfahrens „schief gelaufen" ist, gering. Daher kommt die Arbeit der Verf. einem dringenden Bedürfnis nach, wenigstens regional begrenzt (hier bezogen auf die Praxis in Berlin) Genaueres über die Fälle des Beschlussarrests und seine Hintergründe zu erfahren.

In der *Einleitung* gibt die Verf. einen kurzen Problemaufriss, indem sie die Antworten der Bundesregierung auf eine Große Anfrage zum Jugendstrafrecht und deren Feststellung, dass es zum sog. Beschlussarrest weder statistische Daten noch Studien gebe, zum Ausgangspunkt und zur Legitimation ihrer eigenen Untersuchung, deren Ziele sie in *Kapitel 1.2* beschreibt. Es geht um eine Auswertung sämtlicher Beschlussarreste, die in der Jugendarrestalt Berlin im Jahr 2009 vollstreckt wurden (n = 435). Die Untersuchung ist rein deskriptiv angelegt und bezieht sich allein auf die aktenmäßigen Inhalte zur Rechtsgrundlage des Arrestbeschlusses, den Hintergründen hinsichtlich der zugrundliegenden Verurteilung, der betroffenen Klientel etc. Die Erhebung stellt hinsichtlich der Beschlussarreste eine Totalerhebung dar.

Im *zweiten Kapitel* setzt sich die Verf. in *Kapitel 2.1* mit dem Jugendstrafrecht allgemein, entwicklungsbezogenen Fragestellungen, den Besonderheiten des Jugendstrafrechts als Erziehungsstrafrecht und Abgrenzungsfragen zum Sozialrecht auseinander. In *Kapitel 2.2* folgt dann eine Darstellung des jugendstrafrechtlichen Sanktionsinstrumentariums und in *Kapitel 2.3* der Problematik des Beschlussarrests.

Zutreffend erwähnt die Verf., dass bis zum Jahr 1940 das deutsche Jugendstrafrecht praktisch über keine Zwangsmittel zur Durchsetzung von Weisungen oder Auflagen verfügte. Im nachfolgenden *Abschnitt 2.4* geht die Verf. allgemein auf die Sanktionspraxis im Jugendstrafrecht und zum Jugendarrest allgemein sowie zum Beschlussarrest im Besonderen ein. In diesem Kontext werden auch Reformvorschläge zum Jugendarrest und die aktuellen Gesetzesentwürfe bzw. Gesetze zum Jugendarrestvollzug behandelt. Danach geht die Verf. detailliert auf den Meinungsstand zur Zweckmäßigkeit und die Rechtsnatur des Beschlussarrests ein (*Kapitel 2.5* und *2.6*).

Die in *Kapitel 2.4* behandelte „Bedeutung des Beschlussarrests in der Praxis" beginnt mit den „Reformbewegungen der 1970er und 1980er Jahre", die auf eine Zurückdrängung stationärer Sanktionen ausgerichtet waren. Die im Rahmen der sog. „inneren Reform" des JGG (vgl. *Peters* 1963) erprobten und bewährten „Neuen Ambulanten Maßnahmen" wurden mit dem 1. JGG-ÄndG in das Gesetz übernommen. Im nachfolgenden *Abschnitt 2.4.3* werden die Auswirkungen der Reformen im Hinblick auf die Sanktionspraxis anhand der von *Heinz* vorgelegten Berechnungen und Abbildungen (KIS) dargestellt. Neben der Ausweitung der Diversionspraxis wird zugleich der Bedeutungsverlust stationärer Sanktionen, insbesondere des Jugendarrests deutlich (vgl. *Abbildungen 1* und *2*). Wegen des Bezugs zur eigenen empirischen Untersuchung stellt die Verf. in den *Abbildungen 4* und *5* Daten zur jugendstrafrechtlichen Sanktionspraxis in Berlin vor. Der Bedeutungsverlust des originären Jugendarrests insbesondere in den 1980er Jahren spiegelt die kritische Sicht in Wissenschaft, aber auch großen Teilen der Justizpraxis gegenüber diesem Sanktionsinstrument wider. Seit den 1970er Jahren wurde deshalb immer wieder die Abschaffung des Jugendarrests gefordert. Die Alternative besteht darin, die erzieherische Ausgestaltung des Jugendarrests zu verbessern. Die aktuellen Reformbestrebungen im Rahmen der Gesetzgebungen der Länder bzgl. eines (verfassungsrechtlich dringend gebotenen) Jugendarrestvollzugsgesetzes entsprechen diesem Anliegen (vgl. *Kapitel 2.5.3.3*). Bis dato gibt es lediglich ein Jugendarrestvollzugsgesetz in Nordrhein-Westfalen, jedoch stand bei Abschluss der vorliegnden Arbeit die verabschiedung entsprechender Gesetze in einigen weiteren Bundesländern (z. B. Hessen, Mecklenburg-Vorpommern, Sachsen-Anhalt, Schleswig-Holstein) unmittelbar bevor.

In *Kapitel 2.5* werden der Meinungsstand zum Beschlussarrest seitens der Befürworter und der Kritiker sowie vermittelnder Ansätze vorgestellt. In ihrer eigenen Stellungnahme positioniert sich die Verf. u. a. aufgrund der in der empirischen Untersuchung gewonnenen Erkenntnisse, klar gegen den Beschlussarrest.

Differenziert behandelt die Verf. in *Kapitel 2.6* die rechtsdogmatischen Facetten des Beschlussarrests als Ungehorsams-, Beugemaßnahme oder spezifisch jugendrechtlichen Ungehorsamstatbestand. Die eigene Position geht mit Blick auf § 13 Abs. 3 S. 3 JGG in Richtung der Charakterisierung als Beugemaßnahme, allerdings steht es dem Jugendrichter auch frei die ursprüngliche Weisung oder Auflage mit Vollstreckung des Jugendarrests als erledigt zu erklären, was letztlich zu der janusköpfigen Eigenart des Beschlussarrests als Beuge- und Ungehorsams- bzw. Ersatzmaßnahme führt.

Im *dritten Kapitel* werden zunächst die „harten" Daten zu Alter und Geschlecht in der eigenen DErhebung der Berliner Jugendarrestanstalt dargestellt. Bei einer altersmäßigen Bandbreite zwischen 14 und 25 Jahren und einem Mittelwert bzw. Median von ca. 19 wird deutlich, welche schwierige Aufgabe eine erzieherische Gestaltung des Jugendarrestvollzugs darstellt. Der Ausländeranteil war mit 22% eher niedrig, was aber schwierig zu interpretieren ist. Da über die Struktur der Ausgangsklientel der zu ambulanten Sanktionen Verurteilten nichts bekannt ist, kann man nichts dazu sagen, ob Ausländer im Beschlussarrest über- oder unterrepräsentiert sind. Schon hier werden die Grenzen bzw. beschränkte Aussagekraft der vorliegenden Untersuchung deutlich, was allerdings der Verf. nicht anzulasten ist. Wenig überraschend ist, dass – soweit Angaben in den Akten überhaupt vorhanden waren – die Jugendarrestanten i. d. R. ledig waren. Dass die Eltern der Arrestanten nach Angaben aus den Gerichtsakten überwiegend getrennt lebten (vgl. *Abbildung 14*), oder z. T. aufgrund des Todes des Partners allein lebten, könnte auf ein schwieriges Elternhaus hindeuten, aber erneut fehlt es an Angaben zur Grundgesamtheit der Berliner Bevölkerung bzw. der Klientel der Jugendhilfe im Besonderen. Misslich ist darüber hinaus, dass sich die Angaben aus dem Urteil und in der Arrestvollzugsakte z. T. widersprechen (was der Verf. erneut nicht zur Last gelegt werden kann, was aber die Schwierigkeiten und Fallstricke von Aktenanalysen im Bereich der Kriminalrechtspflege verdeutlicht).

Die Angaben zur Wohnsituation (*Kapitel 3.2*) bestätigen den Eindruck, dass Arrestanten überwiegend bei einem allein lebenden Elternteil lebten, wobei die Arrestantinnen tendenziell aus instabileren Verhältnissen stammten als die männlichen Arrestanten.

Dementsprechend lebten die wenigen weiblichen Arrestantinnen zum Urteilszeitpunkt nahezu in der Hälfte der Fälle im betreuten Wohnen, im Übrigen zumeist noch bei der Mutter, während die männlichen Arrestanten überwiegend bei einem Elternteil oder bei beiden Eltern lebten. Aus *Abbildung 19* und den Angaben zur Obdachlosigkeit (vgl. *Kapitel 3.2.2*) wird deutlich, dass sich die teilweise prekäre Lage bis zum Arrestantritt noch weiter verschärft hat.

In *Kapitel 3.3* wird der Ausbildungs- und berufliche Hintergrund der Beschlussarrestanten dargestellt. Hier ergeben sich dramatische Verschlechterungen der sozialen Lage zwischen Urteil und Arrestantritt. Waren zum Urteilszeitpunkt „lediglich" 37% arbeitslos, so zum Zeitpunkt des Arrestantritts 62% (vgl. *Abbildungen 20* und *21*).

Die bekannten Defizite bzgl. schulischer und beruflicher Bildungsabschlüsse werden in den nachfolgenden Abschnitten bestätigt. Soweit überhaupt Schulabschlüsse registriert wurden, bezogen sich diese auf die Hauptschule oder die erweiterte Hauptschule. Dass die Mehrzahl der Arrestanten eine Berufsausbildung noch nicht begonnen hat, ist möglicherweise dem jungen Alter zuzurechnen. Nahezu die Hälfte der Arrestanten war von Sozialleistungen abhängig (*Abbildung 30*, *Kapitel 3.4*), erneut ein Beleg für die prekären sozialen Lebenslagen dieser Population.

83% der weiblichen und 86% der männlichen Arrestanten waren nach den Erkenntnissen des Jugendgerichts strafrechtlich vorbelastet, davon 53% bzw. 68% sogar mehrfach (vgl. *Kapitel 3.5.1*). Bemerkenswert erscheint, dass ca. ein Drittel der Arrestanten zuvor schon Jugendarrest und 7% Jugendstrafe verbüßt hatten (vgl. *Abbildung 34*). In 12% der Fälle war schon anderweitig ein Beschlussarrest verhängt worden.

Nach den Erkenntnissen der Jugendarrestanstalt stellt sich die Vorbelastung der Beschlussarrestanten ähnlich dar. Im Wesentlichen wird bei einer insgesamt weniger ausführlichen Datenerfassung durch die Arrestanstalt eine ähnlich hohe Vorbelastung erkennbar, insbesondere was vorangegangene Arreststrafen anbelangt. Auch andere Hafterfahrungen, beispielsweise in U-Haft, wurden in etlichen Fällen aus den Akten erkennbar. Dies wirft natürlich Fragen nach der pädagogischen Sinnhaftigkeit des Jugendarrests auf, wie sie der Gesetzgeber hinsichtlich des Warnschussarrests bereits in § 16a JGG ausformuliert hat.

In *Kapitel 3.6* geht die Verf. auf außerfamiliäre Unterbringungen ein. 30% der weiblichen und 20% der männlichen Arrestanten waren außerfamiliär im Heim, bei Pflegeeltern oder im betreuten Wohnen untergebracht. Etwa in einem Drittel der Fälle gab es wiederholte Fremdunterbringungen.

Im *vierten Kapitel* werden Daten zum zugrundeliegenden Urteil präsentiert. Von der Anlasstat (schwerstes Delikt laut Urteil, vgl. *Abbildung 41*) her gesehen handelte es sich in 15% der Fälle um gefährliche und 9% einfache Körperverletzung, bei 15% um Diebstahl/Unterschlagung und bei jeweils 12% um Sachbeschädigung bzw. Leistungserschleichung. Zugleich wird erkennbar, dass es sich vor allem bei den Arrestantinnen regelmäßig um absolut bagatellhafte Delikte handelt.

Aus den nachfolgend dargestellten Rechtsfolgen der Tat wird erkennbar, dass es sich in der Regel um Weisungen und Auflagen handelte, also die zugrundeliegende Tat kaum der schweren Kriminalität zuzuordnen ist. Andererseits gab es auch 45 Fälle von Jugendstrafe im Ausgangsurteil, also Fälle, bei denen es daneben zu einer Weisung oder Auflage kam, deren Nichterfüllung schließlich im Beschlussarrest endete (vgl. *Abbildungen 42* und *50*).

Die Übersichten zu den Inhalten der Weisungen im Rahmen von Erziehungsmaßregeln verdeutlichen die Vielfalt jugendrichterlicher Optionen einerseits, aber auch die Dominanz der Arbeitsweisung andererseits. 51% der Weisungen betrafen die Arbeitsweisung (wobei hierunter in den Akten nicht immer erkennbare Arbeitsauflagen enthalten sein dürften), knapp 34% die Betreuungsweisung und 26% die Teilnahme an einem Sozialen Trainingskurs.

Was die Höhe von Arbeitsweisungen anbelangt, so neigen die Berliner Jugendrichter jedenfalls nicht zu einer exorbitant hohen Anzahl auferlegter Arbeitsstunden und einer u. U. unverhältnismäßigen Sanktionierung. Die Beschlussarreste erfolgten aufgrund der Nichterfüllung von 2 (!) bis zu 120, regelmäßig 20-40 Arbeitsstunden. Auch bei den Zuchtmitteln dominierte die Auferlegung von Arbeitsleistungen im Wege der Arbeitsauflage (58% der Zuchtmittel).

Bemerkenswert für die jugendrichterliche Urteilspraxis ist, dass in 78% der Fälle kein konkreter Erfüllungszeitraum im Urteil angegeben wurde (vgl. S. 117). Damit verstoßen die Jugendrichter gegen das Gesetz und die höchstrichterliche Rspr. dazu. Nur wenn ein Erfüllungszeitraum vorgegeben wird, kann später die Prüfung des subjektiven und objektiven Tatbestands des § 11 Abs. 3 JGG erfolgen. Damit fehlt es bei vier Fünfteln der Fälle an der Rechtsgrundlage für die Anordnung eines rechtmäßigen Beschlussarrests, worauf die Verf. zutreffend hinweist. Dieser Befund ist von erheblicher Relevanz und ist auch für die späteren rechtspolitischen Schlussfolgerungen (*Kapitel 9.12.1*) essentiell.

Im *fünften Kapitel* geht die Verf. auf die gem. §§ 11 Abs. 3, 15 Abs. 3 JGG angeordneten Beschlussarreste näher ein (in Abgrenzung zu den in *Kapitel 8* behandelten Arresten nach dem OWiG, worauf die Verf. zutreffend hinweist).

Interessant ist der Befund aus *Abbildung 51*, dass nicht alle verhängten Weisungen nicht erfüllt wurden. So zeigten sich die Verurteilten immerhin teilweise kooperativ und erfüllten häufiger eine von mehreren Weisungen. Informativ werden sodann die nicht erfüllten Weisungen beschrieben, in der Mehrzahl der Fälle (knapp 51%) handelte es sich um Arbeitsweisungen. Da es an einer Vergleichsgruppe mit erfüllten Arbeitsweisungen fehlt, konnte die Frage, ob mit zunehmender Anzahl von Arbeitsstunden die Nichterfüllungsquote steigt (so für den Bereich der Ersatzfreiheitsstrafe *Dünkel/Scheel* 2006), nicht überprüft werden. Aus dem gleichen Grund ist eine Einschätzung der Fälle nicht erfüllter Betreuungsweisungen, Verurteilungen zur Teilnahme an einem Sozialen Trainingskurs oder sonstiger Weisungen nicht möglich. Immerhin erlaubt das Datenmaterial eine sachlich begründete Kritik an den häufig unbestimmten oder nach einem Abbruch nicht mehr erfüllbaren Weisungen, die auf Mängel der richterlichen Entscheidungsfindung hinweisen. So hätten die Richter nach einem Abbruch des sog. Denkzeit-Trainings den Spielregeln dieses Programms folgend die Weisung gem. § 11 Abs. 2 JGG ändern müssen anstatt einen Beschlussarrest anzuordnen. Bei den sonstigen Weisungen handelte es sich zumindest teilweise um verkappte Therapieweisungen, die gesetzlich nicht erzwingbar sind (vgl. § 11 Abs. 2 JGG), teilweise auch um zu unbestimmte Weisungen. Dementsprechend ist in diesen Fällen der Beschlussarrest gesetzwidrig gewesen, worauf die Verf. zu Recht hinweist.

Der regelmäßige „Nichterfüllungstatbestand" bei den Auflagen betraf ebenfalls die gemeinnützige Arbeit (knapp 82%, vgl. *Abbildung 53*). Zutreffend verweist die Verf. darauf, dass sich hier die richterliche Urteilspraxis mit der weit dominierenden Arbeitsauflage widerspiegelt. Erneut werden Fälle der lediglich Teilverweigerung ersichtlich (*Abbildung 54*).

Die nächste Frage, die es hinsichtlich des Beschlussarrests zu klären galt, war diejenige nach einer zumindest fahrlässigen Nichterfüllung, d. h. der schuldhaften Nichterfüllung (*Kapitel 5.2*). Eindrucksvoll führt die Verf. zahlreiche Beispiele aus ihrem Aktenmaterial auf, die die Nichterfüllung der Weisung oder Auflage verständlich machen, sei es, dass der Verurteilte aufgrund von Sprachproblemen den Inhalt der Sanktion nicht ausreichend verstanden hat, Pflichtenkollisionen mit dem sozialen Umfeld (z. B. pflegebedürftige Angehörige), ein (vom Richter nicht erkanntes) mangelndes Leistungsvermögen des Jugendlichen oder Suchtprobleme vorlagen. Insofern bestätigt die vorliegende Untersuchung die aus früheren Studien bekannten speziellen Problemlagen von Jugendlichen, die sich später im Jugendarrest in Form des Beschlussarrests wiederfinden. Ausführlich geht die Verf. auf die Suchtproblematik ein (*Kapitel 5.2.3*), die bei über 50% der Verurteilten aktenkundig wurde (das Dunkelfeld dürfte hier erheblich sein). „Mit Blick darauf, dass die Erteilung von Weisungen bei Drogenabhängigen generell kritisch gesehen wird und diese als arrestungeeignet eingestuft werden" (S. 136), dokumentiert die Verf. entsprechende Fälle detailliert, darunter solche unerkannt und bekanntermaßen Suchtkranker. Die Schilderungen lassen Zweifel aufkommen, ob die Anordnung von gemeinnütziger Arbeit in einigen Fällen nicht von vornherein sachwidrig war. Häufiger wurde nicht klar, ob vor dem Beschlussarrest eine mündliche Anhörung stattfand, was zumindest ein Mangel der aktenmäßigen Dokumentation darstellt. In der Folge werden die vielfältigen sozialen und psychischen Belastungen dargestellt (*Kapitel 5.2.4*), die als Indiz gewertet werden können, dass ein „schuldhafter Verstoß" i. S. d. § 11 Abs. 3 JGG nicht vorliegt.

Der Beschlussarrest soll nur verhängt werden, wenn mildere Mittel, z. B. Ermahnungen, die Ausgangssanktion zu erfüllen, nicht ausreichen. In *Kapitel 5.3* zum Thema der Verhältnismäßigkeit des Beschlussarrests) liefert die Verf. weitere Indizien einer Anordnungspraxis *contra legem*, beispielsweise in Fällen, in denen von dritter Seite (z. B. JGH) die Anregung gegeben wurde, die Weisung nach § 11 Abs. 2 JGG zu ändern anstatt sie mit dem Beschlussarrest durchzusetzen. Die Verf. weist auch auf rechtsdogmatische Unzulänglichkeiten hin, wenn das Gericht trotz nicht mehr existierender oder nahezu erfüllter Weisung einen Arrest anordnet. Als geradezu grotesk muss der Fall angesehen werden, in dem der zu einer Betreuungsweisung Verurteilte die letzte Woche der Betreuungsweisung im Arrest verbrachte. Auch bei teilweise oder nahezu erfüllten bzw. nicht mehr erfüllbaren Weisungen stellt sich die Frage der Verhältnismäßigkeit des Arrests (vgl. die eindrucksvollen Beispiele auf S. 155 ff.). Ebenso bedrückend, ja erschreckend sind die Fallbeispiele unverhältnismäßiger Arrestanordnung bei absolut bagatellhaften Anlasstaten (die z. T. auch noch lange zurücklagen): Bei einem Diebstahl eines Kaugummipäckchens im Wert von 1,19 € oder einer Nutella-Packung von 0,99 € erscheint ein Beschlussarrest als völlig überzogene Reaktion. Schon die Ausgangssanktion von 28 Stunden gemeinnütziger Arbeit ist selbst bei einer dritten Auffälligkeit bedenklich (vgl. den Fall auf S. 158).

In *Kapitel 5.4* wird das in § 65 JGG geregelte Verfahren der Anordnung des Beschlussarrests analysiert. Die gem. § 65 Abs. 1 S. 3 gebotene „Gelegenheit zur mündlichen Anhörung" wird erwartungsgemäß in der Praxis unterschiedlich gehandhabt. In 60% der untersuchten Fälle erschienen die Verurteilten nicht zu der Anhörung. Sofern sie erschienen, erfolgte dies zumeist allein, d. h. ohne Begleitung der Eltern oder der JGH (vgl. *Abbildung 60*). Die Verf. gelangt anschließend zu Recht zu dem Schluss, dass die überwiegend erfolgende Freiheitsentziehung ohne Erfassung der Hintergründe für das Fehlverhalten einen Verstoß gegen das Grundrecht auf rechtliches Gehör aus Art. 103 Abs. 2 GG darstellt und fordert aus diesem Grund und aus pädagogischer Sicht, die Anhörung zwingend vorzusehen (vgl. dementsprechend *Kapitel 9.12.3*).

Im *6. Kapitel* analysiert die Verf. den Arrestbeschluss als solchen. Bereits in *Kapitel 5* war festgestellt worden, dass ganz überwiegend Weisungen nach § 10 JGG (57%), daneben Auflagen nach § 15 JGG (29%) und vereinzelt Bewährungsweisungen oder -auflagen (9% bzw. 3%) die nicht erfüllte Rechtsfolge darstellten. Nunmehr präzisiert die Verf. dahingehend, dass sie feststellt, dass es sich in knapp 40% der Fälle nicht um eine Totalverweigerung der Verurteilten handelte, sondern nur um eine teilweise Nichterfüllung (*Abbildung 61*). Dies wird in den Arrestbeschlüssen, die häufig mit Textbausteinen erstellt zu werden scheinen, nicht immer deutlich. § 65 JGG (i. V. m. §§ 2 Abs. 2 JGG, 34 StPO) verlangt einen mit Gründen versehenen Arrestbeschluss. Formelhafte Widergaben des Gesetzes reichen insoweit nicht aus. Der Beschluss muss sich demgemäß mit der Frage der Verhältnismäßigkeit, insbesondere, ob mildere Mittel ausreichend sind, der „schuldhaften" Nichterfüllung und der erzieherischen Notwendigkeit auseinandersetzen. Die in *Abbildung 62* dargestellten Befunde sind geradezu skandalös. 83% der Arrestbeschlüsse enthielten keine über den Textbaustein „unentschuldigt nicht erfüllt" hinausgehende Begründungen. Weniger als 1% enthielten Ausführungen zur Frage der Verhältnismäßigkeit oder der erzieherischen Notwendigkeit. Nur 33 Beschlüsse (= 8%) setzten sich mit der Frage der schuldhaften Nichterfüllung weitergehend auseinander. Nur in 79 Fällen (18%) wurde floskelhaft auf das Nichterscheinen zur Anhörung Bezug genommen. Damit werden die in der Literatur bereits früher beschriebenen Unzulänglichkeiten der Arrestbeschlüsse in der vorliegenden Untersuchung sogar noch übertroffen. Allein dieser alarmierende Befund bestätigt die herausragende Bedeutung der vorliegenden Untersuchung.

Im *7. Kapitel* wird die Arrestvollstreckung untersucht. 97% der angeordneten Arreste waren Dauerarreste (*Abbildung 63*). Die durchschnittliche Dauer des tatsächlich vollstreckten Arrests betrug 10 Tage. 61% der Arrestanten haben sich selbst gestellt, 38% mussten „zugeführt" werden (*Abbildung 67*). Letztere waren überwiegend als Suchtmittelkonsumenten bekannt, die häufig auch nicht zur Anhörung erschienen waren. Nur ca. 10% der Arrestanten verbüßten den angeordneten Arrest vollständig, die meisten wurden – z. T. allerdings nur wenige Stunden – vorzeitig entlassen (vgl. *Kapitel 7.3*).

Im *Kapitel 7.4* werden die verstrichenen Zeitspannen zwischen Tat, Urteil und schließlich Arrestbeschluss analysiert. Zunächst ergibt sich ein relativ ungünstiges Bild für die Aburteilung der Ausgangstat, die durchschnittlich 10 Monate dauerte. Dies muss als deutliche Kritik an der Erledigungspraxis der Berliner Jugendgerichte gewertet werden, insbesondere wenn man die nicht unerhebliche Zahl von Verfahren mit einer Dauer von mehr als einem bis über zwei (!) Jahre betrachtet (vgl. *Abbildung 69*). Zwischen Urteil und Arrestbeschluss vergingen durchschnittlich weitere 8 Monate (vgl. *Abbildung 70*). Damit wird der bereits in *Kapitel 5* (*Abbildung 57*) dargelegte Befund weiter differenziert. Zwischen Anlasstat und Arrestbeschluss vergingen durchschnittlich knapp eineinhalb Jahre, mindestens 5 Monate, maximal 3 Jahre 8 Monate. Auch dieser Befund ist nicht neu, die vorliegende Untersuchung zeigt allerdings eindrucksvoll, dass sich seit den 1980er Jahren nichts substantiell verbessert hat.

Im Gegenteil wird jedenfalls für Berlin deutlich, dass bei einer Zeitspanne von durchschnittlich 19 Monaten zwischen Anlasstat und Arrestantritt für die Betroffenen der Bezug zur Anlasstat nur sehr gering, für viele kaum noch erinnerbar sein dürfte. Dass unter diesen Umständen eine positive Wirkung der Arrestvollstreckung erreicht werden kann, muss mit der Verf. zu Recht bezweifelt werden.

In wenigen, aber doch nennenswerten Fällen kam es trotz eines Vollstreckungshindernisses aufgrund der Erfüllung der Weisungen/Auflagen (vgl. § 11 Abs. 3 JGG) oder trotz einer Zeitspanne von mehr als einem Jahr (vgl. § 87 Abs. 4 JGG) zu einer zumindest kurzfristigen Vollstreckung des Arrests. Abgesehen davon hat der Vollstreckungsleiter bereits, wenn 6 Monate seit Rechtskraft des Beschlusses verstrichen sind, zu prüfen, ob der Arrest aus erzieherischen Gründen geboten ist (§ 87 Abs. 3 JGG). Derartige erzieherische Gründe sind stets dann zu prüfen, wenn zwischen dem ursprünglichen Urteil und dem Arrest ein erheblicher Zeitraum verstrichen ist. Nach den oben genannten Daten wäre eine solche Prüfung bei der Mehrzahl der vollstreckten Beschlussarreste angezeigt gewesen. Auch hierzu findet die Verf. in den untersuchten Akten einige unschöne Beispiele richterlicher Ignoranz.

Im 8. *Kapitel* geht die Verf. gesondert auf Arrestanordnungen nach dem Ordnungswidrigkeitengesetz ein (vgl. § 98 Abs. 2 OWiG). Bei zum Zeitpunkt der festgesetzten Geldbuße Jugendlichen oder Heranwachsenden kann als „*ultima ratio*" der Vollstreckung Jugendarrest angeordnet werden (u. U. auch, wenn der Heranwachsende inzwischen das 21. Lebensjahr vollendet hat). § 98 Abs. 1 Nr. 1-4 OWiG sieht als vorrangige Ersatzrechtsfolgen zur Geldbuße die Erbringung von Arbeitsleistungen, die Schadenswiedergutmachung, die Teilnahme an einem Verkehrsunterricht und die Erbringung „sonstiger Leistungen". vor. Werden auch diese nicht erbracht, kann Jugendarrest als spezifischer Ungehorsamstatbestand angeordnet werden, wobei die ursprüngliche Geldbuße erhalten bleibt. Dass Arrestanordnungen mit Blick auf die zugrundeliegende lediglich Ordnungswidrigkeit generell unverhältnismäßig sind, erscheint ein vertretbarer Standpunkt, der *de lege lata* für eine äußerst zurückhaltende Praxis sprechen sollte. In Berlin kann man nach dem von der Verf. ausgewerteten Aktenmaterial auch davon sprechen, denn nur 10 der Arrestanten (2%) befanden sich nach dem OWiG im Arrestvollzug. Das liegt vor allem daran, dass im Gegensatz zu einigen anderen Bundesländern Verstöße gegen das Schulgesetz („Schulschwänzen") regelmäßig *nicht* mit Jugendarrest sanktioniert werden. Aber auch diese 10 Fälle geben zu Zweifeln an der Sinnhaftigkeit bzw. erzieherischen Gebotenheit und Verhältnismäßigkeit Anlass. Wenn 20 € Geldbuße letztlich in einem Arrest von einer Woche enden, erscheint das ebenso unverhältnismäßig wie die mehreren Fälle mit Geldbußen zwischen 100 und 300 € und ersatzweise 20-40 Std. gemeinnütziger Arbeit, die ebenfalls mit einer Woche Jugendarrest durchzusetzen versucht wurden. Im Übrigen wird zutreffend eine (auch bundesweit zu beobachtende, vgl. *Höynck/Klausmann* 2012) Uneinheitlichkeit der Praxis kritisiert. Auch bei den Arresten nach dem OWiG vergingen erhebliche Zeitspannen zwischen dem Bußgeldbescheid und der Vollstreckung des Arrests, so dass auch insoweit die Kritik aus rechtsstaatlicher und erziehungswissenschaftlicher Sicht berechtigt erscheint.

Im *9. Kapitel* stellt die Verf. die wesentlichen Ergebnisse ihrer Studie nochmals anschaulich und prägnant zusammen (vgl. *Kapitel 9.1-9.11*). Im *Abschnitt 9.12* zieht sie ein ebenso prägnantes Fazit: „Die Ergebnisse der vorliegenden Untersuchung stimmen insgesamt gegenüber dem Beschlussarrest sehr bedenklich. Bei Aufrechterhaltung dieses Rechtsinstituts sind konkrete Veränderungen notwendig" (S. 218), bei deren Umsetzung „für den Beschlussarrest kaum noch ein Anwendungsbereich" bleiben dürfte (S. 218). Alle Forderungen sind zutreffend und gut begründet: So bedarf es einer verbesserten Kommunikationsstruktur im Verfahren, einer zwingenden mündlichen Anhörung, einer gründlichen Ausermittlung der Schuldhaftigkeit der Nichterfüllung, der ernsthaften (nicht nur floskelhaften) Prüfung milderer Mittel i. S. d. §§ 11 Abs. 2, 15 Abs. 3 JGG bis hin zu einem Absehen von der Durchsetzung der Ausgangssanktion, der spezifischen Begründung des Freiheitsentzugs (jenseits von „Textbausteinbegründungen") und der verstärkten Bemühung alternativer Methoden zur Durchsetzung der Ausgangssanktion. Ebenfalls überzeugend bleibt die abschließende Feststellung: Nach Ausschöpfung sämtlicher anderer Mittel bleibt für den Beschlussarrest damit kaum noch ein Anwendungsbereich mehr. Mit anderen Worten: Er kann ohne Verlust an effizienz des Jugendstrafrechts abgeschafft werden.

Der Verf. ist es insgesamt gesehen gelungen, wesentliche neue Erkenntnisse zum Beschlussarrest und der von ihm betroffenen Klientel zusammen zu tragen.

Die vorliegende Arbeit wurde im Sommersemester 2014 als Dissertation an der Rechts- und Staatswissenschaftlichen Fakultät angenommen. Der Kollegin Prof. Dr. *Theresia Höynck* von der Universität Kassel gilt der Dank für die zügige Anfertigung des Zweitgutachtens. *Kornelia Hohn* hat die Druckvorlage vorbereitet, Dr. *Joanna Grzywa-Holten* die Endversion erstellt. Dafür gebührt beiden gleichfalls besonderer Dank und Anerkennung. Leider kam es durch teilweise inkompatible Grafik- und Textprogramme zu erheblichen Verzögerungen bei der Drucklegung. Die Aktualität und vermutlich (hinsichtlich der Kritik an der praktischen Handhabung des Beschlussarrests) auch Repräsentativität der Untersuchung werden dadurch aber nicht tangiert.

Greifswald, im März 2016

Frieder Dünkel

Danksagung

Die vorliegende Arbeit wurde im Jahr 2014 von der Rechts- und Staatswissenschaftlichen Fakultät der Ernst-Moritz-Universität als Dissertation angenommen. Literatur und Rechtsprechung wurde vornehmlich bis Ende 2013 berücksichtigt.

Die Dissertation hat mich in bewegten Jahren begleitet. Dass ich trotz allem nicht den Mut verloren habe, mein Projekt zum Abschluss zu bringen, verdanke ich wesentlich meinem Doktorvater, Herrn Professor Dr. *Frieder Dünkel*. Er hat es verstanden, mich vom anderen Ende der Bundesrepublik aus stets und unermüdlich zu unterstützen und zu motivieren, so dass letztlich weder die Geburt meiner beiden Söhne, noch meine berufliche Neuorientierung der Vollendung entgegenstanden. Für all die ermutigenden Worte, die Vermittlung von Kontakten, das in heißen Phasen stets im Wortsinn postwendende Feedback und die schnelle Erstellung des Erstgutachtens nochmals meinen herzlichsten Dank. Eine bessere Betreuung hätte ich mir nicht wünschen können. Mein Dank gilt ebenso Frau Professorin Dr. *Theresia Höynck* für die schnelle Fertigung des Zweitgutachtens und ihre ergänzenden Hinweise.

Danken möchte ich auch *Kornelia Hohn*, die mir in all den Jahren viele Fragen unkompliziert und schnell beantwortet hat sowie Frau Dr. *Joanna Grzywa-Holten*, die letztlich für die sorgfältige Erstellung der Druckvorlage sorgte. Vielen Dank auch *Marco Siegl*, der auf den letzten Metern wertvolle Hilfe bei der Erstellung der Grafiken leistete. *Bernd Geng*, beantwortete zahlreiche Fragen zur statistischen Auswertung und verschiedene Mitarbeiter/innen des Lehrstuhls haben die Arbeit Korrektur gelesen, auch dafür gilt mein Dank.

Bei der Auswertung des erhobenen Materials hat mir *Katharina Heil* wertvolle Hilfe geleistet und die statistische Arbeit mit vielen Tipps erleichtert.

Ohne die freundliche Kooperation der Jugendarrestanstalt Berlin wäre die Arbeit nicht möglich gewesen. Mein herzlicher Dank gilt hier dem damaligen Vollzugsleiter, Herrn *Thomas Hirsch*, der mir die Türen öffnete und vielerlei Fragen umfassend beantwortete. Bei der Erhebung der Daten war mir *Stefanie Wolff* eine große Hilfe, die mir stets mit Rat und Tat zur Seite stand.

Meinem Mann danke ich für seine unermüdliche Geduld, mit der er mich in allen Hoch- und Tiefphasen der Forschung begleitet hat. Unsere wertvollen fachlichen Diskussionen, seine Unterstützung beim Korrekturlesen und Layout sowie insbesondere dabei, Zeitfenster für die Dissertation freizuschaufeln, waren unverzichtbar. Herzlichen Dank ebenso meinen Eltern: Für ihre unentwegte Förderung meiner Dissertation, das Korrekturlesen, und vor allem für ihre stets vorbehaltlose Unterstützung auf meinem Lebensweg. So haben sie die Grundvoraussetzungen für das Entstehen einer solchen Arbeit überhaupt erst geschaffen.

Regine Kratochvil-Hörr

Abkürzungsverzeichnis

a. A.	andere Ansicht
Abs.	Absatz
Art.	Artikel
Aufl.	Auflage
BA	Bundesarchiv
Bem.	Bemerkung
BGB	Bürgerliches Gesetzbuch
BGH	Bundesgerichtshof
Bl.	Blatt
BT-Drucks.	Bundestags-Drucksache
BtMG	Betäubungsmittelgesetz
BVerfG	Bundesverfassungsgericht
BVerfGE	Entscheidungssammlung des Bundesverfassungsgerichts
bzw.	beziehungsweise
ca.	zirka
DJ	Deutsche Justiz
DRiZ	Deutsche Richterzeitung
e. A.	eine Ansicht
Einf.	Einführung
f.	folgende
ff.	fortfolgende
Fn.	Fußnote
FS	Forum Strafvollzug
GA	Goltdammer's Archiv für Strafrecht
gem.	gemäß
GG	Grundgesetz
ggf.	gegebenenfalls
Hrsg.	Herausgeber
i. S. d.	im Sinne des

i. S. v.	im Sinne von
i. V. m.	in Verbindung mit
JAVollzG	Jugendarrestvollzugsgesetz
JGG	Jugendgerichtsgesetz
JGG-ÄndG	Jugendgerichtsgesetz-Änderungsgesetz
JR	Juristische Rundschau
JZ	Juristenzeitung
LG	Landgericht
MAE	Maßnahme mit Mehraufwandsentschädigung
MschrKrim	Monatschrift für Kriminologie und Strafrechtsreform
NJW	Neue Juristische Wochenschrift
NJ	Neue Justiz
NK	Neue Kriminalpolitik
NStZ	Neue Zeitung für Strafrecht
NStZ-RR	Neue Zeitung für Straf-echt-Rechtsprechungsreport
m. w. N.	mit weiteren Nachweisen
Rn.	Randnummer
RPfl	Der Deutsche Rechtspfleger
Rspr.	Rechtsprechung
S.	Seite
s.	siehe
SGB	Sozialgesetzbuch
StGB	Strafgesetzbuch
StPO	Strafprozessordnung
str.	streitig
st. Rspr.	ständige Rechtsprechung
StVert	Strafverteidiger
OWiG	Ordnungswidrigkeitengesetz
u. a.	unter anderem
v. a.	vor allem
vgl.	vergleiche

z. B.	zum Beispiel
ZBlJ	Zentralblatt für Jugendrecht
ZJJ	Zeitschrift für Jugendkriminalrecht und Jugendhilfe
ZStW	Zeitschrift für die gesamte Strafrechtswissenschaft

Der Beschlussarrest:

Dogmatische Probleme und Anwendungspraxis

im Land Berlin

Regine Kratochvil-Hörr

1. Einleitung

1.1 Thematik und Ausgangssituation

Den Impuls für die Wahl des vorliegenden Themas hat die Antwort der Bundesregierung auf die Große Anfrage zum Jugendstrafrecht im 21. Jahrhundert vom 26.05.2009[1] gegeben. Die Fragen 45, 55 und 89 behandelten den Beschlussarrest, der dort als „Ungehorsamsarrest"[2] bezeichnet wurde. Erfragt wurde namentlich:

> *45. Hat die Bundesregierung Erkenntnisse über die Entwicklung der Häufigkeit und der Dauer der Verhängung von Ungehorsamsarresten gemäß § 11 Abs. 3 JGG?*[3]

---

1   BT-Drucksache 16/8146.

2   In der hiesigen Veröffentlichung wird der wertfreie Begriff des Beschlussarrests (im Gegensatz zum Urteilsarrest) verwendet, der auf die Rechtsform der Verhängung abstellt, zu den verschiedenen Bezeichnungen auch *Feltes* 1993, S. 105, 111; siehe hierzu unter *Kapitel 2.3*.

3   BT-Drucksache 16/8146, S. 32.

*55. Hat die Bundesregierung Erkenntnisse darüber, ob mit zuneh-
mender Anordnungsdauer der Arbeitsweisung auch ein Anstieg der
Verhängung von Ungehorsamsarresten wegen Nichteinhaltung dieser
Weisung einhergeht?*[4]

*89. Welchen Anteil haben nach Kenntnis der Bundesregierung die un-
terschiedlichen Arrestarten, insbesondere der Ungehorsamsarrest
gemäß § 11 Abs. 3 JGG und § 98 Abs. 2 OWiG an der Gesamtzahl aller vollstreckten Arreste?*[5]

Alle Fragen beantwortete die Bundesregierung damit, dass ihr weder statistische Daten noch Studien zum Thema vorlägen. Konkrete Antworten, die über
(nicht statistisch belegte) Auskünfte der Länder hinausgingen, konnten nicht erteilt werden.[6]

Zur tatsächlichen Handhabung des Beschlussarrests gibt es in der Literatur
einige Veröffentlichungen vornehmlich der 1980er und 1990er Jahre. So beschreibt *Werlich*[7] detailliert die Handhabung des Beschlussarrests in Bremen in
den Jahren 1980-1983, *Hinrichs*[8] bietet einen Einblick in die Hamburger Praxis
im Jahr 1987, *Emig*[9] beleuchtet die Bremer Praxis der Jahre 1989/1990, und
Kuil[10] beschreibt die Praxis in Bremervörde im Jahr 1990.[11]

Zu der Höhe des Anteils des Beschlussarrests an der Gesamtzahl der Arrestvollstreckungen existieren zahlreichere Stimmen.[12] *Böttcher*,[13] *Feltes*[14] und

---

4   BT-Drucksache 16/8146, S. 38.

5   BT-Drucksache 16/8146, S. 54.

6   BT-Drucksache 16/8146, S. 32, 38, 54; hierzu auch *Goeckenjan* 2013, S. 69; *Seidl/Holt-
husen/Hoops* 2013, S. 292 ff. zufolge werden die verschiedenen Arrestarten in den Anstalten häufig nicht unterschiedlich erfasst.

7   *Werlich* 1985, S. 140 ff.

8   *Hinrichs* 1989, S. 334 ff., wonach nur in 5% aller Verurteilungen zu Arbeitsauflagen
oder Geldbußen Beschlussarrest vollstreckt wird.

9   *Emig* 1991, S. 51.

10   *Kuil* 1992, S. 332.

11   Auf die Ergebnisse der jeweiligen Veröffentlichungen wird jeweils im Zusammenhang
mit den geschilderten Problemfeldern eingegangen.

12   *Dünkel* 1991, S. 28 mit einem Überblick; *Heinz* 2011, S. 71; *Nothacker* 2001, S. 61.

13   *Böttcher* 1991, S. 7.

14   *Feltes* 1993, S. 108.

Albrecht[15] etwa schätzen, dass etwa ein Drittel aller vollstreckten Arreste Beschlussarreste sind, *Ostendorf*[16] geht von einem Fünftel bis einem Viertel der vollstreckten Arreste aus. *Schmidt*[17] schätzt sogar, dass der Beschlussarrest in der Hamburger Arrestanstalt zwischen 40% und 60% der vollstreckten Arreste ausmacht.[18]

Eine bundesweite Befragung der Arrestanstalten aus dem Jahr 1989 ergab konkrete Zahlen, nämlich einen Anteil der Beschlussarreste von 32,7%.[19] In anderen Veröffentlichungen werden für die 1980er Jahre bundesweite Zahlen zwischen 25% und sogar 80% genannt.[20] *Seidl/Holthusen/Hoops* schätzen den Anteil auf Basis einer bundesweiten Telefonumfrage auf zwischen 10% und 70%.[21]

Eine Münchner Erhebung aus dem Jahr 1986 differenziert nach den Geschlechtern und kommt dabei zu dem Ergebnis, dass die Arrestantinnen wesentlich häufiger vom Beschlussarrest betroffen waren: Während 61,2% der Arrestantinnen im Beschlussarrest waren, betraf dies „nur" 28,5% der Arrestanten.[22]

In Bremen wurde der Anteil des Beschlussarrests 1983 und 1987 erhoben, dabei wurde ersichtlich, dass er von 31%[23] auf 34% gestiegen war.[24] Auch in Schleswig-Holstein hat sich der Anteil der Beschlussarrestanten wesentlich erhöht: 1992 betrug der Anteil der Beschlussarreste nach dem JGG noch 22,4%, solche nach dem OWiG machten 5,6% aus. Damit belief sich der Anteil des Beschlussarrests insgesamt auf 28%. 2012 dagegen waren es bereits 41%. Unter diesen insgesamt 305 Arresten beruhten 15 auf § 98 Abs. 2 OWiG, überwiegend lagen Verletzungen der Schulpflicht zugrunde.[25] Eine Erhöhung wurde auch in Hamburg verzeichnet: Dort betrug der Anteil der Beschlussarreste im Jahr 2010 45,3%, im Jahr 2011 waren es bereits 47,5%.[26] In Berlin ist ebenso ein Anstieg

---

15 *Albrecht* 2000, S. 219.

16 *Ostendorf* 1983, S. 564.

17 *Schmidt* 2011, S. 90.

18 Mit ähnlichen Zahlen *Goeckenjan* 2013, S. 69.

19 *Hinrichs* 1989, S. 338 f.

20 *Frehsee* 1989, S. 317.

21 *Seidl/Holthusen/Hoops* 2013, S. 292: Tendenz steigend.

22 *Weber* 1989, S. 344 ff.

23 *Werlich* 1985, S. 157.

24 *Dünkel* 1991, S. 28; *Emig* 1991, S. 51.

25 Landtag Schleswig-Holstein, Drucksache 18/891 vom 04.06.2013, S. 32.

26 *Kolberg/Wetzel* 2012, S. 119.

zu verzeichnen: Während im Untersuchungszeitraum 2009 der Anteil des Beschlussarrests 33% ausmachte, war er im Jahr 2013 bereits auf 44% gestiegen.[27]

In der Jugendarrestanstalt Halle ist der Anteil der vollstreckten Beschlussarreste dagegen sehr gering: Im Jahr 2011 war dort kein einziger Beschlussarrest vollstreckt worden, 2008 und 2010 jeweils nur ein einziger, im Jahr 2007 zwei und im Jahr 2006 drei Beschlussarreste. Der Anteil lag damit jeweils unter 1% der Vollstreckungen insgesamt.[28]

Differenzierte Zahlen bzgl. des Umfangs der Vollstreckung von Arresten nach dem Ordnungswidrigkeitengesetz (OWiG) gibt es in noch geringerem Maße, da amtliche Daten insofern kaum existieren.[29] Die aktuelle Untersuchung zur Vollstreckung von Arresten wegen Schulordnungswidrigkeiten von *Höynck* und *Klausmann* hat jedoch gezeigt, dass die Vollstreckung von Arresten nach § 98 Abs. 2 OWiG regional enorm variiert und zuweilen einen nicht unerheblichen Stellenwert einnimmt: Der Anteil an den insgesamt vollstreckten Arresten lag zwischen 3% und 33%.[30] Aufgrund der erhobenen Daten schätzten *Höynck* und *Klausmann,* dass bundesweit im Jahr 2010 insgesamt 2.100 Arreste wegen Schulordnungswidrigkeiten vollstreckt wurden.[31]

Von diesen Zahlen und Schätzungen abgesehen, liegt die Bedeutung des Beschlussarrests in der Praxis im Dunkeln.[32] Jedoch lässt sich diesen Erkenntnissen bereits entnehmen, dass die Vollstreckung des Beschlussarrests einen nicht unbedeutenden Teil des gesamten Arrestvollzugs ausmacht. Herauszufinden, welche Hintergründe diese Arrestanten[33] haben, weshalb sie im Arrest sitzen und welcher Art und welcher Dauer dieser Arrest ist, ist deshalb ein wichtiges Anliegen und von nicht zu unterschätzender Relevanz für die Gestaltung des Vollzugsalltags in der Arrestanstalt.

---

27 Siehe *Kapitel 9.12.8.*

28 Landtag von Sachsen-Anhalt, Drucksache 6/693 vom 03.01.2012.

29 *Höynck/Klausmann* 2012, S. 404 speziell zur Vollstreckung von Arresten wegen Schulordnungswidrigkeiten.

30 *Höynck/Klausmann* 2012, S. 408; die Landesregierung von Sachsen-Anhalt hat ihrerseits auf eine Kleine Anfrage der Fraktion DIE LINKE zum Jugendarrest geantwortet, dass in den Jahren 2006 bis 2011 rund ein Drittel der vollstreckten Arreste auf Ordnungswidrigkeiten nach dem Schulgesetz beruhten, Landtag von Sachsen-Anhalt, Drucksache 6/693 vom 03.01.2012.

31 *Höynck/Klausmann* 2012, S. 407.

32 *Göppinger/Bock* 2008, § 33 Rn. 24, 32, wo Zahlen zwischen 20% und 50% genannt werden.

33 Der besseren Lesbarkeit halber wird im Folgenden verallgemeinernd jeweils die männliche Form verwendet.

1.2   Ziel der Untersuchung

Das Ziel der vorliegenden Untersuchung ist, in dieses Dunkel jedenfalls etwas Licht zu bringen. Mittels einer Auswertung der Akten der Berliner Jugendarrestanstalt wurden Details über die Handhabung des Beschlussarrests im Berliner Jugendgerichtswesen im Kalenderjahr 2009 (im Folgenden: Untersuchungszeitraum) gewonnen. Eingegrenzt wurde das zu untersuchende Aktenmaterial somit nach dem Kalenderjahr der Vollstreckung.

Anhand eines Auswertungsbogens wurden die Akten auf die allgemeinen Daten zur Verhängung des Beschlussarrests und seiner Häufigkeit, auf die zugrunde liegende Rechtsfolge im Ausgangsurteil und die betroffene Klientel durchleuchtet.

Der Inhalt der Arrestakte ist begrenzt. Die Akte beginnt mit der Aufnahmeverhandlung und endet mit der Entlassungsverfügung. Enthalten sind zumeist Angaben zur Person, zum Empfang sozialer Leistungen, über das Verhalten im Arrest sowie über den Gesundheitszustand. Alles was vor der Aufnahmeverhandlung geschah und damit sämtliche Details zur Nichterfüllung, sind nur dann in der Arrestakte zu finden, wenn diese Aktenstücke in Kopie überreicht wurden. In den meisten Fällen enthält die Arrestakte das Urteil, das Protokoll der mündlichen Anhörung sowie den Arrestbeschluss. Häufig finden sich auch Teile des Schriftverkehrs mit der Jugendgerichtshilfe und dem Träger, der für die Durchführung der Maßnahme zuständig war. Darüber hinaus enthält die Akte teilweise auch den Schriftverkehr mit dem Betreuungshelfer, gelegentlich ein Gutachten sowie in den Fällen verhängter Jugendstrafen Berichte der Jugendgerichtshilfe. Informationen, die vorliegend nicht erhoben werden konnten, waren nicht zwingend im gesamten Verfahren unbekannt. Sie befanden sich jedenfalls nicht in der Arrestakte – die Gründe hierfür konnten nicht erforscht werden.

In vielen Fällen enthielt die Arrestakte widerstreitende oder jedenfalls abweichende Informationen zum Status des Betroffenen, seiner Vorbelastung, seiner Suchtproblematik etc. Ein Grund hierfür ist die häufig nicht unerhebliche Zeitspanne, die zwischen den Kontakten des Jugendlichen mit Gericht, Jugendgerichtshilfe, Träger und Arrestanstalt verging. Rahmenbedingungen wie Arbeit, Wohnen, familiäre Umstände und möglicherweise eine Suchtproblematik können sich in dieser Zeit schnell ändern. Erfolgte die Abfrage von Informationen seitens der Arrestanstalt aufgrund eines standardisierten, zumeist in der Arrestakte vorhandenen Erhebungsbogens, so waren die Informationen hierzu umfassend (beispielsweise zum Bezug sozialer Leistungen oder zum beruflichen oder schulischen Status, der immer auf dem Aufnahmebogen vermerkt war). In den Urteilen waren diese Informationen in dieser Regelmäßigkeit nicht zu finden. Andererseits wurden Informationen zur strafrechtlichen Vorbelastung standardmäßig vom Gericht in den Urteilen erfasst, während die Erhebung der Arrestanstalt sich darauf beschränkte, den Arrestanten in einem Selbstauskunftsbogen ausfüllen zu lassen, „wie oft man schon vor Gericht stand". Diese Angabe ist selbstverständlich nicht so zuverlässig, wie die Auskunft aus dem Bundeszentralregister. Nicht zuletzt variierte auch die Auskunftsfreudigkeit der Jugendlichen. Beispielsweise die Suchtproblematik wurde der Arrestanstalt gegenüber viel offener geschildert.

Da die Arrestakten naturgemäß lediglich Auskunft über die vollstreckten Arreste geben können, konnte nicht untersucht werden, in welchem Verhältnis der verhängte Arrest zum vollstreckten Arrest steht.

1.2.1 Allgemeine Handhabung

Grundlegend sollte mit der vorliegenden Untersuchung die Frage beantwortet werden, wie oft der Beschlussarrest im Untersuchungszeitraum vollstreckt wurde. Um der anhand der Auszählung der Akten erlangten Zahl eine belastbare Aussagekraft zu verleihen, musste sie mit der Anzahl der insgesamt vollstreckten Urteilsarreste verglichen werden. So konnte bestimmt werden, welchen Raum der Beschlussarrest in der Berliner Arrestpraxis einnimmt[34] – was wiederum für die Organisation des Arrests von erheblicher Bedeutung ist.
Ferner war nach der Rechtsgrundlage des Beschlussarrests zu differenzieren und zu klären, wie oft der Arrest aufgrund § 11 Abs. 3 JGG, § 11 Abs. 3 i. V. m. § 15 Abs. 3 JGG, § 23 i. V. m. §§ 11 Abs. 3, 15 Abs. 3 JGG und § 98 Abs. 2 OWiG vollstreckt wurde.
Mit der Untersuchung wurden weiterhin Angaben zur Art und Länge des Beschlussarrests gewonnen. Hier musste differenziert werden, wie hoch der Anteil von Freizeit-, Kurz- und Dauerarrest am vollstreckten Beschlussarrest ist, wie oft der Arrest wiederholt vollstreckt wurde (soweit aus der Arrestakte ersichtlich) und wie lange der durchschnittliche Arrestant im Beschlussarrest verblieb.

Daneben war der Hintergrund des Beschlussarrests zu untersuchen. Gibt es Weisungen, die tendenziell eher missachtet werden, oder nimmt der „Ungehorsam" mit zunehmender Höhe/Länge der Weisung zu?[35]

---

34 Vgl. hierzu die oben unter *Kapitel 1.1.* genannten Zahlen bisheriger Untersuchungen.

35 Mit dieser Vermutung *Eisenberg* 1989, S. 19; die Bundesregierung konnte hierauf keine Antwort geben, vgl. BT-Drucksache 16/13142, S. 38.

1.2.2 Arrestbeschluss und Verfahren

Die Arrestbeschlüsse selbst wurden daraufhin untersucht, wie die Prüfung der gesetzlichen Anforderungen des § 11 Abs. 3 JGG vorgenommen wurde. Werden Feststellungen hinsichtlich der Erziehungsbedürftigkeit, der Schuldhaftigkeit des Verstoßes, der Verhältnismäßigkeit getroffen?[36] Treffen sie Feststellungen zur mündlichen Anhörung? Nehmen die Jugendlichen und Heranwachsenden das Angebot zur mündlichen Anhörung wahr?[37]

Auch auf die immer wieder thematisierte Frage zu den Zeitspannen, die bis zum Arrestantritt vergehen, wird eingegangen. Hierzu wurden jeweils die zwischen der Tat, Grundurteil, Arrestbeschluss und Arrestantritt verstrichenen Zeitspannen erfasst, um so ein Bild von der Engmaschigkeit der jugendgerichtlichen Reaktionen auf die Verfehlungen der Jugendlichen zeichnen zu können.

1.2.3 Betroffene Klientel

Die vom Beschlussarrest betroffene Klientel ist Berichten zufolge sozial benachteiligt.[38] Anhand der in der Auswertung abgefragten Daten soll ein Durchschnittsbild der Beschlussarrestanten im Untersuchungszeitraum gezeichnet werden. Dies umfasst Angaben zum familiären Hintergrund, zu Bildungsstand, Alter, Herkunft und Wohnort, zu strafrechtlicher Vorbelastung, außerfamiliärer Unterbringung sowie Suchtproblematik. Allerdings sind die aus der Arrestakte zu gewinnenden Erkenntnisse häufig lückenhaft: Erkenntnisquelle ist das Urteil und der Aufnahmebogen der Jugendarrestanstalt. Oft finden sich über die persönlichen Verhältnisse kaum Aussagen.

1.3 Die eigene empirischen Untersuchung

Bei der vorliegenden empirischen Studie handelt es sich um eine Totalerhebung aller Beschlussarreste, die im Jahr 2009 in der Jugendarrestanstalt Berlin vollstreckt wurden. Insgesamt handelt es sich um 435 Akten. Die Gesamtzahl in Berlin 2009 vollstreckten Arreste betrug 1310, so dass der Anteil der Beschlussarrest in Berlin 33% beträgt (s. im Übrigen unten *Kapitel 3*, S. 68 ff.).

Die Akten wurden im Zeitraum von März bis November 2010 vor Ort in der Jugendarrestanstalt Berlin eingesehen und anhand eines selbst entwickelten Codebogens ausgewertet. Wie bereits ausgeführt war hierbei zu beachten, dass

---

36 *Hinrichs* 1989, S. 335, der die Erfahrung äußert, dass dies tendenziell nicht der Fall ist.

37 *Kuil* 1992, S. 332, der hierzu Bedenken äußert.

38 *Albrecht* 2000, S. 219; *Dünkel* 1991, S. 29 („besonders schwierige Klientel"); *Eisenberg* 1989, S. 18; *Frehsee* 1989, S. 317; *Pfeiffer* 1931, S. 47 f.; *Trenczek* 1996, S. 65; zur damit einhergehend erhöhten Rückfallrate *Werlich* 1985, S. 173.

die Informationen zu persönlichen Verhältnissen und etwaiger Suchtproblematik im Urteil sowie in der Arrestakte oftmals differierten: So machten die Arrestanten häufig in der Arrestanstalt Angaben zum Konsum von Suchtmitteln, die im Urteil keinerlei Erwähnung fanden. Es wurden deshalb beide Quellen separat erfasst und entsprechend dargestellt (vgl. im Übrigen unten *Kapitel 3* S. 70 ff.).

1.4 Gang der Darstellung

Nach der Einleitung des *ersten Kapitels* erfolgt im *zweiten* zunächst eine Darstellung des Gesamtzusammenhangs des Jugendgerichtsgesetzes, in dessen Sanktionsgefüge dann der Beschlussarrest eingeordnet wird. Die historischen Hintergründe der Einführung des Beschlussarrestes werden beschrieben und der Meinungsstand zur dogmatischen Einordnung des Beschlussarrests dargestellt. Anschließend folgt eine Betrachtung der Entwicklung der Sanktionierungspraxis, namentlich der Bewegung für Neue Ambulante Maßnahmen der 1970er und 1980er Jahre sowie deren Auswirkungen auf die Sanktionierungspraxis im Allgemeinen und im Speziellen auf die Handhabung des Beschlussarrestes. Besondere Berücksichtigung finden in diesem Zusammenhang die Problematik des Jugendarrestes insgesamt, die Reformvorschläge und ihre Zweckmäßigkeit für den Vollzug des Beschlussarrestes, sowie die aktuellen Gesetzgebungsvorhaben und bereits verabschiedeten Gesetze für ein Jugendarrestvollzugsgesetz. Das Kapitel schließt mit einer Darstellung des Meinungsstandes zur Zweckmäßigkeit des Beschlussarrests und einer Zusammenfassung.

Im *dritten Kapitel* wird die betroffene Klientel untersucht. Hier finden sich die demographischen Informationen hinsichtlich Alter, Herkunft, Wohnsituation, Familie, Schule, Ausbildung und Beruf. Ferner werden der strafrechtliche Hintergrund abgebildet und besondere Belastungssituationen hinsichtlich außerfamiliärer Unterbringung und Behinderung betrachtet.

Das *vierte Kapitel* behandelt das zugrunde liegende Urteil mit der Anlasstat und den ausgeurteilten Rechtsfolgen.

Im *fünften Kapitel* werden die Voraussetzungen für die Arrestverhängung geschildert, beginnend mit den nicht erfüllten Rechtsfolgen. Im Rahmen der Darstellung einzelner Prüfungsschritte wie Vorsatz, Schuldhaftigkeit des Verstoßes und Verhältnismäßigkeit werden jeweils die für deren Prüfung maßgeblichen, aus der Auswertung gewonnenen Informationen zum Hintergrund der Arrestanten dargestellt. Namentlich werden hier die Problemfelder Sucht und psychische Erkrankungen sowie persönliche Belastungssituationen Erwähnung finden. Abschließend wird das Erfordernis der mündlichen Anhörung erläutert und mit Blick auf die tatsächlichen Verhältnisse aufgearbeitet werden. Ebenfalls wird die Zweckmäßigkeit der Durchsetzung pädagogischer Maßnahmen im Wege strafrechtlichen Zwangs problematisiert werden.

Das *sechste Kapitel* befasst sich mit dem Arrestbeschluss selbst. Hier werden zunächst die Anforderungen an den Beschluss, im Besonderen an die Begründung des Beschlusses betrachtet. Die Erkenntnisse werden dann der tatsächlichen Praxis gegenübergestellt.

Im *siebten Kapitel* finden sich Informationen zur Arrestvollstreckung, namentlich zu den einzelnen Arrestarten, der Dauer des verhängten und vollstreckten Arrests und den verstrichenen Zeitspannen. Hieraus ergibt sich ebenfalls, ob die Arrestanten sich dem Arrest stellten oder zugeführt werden mussten. Zuletzt werden auch Vollstreckungshindernisse behandelt.

Das *achte Kapitel* behandelt speziell den Arrest nach dem Ordnungswidrigkeitengesetz. Neben der Schilderung der gesetzlichen Grundlagen werden hier die Erkenntnisse zur Umwandlungspraxis des Gerichts und der Verhängung des Arrests dargestellt.

Das *neunte Kapitel* fasst die gewonnenen Informationen nochmals zusammen. Es werden Erwägungen zu möglichen Alternativen zum Beschlussarrest angestellt und schließlich ein Fazit mit rechtspolitischen Forderungen, Schlussfolgerungen und Ausblick gezogen.

2. Grundlagen des jugendstrafrechtlichen Sanktionssystems und dogmatische Hintergründe des Beschlussarrests

2.1 Ein Strafrecht für junge Täter – das Jugendgerichtsgesetz

Das Jugendgerichtsgesetz findet gem. § 1 Abs. 2 JGG auf Jugendliche zwischen 14 und 18 Jahren und unter den Einschränkungen des § 105 JGG auch auf Heranwachsende zwischen 18 und 21 Jahren Anwendung. Die Gesamtheit der dort geregelten Normen wird als Jugendstrafrecht oder Jugendkriminalrecht[39] bezeichnet. Sie bildet ein Sonderstrafrecht für jugendliche und heranwachsende Täter und ist damit Teil des Strafrechtssystems.[40]

Hintergrund für die Schaffung eines speziell auf junge Menschen angelegten Sonderstrafrechts ist der Umstand, dass jeder Mensch in den ersten beiden Lebensjahrzehnten einen Prozess der Sozialisation durchläuft und in diesem die die Gesellschaft regelnden Normen verinnerlicht.[41] Da eine solche Normkenntnis nicht angeboren ist,[42] muss sie in einem jahrelangen Prozess vom gesellschaftlichen Umfeld, namentlich von Familie und Schule erlernt und in diesem erprobt werden.[43] Durch das Vorleben von Normen und der Reaktion auf ihr Übertreten bringt das Umfeld den jungen Menschen bei, auf welcher Basis ein gedeihliches Zusammenleben möglich und wie dieses deshalb geregelt ist.

Das Jugendstrafrecht versteht sich dabei als Teil dieses Umfelds,[44] und greift ein, wenn die Grenzüberschreitung eines jungen Menschen Rechtsgüter verletzt, die staatlichem Schutz unterstehen. Erziehung im jugendstrafrechtlichen Sinne kann daher so beschrieben werden, dass der Jugendliche durch die Strafverfolgung und den Strafprozess erfährt, dass er für seinen Normbruch einzustehen hat.[45]

---

39   *Ostendorf* 2013a, Rn. 22.

40   *Böhm/Feuerhelm* 2004, S. 3; *Laubenthal/Baier/Nestler* 2010, Rn. 1; *Ostendorf* 2013a, Rn. 22; *Trenczek* 1996, S. 38.

41   *Böhm/Feuerhelm* 2004, S. 2; *Meier/Rössner/Trüg/Wulf* 2011, Vor §§ 1 Rn. 1.

42   *Laubenthal/Baier/Nestler* 2010, Rn. 2.

43   *Böhm/Feuerhelm* 2004, S. 2.

44   *Meier/Rössner/Trüg/Wulf* 2011, Vor §§ 1 Rn. 4.

45   Kritisch *Böhm/Feuerhelm* 2004, S. 11, der den Erziehungscharakter hinter den Maßnahmen bezweifelt; *Schaffstein/Beulke* 2002, S. 2, wonach insofern auch Jugendstrafe und Strafvollzug als Erziehung erscheinen; *Streng* 2012, Rn. 22: Erziehung im Sinne von Normbestätigung.

2.1.1 Der Entwicklungsprozess des jungen Menschen

Mit seinen Normen berücksichtigt das Jugendstrafrecht also, dass junge Täter im Erwachsenwerden einen Prozess der Entwicklung durchlaufen[46] und demzufolge eine geringere Schuld tragen.[47] Junge Menschen sind auf der Suche nach ihrer neuen sozialen Rolle und Position, nach ihrem Platz in der Gesellschaft. Dieser Prozess ist naturgemäß mit Unsicherheiten und Spannungen verbunden, die durch die biologischen Veränderungen in der Pubertät noch verstärkt werden.[48] Nicht zuletzt geht die Suche nach dem Platz in der Gesellschaft häufig mit dem Austesten von Grenzen und der Übertretung gesellschaftlicher Normen einher. Dies hat zur Folge, dass Jugendliche[49] in dieser Umbruchsphase nicht selten kriminell werden.[50]

Die Jugendkriminalität ist also häufig eine Ausprägung der Schwierigkeit des Jugendlichen, der versucht, seinen Platz in der Erwachsenengesellschaft zu finden und den dort geltenden Anforderungen zu genügen. Als solche ist sie als Begleiterscheinung des Sozialisationsprozesses einzuordnen.[51]

Wie auch der Sozialisationsprozess selbst ist die Jugendkriminalität in den allermeisten Fällen ein vorübergehendes Phänomen eines begrenzten Lebensabschnitts. Nach den ersten beiden Lebensjahrzehnten ist der mit dem psychischen und sozialen Entwicklungsprozess[52] verbundene Rollenwechsel[53] üblicherweise vollzogen, so dass auch die damit in Zusammenhang stehenden kriminellen Auffälligkeiten zumeist von ganz alleine wieder abklingen.[54] Der Rückgang der Straffälligkeit erfolgt also meistens spontan und unabhängig von der staatlichen

---

46 *Eisenberg* 2013, Einleitung Rn. 15; *Schaffstein/Beulke* 2002, S. 1.

47 *Laubenthal/Baier/Nestler* 2010, Rn. 2; *Streng* 2012, Rn. 12.

48 *Brunner/Dölling* 2011, Einf. I Rn. 28 sprechen daher von „Entwicklungstätern"; *Eisenberg* 2013, § 2 Rn. 12; *Schaffstein/Beulke* 2002, S. 5; *Streng* 2012, Rn. 5.

49 Verallgemeinernd werden mit dem Begriff „Jugendliche" im Weiteren auch die Heranwachsenden erfasst, sofern eine Differenzierung nicht erforderlich ist.

50 *Drewniak* 1996, S. 19; *Meier/Rössner/Trüg/Wulf* 2011, Vor §§ 1 Rn. 1, zum Entwicklungsprozess § 3 Rn. 3ff.

51 *Albrecht* 2000, S. 20 geht sogar so weit, staatlichen Schutz für das jugendliche Delinquieren zu fordern; *Heinz* 1989, S. 20; *Laubenthal/Baier/Nestler* 2010, Rn. 13; *Ostendorf* 2013a, Rn.9 f.; *Schaffstein/Beulke* 2002, S. 3.

52 *Meier/Rössner/Trüg/Wulf* 2011, § 3 Rn. 3ff.

53 *Böhm/Feuerhelm* 2004, S. 26; *Eisenberg* 2013, § 2 Rn. 12.

54 *Laubenthal/Baier/Nestler* 2010, Rn. 16, 17; *Ostendorf* 2013a, Rn. 10; *Schaffstein/Beulke* 2002, S. 8, 10.

Reaktion[55] mit zunehmendem Alter (sog. Spontanremission),[56] da der junge Mensch sich dann in das gesellschaftliche System eingeordnet und damit eine größere innere Stabilität erreicht hat.[57] Jugendkriminalität ist also von episodenhaftem Charakter.[58]

Dementsprechend wird die absolute Mehrzahl der Registrierten durchschnittlich nur ein bis zwei Mal auffällig.[59] Im Ergebnis werden auf lange Sicht die gesellschaftlichen (und strafrechtlichen) Normen von der großen Mehrheit der Jugendlichen verinnerlicht, auch wenn bei fast jedem jungen Menschen im Zuge dieser Verinnerlichung Auffälligkeiten und damit einhergehend kriminelles Verhalten auftreten.[60]

Ergebnisse der Dunkelfeldforschung bestätigen diese Annahme, denn anonymen Befragungen von Tätern, Opfern und Zeugen zufolge hat fast jeder männliche Jugendliche bereits einmal eine leichte Straftat begangen.[61] Die Begehung von einigen wenigen Delikten unterer oder mittlerer Schwere in den Jahren der Pubertät ist für Jugendliche damit normal[62] und kommen als Teil des Entwicklungsprozesses in allen gesellschaftlichen Schichten vor (sind also ubiquitär).[63]

---

55 Nach *Albrecht* 2000, ist dieser Rückgang allenfalls mit informellen Maßnahmen zu fördern, S. 78; *Schaffstein/Beulke* 2002, S. 8.

56 *Albrecht* 2000, S. 15; *Heinz* 1989, S. 20; *Meier/Rössner/Schöch* 2013, § 3 Rn. 6: „Spontanbewährung"; *Ostendorf* 2013a, Rn. 13; *Schwind* 2013, § 3 Rn. 28.

57 *Meier/Rössner/Trüg/Wulf* 2011, zu diesem Entwicklungsprozess § 3 Rn. 3 ff.

58 *Böhm/Feuerhelm* 2004, S. 24; *Grunewald* 2003, S. 182 ff.; *Heinz* 1989, S. 20; *Meier/Rössner/Schöch* 2013, § 3 Rn. 6; *Ostendorf* 2013a, Schaubild unter Rn. 12; *Pfeiffer* 1983, S. 17; *Schaffstein/Beulke* 2002, S. 8; *Schwind* 2013, § 3 Rn. 27, § 8 Rn. 33; *Streng* 2012, mit einem Schaubild zu Kriminalitätsbelastung und Alter Rn. 2, Rn. 9; *Trenczek* 1996, S. 34 weist darauf hin, dass drei Viertel aller im Zentral- und Erziehungsregister erfassten Jugendlichen bis zum 18. Lebensjahr lediglich einen Eintrag haben, nur 10% haben drei oder mehr Einträge.

59 *Meier/Rössner/Schöch* 2013, § 3 Rn. 5, wonach sich in Statistiken kriminelle Belastung Jugendlicher als J-kurvenförmige Verteilung darstellt.

60 *Meier/Rössner/Schöch* 2013, § 3 Rn. 5.

61 *Albrecht* 2010, § 5 B II; *Heinz* 1989, S. 20; *Meier/Rössner/Schöch* 2013, § 3 Rn. 4; *Ostendorf* 2013a, Rn. 10 m. w. N; *Schumann/Berlitz/Guth* 1987, S. 34 f.; *Trenczek* 1996, S. 26.

62 *Albrecht* 2000, S. 18; *Laubenthal/Baier/Nestler* 2010, Rn. 13; *Meier/Rössner/Trüg/Wulf* 2011, § 3 Rn. 4, Vor §§ 1 Rn. 6; *Schüler-Springorum* 1982, S. 13 ff., 38; *Schumann/Berlitz/Guth* 1987, S. 34, § 3 Rn. 26; *Walter/Neubacher* 2011, Rn. 394 ff.

63 *Albrecht* 2010, § 5 B II; *Grunewald* 2003, S. 180 ff.; *Kreuzer* 2012, S. 2347; *Laubenthal/Baier/Nestler* 2010, Rn. 3, 13; *Meier/Rössner/Trüg/Wulf* 2011, § 3 Rn. 4; ebenso *Streng* 2012, Rn. 1 mit entsprechenden Zahlen; *Trenczek* 1996, S. 33; *Walter/Neubacher* 2011, Rn. 399.

Unter diesen Umständen lassen Normübertretungen im Jugendalter nicht ohne weiteres auf ein bestehendes Erziehungsdefizit oder sonstige Störungen schließen,[64] die ein staatliches Eingreifen erforderlich machen würden. Dennoch ist das Jugendstrafrecht trotz der Normalität der Normübertretung und der vom staatlichen Eingreifen unabhängiger Spontanremission nicht überflüssig. Zum einen verpflichtet das Legalitätsprinzip die Strafverfolgungsbehörden dazu, strafbares Verhalten zu verfolgen.[65] Zum andern verlangt das gesellschaftliche Bedürfnis nach Rechtsfrieden danach, dass den Jugendlichen die Grenzen ihrer Handlungsfreiheit aufgezeigt werden,[66] die jugendstrafrechtlichen Maßnahmen dienen damit auch der Wahrung der Rechtsordnung.[67] Auch für den jungen Menschen selbst und seine Moralentwicklung ist eine Reaktion auf den Normbruch hilfreich, um zu lernen, dass die Übertretung von verbindlichen sozialen Normen mit Nachteilen verbunden ist.[68]

2.1.2 Die Besonderheit des Jugendstrafrechts

Das Jugendstrafrecht enthält keine gesonderten, nur durch Jugendliche zu verwirklichenden Straftatbestände, sondern deckt sich nach § 4 JGG in seinem sachlichen Geltungsbereich mit dem des allgemeinen Strafrechts.[69] Es normiert jedoch besondere Reaktionsmöglichkeiten auf Verstöße junger Täter gegen die allgemeinen Straftatbestände.[70] Dabei wird sowohl verfahrensrechtlich als auch materiell-rechtlich der bereits beschriebene Prozess des Normlernens berücksichtigt.

Mit zunehmendem Alter und damit einhergehend zunehmender Verantwortung und Reife des jungen Täters können die Sanktionen seiner Entwicklung angepasst werden, der junge Täter kann gewissermaßen in seine Verantwortung hineinwachsen.[71] Durch eine breite Palette möglicher Reaktionen vermag das Jugendgericht die Sanktion auf den jeweiligen Normbruch und den individuellen

---

64 *Ostendorf* 2013a, Rn. 10.

65 *Meier/Rössner/Trüg/Wulf* 2011, § 1 Rn. 25; *Schaffstein/Beulke* 2002, S. 134 mit Verweis auf das nicht immer geltende Opportunitätsprinzip der §§ 45, 46 JGG.

66 *Hackstock* 2002, S. 186 ff.; *Meier/Rössner/Trüg/Wulf* 2011, § 3 Rn. 22; *Streng* 2012, Rn. 16; in diesem Sinne auch *Frehsee* 1988, S. 296.

67 *Böhm/Feuerhelm* 2004, S. 154; *Kornprobst* 2002, S. 309, 310.

68 *Meier/Rössner/Trüg/Wulf* 2011, § 1 Rn. 13; *Schaffstein/Beulke* 2002, S. 3.

69 *Meier/Rössner/Trüg/Wulf* 2011, § 1 Rn. 22.

70 *Albrecht* 2000, S. 66; *Eisenberg* 2013, Einl. Rn. 13; *Laubenthal/Baier/Nestler* 2010, Rn. 7; *Meier/Rössner/Trüg/Wulf* 2011, § 1 Rn. 22; *Ostendorf* 2013a, Rn. 22.

71 Sog. „sanktionsbegründende Tatbindung", *Streng* 2012, Rn. 248; in diesem Sinne auch *Böhm/Feuerhelm* 2004, S. 3.

Jugendlichen abzustimmen.[72] So kann darauf Rücksicht genommen werden, dass das Normerlernen zeitaufwendig ist und nicht selten mit Normübertretungen einhergeht.[73]

Die Reaktionen des Jugendstrafrechts können teils weniger eingriffsintensiv und teils fördernder (mithin eingriffsintensiver) als das allgemeine Strafrecht sein.[74] Nach der Zielsetzung des § 2 Abs. 1 S. 2 JGG sollen die jugendstrafrechtlichen Rechtsfolgen ausdrücklich individualpräventiv erzieherisch wirken,[75] die Strafen des allgemeinen Strafrechts werden in weiten Teilen durch so genannte Erziehungsmaßnahmen ersetzt.[76] Da diese nicht vorrangig als ein die Tat ahndendes Übel ausgesprochen werden,[77] finden die Strafzwecke des allgemeinen Strafrechts allenfalls im Rahmen der Jugendstrafe Anwendung.[78]

Sinn und Zweck der jugendstrafrechtlichen Reaktion ist also nicht in erster Linie, eine Strafe auszusprechen, sondern den Jugendlichen durch die Reaktion zur Normeinhaltung zu erziehen.[79] Der Umstand, dass sie aufgrund der teils sehr hohen Eingriffsintensität dem Jugendlichen und möglicherweise auch der Allgemeinheit als Übelzufügung, also als Strafe, erscheinen mögen,[80] ändert hieran nichts.

Dementsprechend enthalten die jugendstrafrechtlichen Reaktionen stets ein erzieherisches Moment, das es dem Jugendrichter erlaubt, individuell auf den jeweiligen Täter zu reagieren und den Jugendlichen in seine Verantwortlichkeit als Erwachsener einzuführen.[81] Deshalb wird das Jugendstrafrecht auch als Täterstrafrecht bezeichnet: Mehr noch als im allgemeinen Strafrecht bestimmen

---

72   *Laubenthal/Baier/Nestler* 2010, Rn. 428; *Schaffstein/Beulke* 2002, S. 107.

73   *Laubenthal/Baier/Nestler* 2010, Rn. 1; *Meier/Rössner/Trüg/Wulf* 2011, § 1 Rn. 2.

74   *Böhm/Feuerhelm* 2004, S. 11, 12.

75   Ohne dass der Jugendrichter dabei ein allgemeinerzieherisches Mandat hat, vgl. sinngemäß *Diemer/Schatz/Sonnen* 2011, § 9 Rn. 3; hierzu auch *Böhm/Feuerhelm* 2004, S. 154; *Streng* 2012, Rn. 338; *Brunner/Dölling* 2011, Einf. II Rn. 6 sprechen von Erziehung als jugendgemäßer Spezialprävention.

76   *Schaffstein/Beulke* 2002, S. 1.

77   *Schaffstein/Beulke* 2002, S. 1; *Streng* 2012, Rn. 17.

78   *Streng* 2012, Rn. 445.

79   *Drewniak* 1996, S. 23: Erziehungsziel ist allein die Vermeidung zukünftiger Straftaten; *Laubenthal/Baier/Nestler* 2010, Rn. 5; *Schaffstein/Beulke* 2002, S. 3; *Walter* 1989, S. 15: Erziehungsziel ist das Legalverhalten.

80   *Albrecht* 2000, S. 71; *Kornprobst* 2002, S. 310: Erziehungsgedanke hat strafschärfende Wirkung; *Schaffstein/Beulke* 2002, S. 106; Streng 2012, Rn. 341, der von erheblichen faktischen Strafwirkungen spricht.

81   *Böhm/Feuerhelm* 2004, S. 3; *Schaffstein/Beulke* 2002, S. 2; *Streng* 2012, Rn. 10.

sich Art und Maß der Sanktion vorrangig nach der Persönlichkeit des Täters und der damit verbundenen Prognose für sein zukünftiges Verhalten.[82]

Diesem offenkundig täterstrafrechtlichen Ansatz folgend kommen bei der Anwendung des Jugendstrafrechts allein individualpräventive, täterbezogene Erwägungen zum Tragen.[83] Generalpräventive, normverdeutlichende Aspekte[84] sind nur für die Existenzberechtigung[85] des Jugendstrafrechts heranzuziehen, bei der Anwendung der Normen spielt die Generalprävention keine Rolle.[86] Das Jugendstrafrecht soll mit einer individuellen Reaktion den Jugendlichen „erziehen", ihm also dabei helfen, gesellschaftliche Normen zu erkennen und zu verinnerlichen, um so in Zukunft ein straffreies Leben zu führen.[87]

Durch das Einstehenmüssen für sein Fehlverhalten macht der Jugendliche damit für seinen weiteren Sozialisationsprozess eine wichtige Erfahrung,[88] nämlich: Normbrüche werden nicht einfach hingenommen, sondern es folgen Konsequenzen. Insofern haben jugendstrafrechtliche Reaktionen teils auch ahndende, schuldausgleichende und vergeltende Elemente.[89]

Nicht nur das *Ob*, sondern auch das *Wie* des Eingreifens ist auf die Besonderheiten der sozialen Übergangsphase abzustimmen.[90] Hier ist insbesondere zu berücksichtigen, dass es sich bei der kriminellen Auffälligkeit Jugendlicher höchstwahrscheinlich nicht um den Beginn einer kriminellen Karriere, sondern um eine für den Entwicklungsprozess normale Auffälligkeit handelt.[91] Straf-

---

82   *Schaffstein/Beulke* 2002, S. 93.

83   *Ostendorf* 2013a, Rn. 56; *Schaffstein/Beulke* 2002, S. 1; zur Spezialprävention insgesamt *Roxin* 2006, § 3 Rn. 11 ff.

84   *Albrecht* 2000, S. 71; *Schaffstein/Beulke* 2002, S. 2 für die Jugendstrafe als Kriminalstrafe.

85   *Meier/Rössner/Trüg/Wulf* 2011, § 1 Rn. 12.

86   BGH StV 1990, 505; *Diemer/Schatz/Sonnen* 2011, § 5 Rn. 5 mit Verweis auf die ständige Rechtsprechung des BGH.

87   *Albrecht* 2000, S. 71 ordnet dementsprechend die Erziehung im strafrechtlichen Sinne als Strafzweck ein; *Schaffstein/Beulke* 2002, S. 3.

88   *Laubenthal/Baier/Nestler* 2010, Rn. 4.

89   BVerfG NJW 2005, 2140, 2141; *Bottke* 1984, S. 35; *Brunner/Dölling* 2011, § 13 Rn. 2; *Diemer/Schatz/Sonnen* 2011, § 5 Rn. 8, § 13 Rn. 2; *Eisenberg* 2013, § 13 Rn. 8; *Schaffstein/Beulke* 2002, S. 135; *Streng* 2012, Rn. 396; a. A. *Ostendorf* 2013a, Rn. 194; *Meier/Rössner/Trüg/Wulf* 2011, § 10 Rn. 1.

90   *Streng* 2012, Rn. 10.

91   *Albrecht* 2000, S. 12ff mit ausführlicher Darstellung der Kohortenstudien; *Böhm/Feuerhelm* 2004, S. 28; zu den Kohortenstudien auch *Meier/Rössner/Schöch* 2013, § 3 Rn. 10 ff.; *Schaffstein/Beulke* 2002, S. 7.

rechtliche Maßnahmen bergen generell die Gefahr, den jungen Täter zu stigmatisieren,[92] freiheitsentziehende Maßnahmen im Besonderen erschweren oft die Sozialisierung[93] und wirken erziehungsschädlich.[94] Da das Jugendstrafrecht zum Ziel hat, den Jugendlichen auf seinem Entwicklungsweg zu fördern und zu legalem Verhalten anzuleiten, ist es häufig sinnvoller, nicht mit harten Maßnahmen zu reagieren und den jungen Täter nicht aus seinem sozialen Umfeld zu reißen. Dementsprechend ist der Anklagezwang im Jugendstrafrecht eingeschränkt.[95] Nicht jeder Rechtsbruch muss mit der Verhängung von eingriffsintensiven Sanktionen geahndet werden, vielmehr sind auch Maßnahmen der Diversion, formlose Ermahnungen und weitere wenig eingriffsintensive Reaktionen möglich.[96] Es empfiehlt sich also, zunächst im Zweifel eine weniger belastende Maßnahme zu verhängen, da mit Blick auf die statistischen Erkenntnisse zu erwarten ist, dass die Kriminalitätsbelastung des Jugendlichen mit zunehmendem Alter zurückgeht.[97] Dies wird auch dem Umstand gerecht, dass es sich bei der Jugendkriminalität meist um Bagatellkriminalität handelt.[98]

2.1.3 Abgrenzung zum Sozialrecht

Bei alldem muss das Jugendstrafrecht deutlich von dem helfenden Sozialrecht abgegrenzt werden. Zwar sind die strafrechtlichen Erziehungsmaßregeln teilweise mit den sozialrechtlichen Hilfen zur Erziehung identisch.[99] Dennoch und trotz des im Jugendgerichtsgesetz enthaltenen Erziehungsgedankens handelt es sich nicht um Erziehungsrecht, sondern um Strafrecht.[100]

---

92 *Böhm/Feuerhelm* 2004, S. 25; *Streng* 2012, Rn. 9, 20.

93 *Schaffstein/Beulke* 2002, S. 2; *Streng* 2012, Rn. 441.

94 *Drewniak* 1996, S. 19; *Schaffstein/Beulke* 2002, S. 2; *Streng* 2012, Rn. 20.

95 *Schaffstein/Beulke* 2002, S. 12.

96 *Drewniak* 1996, S. 24; mit einem Schaubild zu den verschiedenen jugendstrafrechtlichen Reaktionsmöglichkeiten *Meier/Rössner/Trüg/Wulf* 2011, § 1 Rn. 25; *Schaffstein/Beulke* 2002, S. 3, 12.

97 *Böhm/Feuerhelm* 2004, S. 26.

98 *Laubenthal/Baier/Nestler* 2010, Rn. 11; *Meier/Rössner/Schöch* 2013, § 3 Rn. 39 wider die Dramatisierung von Jugendkriminalität; *Ostendorf* 2013a, Rn. 8.

99 *Ostendorf,* 2013 Rn. 22.

100 *Albrecht* 2000, S. 66; *Kornprobst* 2002, S. 309, 310; *Laubenthal/Baier/Nestler* 2010, Rn. 4.

Das Jugend*straf*recht dient als Teil der allgemeinen Strafrechtssystematik vor allem dem Wohl der Allgemeinheit, indem es die im Normbruch zum Ausdruck gekommenen sozialschädlichen Verhaltensweisen verhindern soll.[101]

Das Jugend*hilfe*recht dagegen dient dem Schutz des Jugendlichen, denn es soll ihn bei erzieherischem Bedarf (§ 27 Abs. 1 SGB VIII) oder bei einer Gefährdung des Kindeswohles (§ 1666 Abs. 1 BGB) unterstützen.[102] Wenn auch inhaltliche Übereinstimmungen vorkommen mögen, so unterscheiden sich beide Regelungswerke vor allem in ihrer Zielsetzung.

2.2 Das Regelungsgefüge des JGG

2.2.1 Die Systematik jugendstrafrechtlicher Reaktionsformen

Um dem jungen Täter in seiner jeweiligen Lage gerecht zu werden, sind die Sanktionen, die das Jugendstrafrecht vorsieht, in vielerlei Hinsicht flexibel: Weder die Art der Sanktion, noch das Verfahren, noch die Vollstreckung sind in Stein gemeißelt.[103]

Die Reaktion auf die Straftat bestimmt sich in den Grenzen des Rechtsstaatsprinzips[104] nach der in der Tat zum Ausdruck gekommenen Schuld des jungen Täters.[105] Für den Strafrahmen ist anders als im allgemeinen Strafrecht nicht der Rechtsgüterschutz maßgeblich,[106] sondern die Persönlichkeit des Täters.[107] Es ist deshalb diejenige Sanktion zu wählen, die bei dem jeweiligen Täter am ehesten geeignet scheint, ihn zu legalem Verhalten anzuspornen, ihn gleichzeitig am wenigsten belastet und in seiner künftigen Entwicklung fördert.[108]

---

101 *Meier/Rössner/Trüg/Wulf* 2011, § 4 Rn. 26.

102 *Meier/Rössner/Trüg/Wulf* 2011, § 4 Rn. 26.

103 *Brunner/Dölling* 2011, Einf. II Rn. 22 sprechen insofern von der „Reaktionsbeweglichkeit" des Verfahrens; *Ostendorf* 2013a, Rn. 59.

104 *Schaffstein/Beulke* 2002, S. 107.

105 BGH NStZ 1990, S. 389: Die Tatschuld begrenzt die mögliche Sanktion; *Albrecht* 2000, S. 160 mit erheblichen Zweifeln, ob die jugendstrafrechtliche Flexibilität nicht gegen den Bestimmtheitsgrundsatz verstößt; *Böhm/Feuerhelm* 2004, S. 154; *Schaffstein/Beulke* 2002, S. 93.

106 *Böhm/Feuerhelm* 2004, S. 5.

107 *Schaffstein/Beulke* 2002, S. 93.

108 *Böhm/Feuerhelm* 2004 S. 154; *Laubenthal/Baier/Nestler* 2010, Rn. 428; *Schaffstein/Beulke* 2002, S. 93.

Anders als das allgemeine Strafrecht, werden im Jugendgerichtsgesetz also keine Strafrahmen normiert,[109] denn solche Strafrahmen orientieren sich ausschließlich an der begangenen Straftat und eben nicht an der Täterpersönlichkeit.[110] Die allgemeinstrafrechtlichen Strafrahmen haben gemäß § 18 Abs. 1 S. 3 JGG für das Jugendstrafrecht keine Geltung, sondern können allenfalls bei der Wahl der Sanktion wertend herangezogen werden.[111]

Da kein Täter dem anderen gleicht, muss das Jugendstrafrecht zur Erreichung seines Zieles verschiedenste Eingriffsmöglichkeiten bereithalten. Gleichzeitig darf der junge Täter nach Art. 3 Abs. 1 GG nicht schlechter gestellt werden, als ein Erwachsener in seiner Situation stünde.[112] Wie jeder Eingriff in die Grundrechte ist auch die Verhängung einer jugendstrafrechtlichen Maßnahme am Verhältnismäßigkeitsgrundsatz zu messen. Die Sanktion darf also nicht außer Verhältnis zur begangenen Straftat stehen.[113]

Das Jugendgerichtsgesetz gibt für die Wahl des mildesten Mittels eine Stufenfolge vor:[114] *„Aus Anlass der Straftat"* können auf der ersten Stufe Erziehungsmaßregeln angeordnet werden, *„zur Ahndung der Straftat"* sind auf der zweiten Stufe Zuchtmittel zulässig, soweit Erziehungsmaßregeln nicht ausreichen und Jugendstrafe nicht erforderlich ist, und auf der dritten Stufe kann Jugendstrafe als ultima ratio verhängt werden, wenn weder Erziehungsmaßregeln noch Zuchtmittel ausreichen.[115]

Allerdings orientierte sich der Gesetzgeber bei dieser Stufenfolge allein an der abstrakten Einordnung der Reaktion – teils nur „aus Anlass", teils „zur Ahndung" –, die konkrete Wirkung der Sanktion auf den jungen Täter wurde außer Acht gelassen.[116] Die Weisung, sich 6 Monate einem Betreuungshelfer zu unterstellen, wird aber viel nachhaltiger auf das Leben des Jugendlichen einwirken,

---

109   § 18 Abs. 1 S. 3 JGG: Die Strafrahmen des StGB finden im JGG keine Anwendung.

110   *Albrecht* 2000, S. 66; *Lenz* 2007, S. 66; *Streng* 2012, Rn. 439.

111   BGH StV 1993, 431; *Böhm/Feuerhelm* 2004, S. 9 mit Verweis auf die ständige Rechtsprechung des BGH in Fn. 14.

112   *Böhm/Feuerhelm* 2004, S. 7 weist darauf hin, dass selbst bei der Bemessung der Jugendstrafe, der einzigen echten Kriminalstrafe im JGG, in erster Linie das Wohl des Jugendlichen maßgebend sein soll, mit Verweis auf die st. Rspr. des BGH in Fn. 6; *Ostendorf* 2013a, Rn. 61.

113   *Brunner/Dölling* 2011, Einf. II Rn. 12; *Miehe* 1964, S. 60 ff.; *Schaffstein/Beulke* 2002, S. 106, 93.

114   *Meier/Rössner/Trüg/Wulf* 2011, § 6 Rn. 11a zur Terminologie: Subsidiarität bedeute die Nachrangigkeit staatlicher Reaktion gegenüber privater Reaktion, so dass stattdessen richtigerweise von Erforderlichkeit gesprochen werden solle.

115   *Laubenthal/Baier/Nestler* 2010, Rn. 432; *Streng* 2012, Rn. 244.

116   *Streng* 2012, Rn. 244.

als ein Kurzarrest es vermag.[117] Damit können die auf erster Stufe stehenden Erziehungsmaßregeln durch ihre längerfristige Einwirkung viel einschneidender sein, als die auf zweiter Stufe stehenden denkzettelartigen Zuchtmittel.[118]

Mit Blick auf das Rechtsstaatsprinzip und den Verhältnismäßigkeitsgrundsatz muss die gesetzliche Rangfolge deshalb angepasst werden.[119] An erster Stelle muss das im konkreten Fall mildeste Mittel stehen, das geeignet ist, den jungen Täter von weiteren Straftaten abzuhalten und das nicht außer Verhältnis zur Tat steht.[120]

Daraus ergibt sich dann folgende Stufenfolge:

Angesichts der Eingriffsintensität formeller Sanktionen ist das mildeste Mittel die informelle Diversion.[121] Sofern die folgenlose oder formlose Einstellung nicht ausreicht, sind formelle Sanktionen möglich.[122] Sanktionen stationärer Art folgen erst dann, wenn ambulante Maßnahmen nicht Erfolg versprechend sind.[123] Bei gleichwertiger Erfolgsaussicht mehrerer Sanktionen wiederum muss diejenige Maßnahme gewählt werden, die am wenigsten in die Freiheitsrechte des Jugendlichen eingreift.[124] Die Jugendstrafe bleibt stets ultima ratio des Sanktionskataloges.[125]

---

117 *Ostendorf* 2013a, Rn. 171; *Meier/Rössner/Trüg/Wulf* 2011, § 6 Rn. 6.

118 *Eisenberg* 1989, S. 19; *Meier/Rössner/Trüg/u. a.* 2011, § 6 Rn. 5; *Streng* 2012, Rn. 244, 398; *Laubenthal/Baier/Nestler* 2010, Rn. 435.

119 *Böhm/Feuerhelm* 2004, S. 154; *Laubenthal/Baier/Nestler* 2010, Rn. 436; *Schaffstein/Beulke* 2002, S. 110; *Streng* 2012, Rn. 244 f.

120 Insofern hat auch das Jugendstrafrecht eine tatstrafrechtliche Komponente, *Schaffstein/Beulke* 2002, S. 93; *Streng* 2012, Rn. 247, spricht von sanktionsbegrenzender Tatbindung.

121 *Meier/Rössner/Trüg/Wulf* 2011, § 6 Rn. 11; *Laubenthal/Baier/Nestler* 2010, Rn. 436.

122 *Streng* 2012, Rn. 245.

123 *Meier/Rössner/Trüg/Wulf* 2011, § 6 Rn. 11; *Laubenthal/Baier/Nestler* 2010, Rn. 436; *Werlich* 1985, S. 144 fasst zusammen: „Keine stationäre Behandlung, wo ambulante genügt."

124 *Laubenthal/Baier/Nestler* 2010, Rn. 436; *Schaffstein/Beulke* 2002, S. 93; *Werlich* 1985, S. 144 verweist jedoch darauf, dass dieses Prinzip der Subsidiarität durch den Beschlussarrest durchbrochen werde.

125 *Laubenthal/Baier/Nestler* 2010, Rn. 436.

2.2.2 Die Reaktionsformen im Einzelnen

2.2.2.1 Erziehungsmaßregeln

Unter Erziehungsmaßregeln versteht das Jugendgerichtsgesetz gem. § 9 JGG Weisungen, Erziehungsbeistand und Erziehungshilfe.[126] Sie dienen nicht allgemeinen Strafzwecken wie der Vergeltung und Sühne der Tat oder dem Schutz der Allgemeinheit, sondern haben allein das Ziel, den Täter zu einem Verhalten heranzuführen, das ihn weitere Straftaten vermeiden lässt.[127] Die jugendstrafrechtliche Reaktion soll den jungen Täter also in den Grenzen seiner Schuld beim Erlernen von legalem Verhalten anleiten, fördern und unterstützen.[128] Das bedeutet jedoch nicht, dass die Erziehungsmaßregeln dem jungen Täter nicht als Strafe im Sinne von Vergeltung und Sühne erscheinen dürfen. So lange sie in einem angemessenen Verhältnis zur zugrunde liegenden Straftat stehen,[129] dürfen die mit ihnen einhergehenden repressiven Wirkungen durchaus den Anschein der Strafe haben.[130]

Der junge Täter kann jedoch nur dann von Erziehungsmaßregeln angeleitet und unterstützt werden, wenn er durch sie erreicht werden kann.[131] Dies ist nicht der Fall, wenn er in Anbetracht der Umstände nicht erziehungsbedürftig oder nicht erziehungsfähig ist. Da die Erziehungsmaßregeln dann ihr Ziel nicht zu erreichen vermögen, muss von ihrer Verhängung abgesehen werden.[132]

Weisungen im Sinne des § 10 JGG sind Gebote und Verbote, die bei leichteren Verfehlungen[133] die Lebensführung des Jugendlichen regeln und dadurch seine Erziehung fördern und sichern sollen. Aber auch auf schwerere Verfeh-

---

126 *Schaffstein/Beulke* 2002, S. 87.

127 BVerfG NStZ 1987, 275; *Diemer/Schatz/Sonnen* 2011, § 9 Rn. 3; *Meier/Rössner/Trüg/Wulf* 2011, § 8 Rn. 1; *Schaffstein/Beulke* 2002, S. 104 f.

128 *Streng* 2012, Rn. 341.

129 Das ist eine grundlegende Voraussetzung, *Diemer/Schatz/Sonnen* 2011, § 9 Rn. 4; *Ostendorf* 2013a, Rn. 178.

130 Kritisch *Laubenthal/Baier/Nestler* 2010, Rn. 573; *Reisenhofer* 2012, § 5 Rn. 41; *Schaffstein/Beulke* 2002, S. 111; *Meier/Rössner/Trüg/u. a.* 2011, § 8 Rn. 1; *Streng* 2012, Rn. 340.

131 *Streng* 2012, Rn. 341.

132 *Ostendorf* 2013a, Rn. 175; *Streng* 2012, Rn. 341; *Eisenberg* 2013, § 9 Rn. 10 verlangt zusätzlich die Erziehungswilligkeit; so auch *Laubenthal/Baier/Nestler* 2010, Rn. 576; dagegen *Diemer/Schatz/Sonnen* 2011, § 9 Rn. 8, wonach nur in Fällen der Renitenz von Erziehungsmaßnahmen abgesehen werden soll.

133 *Meier/Rössner/Trüg/Wulf* 2011, § 8 Rn. 9.

lungen kann solange mit einer Weisung reagiert werden, wie kein konkretes Bedürfnis nach der Ahndung der Tat besteht.[134]

Sie werden „*aus Anlass der Tat*" angeordnet, und sollen damit die in der Tat zum Ausdruck gekommenen Erziehungsdefizite ausgleichen.[135] Ihre Anordnung verfolgt explizit keine Ahndung und keinen Schuldausgleich, sondern soll lediglich den Jugendlichen positiv beeinflussen.[136] Angesichts dieser Zielsetzung dürfen Weisungen weder rein repressiv sein,[137] noch aus generalpräventiven Gründen oder zum Schutz der Allgemeinheit angeordnet werden.[138]

Nach § 10 Abs. 1 S. 2 JGG ist der Inhalt der Weisung dadurch begrenzt, dass sie keine unzumutbaren Anforderungen an die Lebensführung des Jugendlichen stellen darf. Ferner muss das mit der Weisung verfolgte Ziel erzieherisch zweckmäßig und ihre Befolgung kontrollierbar sein.[139] Die Weisung selbst muss dem Grundsatz der Verhältnismäßigkeit genügen und darf daher nicht außer Verhältnis zu der begangenen Tat stehen.[140] Gerade durch Weisungen wird häufig sehr intensiv und längerfristig in die Persönlichkeit des jungen Täters eingegriffen. Für Fälle der jugendtypischen Kleinkriminalität kann dies gegen das Übermaßverbot verstoßen.[141]

---

134 *Streng* 2012, Rn. 345 warnt insofern, die Weisung durch exzessive Anwendung zum Strafersatz werden zu lassen.

135 Für sonstige Defizite sind das Jugendamt und das Familiengericht zuständig, h. M., vgl. *Böhm/Feuerhelm* 2004, S. 177; *Laubenthal/Baier/Nestler* 2010, Rn. 575; *Meier/Rössner/Trüg/Wulf* 2011, § 8 Rn. 2; *Schaffstein/Beulke* 2002, S. 111; *Streng* 2012, Rn. 341; einschränkend aber *Albrecht* 2000, S. 19 und *Laubenthal/Baier/Nestler* 2010, Rn. 15, die darauf hinweisen, dass angesichts der Normalität von Jugendkriminalität nicht von einem zum Ausdruck gekommenen Erziehungsdefizit ausgegangen werden kann.

136 *Ostendorf* 2013a, Rn. 54; *Schaffstein/Beulke* 2002, S. 111: der Schuldausgleich darf allenfalls Nebeneffekt, nicht aber Nebenziel sein.

137 *Eisenberg* 2013, § 11 Rn. 13; ausführlich *Itzel* 1987, mit der Kritik von *Walter* 1988, S. 331; *Meier/Rössner/Trüg/u. a.* 2011, § 8 Rn. 9, § 9 Rn. 30; *Ostendorf* 2013a, Rn. 4; *Schaffstein/Beulke* 2002, S. 111; *Streng* 2012, Rn. 363 meint, die Tat selbst solle nicht zum Thema gemacht werden; so auch *Laubenthal/Baier/Nestler* 2010, Rn. 585 mit der Befürchtung negativer Verstärkung bei permanenter Auseinandersetzung mit der Tat.

138 *Ostendorf* 2013a, Rn. 54; *Schaffstein/Beulke* 2002, S. 111.

139 *Albrecht* 2000, S. 167; *Diemer/Schatz/Sonnen* 2011, § 10 Rn. 22; *Meier/Rössner/Trüg/Wulf* 2011, § 9 Rn. 30; *Schaffstein/Beulke* 2002, S. 112; *Streng* 2012, Rn. 363.

140 *Diemer/Schatz/Sonnen* 2011, § 10 Rn. 2; *Meier/Rössner/Trüg/Wulf* 2011, § 9 Rn. 23; *Schaffstein/Beulke* 2002, S. 110.

141 *Albrecht* 2000, S. 165; *Schaffstein/Beulke* 2002, S. 110; *Streng* 2012, Rn. 361; *Ostendorf* 2013a, Rn. 7; zum Verhältnismäßigkeitsgrundsatz auch *Böhm/Feuerhelm* 2004, S. 180; *Walter* 1992, S. 470 f.

Weitere inhaltliche Grenzen finden sich in dem vom Grundgesetz und den übigen Gesetzen vorgegebenen Rahmen.[142] Die Grundrechte des jungen Täters müssen gewahrt bleiben, die von ihm verlangte Handlung darf weder gesetzeswidrig sein,[143] noch das Ehrgefühl des Jugendlichen beeinträchtigen.[144]

Weisungen sollen zwar tatbezogen sein,[145] jedoch gleichzeitig nicht in zu deutlicher Weise das Unrecht der Tat widerspiegeln. Ihr Sinn und Zweck besteht nicht darin, dem jungen Täter die Tat in moralisierender Weise immer wieder vor Augen zu halten, sondern darin, ihm eine Hilfestellung für sein zukünftiges Legalverhalten zu geben.[146]

Die Verhängung von Weisungen öffnet stets die Tür für die Verhängung von Beschlussarrest. Würde die Arrestverhängung gegen das gesetzgeberische Ziel verstoßen, die Nichtbefolgung von Anordnungen nicht mit einer Sanktion zu belegen, so ist auch die Verhängung der Weisung bereits unzulässig.[147]

Der regelmäßig mit einer Weisung verbundene Eingriff in das elterliche Erziehungsrecht darf nicht aus dem Blick verloren werden.[148] Dieser Eingriff ist zwar durch die im Jugendgerichtsgesetz geregelten Befugnisse im Zusammenhang mit der wirksamen Strafrechtspflege vorgesehen und durch das staatliche Wächteramt aus Art. 6 Abs. 2 GG legitimiert.[149] Ein Eingriff in dem Sinne, dass elterliches und staatliches Vorgehen in völlig verschiedene Richtungen gehen, sollte jedoch vermieden werden. Der mit der Weisung verfolgte erzieherische

---

142 *Albrecht* 2000, S. 166; *Laubenthal/Baier/Nestler* 2010, Rn. 623; *Meier/Rössner/Trüg/ Wulf* 2011, § 9 Rn. 23; *Ostendorf* 2013, § 10 Rn. 6; *Schaffstein/Beulke* 2002, S. 108.

143 *Albrecht* 2000, S. 166; *Böhm/Feuerhelm* 2004, S. 13, 184; *Laubenthal/Baier/Nestler* 2010, Rn. 623; *Meier/Rössner/Trüg/Wulf* 2011, § 9 Rn. 26; *Ostendorf* 2013a, Rn. 176; *Schaffstein/Beulke* 2002, S. 110; *Streng* 2012, Rn. 361 mit Beispielen.

144 *Diemer/Schatz/Sonnen* 2011, § 10 Rn. 7; *Schaffstein/Beulke* 2002, S. 112.

145 *Böhm/Feuerhelm* 2004, S. 179; *Diemer/Schatz/Sonnen* 2011, § 10 Rn. 24.

146 *Böhm/Feuerhelm* 2004, S. 180; *Eisenberg* 2013, § 10 Rn. 4; *Streng* 2012, Rn. 363.

147 Beispielsweise die Verhängung der Weisung, die Kosten des Prozesses zu tragen. Der Verstoß gegen die Kostentragungspflicht wird gem. § 2 JGG i. V. m. § 456 StPO nicht mit Arrest bedroht, weitere Beispiele bei *Diemer/Schatz/Sonnen* 2011, § 10 Rn. 18; *Laubenthal/Baier/Nestler* 2010, Rn. 625.

148 Hierzu ausführlich *Walter/Wilms* 2004, S. 600 ff.

149 BVerfG NStZ 1987, S. 502 ff.; BVerfG NJW 2003, S. 2004 ff.; *Böhm/Feuerhelm* 2004, S. 182; *Diemer/Schatz/Sonnen* 2011, § 9 Rn. 9; *Grunewald* 2003, S. 214; *Laubenthal/Baier/Nestler* 2010, Rn. 586 ff.; *Streng* 2012, Rn. 346 m. w. N. in Fn. 12; a. A. *Albrecht* 2000, wonach sich ein Eingriffsrecht nicht allein aus einem staatlichen Strafanspruch herleiten lasse, sondern hierfür stets ein Erziehungsversagen der Erziehungsberechtigten erforderlich sei.

Zweck ist schwieriger zu erreichen, wenn der junge Täter in einen „Gehorsams-konflikt" zwischen Eltern und Staat gerät.[150] Bei Heranwachsenden ergibt sich ein weiteres Problem: Mit der Volljährig-keit endet das Erziehungsrecht der Eltern. Endete gleichzeitig das Erziehungs-recht des Staates,[151] so würde eine zwangsweise Erziehung ausscheiden.[152]

Allerdings geht das Jugendgerichtsgesetz in seinen Wertungen offenbar davon aus, dass der Entwicklungsgrad von Heranwachsenden ein erzieherisches Eingreifen weiterhin erforderlich machen kann. Allein der Umstand, dass der Heranwachsende volljährig geworden ist, bringt schließlich nicht mit sich, dass sein Reifegrad dem eines Erwachsenen gleichzustellen ist. Vielmehr kann diese Entwicklung noch einige Zeit in Anspruch nehmen. Das Jugendgerichtsgesetz nimmt durch die entsprechende Anwendbarkeit der Normen auch auf solche Heranwachsende, die in ihrem Entwicklungsstand Jugendlichen gleichzustellen sind, Rücksicht.[153] Mit der nur beispielhaften Aufzählung möglicher Weisungen in § 10 Abs. 1 JGG ist gewährleistet, dass das Jugendgericht der Individualität von Täter und Tat erzieherisch gerecht werden kann.[154] Es kann einerseits eine Katalogweisung, andererseits darüber hinausgehende, individuelle richterliche Weisungen verhängen.[155] Namentlich genannt sind Weisungen hinsichtlich des Aufenthaltsorts, bei einer Familie oder im Heim zu wohnen, eine Ausbildungs-oder Arbeitsstätte anzunehmen, Arbeitsleistungen zu erbringen,[156] sich der Be-treuung und Aufsicht einer bestimmten Person (also eines Betreuungshelfers) zu unterstellen, an einem sozialen Trainingskurs teilzunehmen, sich zu bemühen, einen Ausgleich mit dem Verletzten zu erreichen (Täter-Opfer-Ausgleich), den

---

150 *Streng* 2012, Rn. 347; *Diemer/Schatz/Sonnen* 2011, § 10 Rn. 12 verweisen darauf, dass dies nicht dazu führen dürfe, dass der Richter eine seiner Ansicht nach erzieherisch an-gemessene Weisung nicht verhänge, sondern mit Rücksicht auf die Eltern auf ein Zuchtmittel zurückgreife.

151 *Laubenthal/Baier/Nestler* 2010, Rn. 577.

152 *Obiter dictum* des BVerfGE 180, S. 219, 220; *Eisenberg* 2013, § 105 Rn. 37.

153 Zur Vorrangigkeit des Erziehungsgedankens auch bei Heranwachsenden BGH StV 88, S. 307; *Böhm/Feuerhelm* 2004, S. 183; *Brunner/Dölling* 2011, Einf. II Rn. 11a; nach a. A. sollen sich jugendstrafrechtliche Maßnahmen gegen Heranwachsende nicht am Erziehungsgedanken, sondern lediglich an spezialpräventiven Gesichtspunkten orien-tieren, so *Laubenthal/Baier/Nestler* 2010, Rn. 577; *Ostendorf* 2013a, Rn. 176.

154 *Laubenthal/Baier/Nestler* 2010, Rn. 578; *Schaffstein/Beulke* 2002, S. 107; *Streng* 2012, Rn. 348 mit Zahlen zum tatsächlichen Gebrauch; hierzu kritisch mit Blick auf den Be-stimmtheitsgrundsatz *Albrecht* 2000, S. 160, 164.

155 *Streng* 2012, Rn. 351, 360.

156 BVerfG NStZ 1987, S. 275 ff zur Vereinbarkeit mit Art. 12 GG.

Verkehr mit bestimmten Personen oder den Besuch von Gast- oder Vergnü-
gungsstätten zu unterlassen oder an einem Verkehrsunterricht teilzunehmen.
Nach § 10 Abs. 2 JGG kann dem Jugendlichen mit seiner Zustimmung (bzw. bis
zum 16. Lebensjahr mit der Zustimmung der Erziehungsberechtigten) auferlegt
werden, sich einer heilerzieherischen Behandlung oder einer Entziehungskur zu
unterziehen.[157]

Gem. § 12 JGG kann das Jugendgericht dem Jugendlichen auferlegen, *Hilfen zur Erziehung* in Anspruch zu nehmen.

2.2.2.2 Zuchtmittel

Im Gegensatz zu den langfristig auf den jungen Täter einwirkenden Erziehungsmaßregeln haben Zuchtmittel eine kurze, bewusst denkzettelartig repressive Wirkung.[158] Auch hier dominiert der Erziehungsgedanke noch immer,[159] der
junge Täter soll von weiteren Straftaten abgehalten (positive Spezialprävention)
und darüber hinaus durch die Wirkung des Zuchtmittels abgeschreckt werden
(negative Spezialprävention).[160] Den Grundgedanken des Jugendstrafrechts entsprechend spielen generalpräventive Aspekte trotz des teils repressiven Charakters der Zuchtmittel auch hier keine Rolle.[161]
Auch wenn § 13 Abs. 3 JGG klarstellt, dass Zuchtmittel nicht die Rechts-
wirkungen einer Strafe haben, dienen sie nach § 13 Abs. 1 JGG ausdrücklich zur
Ahndung der Tat. Ahndende Aspekte, also solche des Schuldausgleichs und der
Vergeltung des begangenen Unrechts, können durchaus zur Begründung der
Verurteilung herangezogen werden.[162] Zuchtmittel enthalten also Elemente der
Strafe[163] und haben insofern jedenfalls einen der Strafe ähnlichen Charakter.[164]

---

157 *Streng* 2012, Rn. 364 f.

158 *Albrecht* 2000, S. 204; *Diemer/Schatz/Sonnen* 2011, § 13 Rn. 2; *Nothacker* 2001, S. 60.

159 Nach *Werlich* 1985, S. 144 in Form der Übelzufügung.

160 *Ostendorf* 2013a, Rn. 196.

161 *Diemer/Schatz/Sonnen* 2011, § 5 Rn. 5 mit Verweis auf die ständige Rechtsprechung
     des BGH; *Eisenberg* 2013, § 17 Rn. 5; *Meyer-Höger* 1998, S. 10; *Ostendorf* 2013a,
     Rn. 196.

162 BVerfG NJW 2005, S. 2140, 2141; *Bottke* 1984, S. 35; *Brunner/Dölling* 2011, § 13
     Rn. 2; *Diemer/Schatz/Sonnen* 2011, § 5 Rn. 8, § 13 Rn. 2; *Laubenthal/Baier/Nestler*
     2010, Rn. 683, 696: tatbezogene Sühneleistung; *Meier/Rössner/Trüg/Wulf* 2011, § 10
     Rn. 1; *Schaffstein/Beulke* 2002, S. 135; *Streng* 2012, Rn. 396; a. A. *Ostendorf* 2013a,
     Rn. 194.

163 BGHSt 18, S. 207 ff.; *Diemer/Schatz/Sonnen* 2011, § 5 Rn. 8.

164 *Laubenthal/Baier/Nestler* 2010, Rn. 696.

Sie werden deshalb teilweise auch als materielle Strafe bezeichnet[165] und sind wie die Strafe selbst in Art und Maß durch die Schuld begrenzt.[166]

Sie haben nicht den Anspruch, durch eine länger dauernde erzieherische Beeinflussung größere Erziehungsmängel des Täters auszugleichen.[167] Vielmehr soll mit dem kurzen Eingriff verdeutlicht werden, dass die Gesellschaft den Normverstoß nicht hinnimmt,[168] dass der Rechtsgüterschutz auch für den Täter verbindlich ist und er für den Normverstoß einstehen muss.[169] Das erzieherische Element liegt hier also in der normbestätigenden Wirkung.

Mit der *Verwarnung* gem. § 14 JGG kann das Jugendgericht auf Täter einer leichten einmaligen Verfehlung reagieren, wenn sie keine großen Defizite in der Erziehung aufweisen.[170] Dem Täter soll durch eine ausdrückliche Zurechtweisung das Unrecht seiner Tat eindringlich vor Augen gehalten werden.[171] Sie unterscheidet sich formal von der Ermahnung i. S. d. § 45 Abs. 3 S. 1 JGG, denn sie ist ein reguläres Ahndungsmittel jugendlicher Verfehlungen[172] und kann erst ausgesprochen werden, wenn das zugrunde liegende Urteil rechtskräftig geworden ist.[173]

§ 15 JGG enthält einen enumerativen[174] Katalog möglicher *Auflagen*, nämlich den durch die Tat verursachten Schaden wieder gut zu machen, sich persön-

---

165   So *Albrecht* 2000, S. 204; *Laubenthal/Baier/Nestler* 2010, Rn. 696; *Ostendorf* 2013a, Rn. 203; *Streng* 2012, Rn. 396; *Welzel* 1969, S. 273; a. A. *Böhm/Feuerhelm* 2004, S. 205; *Schaffstein/Beulke* 2002, S. 135.

166   *Albrecht* 2000, S. 209; *Brunner/Dölling* 2011, Einf II Rn. 14.

167   *Diemer/Schatz/Sonnen* 2011, § 13 Rn. 5; *Schaffstein/Beulke* 2002, S. 134 weisen darauf hin, dass sie daher auch nicht zur Anwendung auf Täter mit erheblichem Erziehungsdefizit geeignet seien.

168   *Albrecht* 2000, S. 204; *Böhm/Feuerhelm* 2004, S. 196, 198 „tatbezogener Mahn- und Ordnungsruf ohne Fernwirkung"; *Schaffstein/Beulke* 2002 S. 136; *Meier/Rössner/Trüg/Wulf* 2011, § 10 Rn. 1.

169   *Ostendorf* 2013a, Rn. 194; *Schaffstein/Beulke* 2002, S. 134.

170   *Albrecht* 2000, S. 206; *Diemer/Schatz/Sonnen* 2011, § 14 Rn. 2; *Ostendorf* 2013a, Rn. 197 zieht die Verwarnung auch bei einmaligen schwerwiegenden Verfehlungen in Betracht.

171   *Laubenthal/Baier/Nestler* 2010, Rn. 678.

172   *Diemer/Schatz/Sonnen* 2011, § 14 Rn. 2.

173   *Schaffstein/Beulke* 2002, S. 137; zur Abgrenzung auch *Albrecht* 2000, S. 207.

174   Aufgrund der Einordnung der Zuchtmittel als materielle Strafe gilt hier Art. 103 GG wenigstens entsprechend, so dass ein offener Katalog wie der des § 10 JGG nicht zulässig wäre, so *Streng* 2012, Rn. 402.

lich beim Verletzten zu entschuldigen, Arbeitsleistungen zu erbringen[175] und einen Geldbetrag an eine gemeinnützige Einrichtung zu zahlen.

Mit diesen Sanktionen soll dem Täter das begangene Unrecht vor Augen gehalten, an sein Verantwortungsgefühl appelliert,[176] seine Unrechtseinsicht gefördert und die rechtsstaatlichen Grenzen aufgezeigt werden.[177] Als ahndende Maßnahme dient die Auflage darüber hinaus dem Ausgleich der Tat, der Genugtuung des Verletzten (also der Vergeltung) und der Rechtsgemeinschaft durch den Ausgleich des Unrechts.[178] Anders als bei Weisungen wird der Täter hier gezwungen, als Reaktion auf die Tat eine eigene Leistung zu erbringen, die Auflagen sind insofern als tatbezogene Sühneleistung[179] repressiv.[180]

Der als Freizeit-, Kurz- und Dauerarrest ausgestaltete *Jugendarrest* ist in § 16 JGG geregelt. Dieses Institut eines kurzen Freiheitsentzuges mit ahndendem Charakter[181] kommt im allgemeinen Strafrecht nicht vor.[182] Neueren Erkenntnissen zufolge sind kurze Freiheitsstrafen stigmatisierend und daher in spezialpräventiver Hinsicht schädlich,[183] sie werden deshalb im Erwachsenenstrafrecht durch §§ 47, 56 StGB mit Geld- oder Bewährungsstrafen ersetzt.[184] Im Jugendgerichtsgesetz wurde dennoch der Jugendarrest mit dem Ziel implementiert, individualpräventiv freiheitsentziehend einzugreifen, dabei aber gleichzeitig stigmatisierende Wirkungen des Freiheitsentzuges zu vermeiden.[185]

---

175 *Streng* 2012, Rn. 354 kritisch zur Abgrenzung zwischen Auflagen und Weisungen bei der Erbringung von Arbeitsleistungen. Auch Erstere enthielten ein ahndendes Element, würden aber teilweise als „Steigerung des Verantwortungsgefühls" dann doch als Erziehungsmaßnahme gesehen.

176 *Streng* 2012, Rn. 401.

177 *Albrecht* 2000, S. 209; *Böhm/Feuerhelm* 2004, S. 199.

178 *Albrecht* 2000, S. 209; *Laubenthal/Baier/Nestler* 2010, Rn. 669; *Schaffstein/Beulke* 2002, S. 137; *Streng* 2012, Rn. 401; anders wohl *Meier/Rössner/Trüg/Wulf* 2011, § 10 Rn. 1; *Ostendorf* 2013a, Rn. 194.

179 *Brunner/Dölling* 2011, § 15 Rn. 1; *Diemer/Schatz/Sonnen* 2011, § 15 Rn. 2; *Laubenthal/Baier/Nestler* 2010, Rn. 683; kritisch *Streng* 2012, Rn. 354, 401; *Werlich* 1985, S. 143 zum Sühnegedanken im JGG.

180 *Meier/Rössner/Trüg/Wulf* 2011, § 10 Rn. 11.

181 *Streng* 2012, Rn. 409.

182 *Böhm/Feuerhelm* 2004, S. 205; *Meier/Rössner/Trüg/u. a.* 2011, § 10 Rn. 27.

183 *Albrecht* 2000, S. 223; *Goeckenjan* 2013, S. 69; *Meier/Rössner/Trüg/Wulf* 2011, § 10 Rn. 27.

184 *Albrecht* 2000, S. 218; *Meier/Rössner/Trüg/Wulf* 2011, § 10 Rn. 27.

185 *Brunner/Dölling* 2011, § 16 Rn. 1; *Dallinger/Lackner* 1965, § 16 Rn. 2: Arrest als reine Maßnahme der Erziehung; *Eisenberg* 2013, § 16 Rn. 5, zweifelt, ob nicht Jugendarrest

Der pädagogische Nutzen des Jugendarrests ist jedoch sehr umstritten.[186] Ungeklärt ist darüber hinaus, in welchem Verhältnis Aspekte der fördernden Erziehung nach § 90 JGG zu Aspekten der Ahndung stehen sollen.[187]

Nach der Rechtsprechung „*soll er Ausgleich für begangenes Unrecht sein und durch seine Einflussnahme auf den Jugendlichen auch der Besserung dienen, ferner vermöge seines harten Vollzuges abschreckend wirken*".[188] Die ersichtlich mit dem Arrest verbundene Schock- und Abschreckungswirkung macht es aber schwierig, dem jungen Täter zur „Besserung" positive Anstöße zu vermitteln.[189] Ob diese Schock- und Abschreckungswirkung noch einzutreten vermag, wenn der junge Täter bereits zuvor in einer stationären Maßnahme war, darf zudem bezweifelt werden.[190]

Dem Verhältnismäßigkeitsgrundsatz weiter folgend soll Jugendarrest immer dann verhängt werden, wenn er zur Ahndung der Tat erforderlich und ausreichend ist.[191] Er kommt daher nicht in Frage, wenn bei leichteren oder erstmaligen Verfehlungen Erziehungsmaßregeln möglich sind oder bei fehlendem Erziehungsdefizit ein anderer Denkzettel ausreichend ist, sowie wenn die Schwere der Schuld oder schädliche Neigungen Jugendstrafe notwendig machen.[192]

2.2.2.3 Jugendstrafe

Die Jugendstrafe ist die schärfste Sanktion des Jugendstrafrechts und als ultima ratio nur in den Fällen zu verhängen, wenn weder Erziehungsmaßregeln noch Zuchtmittel ausreichend sind.[193] Sie soll nicht nur der Erziehung des Jugendlichen dienen, sondern ist gleichzeitig eine echte Kriminalstrafe.[194] Für ihre Ver-

---

einer Strafe inhaltlich gleichkommt; vgl. auch *Goeckenjan* 2013, S. 67; *Ostendorf* 2013a, Rn. 204; *Streng* 2012, Rn. 409.

186 Im Überblick *Dünkel* 1990, S. 425; *Dünkel* 1991, S. 23; *Feltes* 1993, S. 105 ff.; *Hartwig/Krieg/Rathke* 1989, S. 40; *Hinrichs* 1999, S. 267 ff. zu den tatsächlichen Umständen in der Arrestvollstreckung; siehe im Einzelnen *Kapitel 2.5.3.2.1.*

187 *Goeckenjan* 2013, S. 68.

188 BGHSt 18, S. 207, 209; kritisch *Albrecht* 2000, S. 222, wonach der Arrest in der Praxis eher als repressives und generalpräventives Instrument gehandhabt werde; *Goeckenjan* 2013, S. 68; *Ostendorf* 2013a, Rn. 204.

189 *Frehsee* 1989, S. 319 f.

190 Ablehnend *Schaffstein/Beulke* 2002, S. 145.

191 *Schaffstein/Beulke* 2002, S. 144.

192 *Laubenthal/Baier/Nestler* 2010, Rn. 712 f.; *Schaffstein/Beulke* 2002, S. 144.

193 *Meier/Rössner/Trüg/Wulf* 2011, § 1 Rn. 29; *Streng* 2012 Rn. 424.

194 *Laubenthal/Baier/Nestler* 2010, Rn. 724; *Diemer/Schatz/Sonnen*, 2011 § 17 Rn. 4.

hängung und Bemessung sind dementsprechend auch Aspekte des Schuldaus-gleichs bedeutsam.[195] Ebenso wie die Freiheitsstrafen des allgemeinen Straf-rechts hat sie den Charakter vergeltender Übelzufügung.[196]

2.3 Die Einführung des Beschlussarrests

Der Beschlussarrest ist in § 11 Abs. 3 JGG und damit im Zweiten Teil des JGG unter der Überschrift „Erziehungsmaßregeln" normiert. Seine Bezeichnung ist uneinheitlich und reicht von Ungehorsamsarrest über Zwangsarrest und Beu-gearrest bis zum Beschlussarrest.[197]

Er kann verhängt werden, wenn der Jugendliche gegen Weisungen, Aufla-gen, Bewährungsweisungen oder -auflagen verstößt, §§ 11 Abs. 3, 15 Abs. 3 S. 2, 23 Abs.1 S. 4 JGG. Auch wenn der Beschlussarrest systematisch in § 11 Abs. 3 JGG und damit im Abschnitt der Erziehungsmaßregeln normiert ist, ist er ein besonderer Fall des Jugendarrests und damit dogmatisch gesehen ein Zucht-mittel.[198]

Die Verhängung von Beschlussarrest ist darüber hinaus gem. § 98 Abs. 2 OWiG möglich, wenn der Jugendliche Auflagen nicht erfüllt hat, die das Jugendgericht in Umwandlung eines Bußgeldbescheides verhängte.

Bis zur Einführung des Beschlussarrests mit Wirkung zum 01.01.1944[199] sah das Jugendstrafrecht keine Möglichkeit vor, die Erfüllung der damals so ge-nannten „besonderen Pflichten" (Erziehungsmaßregeln im heutigen Sinne) zu erzwingen.[200] Es gab zwar außerhalb des Jugendstrafrechts die Möglichkeit, dass der Vormundschaftsrichter die verhängten Pflichten mit Ordnungsstrafen durchsetzte. Angesichts der damit einhergehenden strafenden und so im Rahmen der besonderen Pflichten nicht vorgesehenen Wirkung war diese Form der Durchsetzung nach herrschender Auffassung nicht im Sinne des Gesetzes und wurde entsprechend selten angewendet. Eine spürbare Reaktion auf die Nichter-

---

195 *Streng* 2012, Rn. 423.

196 *Laubenthal/Baier/Nestler* 2010, Rn. 724.

197 *Feltes* 1993, S. 107; *Ostendorf* 2013a, Rn. 329.

198 *Albrecht* 2000, S. 219; *Böhm/Feuerhelm* 2004, S. 193; *Laubenthal/Baier/Nestler* 2010, Rn. 638; *Meier/Rössner/Trüg/Wulf* 2011, § 10 Rn. 18, 42; *Schaffstein/Beulke* 2002, S. 145; *Weber* 1989, S. 347; *Werlich* 1985, S. 143; a. A. *Diemer/Schatz/Sonnen* 2011, Rn. 11, der darauf verweist, dass der Beschlussarrest nicht als Ahndungsmittel in § 5 JGG genannt wird; a. A. wohl auch *Nothacker* 2001, S. 59: Zuchtmittel versus Beuge-maßnahme.

199 *Eisenberg* 2013, § 11 Rn.11; *Hinrichs* 1989, S. 332; *Pfeiffer* 1983, S. 45.

200 *Dünkel* 1991, S. 28; *Eisenberg* 1989, S. 16; *Feltes* 1993, S. 107; *Hinrichs* 1989, S. 334; *Pfeiffer* 1983, S. 41.

füllung der besonderen Pflichten erfolgte deshalb erst bei einer neuerlichen Verurteilung.[201]

Die Auswahl an ambulanten Maßnahmen war damals wesentlich geringer als heute,[202] dennoch kamen sie Berichten zufolge in immerhin 35% aller Verurteilungen im Jahre 1937 zur Anwendung.[203] Sobald mit der Einführung des Jugendarrests zum 04.10.1940[204] jedoch die Möglichkeit einer „kurzen, aber harten Erziehungsstrafe"[205] zur Verfügung stand, wurde gegen die jungen Täter zumeist Arrest verhängt.[206] Bereits damals war der Arrest für solche Jugendliche gedacht, die „gutgeartet" waren, sowie als Reaktion auf lediglich „kleinere und mittlere Verfehlungen".[207]

Die Einführung eines Beschlussarrests war von Anfang an kritisch beurteilt worden. Von Ungehorsamsfällen wurde noch im Jahre 1940 nur wenig berichtet, Kritiker sprachen insofern von der „Einführung einer Strafe durch die Hintertür".[208] Andererseits wurden häufig kurze Freiheitsstrafen verhängt und zur Bewährung ausgesetzt: Eine andere Möglichkeit, mittelbar die Erfüllung von Bewährungsweisungen und –auflagen zu erzwingen,[209] die sich mit der Einführung des Beschlussarrests erübrigen sollte.

Als Begründung für das Erfordernis des Beschlussarrests wurden auch erzieherische Erwägungen herangezogen. Ausschlaggebend war jedoch, dass damit die Nichtbefolgung der Staatsautorität[210] sanktioniert und das Ansehen des Gerichts[211] gewahrt werden sollten.[212]

---

201 Ausführlich *Eisenberg* 1989, S. 16 mit weiteren Nachweisen; *Feltes* 1993, S. 108; *Potrykus* 1955, § 11 Bem. 3.

202 *Pfeiffer* 1983, S. 41; *Weber* 1989, S. 345.

203 *Hinrichs* 1989, S. 330; *Pfeiffer* 1983, spricht für das Jahr 1927 für nur geschätzte 6%, tendenziell sogar weniger.

204 *Dünkel* 1990, S. 426 weist m. w. N. darauf hin, dass der Arrest nicht als NS-Ideologie abgetan werden könne, da erste Vorschläge zu seiner Einführung bereits im Jahr 1911 geäußert worden seien.

205 *Pfeiffer* 1981, S. 30.

206 *Hinrichs* 1989, S. 331 f. mit Zahlen bis zu 75% im Jahr 1942; *Meyer-Höger* 1998, S. 89 f., wonach 1941 in 46,7% aller jugendstrafrechtlichen Verurteilungen Jugendarrest verhängt wurde; *Pfeiffer* 1981, S. 44 spricht in Fn. 1 für das Jahr 1942 von 72%.

207 *Pfeiffer* 1981, S. 29.

208 *Hinrichs* 1989, S. 331 f.

209 *Hinrichs* 1989, S. 331 berichtet, dass im Jahr 1937 von den verhängten 12.314 Freiheitsstrafen 9.003 eine Dauer von unter drei Monaten aufwiesen.

210 *Hinrichs* 1989, S. 332, mit Verweis auf die Verordnung über die Vereinfachung und Vereinheitlichung des Jugendstrafrechts (Jugendstrafrechtsverordnung) vom 6.11.1943,

> *„Das geltende Recht kannte keine Möglichkeiten, Jugendliche, die Pflichten oder Weisungen, die ihnen der Richter erteilt oder auferlegt hatte, schuldhaft nicht nachkamen, zur Verantwortung zu ziehen. Dies war aus Gründen der Staatsautorität und auch aus erzieherischen Gründen nicht länger tragbar. Das Gesetz sieht daher für diese Fälle die Verhängung von Jugendarrest vor."* [213]

> *„Zur Hebung des Ansehens der Jugendgerichte hat sich das JGG 1943 und ihm folgend auch das neue Gesetz für eine mittelbare Erzwingung der Weisung entschieden"*.[214]

Insofern wurde der Beschlussarrest explizit als eine

> *„Reaktion mit Vergeltungscharakter auf jugendlichen Ungehorsam und Gleichgültigkeit"*

konzipiert.[215]

Mit dem JGG 1953 hat der Bundesgesetzgeber den Beschlussarrest unter Verweis auf erzieherische Gründe übernommen: Es sei erzieherisch wertvoller, dem Jugendlichen eine Konsequenz auf die Nichtbefolgung zu bieten, statt bloß zuzuwarten.[216] Zudem erscheine es richtiger, dem Jugendlichen

> *„das Folgenmüssen fühlbar zu Bewusstsein zu bringen"*.[217]

Im Jahr 1974 wurde der Beschlussarrest auch auf die Nichtbefolgung von Bewährungsweisungen und –auflagen ausgedehnt,[218] nachdem er zuvor bereits

---

RGBl. 1, S. 635; *Emig* 1991, S. 55, der darauf verweist, dass auch in neuerer Zeit der Beschlussarrest häufig einen Versuch darstelle, das eigene Gesicht zu wahren; ähnlich *Feltes* 1993, S. 108.

211 Hierzu auch *Thalmann* 2011, S. 82f.

212 *Eisenberg* 1989, S. 16; *Werlich* 1985, S. 140.

213 *Kümmerlein* 1943, S. 536.

214 *Dallinger/Lackner* 1965, § 11 Rn. 9.

215 *Eisenberg* 1989, S. 16 mit weiteren Nachweisen zu den zeitgenössischen Kommentierungen.

216 *Eisenberg* 1989, S. 16.

217 *Potrykus* 1955, § 11 Bem. 3.

218 *Eisenberg* 2013, § 11 Rn. 11.

analog auf den Verstoß gegen Bewährungsweisungen und –auflagen angewandt worden war.[219]

2.4 Die Rechtsnatur des Beschlussarrests

Zwar sollte sich der Beschlussarrest nach den in der Diskussion zu seiner Einführung im Jahr 1941 verfassten Leitsätzen auf die zugrunde liegende Straftat beziehen und kein neuer Straftatbestand geschaffen werden.[220] Im Ergebnis hat das Reichsjustizministerium die Frage nach der Rechtsnatur jedoch offen gelassen:

> *„Die Klärung ob es sich hier um eine Ahndung der früheren Straftat oder um einen neuen Straftatbestand handelt, mag der Wissenschaft überlassen bleiben."*[221]

Damit war der Streit eröffnet, und noch heute existieren hierzu verschiedene Auffassungen.[222]

2.4.1 Beschlussarrest als Ahndungsmittel

Potrykus ging davon aus, dass der Beschlussarrest die ursprüngliche Straftat ahndet.[223] Diese Einordnung als Ahndungsmittel i. S. d. §§ 5 Abs. 2, 13 Abs. 2 Nr. 3 JGG wird jedoch weithin mit Hinweis auf die Systematik abgelehnt: Der Beschlussarrest sei nicht in § 5 JGG als Folge einer Straftat benannt, sondern vielmehr ausschließlich im systematischen Zusammenhang mit § 10 JGG geregelt.[224]

Zudem seien die gesetzlichen Voraussetzungen für die Verhängung von Urteils- und Beschlussarrest unterschiedlich: Während der Urteilsarrest an die zugrunde liegende Straftat anknüpfe und davon abhänge, dass zwar noch keine Jugendstrafe geboten sei, dem Jugendlichen sein Fehlverhalten aber deutlichst

---

219 *Eisenberg* 1989, S. 17; kritisch hierzu *Dünkel* 1991, S. 23, der hierin eine Schlechterstellung gegenüber dem Erwachsenenstrafrecht sieht; ebenso *Feltes* 1993, S. 108; *Frehsee* 1989, S. 327.

220 *Meyer-Höger* 1998, S. 104 mit Verweis auf die Leitsätze, Bemerkung zu C V in: BA R 22/1184 Bl. 14.

221 *Feltes* 1993, S. 108; *Ostendorf* 1983, S. 567 m. w. N.; *Werlich* 1985, S. 147.

222 Mit einem Überblick *Dünkel* 1991, S. 28; *Dünkel* 1990, S. 432.

223 *Potrykus* 1955, § 11 Bem. 4 geht jedoch davon aus, dass der Beschlussarrest die ursprüngliche Straftat ahndet.

224 *Diemer/Schatz/Sonnen* 2011, § 11 Rn. 11; ablehnend auch *Meier/Rössner/Trüg/Wulf* 2011, § 11 Rn. 19.

vor Augen geführt werden müsse,[225] setze der Beschlussarrest schlicht voraus, dass eine Weisung oder Auflage schuldhaft nicht befolgt worden sei. Ob Jugendarrest angesichts der ursprünglichen Tat erzieherisch erforderlich gewesen wäre, bleibe außer Betracht. Die Entscheidung knüpfe allein an die im Urteil angeordnete Rechtsfolge und die Zuwiderhandlung gegen diese an.[226]

2.4.2 Nichtbefolgung von Weisungen als Ordnungswidrigkeit oder Ordnungsmaßnahme

Ein weiterer Ansatz könnte sein, die Nichtbefolgung von Weisungen als Ordnungswidrigkeit einzustufen und das Verhalten als solche zu sanktionieren. Allerdings ist bereits die Definition der Ordnungswidrigkeit in § 1 Abs. 1 OWiG nicht einschlägig. Die Nichtbefolgung der Rechtsfolge müsste den Tatbestand eines Gesetzes verwirklichen, das die Ahndung mit einer Geldbuße zulässt.[227] Das ist hier nicht der Fall.

Auch als Ordnungsmaßnahme, mit der ein rechtliches Verfahren durchgesetzt werden soll, kann der Beschlussarrest nicht eingeordnet werden, denn er baut unmittelbar auf der nicht erfüllten Sanktion auf und übernimmt deren Grundcharakter als strafrechtliche Norm. Es handelt sich damit also nicht um Ordnungsmaßnahmen als Nachteilszufügung zur Erzwingung eines prozessordnungsgemäßen Verhaltens,[228] sondern um eine strafrechtliche Folge auf die Nichterfüllung durch den Jugendlichen.

2.4.3 Beschlussarrest als nachträgliche Ergänzung des Grundurteils

Schnitzerling[229] ordnete den Beschlussarrest als nachträgliche Ergänzung des Grundurteils ein: Das Urteil enthalte eine Ahndung der ersten Verfehlung mit Jugendarrest, dieser werde aber zur Bewährung ausgesetzt. Erst wenn gegen die Weisungen verstoßen werde – also eine zweite Verfehlung im Raume stehe –, komme der Beschlussarrest zum Tragen, es handele sich um eine bedingte Zusatzsanktion.[230]

---

225   *Diemer/Schatz/Sonnen* 2011, § 11 Rn. 11.

226   *Diemer/Schatz/Sonnen* 2011, § 11 Rn. 11; Beschlussempfehlung und Bericht des Rechtsausschusses vom 19.6.1990, BT-Drucksache 11/7421, S. 22.

227   *Ostendorf* 1983, S. 567f.; *Ostendorf* 2013, § 11 Rn. 9.

228   Ausführlich *Ostendorf* 1983, S. 569 ff.; *Ostendorf* 2013, § 11 Rn. 8.

229   *Schnitzerling* 1956, S. 275.

230   Ablehnend zur Möglichkeit, erst im Nachgang eine zusätzliche Sanktion zu verhängen *Dallinger/Lackner* 1965, § 11 Rn. 7 und *Werlich* 1985, S. 151; zum Thema ferner *Diemer/Schatz/Sonnen* 2011, § 11 Rn. 12; *Frehsee* 1989, S. 315; *Ostendorf* 2013, § 11 Rn. 8; *Ostendorf* 1983, S. 563, 564.

Hiergegen werden systematische Gründe vorgebracht: Zum einen gebe es keine gesetzliche Regelungen zur Aussetzung des Jugendarrests zur Bewährung, wie es sie beispielsweise für die Aussetzung der Jugendstrafe in § 21 JGG gebe.[231] Gemäß § 87 Abs. 1 JGG sei die Aussetzung der Vollstreckung des Jugendarrests vielmehr ausdrücklich nicht vorgesehen.

Zudem sei für den Arrest allein seine Anordnung aus dem Urteilsspruch nicht ausreichend, denn § 11 Abs. 3 JGG fordere eine schuldhafte Nichterfüllung der Weisung. Vor der Verhängung des Arrests sei außerdem dessen Erforderlichkeit, Geeignetheit und Angemessenheit zu prüfen.[232] Hierbei komme es auf den Zeitpunkt der Nichtbefolgung an, die Voraussetzungen könnten zum Zeitpunkt des Urteils also noch gar nicht geprüft und bejaht werden. Mit dem Arrestbeschluss solle also gerade nicht das ursprüngliche Urteil ergänzt oder nachgebessert oder eine Prognose korrigiert werden.[233]

2.4.4 Beschlussarrest als korrigierende Ersatzmaßnahme

Namentlich Ostendorf sieht den Beschlussarrest als korrigierende Ersatzmaßnahme des ursprünglichen Urteils:[234] Mit der Verhängung und Vollstreckung des Beschlussarrests falle danach die ursprüngliche Rechtsfolge weg und würde durch den Arrest ersetzt. Nur so lasse sich der Beschlussarrest legitimieren, nicht zuletzt um eine Doppelbestrafung zu verhindern.[235]

Andere bejahen mit Blick auf § 15 Abs. 3 Satz 3 JGG, wonach das Jugendgericht von der weiteren Durchsetzung der Auflage absehen kann, wenn Arrest vollstreckt wurde, eine solche Ersetzung jedenfalls bei Auflagen. Die mit der Auflage verfolgten Ahndungsbedürfnisse (die Auflage wird schließlich wie der Arrest zur Ahndung der Tat verhängt) seien bereits mit der Verbüßung des Arrests erfüllt seien.[236]

Gegen das Modell der generellen Ersetzung wird jedoch der Gesetzeswortlaut ins Feld geführt: Aus § 11 Abs. 3 Satz 3 JGG ergebe sich, dass die Weisung von der Verhängung des Arrests unabhängig sei, andernfalls wäre diese Rege-

---

231 *Diemer/Schatz/Sonnen* 2011, § 11 Rn. 12.

232 *Frehsee* 1989, S. 315; *Ostendorf* 2013, § 11 Rn. 10.

233 *Meier/Rössner/Trüg/Wulf* 2011, Rn. 21.

234 In diese Richtung auch *Dünkel* 1990, S. 433; 1990b S. 360, 461; *DVJJ* 2002, S. 78 mit dem Vorschlag, dies in der Terminologie „Ersatzarrest" zum Ausdruck zu bringen; *Eisenberg* 1989, S. 16, Fn. 20; *Göppinger/Bock* 2008, § 33 Rn. 32 befürwortend für den Fall der nicht erfüllten Auflage; *Meier/Rössner/Schöch* 2013, § 9 Rn. 34; *Ostendorf* 2013a, Rn. 329; *Trenczek* 1996, S. 66; *Werlich* 1985, S. 144.

235 *Ostendorf* 1983, S. 575; *Ostendorf* 2013, § 11 Rn. 10.

236 *Streng* 2012, Rn. 407; *Göppinger/Bock* 2008, § 33 Rn. 32.

lung überflüssig. Auch § 15 Abs. 3 Satz 3 JGG räume dem Gericht lediglich ein Ermessen hinsichtlich der weiteren Durchsetzung der Auflagen ein.

Die Regelung des § 11 Abs. 3 Satz 3 JGG, wonach von einer Arrestvollstreckung abzusehen sei, wenn die Weisung erfüllt werde, sei in Kenntnis der Debatte um die dogmatische Einordnung des Beschlussarrests durch das 1. JGG-ÄndG 1990 eingefügt worden.[237] Insofern könne geschlussfolgert werden, dass zwar die Erfüllung der Weisung vom Arrest, nicht jedoch der umgekehrt Arrest von der Erfüllung der Weisung befreien solle. Der Gesetzgeber habe dem Arrest gerade keinen Ersatzcharakter zukommen lassen wollen.[238] Es handele sich also nicht um ein „Strafäquivalent" zur Weisung.[239]

Häufig wird als weiteres Argument gegen die Ersetzung der Rechtsfolge durch den Arrest das dadurch entstehende faktische Wahlrecht[240] des Jugendlichen herangeführt: Der Jugendliche könne sich quasi aussuchen, ob er lieber bis zu vier Wochen Arrest absitze oder die Weisung erfülle. Dies laufe dem Zweck der ursprünglich verhängten Maßregel zuwider, schließlich sei der Arrest keine „Ersatzfreiheitsstrafe".[241] Jedoch darf bei dieser Argumentation nicht übersehen werden, dass unabhängig von der dogmatischen Einordnung des Beschlussarrests ein solches faktisches Wahlrecht bereits durch die gesetzlich angeordnete Maximaldauer des Arrests von vier Wochen besteht. Der Jugendliche *kann* sich damit aussuchen, ob er lieber vier Wochen Freiheitsentziehung in Kauf nimmt, anstatt beispielsweise einen sozialen Trainingskurs zu absolvieren.[242]

Letztlich berge das Modell der korrigierenden Ersatzmaßnahme die Gefahr, dass die Entscheidungsfindung des Gerichts sich als „Fehlerbeseitigung" darstelle: Das Gericht habe sich in der ursprünglichen Sanktionierung geirrt und nutze nun die Möglichkeit des Beschlussarrests, um diesen Fehler auszubügeln. Dies

---

237 *Diemer/Schatz/Sonnen* 2011, § 11 Rn. 18; Art. 1 Nr. 3 1. JGG-ÄndG, Bundesgesetzblatt 1990, S. 1853-1859.

238 *Diemer/Schatz/Sonnen* 2011, § 11 Rn. 12; *Frehsee* 1989, S. 251; *Kuil* 1992, S. 333 legt aber nahe, dass in Fällen des vollstreckten Arrests das Verfahren als erledigt erklärt werden solle; ebenso *Ostendorf* 1983, S. 556: verdichtetes Ermessen dahingehend, dass nach Verbüßung des Arrests von der Weisung abzusehen sei; ausführlich *Wohlfahrt* 2012, S. 392.

239 *Brunner/Dölling* 2011, § 11 Rn. 8; *Diemer/Schatz/Sonnen* 2011, § 11 Rn. 12; hierzu auch *Frehsee* 1989, S. 315, der die Chancen, dass diese Idee von der Praxis übernommen werden könnte, als hoffnungslos einschätzt; ablehnend auch *Meier/Rössner/Trüg/ Wulf* 2011, Rn. 19; *Streng* 2012, Rn. 373; *Ostendorf* 2013, § 11 Rn. 11.

240 *Böttcher* 1991, S. 7, 8.

241 *Brunner/Dölling* 2011, § 11 Rn. 8; *Diemer/Schatz/Sonnen* 2011, § 11 Rn. 12; kritisch hierzu *Eisenberg* 2013, § 11 Rn. 24, der darauf hinweist, dass das Gericht selbst bereits von einem solchen Wahlrecht Gebrauch gemacht habe, indem es die Ebene der Weisungen verlasse und Arrest verhänge.

242 *Ostendorf* 1983, S. 570.

widerspreche Sinn und Zweck des Beschlussarrests und sei vom Gesetzgeber so nicht vorgesehen.[243]

2.4.5 Spezifisch jugendrechtlicher Tatbestand des Ungehorsams

Nicht wenige Autoren sind der Auffassung, dass der Verstoß gegen eine jugendrichterliche Weisung einen spezifisch jugendrechtlichen Tatbestand des Ungehorsams verwirkliche.[244] Hierfür wird angeführt, dass der Arrest von der Weisung unabhängig und damit nicht nur Zwangsmittel sei. Da bei der Arrestentscheidung andere verfahrensabschließende Entscheidungen nicht nach § 31 JGG einbezogen würden,[245] handele es sich offenbar um eine selbständige Maßnahme zur Förderung des Legalverhaltens des Jugendlichen.[246] Bei mehrfachen Verstößen könne mehrfach Arrest verhängt werden, so dass sich die Reaktion explizit als solche auf den Ungehorsam des Jugendlichen darstelle.[247]

Hiergegen werden zunächst systematische Gründe angeführt: Das deutsche Jugendstrafrecht sei als reines Rechtsfolgenstrafrecht konzipiert, so dass ein materiellrechtlicher Straftatbestand hier nicht zu erwarten sei.[248]

Darüber hinaus erscheine problematisch, dass der Verstoß gegen einen materiellrechtlichen Straftatbestand des Ungehorsams ein formell prozessordnungsgemäßes Verfahren nach sich ziehen müsste. Ein solcher Verstoß müsse

---

243 *Frehsee* 1989, S. 323; *Ostendorf* 2010, S. 2- berichtet, dass die Fachkommission Jugendarrestvollzug/Stationäres soziales Training vorschlage, jedenfalls in den Fällen von der weiteren Vollstreckung der ursprünglichen Rechtsfolge abzusehen, in denen deren Erfüllung während des Arrests nicht möglich sei.

244 *Albrecht* 2000, S. 168; *Brunner/Dölling* 2011, § 11 Rn. 4, 8, wonach der Arrest gleichzeitig die Erfüllung der Weisung sicherstellen soll; für den Ungehorsamtatbestand wohl auch *Dallinger/Lackner* 1965, § 11 Rn. 7; *Götz* 1973, S. 195, der davon ausgeht, dass der Beschlussarrest als Folge der Erfüllung eines Straftatbestandes in das Erziehungsregister eingetragen werden solle, nicht aber der Arrest nach § 98 Abs. 2 OWiG; *Itzel* 1987, S. 37; *Feltes* 1993, S. 109; *Schaffstein/Beulke* 2002, S. 114; *Streng* 2012, hält dies noch immer für die herrschende Meinung; *Miehe* 1964, S. 43 ff.; a. A. *Diemer/ Schatz/Sonnen* 2011, § 11 Rn. 12; *Eisenberg* 2013, § 11 Rn. 12; *Ostendorf* 1983, S. 564; *Potrykus* 1955, § 11 Bem. 4; *Schnitzerling* 1956, S. 275.

245 Die Frage, ob eine Einbeziehung i. S. d. § 31 JGG zu erfolgen hat, ist umstritten, hierzu *Brunner/Dölling* 2011, § 11 Rn. 7, § 31 Rn. 27; *Dallinger/Lackner* 1965, § 31 Rn. 49 und § 11 Rn. 12; eine Einbeziehung würde zu undurchsichtiger Rechtslage führen; für das Prinzip der Einheitlichkeit und wider ein Eigenleben des Beschlussarrests auch *Dörig* 1987, S. 277 f.; *Eisenberg* 2013, § 31 Rn. 6 ff.; *Eisenberg* 1989, S. 17; *Ostendorf* 2013, § 31 Rn. 3, 7.

246 *Eisenberg* 1989, S. 17 f.

247 *Eisenberg* 1989, S. 18.

248 *Diemer/Schatz/Sonnen* 2011, § 11 Rn. 12; *Werlich* 1985, S. 148.

ermittelt, angeklagt und in einer Hauptverhandlung mit sämtlichen Verteidigungsmöglichkeiten verhandelt werden.[249] Tatsächlich sei ein solches Verfahren nicht vorgesehen, sondern der Arrest werde beim Verstoß gegen Auflagen und Weisungen schlicht gemäß § 65 JGG im Beschlusswege angeordnet,[250] gegen den Arrestbeschluss sei lediglich die sofortige Beschwerde möglich.[251]

Noch weiter verkürzt würden die rechtlichen Möglichkeiten der Betroffenen dadurch, dass die Gerichte teilweise in diesem Beschlussverfahren die Möglichkeit der Wiederaufnahme ablehnten,[252] da im Strafrecht generell eine Wiederaufnahme des Verfahrens nach § 359 StPO nur stattfinde, wenn das Verfahren durch rechtskräftiges Urteil – und nicht wie hier durch Beschluss – abgeschlossen worden sei. Für verfahrensabschließende Beschlüsse wird auch über die Ausnahmeregelungen in §§ 174 Abs. 2, 211 StPO hinaus die Möglichkeit zur Wiederaufnahme nur dann bejaht, wenn der Beschluss verfahrensabschließend an Stelle eines Urteils tritt.[253] Dem Arrestbeschluss komme eine solche ersetzende Wirkung nicht zu. Dennoch wird wohl überwiegend die ausnahmsweise Anwendung der Wiederaufnahmevorschriften aus erzieherischen Gründen befürwortet, da so das Vertrauen des Jugendlichen in die Rechtsordnung gefördert werden kann.[254]

Für die Bejahung eines spezifisch jugendrechtlichen Tatbestands fehle es letztlich auch an einem Rechtsgut des „Gehorsams", das eines strafrechtlichen Schutzes bedürfe.[255] Selbst wenn die Nichtbefolgung der gerichtlichen Anordnung sich als Leugnung ihrer Legitimität oder Autorität darstellen, und diese Leugnung ihrerseits als strafrechtlich sanktionswürdig eingeordnet werde, widerspreche deren Kriminalisierung dem Wertekonzept des deutschen Strafrechts:[256] Der Ungehorsam gegenüber staatlichen Anordnungen werde nur dann als strafwürdig eingestuft, wenn ein besonderes Näheverhältnis bestehe (so im

---

249 *Diemer/Schatz/Sonnen* 2011, § 11 Rn. 12; *Feltes* 1993, S. 110; ähnlich *Frehsee* 1989, S. 314; *Ostendorf* 1983, S. 568 f.; *Ostendorf* 2013, § 11 Rn. 8; *Werlich* 1985, S. 148.

250 *Diemer/Schatz/Sonnen* 2011, § 11 Rn. 12; *Ostendorf* 2013, § 11 Rn. 8.

251 *Ostendorf* 2013, § 11 Rn. 8; *Werlich* 1985, S. 150.

252 LG Stuttgart, NJW 1957, S. 1686; *Ostendorf* 2013, § 11 Rn. 8.

253 *Graf* 2012, § 359 Rn. 5 m. w. N.

254 *Diemer/Schatz/Sonnen* 2011, § 65 Rn. 19; *Eisenberg* 1989, S. 21; *Meier/Rössner/Trüg/ Wulf* 2011, § 65 Rn. 27.

255 *Böhm/Feuerhelm* 2004, S. 193: nicht der Ungehorsam wird bestraft; *Feltes* 1993, S. 105, 109; *Ostendorf* 2013, § 11 Rn. 8; *Streng* 2012, Rn. 373; ähnlich *Werlich* 1985, S. 151, die darauf verweist, dass das Zuwiderhandeln gegen Bewährungsweisungen auch nicht als spezieller Tatbestand eingeordnet werde.

256 *Ostendorf* 2013, § 11 Rn. 8.

militärischen Bereich) oder wenn mit dem Ungehorsam konkrete Schäden oder Gefährdungen einträten.[257]

Nichts anderes ergebe sich im Vergleich zu § 145a StGB. Dort wird der Verstoß gegen Weisungen in der Führungsaufsicht unter Strafe gestellt, wenn der Verstoß den Zweck der Maßregel gefährde. In § 11 Abs. 3 JGG fehle ein solcher Gefährdungszusatz, so dass die Regelungen bereits in ihren Voraussetzungen unterschiedlich seien. Für die Erfüllung des § 145a StGB genüge allein die schuldhafte Nichtbefolgung noch nicht, für die Erfüllung des § 11 Abs. 3 JGG dagegen schon.[258]

2.4.6 Speziell jugendrechtliche Beugemaßnahme

Andere Autoren ordnen den Beschlussarrest als spezielle Überwachungs- und Beugemaßnahme des Jugendstrafverfahrens ein,[259] die in jeder Verurteilung zu Weisungen oder Auflagen latent enthalten, jedoch von der ursprünglichen Verurteilung völlig unabhängig sei.[260] Sie diene allein dem Zweck, die Erfüllung der Weisungen oder Auflagen zu bewirken.[261]

Dagegen wird vorgebracht, dass eine solche Beugestrafe mit dem Erziehungsgedanken des Jugendgerichtsgesetzes nicht vereinbar sei.[262] Eine Erziehung unter Zwang sei nicht möglich, der hervorgerufene Effekt sei allenfalls eine nicht verinnerlichte, formale Anpassung.[263] Es wird als widersprüchlich

---

257 *Feltes* 1993, S. 109; *Ostendorf* 1983, S. 567; *Streng* 2012a, Rn. 373, 393.

258 Auch hinsichtlich § 145a StGB besteht Streit, ob der Ungehorsam zur Straftat gestempelt werden dürfe: *Schönke/Schröder* 2014, § 145a Rn. 2.

259 So bereits der Rechtsausschuss in seiner Beschlussempfehlung und Bericht vom 19.06.1990, BT-Drucksache 11/7421, S. 22; *Böhm/Feuerhelm* 2004, S. 193; *Böttcher* 1991, S. 8; *Diemer/Schatz/Sonnen* 2011, § 11 Rn. 11; *Eisenberg* 2013, § 11 Rn. 12; *Hellmer* 1957, S. 224; *Laubenthal/Baier/Nestler* 2010, Rn. 639: „Art Zwangsmittel"; *Meier/Rössner/Trüg/Wulf* 2011, Rn. 19; *Nothacker* 2001, S. 59; *Potrykus* 1955, § 11 Bem. 8; *Reisenhofer* 2012, § 5 Rn. 83; *Ostendorf* 2013, § 11 Rn. 12 verweist darauf, dass dies die herrschende Meinung sei; *Schmidt* 2011, S. 90; *Streng* 2012a, Rn. 373; *Wulf* 2011, S. 104, 106.

260 BVerfG NJW 89, S. 2529; *Böttcher* 1991, S. 8; *Brunner/Dölling* 2011, § 11 Rn. 8a; *Diemer/Schatz/Sonnen* 2011, § 11 Rn. 11; *Dörig* 1987, S. 277; *Streng* 2012a, Rn. 373; *Vietze* 2004, S. 29 f.

261 *Diemer/Schatz/Sonnen* 2011, § 11 Rn. 11; *Hellmer* 1957, S. 224.

262 Hierzu *Werlich* 1985, S. 147.

263 *Hartwig/Krieg/Rathke* 1989, S. 41; *Ostendorf* 2013, § 11 Rn. 10; *Ostendorf* 1983, S. 574; *Werlich* 1985, S. 168; kritisch dagegen *Böhm/Feuerhelm* 2004, S. 193: Strafrecht bedeute Zwang.

angesehen, dass die Arrestanten sich gerade in einer Situation der Unfreiheit zu einer selbstbestimmten und sozial verantwortlichen Person entwickeln sollen.[264]

Befürworter verweisen auf den Gesetzeswortlaut: § 11 Abs. 3 S. 3 JGG sehe vor, dass der Beschlussarrest nur dann vollstreckt werde, wenn die Weisung nicht erfüllt sei. Die ursprünglich ausgesprochene Weisung habe also noch Bestand und könne weiterhin befolgt werden.[265] Werde die Weisung erfüllt, müsse von der Vollstreckung des Beschlussarrests abgesehen werden.[266]

2.4.7 Stellungnahme

Da der Gesetzgeber in § 11 Abs. 3 S. 3 JGG deutlich gemacht hat, dass der Beschlussarrest nur bei Fortbestehen der zu erfüllenden Rechtsfolge verhängt werden darf, scheint dieser recht deutlich als Beugemaßnahme konzipiert. Gleichzeitig eröffnet das Gesetz dem Gericht aber in § 11 Abs. 2 JGG allgemein aus erzieherischen Gründen und in § 15 Abs. 3 S. 3 JGG sogar ausdrücklich aufgrund der Arrestvollstreckung die Möglichkeit, von der weiteren Durchsetzung der nicht erfüllten Rechtsfolge abzusehen. In einem solchen Fall tritt der Beschlussarrest dann an Stelle der ursprünglichen Rechtsfolge und hat ersetzenden Charakter. Das Gesetz eröffnet insofern also für beide Positionen argumentative Anknüpfungspunkte.

Gleichwohl sprechen die stärkeren Argumente dafür, dass der Beschlussarrest als Beugemaßnahme konzipiert ist: Während das Absehen von der weiteren Durchsetzung der ursprünglichen Rechtsfolge fakultativ im Ermessen des Gerichts liegt, ist die Arrestvollstreckung obligatorisch nur zulässig, wenn eine nicht erfüllte Rechtsfolge noch existiert. Der Beschlussarrest ist also primär eine Beugemaßnahme – kann jedoch, gewissermaßen im Sinne eines Doppelcharakters, auch eine die ursprüngliche Rechtsfolge ersetzende Funktion haben.

---

264 *Goeckenjan* 2013, S. 68.

265 LG Landau, Beschluss vom 06.09.2002, 2 Qs 20/02, wonach Beschlussarrest nur verhängt werden dürfe, wenn die Weisung noch besteht; *Eisenberg* 2013, § 11 Rn. 24; *Diemer/Schatz/Sonnen* 2011, § 11 Rn. 21; zum Erfordernis der fortbestehenden Weisung auch *Dörig* 1987, S. 277f.

266 *Brunner/Dölling* 2011, § 11 Rn. 8 sieht es kritisch, dass Beschlussarrest nicht auch bei Erfüllung der Weisung noch vollstreckt werden kann, dies sei aus erzieherischen Gründen gegebenenfalls wünschenswert; *Diemer/Schatz/Sonnen* 2011, § 11 Rn. 11; *Feltes* 1993, S. 110; *Streng* 2012, Rn. 373; ebenso § 98 Abs. 3 S. 3 OWiG.

2.5 Die Bedeutung des Beschlussarrests in der Praxis

2.5.1 Reformbewegungen der 1970er und 1980er Jahre

Die Bedeutung des Beschlussarrests nahm in dem Maße zu, wie stationäre Maßnahmen des Jugendgerichtsgesetzes durch ambulante Maßnahmen zurückgedrängt wurden.[267] Vor dem Hintergrund von amerikanischen Forschungsergebnissen, denen zufolge der Strafvollzug trotz vielfältiger Behandlungsprogramme nicht in der Lage war, Rückfälle nachhaltig zu verhindern,[268] verstärkte sich das Unbehagen der Jugendgerichte, freiheitsentziehende Maßnahmen zu verhängen.[269] Hieraus entwickelte sich in den 1970er Jahren eine Bewegung, die zum Ziel hatte, das Jugendgerichtsgesetz zu reformieren.

Zunächst gingen die Reformideen noch in die Richtung, das Jugendstrafrecht in ein reines oder jedenfalls weitestgehend entkriminalisiertes Erziehungsrecht umzuwandeln, also Jugendstraf- und Jugendhilferecht zu vereinen und die Kriminalstrafe abzuschaffen.[270] Ein einheitliches Gesetz sollte alle Möglichkeiten bieten, die als Reaktion auf sämtliche Formen sozialer Gefährdung Jugendlicher erforderlich waren und zwar unabhängig davon, ob sich diese Gefährdung als Kriminalität oder als andere Art sozialer Auffälligkeit äußerte.[271] Die Straffälligkeit des jungen Menschen wurde als Erscheinungsform des Erziehungsnotstandes oder aber der Gefährdung und Schädigung des jungen Menschen interpretiert, auf die mit rehabilitativen, chancenverbessernden und stützenden Maßnahmen reagiert werden sollte.[272]

Diese Bestrebungen konnten sich jedoch nicht durchsetzen. Hierbei spielten nicht zuletzt die Erkenntnisse aus Studien der 1980er Jahre eine tragende Rolle, die zu dem Ergebnis kamen, dass Jugendkriminalität ein normales und episodenhaft vorübergehendes Erscheinungsbild in der Entwicklung Jugendlicher und nicht unbedingt Indiz für eine soziale Gefährdung ist.[273] Eine einheitliche

---

267 *Böttcher* 1991, S. 7.

268 *Bundesarbeitsgemeinschaft* 1986, S. 8.

269 *Heinz/Huber* 1986, S. 41.

270 *Eisenberg* 2005, § 43 Rn. 40.

271 *Bundesarbeitsgemeinschaft* 1986, S. 9; *Dünkel* 1990a, S. 443 ff. mit einem Überblick über die verschiedenen Reformvorschläge der 1980er Jahre; *Heinz/Huber* 1986, S. 37; *Pfeiffer* 1983, S. 49 f.; *Schaffstein/Beulke* 2002, S. 41; *Trenczek* 1996, S. 11.

272 *Heinz* 1989, S. 18.

273 *Heinz* 2012, S. 113; 1989, S. 18; *Kreuzer* 2002, S. 2347; *Trenczek* 1996, S. 12; siehe Kapitel 2.1.1.

Behandlung von sozialer Gefährdung und Straffälligkeit wurde diesen Erkenntnissen und den daraus folgenden Bedürfnissen nicht gerecht.[274]

Eben jene Erkenntnis zum Phänomen der Jugendkriminalität an sich, nämlich dass diese typischerweise auf einem altersentsprechenden Experimentierverhalten und nicht auf einem besonderen Defizit beruht und häufig ohne staatliches Eingreifen zurückgeht,[275] veranlasste eine Gruppe von Praktikern dazu, die vom Jugendgerichtsgesetz gewährten Handlungsspielräume zu einer „inneren Reform",[276] einer „Reform von unten" zu nutzen.[277] Das erklärte Ziel der „inneren Reform" war, Freiheitsentziehungen zu reduzieren. Dies konnte über zwei Wege geschehen: Zum einen konnte der Stand der ambulanten Maßnahmen als sinnvolle Alternative zur Freiheitsentziehung gestärkt werden,[278] zum anderen konnte vermehrt die formlose Verfahrenserledigung angewandt und der Verfahrensabschluss im Wege formeller, durch Urteil angeordneter Sanktionen reduziert werden.[279]

Hierdurch sollte auch auf die Ergebnisse deutscher Studien zur Wirksamkeit jugendstrafrechtlicher Maßnahmen reagiert werden.[280] Zum einen konnten diese Studien nicht belegen, dass das Strafen an sich eine spezialpräventive Wirkung hat.[281] Untersuchungen von *Hügel, Storz* und *Spieß* kamen im Gegenteil zu dem Ergebnis, dass von den Jugendlichen, deren erstes Strafverfahren im Wege der Diversion – also ohne strafendes Element – abgeschlossen wurde, 27% erneut registriert wurden, während unter den Jugendlichen, die für ihre erste erfasste Tat formell verurteilt wurden, 36% erneut kriminell in Erscheinung traten.[282] Hieraus ließ sich ableiten, dass mit der formellen Sanktionierung schlechtere

---

274 *Schaffstein/Beulke* 2002, S. 41.

275 *Drewniak* 1996, S. 19; *Heinz* 1989, S. 20.

276 *Peters* 1966, S. 62: Neugestaltung innerhalb der gesetzlichen Gegebenheiten durch deren Ausschöpfung und vor allem der Wandel des Geistes.

277 *Dölling* 1989, S. 244; *Heinz/Huber* 1986, S. 38 f.; *Heinz* 1989, S. 14; *Meier/Rössner/ Schöch* 2013, Rn. 16; *Müller-Piepenkötter/Kubink* 2007, S. 61; *Pfeiffer* 1983, S. 52, 119 ff. speziell zum Brücke-Projekt; *Trenczek* 1996, S. 1 f.

278 *Heinz/Huber* 1986, S. 41: Die Anwendungshäufigkeit stationärer Sanktionen wurde innerhalb von 20 Jahren tatsächlich halbiert; *Heinz* 1989, S. 18; *Drewniak* 1996, S. 19; *Trenczek* 1996, S. 1.

279 *Dölling* 1989, S. 257; *Heinz/Huber* 1986, S. 39; *Heinz* 1989, S. 16; *Pfeiffer* 1983; S. 52 f., der jedoch darauf hinweist, dass der Rückgang der verhängten Arreste nicht nur auf einem veränderten Verständnis für die Wirkung stationärer Sanktionen, sondern auch auf der Überfüllung der Arrestanstalten und den damit einhergehenden langen Wartezeiten beruhen könnte.

280 *Drewniak* 1996, S. 19.

281 *Storz/Spieß* 1989, S. 131.

282 *Heinz* 1989, S. 28; *Storz/Spieß* 1989, S. 138, 142 f.

spezialpräventive Ergebnisse erzielt wurden[283] – oder anders gewendet: Mildere Reaktionen wiesen bessere Legalbewährungsquoten auf, als härtere,[284] eingriffsintensive, vor allem aber freiheitsentziehende Maßnahmen wirkten sich eher negativ auf das spätere Legalverhalten aus.[285]

Auch in generalpräventiver Hinsicht konnte nicht empirisch bestätigt werden, dass Jugendliche durch eine entsprechende Abschreckungswirkung von der Delinquenz abgehalten würden, vielmehr schien das soziale Umfeld und die dort stattfindende Sozialkontrolle eine wesentlich stärkere Rolle für das weitere Legalverhalten zu spielen.[286] Verschärfte Strafandrohungen oder härtere Sanktionen zeigten nicht ausreichend präventive Erfolge, um sie als Rechtfertigung für stationäre, eingriffsintensive Sanktionen heranzuziehen.[287]

Eine Überlegenheit der stationären gegenüber den ambulanten Maßnahmen konnte also weder in spezial- noch in generalpräventiver Hinsicht belegt werden.[288] Die logische Schlussfolgerung war:

„Das Beste, was man gegen die steigende Jugendkriminalität tun kann, ist: weniger zu tun." [289]

Dieses Konzept war in der Praxis dadurch umzusetzen, dass nach den Grundsätzen von Subsidiarität und Verhältnismäßigkeit die weniger eingriffsintensive Maßnahme vorzuziehen war – also Diversion vor formeller Verurteilung, ambulante vor stationären Maßnahmen.[290]

---

283 *Dünkel* 1990a, S. 417; *Storz/Spieß* 1989, S. 144; so auch der Erste Periodische Sicherheitsbericht der Bundesregierung vgl. *Bundesministerium des Innern/Bundesministerium der Justiz* 2001, S. 611.

284 *Drewniak* 1996, S. 20; *Jehle/Albrecht/Hohmann-Fricke/Tetal* 2013, S. 55: innerhalb eines Bezugszeitraums von drei Jahren (2007-2010) wiesen diejenigen Jugendlichen, deren Verfahren im Diversionswege erledigt wurde, mit 36,5% die geringste Rückfallquote auf.

285 *Drewniak* 1996, S. 20; *Heinz* 2012, S. 112; 1989, S. 21; *Jehle/Albrecht/Hohmann-Fricke/Tetal* 2013, S. 8 und S. 55: freiheitsentziehende Maßnahmen wie die unbedingte Jugendstrafe und der Jugendarrest haben mit 68,4% und 65,2% die höchsten Rückfallquoten; *Storz/Spieß* 1989, S. 144; *Vogl-Petters/Reinecke* 1992, S. 392.

286 *Karstadt-Henke* 1989, S. 168 ff., 196; zur generalpräventiven Wirkung harter Sanktionen ebenso *Kreuzer* 2012, S. 102; *Pfeiffer* 1983, S. 112.

287 *Heinz* 1989, S. 22; *Ostendorf* 2000, S. 105 f.

288 *Bundesarbeitsgemeinschaft* 1986, S. 8; *Goeckenjan* 2013, S. 68.

289 *Storz/Spieß* 1989, S. 132 mit dem Zitat von *Kerner*.

290 *Drewniak* 1996, S. 20; *Heinz* 1989, S. 28.

Zur Umsetzung dieser Reformbestrebungen entstanden bundesweit verschiedene Projekte und Einrichtungen, in welchen ambulante Betreuungs- und Hilfsangebote für straffällige und in ihrer Entwicklung gefährdete junge Menschen angeboten wurden.[291] Dies wiederum verschaffte den Jugendgerichten die Möglichkeit, sozialpädagogisch orientierte Maßnahmen zu verhängen und Freiheitsentziehungen zu reduzieren.[292] Unter diesen Angeboten fanden sich vor allem Betreuungsmaßnahmen, soziale Trainingskurse, sowie Unterstützung beim Täter-Opfer-Ausgleich und der Schadenswiedergutmachung. So sollte bei den jungen Tätern die Wahrnehmung von Opferschäden gefördert und soziale Verantwortung aktiviert werden.[293]

2.5.2 Die Umsetzung: Das 1. JGG-ÄndG 1990

Die der „*inneren Reform*" zugrundeliegenden Erkenntnisse hat sich der Gesetzgeber im Gesetzgebungsverfahren zum 1. JGG-ÄndG zu Eigen gemacht und in eine gesetzliche Form gebracht.[294]

Sowohl der Rechtsausschuss des Bundestages, als auch die Bundesregierung selbst wiesen ausdrücklich darauf hin, dass ambulante Maßnahmen die stationären häufig ersetzen könnten, informelle Erledigungen oft effektiver seien als formelle Sanktionen und mit stationären Maßnahmen häufig schädliche Nebenwirkungen für die betroffenen Jugendlichen einhergingen.[295] Die im Wege der „*inneren Reform*" bereits praktizierten Neuen Ambulanten Maßnahmen (Betreuungsweisung, Sozialer Trainingskurs, Täter-Opfer-Ausgleich) wurden dementsprechend in den Regel-Weisungskatalog des § 10 JGG aufgenommen, die Regelungen zur Diversion überarbeitet.

Ziel der Gesetzesreform war ebenso wie das der „*inneren Reform*" ausdrücklich, stationäre Maßnahmen zugunsten von ambulanten Maßnahmen zurückzudrängen.[296]

Gleichzeitig und vor dem Hintergrund der Erkenntnisse zur schädlichen Auswirkung stationärer Maßnahmen konsequent wurden die Voraussetzungen für die Vollstreckung des Beschlussarrests verschärft. § 11 Abs. 3 S. 3 JGG regelt nun, dass – anders als bislang – der Arrest nicht mehr vollstreckt werden

291 *Bundesarbeitsgemeinschaft* 1986, S. 9 mit Beispielen; *Trenczek* 1996, S. 12.

292 *Heinz/Huber* 1986, S. 41.

293 *Heinz* 1989, S. 18; sinngemäß *Vogl-Petters/Reinecke* 1992, S. 392.

294 *Meier/Rössner/Schöch* 2013, Rn. 17; im Überblick *Trenczek* 1991, S. 195 ff.

295 BT-Drucksache 11/7421, S. 1; BT-Drucksache 11/5829, S. 1; *Trenczek* 1996, S. 38.

296 BT-Drucksache 11/5829, S. 15.

darf, wenn die zugrundeliegende Rechtsfolgte vor der Vollstreckung erfüllt worden war.[297]

2.5.3 Auswirkungen der Reformen auf die Sanktionierungspraxis

2.5.3.1 Überblick

Die Reformbewegungen haben sich erfolgreich gezeigt: Seit 1982 sind die Zahlen der formell Verurteilten vorbehaltlich leichter Schwankungen zurückgegangen,[298] die Diversionsrate hat sich zwischen 1981 und 2010 von 44% auf 70% erhöht.[299] Dass die Einstellungsraten auch in den Jahren anstiegen, in welchen die Fallzahlen sanken, zeigt, dass – anders als im allgemeinen Strafrecht – die Diversion im Jugendstrafverfahren nicht lediglich der Verfahrensentlastung dient. Vielmehr wurde hier das von der Reformbewegung initiierte Ziel des Vorrangs informeller Verfahrenserledigungen durch die Praxis – insbesondere auch durch die Staatsanwalschaften – tatsächlich umgesetzt.[300]

Dementsprechend wurden im Jahr 1994 Verfahren gegen erstmals registrierte deutsche Jugendliche in 88% der Fälle eingestellt, wenn ihnen nur leichte Eigentumskriminalität zur Last gelegt worden war, wurden sogar 94% der Verfahren eingestellt.[301]

---

297 BT-Drucksache 11/7421, S. 2.

298 *Heinz* 2012, S. 107 f.; *Keiner* 1989, S. 39.

299 Nach *Müller-Piepenkötter/Kubink* 2007, S. 61, beträgt in Nordrhein-Westfalen die Einstellungsquote knapp 70%.

300 *Heinz* 2012, S. 114.

301 *Heinz* 2012, S. 115.

Abbildung 1: Entwicklung der Sanktionierungspraxis

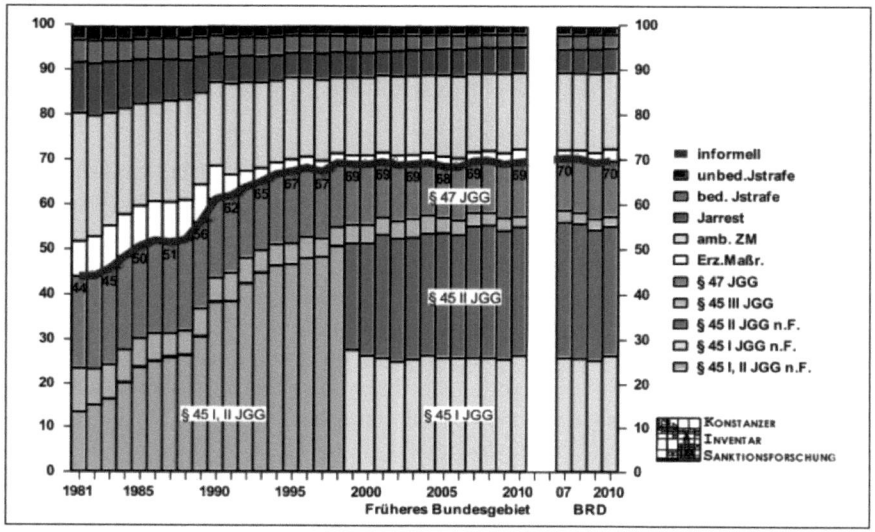

Entwicklung der informellen und formellen Sanktionierungspraxis im Jugendstrafrecht. Relative Zahlen, bezogen auf nach JGG (formell und informell) Sanktionierte. Früheres Bundesgebiet mit Westberlin, seit 1995 mit Gesamtberlin (FG), seit 2007 FG und Deutschland. Quelle: *Heinz* 2012, S. 116.

Der Anteil der Verurteilten an den insgesamt nach Jugendstrafrecht informell oder formell Sanktionierten ging zwischen 1981 und 2008 um 24,8% zurück, hierunter ein Rückgang von 16,7% bei der Anwendung ambulanter Maßnahmen zwischen 1981 und 2010 im früheren Bundesgebiet mit Gesamtberlin, und ein Rückgang des Jugendarrests im gleichen Zeitraum und Gebiet von 5,9% (vgl. *Abbildung 2*).[302]

---

302 *Heinz* 2012, S. 116.

Abbildung 2: **Entwicklung der Sanktionierungspraxis mit Blick auf den Jugendarrest**

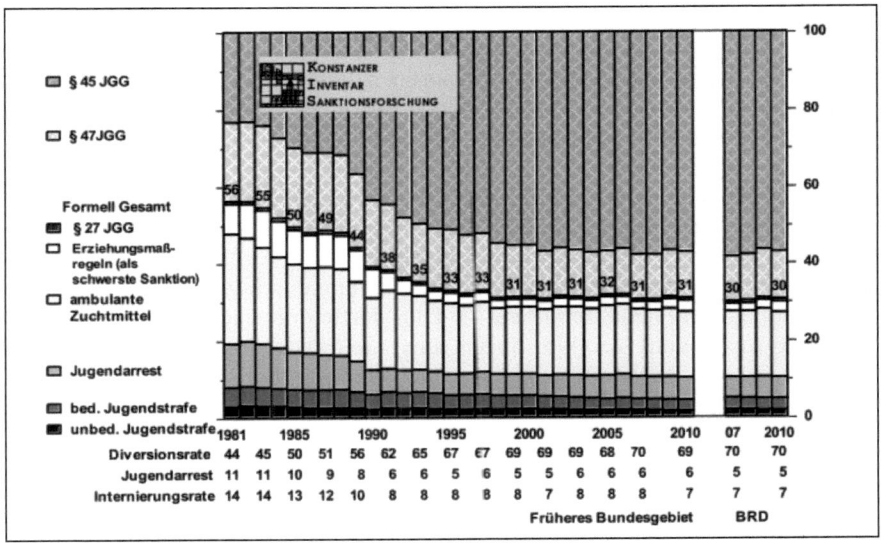

Entwicklung der informellen und formellen Sanktionierungspraxis im Jugendstrafrecht. Relative Zahlen, bezogen auf nach JGG (formell und informell) Sanktionierte. Früheres Bundesgebiet mit Westberlin, seit 1995 mit Gesamtberlin (FG), seit 2007 FG und Deutschland. Quelle: *Heinz* 2012, S. 116.

Der Anteil ambulanter Sanktionen als schwerste verhängte Maßnahme ist deutlich in den Vordergrund gerückt. Während ihr Anteil im Jahr 1955 lediglich 50,4% betrug, waren im Jahr 2010 bereits 75,3% der schwersten verhängten Maßnahmen ambulant.[303]

Allerdings wurde der von der Reformbewegung gesetzte Schwerpunkt auf sozialpädagogische ambulante Maßnahmen wie soziale Trainingskurse, Betreuungsweisungen und Täter-Opfer-Ausgleiche, in der Praxis nicht wie erhofft umgesetzt. Dies zeigt sich zum einen darin, dass im Jahr 2010 lediglich in 9,1% der abgeurteilten Fälle Erziehungsmaßregeln als schwerste Sanktion, dagegen in 19,1% der Fälle als eine schwerere Sanktionen (insbesondere Zuchtmittel) begleitende Maßnahme verhängt wurden.[304]

---

303 *Heinz* 2012, S. 122.

304 *Heinz* 2012, S. 122; nach *Trenczek* 1991, S. 197, wurden im Jahre 1988 ca. zwei Drittel aller formellen Verfahren mit ambulanten Maßnahmen beendet.

Welche Weisungen genau verhängt wurden, wird nicht erfasst und kann deshalb nicht dargestellt werden. Bei einer Umfrage des Jahres 1994 jedoch teilten die befragten Jugendhilfeeinrichtungen mit, dass Betreuungsweisungen und soziale Trainingskurse in großen Bereichen der Bezirke nur sporadisch und in wenigen Einzelfällen praktiziert würden.[305] Die Anwendung des Täter-Opfer-Ausgleichs dürfte noch geringer einzuordnen sein.[306] Es werden damit zwar ambulante Maßnahmen praktiziert, jedoch überwiegend nicht mit den pädagogisch motivierten Hintergedanken der Reformbewegung.

Unter den ambulanten Sanktionen haben die Erziehungsmaßregeln ihre Bedeutung zugunsten der ambulanten Zuchtmittel eingebüßt (siehe *Abbildung 3*). Innerhalb der Zuchtmittel wiederum dominieren die Auflagen, wobei die am häufigsten verhängte Auflage seit ihrer Einführung durch das 1. JGG-ÄndG die Arbeitsauflage ist (siehe *Abbildung 7*). Dies dürfte mitursächlich für den Rückgang der Anwendung der Weisungen sein – und deutet wiederum darauf hin, dass die zuvor am häufigsten verhängte Weisung die zur Erbringung von Arbeitsleistungen gewesen sein dürfte.[307]

---

305 *Dünkel/Geng/Kirstein* 1998, S. 55; *Heinz* 2012, S. 126.

306 *Heinz* 2012, S. 126 m. w. N.

307 *Heinz* 2012, S. 123, 127.

Abbildung 3: Entwicklung der ambulanten Maßnahmen

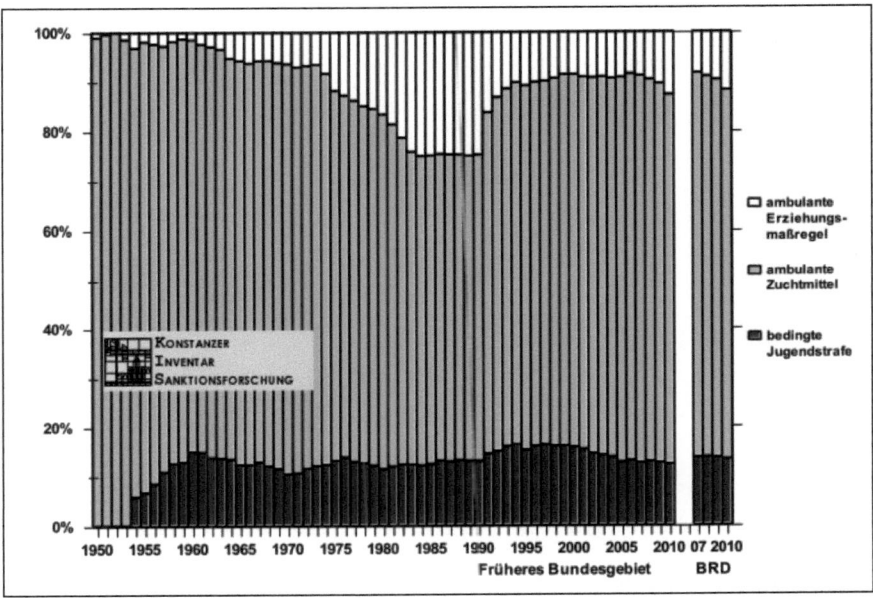

Nach Jugendstrafrecht zu formellen ambulanten Sanktionen Verurteilte. Anteile bezogen auf ambulante Sanktionen insgesamt. Früheres Bundesgebiet mit Westberlin, seit 1995 mit Gesamtberlin (FG), seit 2007 FG und Deutschland. Quelle: *Heinz* 2012, S. 124.

Abbildung 4: **Verhängte jugendstrafrechtliche Maßnahmen 2009-2012 in Berlin**

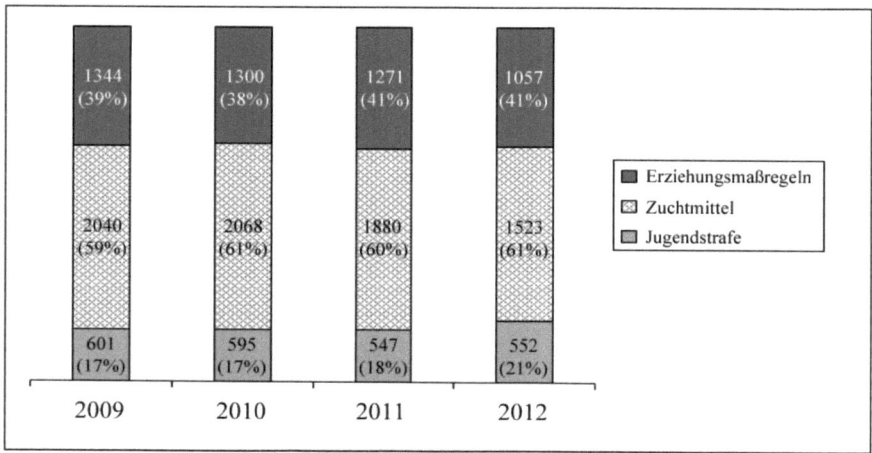

Insgesamt in den Kalenderjahren 2009-2012 zu jugendstrafrechtlichen Maßnahmen Verurteilte. Die Angaben erfolgen in absoluten Zahlen (Häufigkeiten), die prozentualen Anteile sind bezogen auf die Summe der Verurteilten. Da Mehrfachantworten möglich waren, übersteigt die Summe der prozentualen Anteile 100%. n = 3474 (2012), 3417 (2010), 3109 (2011), 2587 (2012). Quelle: Strafverfolgungsstatistik der Senatsverwaltung Berlin.

In der eigenen Untersuchung hat sich gezeigt, dass in Berlin die Erziehungsmaßregeln im Untersuchungszeitraum als ambulante Sanktion mit 39% einen wesentlichen Teil der verhängten Rechtsfolgen darstellten (*Abbildung 4*). Im den Folgejahren nahm die Bedeutung noch weiter zu. Auch in *Abbildung 6* ist ersichtlich, dass innerhalb der Zuchtmittel auch in Berlin die ambulanten Maßnahmen einen höheren Anteil haben, als die verschiedenen Varianten des Jugendarrests. Diese Zahlen entsprechen der von *Heinz* geschilderten allgemeinen Tendenz, dass am häufigsten ambulante Sanktionen verhängt werden. Zudem fällt in *Abbildung 6* die gleich bleibende Dominanz der Arbeitsauflage deutlich ins Auge.

Innerhalb der Statistik werden die Häufigkeiten der verhängten Erziehungsmaßregeln und Zuchtmittel ausgewiesen. Dabei wurden die Auflagen nach Auflageninhalten aufgeschlüsselt, für Weisungen erfolgte eine solche Aufschlüsselung nicht (*Abbildungen 5* und *6*).

Abbildung 5: **Verhängte Erziehungsmaßregeln im Kalenderjahr 2009 in Berlin**

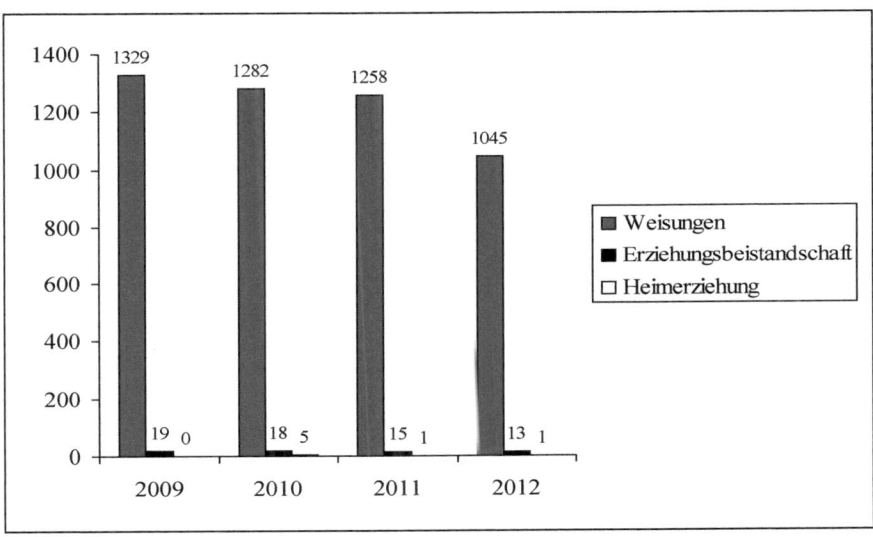

Aufschlüsselung der verhängten Erziehungsmaßregeln nach der Statistik der Senatsverwaltung Berlin für die Kalenderjahre 2009-2012. Größenangaben in absoluten Zahlen. Eine weitere Differenzierung nach Weisungsinhalt erfolgte hier nicht. Quelle: Strafverfolgungsstatistik der Senatsverwaltung Berlin.

In den meisten Fällen wurden Weisungen nach § 10 JGG verhängt, wobei die Zahlen der insgesamt verhängten Weisungen seit dem Untersuchungszeitraum kontinuierlich sinken.

Abbildung 6:   Verhängte Zuchtmittel in Berlin 2009-2012

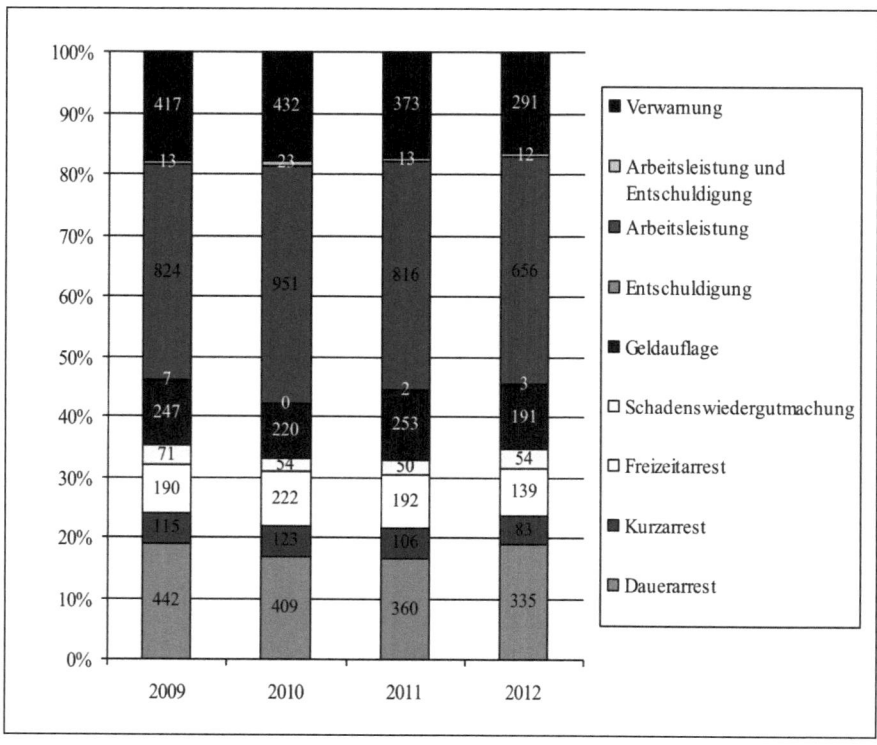

Aufschlüsselung der verhängten Zuchtmittel nach der Statistik der Senatsverwaltung Berlin
für die Kalenderjahre 2009-2012. Bei der Differenzierung nach Auflageninhalt zeigt sich die
deutliche Dominanz der Arbeitsauflage. Quelle: Senatsverwaltung Berlin.

Abbildung 7:   Entwicklung der Auflageninhalte

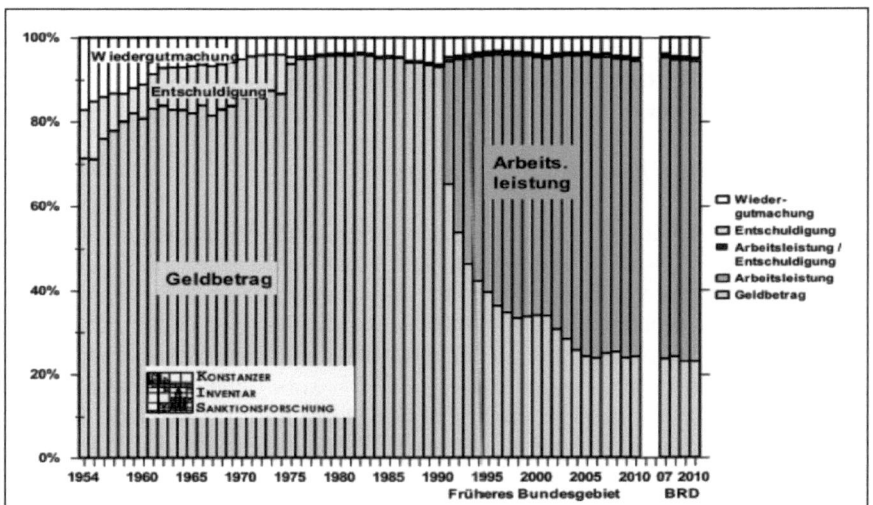

Nach Jugendstrafrecht zu Auflagen Verurteilte. Raten bezogen auf insgesamt verhängte Auflagen (als Zuchtmittel). Früheres Bundesgebiet mit Westberlin, seit 1995 mit Gesamtberlin (FG), seit 2007 FG und Deutschland. Quelle: *Heinz* 2012, S. 128.

2.5.3.2   Folgen für die Handhabung des Beschlussarrests

Je mehr ambulante Maßnahmen durch die Gerichte ausgeurteilt werden, desto häufiger kommen diejenigen Fälle vor, in denen Jugendliche die Maßnahmen nicht erfüllen und das Gericht vor der Frage steht, wie es weiter zu verfahren hat. Typischerweise wird von der Möglichkeit des § 11 Abs. 3 JGG Gebrauch gemacht und Beschlussarrest verhängt – so dass der Jugendliche lange Zeit nach der Tat[308] doch noch einer freiheitsentziehenden Maßnahme ausgesetzt wird.[309] Als unerwünschte Nebenfolge geht mit der Bewegung für Neue Ambulante Maßnahmen deshalb einher, dass die Häufigkeit des Beschlussarrestes immer mehr zugenommen hat,[310] und zwar trotz der zu seiner Vermeidung in

---

308   Zu den Zeitspannen siehe *Kapitel 7.4* (Arrest nach dem JGG) und *8.3.2* (Arrest nach dem OWiG).

309   *Böttcher* 1991, S. 7.

310   *Böttcher* 1991, S. 7; *Ostendorf* 1989, S. 330, der deshalb von „bedingt ambulanten Sanktionen" spricht.

§§ 11 Abs. 2, 15 Abs. 3 JGG geschaffenen Möglichkeiten der Abänderung der Rechtsfolge.[311]

Der Beschlussarrest spielt deshalb im Alltag der Jugendarrestanstalt eine nicht unerhebliche Rolle[312] und ist damit den allgemeinen Problemen des Jugendarrestes ausgesetzt.

2.5.3.2.1 Die Problematik des Jugendarrests

Der Jugendarrest hat trotz der Ausweitung ambulanter Maßnahmen seine Bedeutung in der Praxis nicht verloren. Im Jahr 2010 wurde gegen 18,3% der Verurteilten Jugendarrest verhängt, hierunter immer noch knapp 50% des erzieherisch besonders problematischen Freizeit- und Kurzarrests (siehe *Abbildung 8*).[313] Die absoluten Zahlen der zu Jugendarrest Verurteilten hat sich seit 1991 in den alten Bundesländern fast verdoppelt[314] - wobei dies gleichwohl keine Rückschlüsse auf eine größere Punitivität der Justiz zulässt. Die Zahlen der erfassten Jugendlichen sind generell gestiegen. Werden die absoluten Zahlen der zu Jugendarrest Verurteilten in Zusammenhang gebracht mit der Zahl der Jugendlichen, deren Verfahren im Wege informeller Erledigung abgeschlossen wurde, so zeigt sich, dass sich die Bedeutung des Arrests in den letzten Jahren lediglich moderat veränderte[315] (siehe *Abbildung 2* und *8*).

Da Verfahren gegen Täter leichter und mittlerer Kriminalität durch die veränderte Sanktionierungspraxis nun häufiger eingestellt oder diese mit ambulanten Maßnahmen belegt werden, wurde der Jugendarrest zu einer Maßnahme für Jugendliche, die früher womöglich zu einer Jugendstrafe verurteilt worden wären.[316] Dies ist mit Grund dafür, dass Jugendliche im Arrest Sozialisationsprobleme und jugendstrafrechtliche Vorverurteilungen mitbringen, also nicht mehr dem Bild des „gutgearteten" Jugendlichen entsprechen.[317]

---

311 *Emig* 1990, S. 54.

312 Zu den Schätzungen siehe *Kapitel 1.1,* in Berlin beträgt der Anteil von Beschlussarrest im Jahr 2009 33%, siehe *Kapitel 3.*

313 *Heinz* 2012, S. 127; *Goeckenjan* 2013, S. 67 spricht für das Jahr 2011 sogar von 18,6%; vgl. ferner *Kolberg/Wetzels* 2012, S. 118.

314 *Heinz* 2011, S. 71.

315 *Heinz* 2011, S. 75; *Kolberg/Wetzels* 2012, S. 120.

316 *Kolberg/Wetzels* 2012, S. 120.

317 *Goeckenjan* 2013, S. 70; *Keiner* 1989, S. 127 ausführlich zu den Hintergründen der 1983 vom Arrest betroffenen Jugendlichen *Kolberg/Wetzels* 2012, S. 121, 124 m. w. N.

Abbildung 8:   **Entwicklung des Jugendarrests**

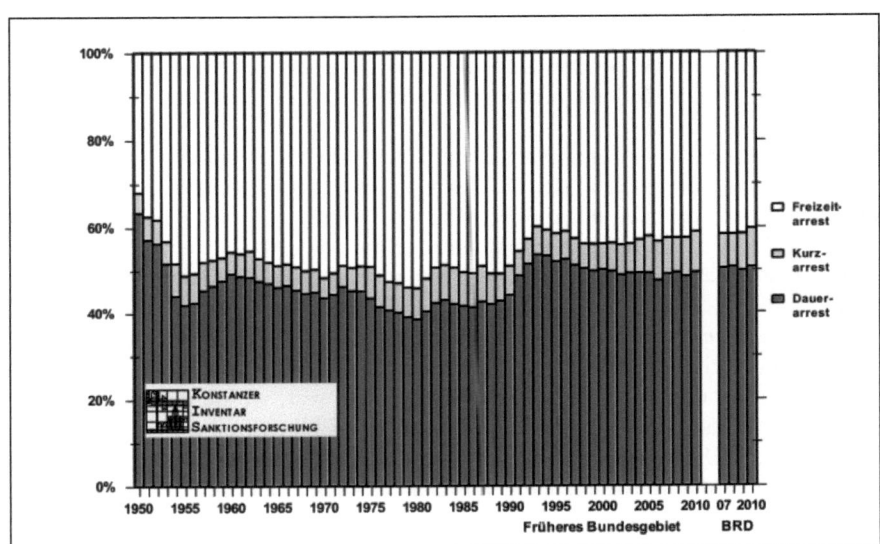

Nach Jugendstrafrecht zu Jugendarrest Verurteilte. Raten bezogen auf durch Urteil verhängte Jugendarreste. Früheres Bundesgebiet mit Westberlin, seit 1995 mit Gesamtberlin (FG), seit 2007 FG und Deutschland. Quelle: *Heinz* 2012, S. 129.

Im Zuge des 1. JGG-ÄndG wurde die Notwendigkeit erzieherischer Ausge-staltung des Jugendarrestes festgeschrieben.[318] Gem. § 90 Abs. 1 JGG soll diese erzieherische Ausgestaltung helfen, die für die Begehung der Straftat relevanten Schwierigkeiten zu bewältigen. Zudem soll das Ehrgefühl des Jugendlichen ge-weckt und ihm seine Verantwortung für das begangene Unrecht zu Bewusstsein gebracht werden.[319] Gleichzeitig soll der Arrest wie alle jugendstrafrechtlichen Maßnahmen gemäß § 2 Abs. 1 S. 1 JGG weiteren Straftaten des Jugendlichen entgegenwirken.

Beiden Zielen wurde der Arrest in der Vergangenheit kaum gerecht.

So ist Berichten zufolge von einer erzieherischen Ausgestaltung des Arres-tes und von gemeinsamer Problembewältigung in der Praxis nicht viel zu spü-ren. Zwar gibt es Arrestanstalten, die einen strukturierten Tagesablauf mit ver-

---

318   *Böttcher* 1991, S. 7.

319   Kritisch *Dünkel* 1991, S. 25, der in dieser Wortwahl die Ideologie einer Schockstrafe verfestigt sieht.

schiedenen Angeboten haben, jedoch gibt es daneben nicht selten den puren Verwahrvollzug, in dem die Jugendlichen 23 Stunden am Tag isoliert in ihrem Arrestraum verbringen.[320] Zudem fehlt es an qualifiziertem Personal, das mit dem Jugendlichen die Straftat und ihre Hintergründe aufarbeiten könnte[321] - soweit dies in dem äußerst begrenzten Zeitfenster von maximal vier Wochen überhaupt möglich ist.

Wenig überraschend musste dementsprechend festgestellt werden, dass der Vollzug des Dauerarrests weder die Rechtseinsicht noch die moralische Urteilsfähigkeit der Arrestanten positiv beeinflussen konnte. Auch ein förderlicher Einfluss auf das Verhalten der Arrestanten im Sinne einer Neuorientierung konnte nicht nachgewiesen werden – und zwar unabhängig von der Länge des Dauerarrests.[322]

Ein „heilsamer Schock", der die Jugendlichen im Nachgang an den Arrestvollzug von weiteren Straftaten abgehalten hätte, ließ sich ebenfalls nicht belegen. Selbst wenn ein solcher zunächst eingetreten war, wirkte dieser nicht fort, sondern wich nach kurzer Zeit einer Gewöhnung.[323] Im Gegenteil zeigte sich im Zuge weiterer Untersuchungen sogar, dass dieser Abschreckungsansatz eher dazu führte, dass die betroffenen Jugendlichen häufiger rückfällig wurden als solche, die keiner derartigen Abschreckung ausgesetzt waren.[324]

So erstaunt es auch nicht, dass die Quoten für die Legalbewährung nach der Vollstreckung des Jugendarrests besonders schlecht sind: Daten aus dem Jahr 2004 zufolge weist der Jugendarrest nach der vollverbüßten Jugendstrafe in einem Risikozeitraum von drei Jahren mit 64,1% die höchste Rückfallquote auf,[325] für die Jahre 2007-2010 erhöhte sich diese Zahl auf 65,2%.[326]

---

320 *Kolberg/Wetzels* 2012, S. 122; *Niehaus* 2012, S. 25; *Thalmann* 2011, S. 80.

321 *Kolberg/Wetzels* 2012, S. 122; *Thalmann* 2011, S. 81.

322 *Dünkel* 1991, S. 27; *Heinz* 2011, S. 78; *Keiner* 1989, S. 202 ff. befragte die betroffenen Jugendlichen nach den Sinn und Nutzen des Arrests, wobei die Verteilung positiver und negativer Bewertungen mit 53% zu 47% annähernd gleich waren; *Streng* 2012, Rn. 420; kritisch hierzu *Pütz* 2011, S. 84 f.

323 *Eisenberg* 2005, § 34 Rn. 24; *Heinz* 2011, S. 78; *Kolberg/Wetzels* 2012, S. 124 f.; *Kreuzer* 2002, S. 2351; *Schmidt* 2011, S. 87 f.; *Streng* 2012, Rn. 420; *Werlich* 1985, S. 163 berichtet nach einer Arrestantenbefragung sogar von gestiegener Aggressivität.

324 *Heinz* 2011, S. 78; *Kreuzer* 2012, S. 103; *Ostendorf* 2013a, Rn. 204; *Streng* 2012, Rn. 422.

325 *Goeckenjan* 2013, S. 69; *Heinz* 2011, S. 77; *Kolberg/Wetzels* 2012, S. 123 f.; *Streng* 2012, Rn. 420; zu den hohen Rückfallquoten auch *Goerdeler/Sonnen* 2002, S. 350; *Ostendorf* 2013a, Rn. 204.

326 *Jehle/Albrecht/Hohmann-Fricke/Tetal* 2013, S. 55.

2.5.3.2.2 Verbesserungsvorschläge

Angesichts dieser Problematiken wurden vielfach Reformen des Jugendarrestes gefordert. Diese reichen von der Forderung, den Jugendarrest insgesamt abzuschaffen[327] über die Abschaffung von Kurz- und Freizeitarrest, die zeitliche Begrenzung des Dauerarrests auf zwei Wochen[328] und die Möglichkeit der Aussetzung der Arrestvollstreckung zur Bewährung bis zur stärkeren pädagogischen Ausgestaltung des Arrestvollzuges.[329]

Da die Abschaffung des Arrests ein in der Praxis kaum umsetzbares Ziel darstellt[330] und womöglich die unerwünschte Konsequenz eines Anstiegs von Jugendstrafen zur Folge haben könnte,[331] gehen die Überlegungen insgesamt eher in Zielrichtung einer Verbesserung des Arrestvollzuges. Trotz der problematischen Ausgangslage scheint nicht völlig ausgeschlossen, mit einem entsprechend ausgestalteten Arrestvollzug einen positiven Impuls zu setzen.[332]

Eine verbesserte, erzieherisch sinnvolle Ausgestaltung des Arrests erfordert Veränderungen in mehreren Bereichen:

1) Arrest als stationärer sozialer Trainingskurs

Zum einen muss der Arrestalltag mit „pädagogischem Leben"[333] gefüllt und als stationärer sozialer Trainingskurs ausgestaltet werden.[334] Angebote im Bereich Schule und Beruf, soziale Trainingsmaßnahmen zum Thema Gewalt, Sucht und Freizeitgestaltung sowie Gesprächsangebote von Seiten des Sozial-

---

327 Hierzu *Heinz* 2011, S. 71; *Kolberg/Wetzels* 2012, S. 125; *Streng* 2012, Rn. 421; so einem Bericht des MDR zufolge auch die Justizministerin in Sachsen-Anhalt, *Angela Kolb* (www.mdr.de/sachsen-anhalt/jugendarrest-landtag-sachsen-anhalt100.html); ebenso die Fraktion DIE LINKE, Landtag Sachsen-Anhalt, Drucksache 6/1885.

328 *Goerdeler/Sonnen* 2002, S. 350.

329 Im Überblick *Dünkel* 1991, S. 23 ff.; *Kolberg/Wetzels* 2012, S. 125 m. w. N.; *Meyer-Höger* 1998, S. 145 mit einem Überblick.

330 *Pütz* 2011, S. 84; *Roos* 2011, S. 100; *Schmidt* 2011, S. 87; *Streng* 2012, Rn. 421.

331 *Goerdeler/Sonnen* 2002, S. 350; *Kolberg/Wetzels* 2012, S. 125.

332 Kritisch *Feltes* 1993, 107 m. w. N., wonach der Art des Arrestvollzugs für die Wirksamkeit keine allzu große Bedeutung zukomme; *Kreuzer* 2012, S. 103, der der Auffassung ist, dass allen erzieherischen Bemühungen zum Trotz der Arrest mehr schade, als dass er nütze; befürwortend *Walkenhorst* 2011, S. 98.

333 *Pütz* 2011, S. 85.

334 *Höll* 2011, S. 86 f.; *Kutschaty/Kubink* 2011, S. 54; *Ostendorf* 2010, S. 21 der vorschlägt, statt von Arrest von „stationärem sozialen Training" zu sprechen; *Streng* 2012, Rn. 421; *Walkenhorst* 2011, S. 96, der ebenfalls eine andere Terminologie vorschlägt, nämlich „Jugendakademie" oder „Jugendbildungsstätte"; *Wulf* 2011, S. 105.

dienstes, des psychologischen Dienstes und eines Anstaltsseelsorgers können neben sportlichen Aktivitäten darauf hinwirken, dass aus dem Arrest tatsächlich etwas Positives gewonnen werden kann.[335] Um der Verwirklichung dieser Ansprüche näher zu kommen, ist allerdings entsprechend geschultes, jugendpädagogisch qualifiziertes Personal notwendig.[336]

Als positives Beispiel ist insofern das Projekt SofiT in Worms zu nennen, in dessen Rahmen Arrestanten, begleitet und angeleitet von Studierenden der Katholischen Fachhochschule, Senioren in einer Wohneinrichtung für Demenzkranke besuchen und gemeinsame Aktivitäten wahrnehmen. Durch dieses Projekt sollen den Arrestanten positive Eindrücke und persönliche Wertschätzung vermittelt werden.[337]

2) Stigmatisierende Wirkungen minimieren

Die stigmatisierenden Wirkungen[338] der Freiheitsentziehung müssen minimal bleiben. Dies kann dadurch gelingen, dass Ausgänge zur Schule sowie Ausbildung ermöglicht werden.[339]

3) Nachbereitung

Des Weiteren ist auch die Nachbereitung des Arrests wichtig: Wenn die Ausgestaltung des Arrestvollzuges es schafft, dass der Jugendliche aus diesem Anregungen für eine Neuorientierung mitnimmt, so darf er danach nicht mit der Umsetzung im „wirklichen Leben" allein gelassen werden. Hier ist eine sozialpädagogische Nachbetreuung gefragt, die dem Jugendlichen hilft, die positiven Impulse in die Tat umzusetzen.[340]

---

335 *Höll,* 2011, S. 87; *Ostendorf* 2010, S. 21; *Roos* 2011, S. 102; *Walkenhorst* 2011, S. 96.

336 *Goerdeler/Sonnen* 2002, S. 350; *Ostendorf* 2010, S. 21 f.; *Walkenhorst* 2011, S. 98.

337 *Tietjen/Feuerhelm* 2011, S. 92ff..

338 *Kreuzer* 2002, S. 2351; *Ostendorf* 2000, S. 106.

339 *Goeckenjan* 2013, S. 70 sieht die Arrestverhängung bei bestehendem Schulverhältnis ohnehin kritisch, da die Gefahr bestehe, dass diese stabilisierende Beschäftigung durch den Arrest beeinträchtigt werden könnte; *Schmidt* 2011, S. 88, 89; dementsprechend sieht § 10 i. V. m. § 6 JAVollzG NRW vor, dass die Teilnahme an Veranstaltungen außerhalb der Einrichtung gestattet werden kann.

340 *Kolberg/Wetzels* 2012, S. 126; *Ostendorf* 2010, S. 22; *Pütz* 2011, S. 85; *Roos* 2011, S. 101; *Schmidt* 2011, S. 88; *Walkenhorst* 2011, S. 96; *Wulf* 2011, der auf die Probleme in der praktischen Umsetzung hinweist; Antwort der Hessischen Landesregierung auf die Kleine Anfrage der Abgeordneten *Daniel May* und *Marcus Bocklet* (BÜNDNIS 90/DIE GRÜNEN) am 18.10.2012, Drucksache 18/6120, S. 2.

Zusammengefasst: Dem Arrestvollzug sollte als Leitidee die Hilfe für ein Leben in sozialer Verantwortung zugrunde liegen, was mit der Vermittlung sozialer Kompetenzen beginnt.[341]

2.5.3.3. Aktuelle Gesetzgebungsvorschläge für Jugendarrestvollzugsgesetze der Länder

Bislang wird der Vollzug des Jugendarrests in den meisten Bundesländern noch von der Jugendarrestvollzugsverordnung geregelt. Allerdings hat das Bundesverfassungsgericht[342] zum Jugendstrafvollzug festgestellt, dass für freiheitsentziehende Maßnahmen eine formalgesetzliche Eingriffsgrundlage erforderlich ist. Dieser Leitlinie folgend werden derzeit auch Gesetzgebungsvorschläge für Jugendarrestvollzugsgesetze in den Ländern diskutiert,[343] die die Jugendarrestvollzugsverordnung ersetzen sollen.

Eine länderübergreifende Arbeitsgruppe besteht seit September 2009. Diese sollte einen Mustergesetzentwurf für die zu verabschiedenden Jugendarrestvollzugsgesetze erarbeiten. Allerdings wurden die Arbeiten zugunsten der Sicherungsverwahrungsvollzugs- und Strafvollzugsgesetze zunächst wieder ausgesetzt.[344] Unabhängig davon hat Nordrhein-Westfalen als erstes Bundesland 2013 ein Jugendarrestvollzugsgesetz verabschiedet (siehe im Weiteren).

Als Grundlage für die Diskussion zur Schaffung von Jugendarrestvollzugsgesetzen können zum einen der „Diskussionsentwurf für ein Gesetz über stationäres soziales Training"[345] von *Wulf* sowie zum anderen die von der Fachkommission Jugendarrest/Stationäres soziales Training erarbeiteten Mindeststandards zum Jugendarrestvollzug[346] herangezogen werden.

Der Diskussionsentwurf von *Wulf* orientiert sich stark an den Europäischen Grundsätzen für von Sanktionen oder Maßnahmen betroffenen jugendlichen Straftätern und Straftäterinnen des Ministerkomitees des Europarats vom

---

341 *Wulf* 2011, S. 105.

342 BVerfGE 116, S. 69.

343 Einen Überblick bieten *Kolberg/Wetzels* 2012, S. 113 ff.

344 Antwort auf die Kleine Anfrage der Abgeordneten *Daniel May* und *Marcus Bocklet* (BÜNDNIS 90/DIE GRÜNEN) vom 18.10.2012, Hessischer Landtag, Drucksache 18/6120.

345 www.dvjj.de.

346 *Ostendorf* 2010, S. 20.

5. November 2008.[347] Die Sicherung der Menschenrechte der Arrestanten im Vollzug wird deshalb an mehreren Stellen deutlich betont.[348]

Dem Arrestantritt soll ein ordentliches Aufnahmeverfahren folgen, anschließend sollen die Jugendlichen grundsätzlich einzeln untergebracht werden. Der erzieherisch ausgestaltete Vollzug erfordere eine dem Leben in Freiheit angeglichene Tagesstruktur mit Arbeit, Freizeit und Ruhezeiten,[349] wobei eine Mitwirkungspflicht, deren Verletzung Disziplinarmaßnahmen nach sich ziehen könnte, nicht vorgesehen ist. Fehlt es an der Kooperation des Jugendlichen, so soll auf sozialpädagogischer Ebene interveniert werden.[350] Insgesamt soll der Vollzug offen gestaltet werden (mit Besuchen, Ausgängen, Teilnahmen an Veranstaltungen etc.) und Vorkehrungen für eine fördernde Nachsorge treffen.[351] Besonderheiten zum Beschlussarrest sind nicht vorgesehen.

In den Mindeststandards zum Jugendarrestvollzug wird zunächst die Subsidiarität des Arrests (welcher aufgrund der historischen Vorbelastung des Begriffs nicht mehr als „Arrest", sondern als „stationäres soziales Training" bezeichnet werden solle) betont. Die Möglichkeit ambulanter Maßnahmen und des Aussetzens der Vollstreckung nach § 87 JGG sollen vor Arrestverhängung bzw. -antritt verstärkt geprüft werden.[352] Der Vollzug selbst soll frei von Abschreckungspädagogik sein und mithilfe individuell angepasster Förderprogramme den Jugendlichen rechtskonforme Verhaltensalternativen nahe bringen.[353] Um dieses Ziel zu erreichen, sollen die Jugendlichen in kleinen Einrichtungen mit sozialpädagogisch qualifiziertem Personal untergebracht werden. Lockerungen des Vollzuges sind ausdrücklich erwünscht, bis hin zu der Schaffung eines Vollzugs „in freien Formen".[354] Eine qualifizierte Nachsorge soll schließlich gewährleisten, dass die im Vollzug gewonnene Unterstützung nicht mit der Entlassung wegbricht, sondern dem Jugendlichen weiterhin die notwendige Hilfe vermittelt wird.[355] Für den Vollzug des Beschlussarrests wird angeregt, zunächst auf der Ladung nochmals ausdrücklich auf die Möglichkeit der Arrestvermeidung durch Erfüllung der ursprünglichen Rechtsfolge hinzuweisen. Kommt es

347 Vgl. zusammenfassend *Dünkel* 2008; 2011; *Dünkel/Baechtold/van Zyl Smit* 2009.

348 *Wulf* 2010, S. 192.

349 *Wulf* 2010, S. 193.

350 *Wulf* 2010, S. 193.

351 *Wulf* 2010, S. 193.

352 *Ostendorf* 2010, S. 20.

353 *Ostendorf* 2010, S. 21.

354 *Ostendorf* 2010, S. 21 f.

355 *Ostendorf* 2010, S. 21.

dennoch zum Vollzug, so soll dem Jugendlichen die Erfüllung der Rechtsfolge aus dem Vollzug heraus ermöglicht werden.[356]

Diese Empfehlung wird dem Ziel des Beschlussarrests gerecht: Der Jugendliche soll zwangsweise zur Erfüllung der ursprünglichen Rechtsfolge gebracht werden. Mit anderen Worten: Das ursprünglich verfolgte erzieherische Ziel soll mit Zwangsmitteln erreicht werden.[357] Insofern unterscheidet sich die Zielsetzung des Urteilsarrests von der des Beschlussarrests. Letzterer stellt nämlich seinem Zweck entsprechend gerade keine Ahndung des mit der Tat begangenen Unrechts dar, sondern dient als Reaktion auf die Nichtbefolgung der Umsetzung der verhängten ambulanten Maßnahmen durch den Jugendlichen. Er ist also von der Tat abgekoppelt.

Gleichzeitig gilt § 90 JGG mangels Sonderregelung auch für den Beschlussarrest, so dass dieser ebenfalls erzieherisch ausgestaltet sein muss. Insofern sind die obigen Erwägungen zur Verbesserung des Jugendarrests[358] durchaus auch für den Vollzug des Beschlussarrests entsprechend heranzuziehen. Daneben sind jedoch der Zielsetzung des Beschlussarrests entsprechend und die betroffene Klientel betrachtend Besonderheiten zu beachten:

Dem Jugendlichen sollte von vornherein ermöglicht werden, die nicht erfüllte Rechtsfolge aus dem Arrest heraus zu erfüllen, soweit dies möglich ist. Darüber hinaus sollte unterstützend auf die Erfüllung hingewirkt werden, beispielsweise durch eine enge Zusammenarbeit mit Betreuungshelfern und Trägern sozialer Trainingskurse, um dem Jugendlichen zu ermöglichen, unter Anleitung der Jugendarrestanstalt die Voraussetzungen für eine erfolgreiche Erfüllung zu schaffen.[359]

Da die betroffene Klientel tendenziell noch stärker belastet ist, als die vom Urteilsarrest betroffenen Jugendlichen,[360] muss besonderer Wert auf die Erforschung von Problemfeldern und die Vermittlung nachsorgender Hilfeangebote gelegt werden.

---

356 *Ostendorf* 2010, S. 21.

357 Hierzu siehe *Kapitel 2.4.* zur Rechtsnatur des Beschlussarrestes.

358 Siehe *Kapitel 2.5.3.2.2.*

359 In diese Richtung geht § 34 JAVollzG NRW; *Schmidt* 2011, S. 90 mit dem Hinweis, dass dies auch die angespannte Belegungssituation verbessern würde; ebenso *Goeckenjan* 2013, S. 69; *Seidl/Holthusen/Hoops* 2013, S. 294 f.; anders die Allgemeine Verfügung zum Jugendarrestvollzug der Senatsverwaltung für Justiz Berlin vom 3. März 2010 (Just III A 4), wonach im Regelungspunkt 3 lediglich vorgesehen ist, dass „in der Regel" vor Vollstreckung des Arrests die Gelegenheit zu geben sei, der Weisung nachzukommen bzw. die Auflage zu erfüllen.

360 *Eisenberg* 1989, S. 18; *Frehsee* 1989, S. 318; *Pfeiffer* 1981, S. 47 f.; zur damit einhergehend erhöhten Rückfallrate *Werlich* 1985, S. 173.

Diese Punkte sind angesichts des Umstands, dass die Beschlussarrestanten mit teils über einem Drittel einen erheblichen Anteil der Arrestpopulation darstellen,[361] für die Arrestorganisation von wesentlicher Bedeutung und müssen deshalb in den Jugendarrestvollzugsgesetzen berücksichtigt werden.

Nordrhein-Westfalen hat mit Wirkung zum 14.05.2013 als erstes Bundesland ein Jugendarrestvollzugsgesetz verabschiedet und in diesem Gesetz auch eine begrüßenswerte Sonderregelung für die Handhabung des Beschlussarrests getroffen. § 34 JAVollzG NRW greift jedenfalls den Punkt auf, dass bei Beschlussarrestanten der Fokus auf der Erfüllung der Rechtsfolge liegen muss:

> *„Zur Abwendung des weiteren Vollzuges des Arrestes wegen der Nichterfüllung von Weisungen oder Auflagen sollen die Jugendlichen angehalten werden, während des Arrestvollzuges die Weisungen oder Auflagen zu erfüllen. Satz 1 gilt für die Nichterfüllung von Anordnungen gemäß § 98 Abs. 2 des Gesetzes über Ordnungswidrigkeiten entsprechend."*

Im Übrigen greift das Gesetz die vorgenannten Verbesserungsvorschläge[362] auf: Der Schwerpunkt liegt auf einer individualpräventiven Ausrichtung des Jugendarrests und mit Regelungen zur Durchführung einer entsprechenden Diagnostik, daneben werden individuelle Bildungs- und Fördermaßnahmen im Arrest sowie Hilfestellungen zur Nachsorge nach der Entlassung geregelt.[363] Dies dürfte auch den besonders belasteten Beschlussarrestanten zugute kommen.

Über die Auswirkungen des Gesetzes muss dem Landtag gem. § 38 JAVollzG NRW alle fünf Jahre berichtet werden. So soll gewährleistet werden, dass Missstände frühzeitig bemerkt und behoben werden können.[364]

Kritiker warnen jedoch angesichts der im Gesetz formulierten weitreichenden Ziele und Möglichkeiten davor, die Erwartungen an den Jugendarrest zu hoch zu stecken. Dies könne womöglich dazu führen, dass Jugendarrest in der Hoffnung noch häufiger und mit längerer Dauer verhängt werde, er möge den Jugendlichen nunmehr auf den richtigen Weg bringen.[365]

---

361 Zu den Schätzungen siehe *Kapitel 1.1*, in Berlin beträgt der Anteil von Beschlussarrest im Jahr 2009 33%, siehe *Kapitel 3*.

362 Siehe *Kapitel 2.5.3.2.2*.

363 Presseerklärung des Landesjustizministeriums vom 03.06.2013, www.justiz.nrw.de/ Mitteilungen/2013_06_03_Jugendvollzug/index.php; *Goeckenjan* 2013, S. 70.

364 *Goeckenjan* 2013, S. 70 f.

365 *Goeckenjan* 2013, S. 71.

Dies ginge im Ergebnis zu Lasten der Errungenschaften der *„inneren Reform"* und würde die Erkenntnisse bezüglich der negativen Auswirkungen der Freiheitsentziehungen vernachlässigen.[366]

In einigen Bundesländern liegen bereits Entwürfe von Jugendarrestvollzugsgesetzen vor. So wurde in *Hamburg* im Juni 2012 ein solcher Entwurf vorgelegt, der wegen des Regierungswechsels jedoch noch nicht weiter gediehen ist. Auch hier wird Wert auf die pädagogische Ausgestaltung des Vollzuges durch soziale Gruppenarbeit und soziales Training gelegt. Auch die Förderung von Opferempathie wird als ausdrückliches Ziel genannt.[367] Ebenso wie im JAVollzG NRW ist in § 11 eine Sonderregelung für den Beschlussarrest vorgesehen:

> *„Der Vollzug von Jugendarrest durch gerichtlichen Beschluss wegen Nichterfüllung von Weisungen oder Auflagen gemäß § 11 Abs. 3 JGG oder § 15 Abs. 3 S. 2 JGG sowie gemäß §§ 23 Abs. 2, 88 Abs. 6 JGG ist darauf auszurichten, dass die Jugendlichen und Heranwachsenden die ihnen auferlegten Weisungen und Auflagen erfüllen. [...]."*

Auch in *Hessen* steht die Förderung und Erziehung der Arrestanten in dem im April 2013 vorgelegten Entwurf für ein Jugendarrestvollzugsgesetz im Vordergrund.[368] § 33 sieht eine Sonderregelung für den Beschlussarrest vor:

> *„In den Fällen des Arrestes wegen der Nichterfüllung von Weisungen oder Auflagen sollen Jugendliche angehalten werden, während des Arrestvollzuges die Weisungen oder Auflagen zu erfüllen. Satz 1 gilt auch für die Nichterfüllung von Anordnungen gemäß § 98 Abs. 2 des Gesetzes über Ordnungswidrigkeiten [...] entsprechend."*

In *Sachsen-Anhalt* wurde im März 2013 ein Entwurf für ein Jugendarrestvollzugsgesetz vorgelegt, die weitere Bearbeitung wurde dem Ausschuss für Recht, Verfassung und Gleichstellung überwiesen. Auch dieser Gesetzesentwurf legt besonderen Wert auf die erzieherische Ausgestaltung des Vollzuges durch eine entsprechende Diagnostik und Förderprogramme. Um der individuellen Förderung gerecht zu werden, soll der Vollzug auch außerhalb der Anstalt – so-

---

366 Vgl. hierzu in *Kapitel 2.5.1* und *Kapitel 2.5.2*.

367 Bürgerschaft der Freien und Hansestadt Hamburg, Drucksache 20/4528 vom 20.06.2012; *Kolberg/Wetzels* 2012, S. 137 f.

368 Hessischer Landtag, Drucksache 18/7179 vom 21.03.2013.

gar in häuslicher Umgebung – stattfinden können.[369] Sonderregelungen für den Beschlussarrest gibt es nicht.

Der Regierungsentwurf eines Jugendarrestvollzugsgesetzes in *Schleswig-Holstein* sieht sowohl vor, während des Arrestvollzuges durch soziale Gruppenarbeit Selbstwertgefühl, Konfliktfähigkeit und soziale Kompetenzen zu stärken, als auch außervollzugliche Hilfeangebote für die weitere Unterstützung nach der Entlassung zu vermitteln.[370] Eine Sonderregelung für den Beschlussarrest findet sich in § 17:

> *„(1) Die Jugendlichen sind anzuhalten, die ihnen auferlegten Weisungen oder Auflagen zu erfüllen. Ist die oder der Jugendliche zur Erfüllung der Weisungen oder Auflagen bereit, informiert die Anstalt darüber den Vollstreckungsleiter (§ 82 Abs. 1 JGG). Mit dessen Einverständnis kann die Anstalt in geeigneten Fällen der oder dem Jugendlichen ermöglichen, Leistungen zur Erfüllung der Weisungen oder Auflagen auch außerhalb der Anstalt zu erbringen. [...]*
>
> *(2) Absatz 1 gilt für die Nichterfüllung von Anordnungen gemäß § 98 Abs. 2 des Gesetzes über Ordnungswidrigkeiten entsprechend."*

In *Brandenburg* wurde am 18.03.2014 ein Regierungsentwurf zum Jugendarrestvollzugsgesetz beschlossen. Einen Schwerpunkt legt der Gesetzesentwurf auf die Klärung der Probleme und Defizite der Arrestanten, sie sollen zu einer Verhaltensveränderung motiviert werden. Hierfür sollen auch weitergehende Hilfen vermittelt werden. Der Gesetzentwurf wurde dem Landtag zur Beratung und Beschlussfassung zugeleitet.[371]

In *Bayern* soll noch während der laufenden Legislaturperiode ein Jugendarrestvollzugsgesetz verabschiedet werden. Bislang existiert noch kein konkreter Entwurf.

In *Berlin*, *Bremen*, *Rheinland-Pfalz* und *Sachsen* liegen ebenfalls noch keine Entwürfe vor, die Länder werden sich vielmehr an der länderübergreifenden Arbeitsgruppe zur Schaffung eines Gesetzentwurfes beteiligen, die im Jahr 2014 ihre Arbeit aufnehmen soll.

Mecklenburg-Vorpommern plant im Jahr 2014 mit der Erarbeitung eines Gesetzentwurfes zu beginnen, konkrete Vorarbeiten gibt es noch nicht.

---

369 Landtag von Sachsen-Anhalt, Drucksache 6/1885 vom 13.03.2013.

370 Schleswig-Holsteinischer Landtag, Drucksache 18/891 vom 04.06.2013; *Kolberg/ Wetzels* 2012, S. 132.

371 www.mdj.brandenburg.de/cms/detail.php/bb1.c.358751.de vom 19.04.2014.

In *Niedersachsen* gibt es Bestrebungen, ein Jugendarrestvollzugsgesetz zu entwerfen, welches besonders der erzieherischen Förderung Rechnung tragen soll. Konkrete Regelungen stehen jedoch noch nicht fest.[372]
Die Anfragen hinsichtlich der übrigen Bundesländer blieben erfolglos.

2.6 Der Meinungsstand zur Zweckmäßigkeit des Beschlussarrests

Über den Nutzen und die Sinnhaftigkeit des Beschlussarrests gehen die Meinungen auseinander.[373]

2.6.1 Befürworter

Viele Autoren halten den Beschlussarrest auch in heutiger Zeit aus Gründen für erforderlich, die den Erwägungen zu seiner Einführung ähneln.[374] Ebenso wie zu damaligen Zeiten wird befürchtet, dass ohne seine Handhabe dem Jugendgericht der Respekt verloren gehe und die richterliche Autorität untergraben würde.[375]
Auch der Erziehungsgedanke wird für die Notwendigkeit des Arrests herangezogen: Ein nicht vollstreckbares Urteil im „luftleeren Raum" sei erzieherisch schädlich,[376] das Jugendgericht würde sich mit der Verhängung von nicht

---

372 Presseerklärung des Justizministeriums Niedersachsen vom 14.08.2013, httwww.mj.niedersachsen.de/portal/live.php?navigation_id=3745&article_id=117405&_psmand=13.

373 *Laubenthal/Baier/Nestler* 2010, Rn. 638 f.; *Ostendorf* 2013a, Rn. 329, der die Wurzel des Meinungsstreits bereits in der Frage zur Terminologie sieht; die Richterbefragung von *Werlich* 1985, S. 168 kommt zu dem Ergebnis, dass von den 9 befragten Richtern vier den Beschlussarrest als erforderlich ansehen und vier den Beschlussarrest ablehnen.

374 *Eisenhardt* 1988, S. 145 hält den Beschlussarrest jedenfalls an sich für zweckmäßig, weist jedoch darauf hin, dass das betroffene Klientel großenteils zu der Gruppe gehört, die arrestungeeignet sei; überblicksartig zu den Befürwortern des Beschlussarrests auch *Werlich* 1985, S. 141.

375 *Dallinger/Lackner* 1965, § 11 Rn. 13 zur Wahrung des Ansehens des Gerichts; kritisch *Frehsee* 1989, S. 316 und 327: es gehe lediglich um justizielle Machtsicherung; befürwortend *Meier/Rössner/Trüg/Wulf* 2011, § 10 Rn. 42; *Schaffstein/Beulke* 2002, S. 145; kritisch *Trenczek* 1996, S. 64, wonach der „erzieherisch befähigte und in der Jugenderziehung erfahrene" Richter sich durch die Nichtbefolgung nicht persönlich angegriffen oder nicht ernst genommen fühlen wird; *Wohlfahrt* 2012, S. 392.

376 *Böhm/Feuerhelm* 2004, S. 193: Strafrecht bedeute Zwang; *Meier/Rössner/Trüg/Wulf* 2011, Rn. 19; *Diemer/Schatz/Sonnen* 2011, § 11 Rn. 11; *Frehsee* 1989, S. 327 dagegen weist darauf hin, dass gerade erst Zwang Widerstand erzeugt; hierzu auch Zitatbeispiel der Richterbefragung von *Werlich* 1985, S. 168.

durchsetzbaren Weisungen und Auflagen geradezu lächerlich machen.[377] Erziehung und Zwang schlössen sich in jugendstrafrechtlicher Hinsicht auch nicht gegenseitig aus, denn der Zwang sei dem Wesen des Strafrechts schließlich immanent.[378]

Ohne die Möglichkeit, die im Urteil ausgesprochenen Konsequenzen zu erzwingen, entspräche die Handhabe der Justiz im Ergebnis dem inkonsequenten Erziehungsstil, den die betroffenen Jugendlichen großenteils bereits von zu Hause gewohnt seien: Folgen für ein Fehlverhalten würden allenfalls angedroht, jedoch nicht umgesetzt. Der erzieherische Mehrwert des Beschlussarrests liege also darin, dass das Fehlverhalten der Jugendlichen nicht ohne Konsequenz bleibe. Mit dem Arrest verspürten die Jugendlichen dagegen eine unangenehme Folge und seien gezwungen, diese zu akzeptieren und (bestenfalls) daraus zu lernen.[379] Durch dieses konsequente Handeln könnten dem Jugendlichen seine Grenzen früh aufgezeigt werden.[380]

Die intendierte erzieherische Wirkung solle deshalb zwangsweise mittelbar durch das Damoklesschwert des Arrests durchgesetzt werden können.[381] So müsse das Jugendgericht die Erfüllung der Weisung nicht in das Ermessen des Verurteilten stellen,[382] sondern könne selbst auf die Erfüllung hinwirken. Ein effektives Eingreifen im Sinne des Jugendgerichtsgesetzes sei nur durch ein Zusammenspiel der Komponenten des Förderns und Forderns möglich.[383]

2.6.2 Kritiker

Kritiker lehnen den Beschlussarrest als unverhältnismäßig und überflüssig[384] sowie als überholte Vorstellung von der autoritären Gewalt des Jugendgerichts[385] ab. Provokativ wird beispielsweise die Frage gestellt, welcher Rechts-

---

377 *Böhm/Feuerhelm* 2004, S. 193 f.; *Meier/Rössner/Schöch* 2013, § 9 Rn. 34.

378 *Böhm/Feuerhelm* 2004, S. 193.

379 *Coerdt* 2011, S. 91; *Wohlfahrt* 2012, S. 392.

380 *Kropp* 2003, S. 240.

381 *Böhm/Feuerhelm* 2004, S. 193 f.; *Laubenthal/Baier/Nestler* 2010; Rn. 636 ff.; *Weber* 1989, S. 345; *Wohlfahrt* 2012, S. 392.

382 Mit dieser Befürchtung auch *Diemer/Schatz/Sonnen* 2011, § 11 Rn. 11; *Wohlfahrt* 2012, S. 396 f.

383 *Wohlfahrt* 2012, S. 392.

384 Für die Abschaffung *Dünkel* 1990a, S. 360, 461; *Feltes* 1993, S. 111; *Frehsee* 1989, S. 314; *Hartwig/Krieg/Rathke* 1989, S. 41; *Herrlinger* 1991, S. 158; *Hinrichs* 1989, S. 341; *Merkle/Newinger/Risse/u. a.* 1994, S. 15; *Meyer-Höger* 1998, S. 148; *Vogl-Petters/Reinecke* 1992, S. 392; *Werlich* 1985, S. 175.

385 So ein befragter Richter in *Werlich* 1985, S. 168.

staat sich in seiner Autorität durch die „Ungefügigkeit" einiger Halbwüchsiger erschüttert sehen mag.[386]

Das Jugendstrafrecht habe vor der Einführung des Beschlussarrests auch ohne die Möglichkeit der zwangsweisen Durchsetzung von Weisungen funktioniert.[387] Dass ein solches Institut überflüssig sei, zeigten auch Regelungen im Ausland, wo eine Erzwingung ambulanter Maßnahmen zumeist nicht vorgesehen und dennoch die Jugendstrafrechtspflege nicht notleidend sei.[388]

Auch stünden dem Beschlussarrest verfassungsrechtliche Bedenken entgegen: Einerseits sei die grundrechtliche Legitimation des Beschlussarrests generell noch nicht geklärt.[389] Andererseits verstoße die Arrestverhängung gegen das Doppelbestrafungsverbot des Art. 103 Abs. 3 GG.[390]

Die Vollstreckung des Arrests sei in erziehungspsychologischer Hinsicht problematisch, da sie als negative Verstärkung der Nichterfüllung wirken könne.[391] Zudem gehe es schließlich nicht darum, ob die Erfüllung der Weisung in das Ermessen der Jugendlichen gestellt werde. Durch diese oberflächliche Unterstellung werde übersehen, dass hinter der Verweigerung häufig Kraftlosigkeit, Unvermögen, Unverständnis und Apathie steckten, es sich also nicht um ein Ermessen des Jugendlichen handele.[392]

Letztlich habe das Jugendgericht die Möglichkeit, bei der Aburteilung der nächsten Straffälligkeit gleichzeitig eine Reaktion auf die Nichtbefolgung zu zeigen. Dies mache das Institut des Beschlussarrests insgesamt entbehrlich.[393] Habe der Jugendliche sich bis zu dem Zeitpunkt, zu dem eine Entscheidung über die Arrestverhängung zu treffen sei, legalbewährt, dann sei kein erzieherischer Grund für den Arrest mehr ersichtlich.[394] Habe er sich nicht legalbewährt, so sei die Nichterfüllung bereits in den nachgegangenen – vor der Arrestverhängung

---

386 *Frehsee* 1989, S. 316, 327, meint deshalb, dass es lediglich um justizielle Machtsicherung gehe.

387 *Dünkel* 1991, S. 28; *Dünkel* 1990, S. 432; *Frehsee* 1989, S. 314; ähnlich *Hinrichs* 1989, S. 332.

388 *Dünkel* 1991, S. 29; *Dünkel* 1990, S. 432; kritisch *Herrlinger* 1991, S. 158.

389 *Eisenberg* 2013, § 11 Rn. 12.

390 *Dünkel* 1991, S. 29; *Dünkel* 1990, 432; *Ostendorf* 1983, S. 573; *Ostendorf* 2013, § 11 Rn. 10.

391 *Eisenberg* 2013, § 11 Rn. 13; *Eisenberg* 1989, S. 19.

392 *Frehsee* 1989, S. 321.

393 *Hinrichs* 1989, S. 341; dagegen *Meier/Rössner/Schöch* 2013, § 9 Rn. 34; *Weber* 1989, S. 345 f.

394 *Eisenberg* 1989, S. 16, 18f der darauf hinweist, dass bei einer Ahndung trotz Legalbewährung der Arrest womöglich lediglich dazu dient, den Respekt gegenüber dem Gericht einzufordern; *Hinrichs* 1989, S. 337; *Trenczek* 1996, S. 64 f.

erfolgten – Verurteilungen berücksichtigt worden, so dass sich die Verhängung von Beschlussarrest ebenso erübrige.[395]

2.6.3 Vermittelnde Ansätze

Teilweise wird die Problematik des Beschlussarrests nicht in seiner Existenz, sondern in seiner konkreten Umsetzung gesehen.[396] So sei bedenklich, dass durch die Verhängung von Beschlussarrest auch gegen Erwachsene ältere Betroffene[397] dem Arrest zugeführt würden, auf die die erzieherische Ausgestaltung des Arrests nicht zugeschnitten sei und deren Integration die Jugendarrestanstalten überfordere.[398]

Des Weiteren würden durch die gemeinsame Vollstreckung von Urteils- und Beschlussarrest Jugendliche mit unterschiedlichsten Ausmaßen der Erziehungsbedürftigkeit zusammengewürfelt: Für die einen sei nach Auffassung des Gerichts eine Erziehungsmaßregel ausreichend, bei den andern bereits die Verhängung einer freiheitsentziehenden Maßnahme erforderlich gewesen. Die ursprünglich vom Gesetz vorgesehene Differenzierung zwischen diesen – theoretisch – sehr unterschiedlich belasteten und erziehungsbedürftigen Jugendlichen werde somit hinfällig.[399]

Selbst generelle Kritiker des Arrests können der Vollstreckung des Beschlussarrests in den Fällen etwas abgewinnen, in denen der Jugendliche durch die vorübergehende Abschottung von seinem – problematischen - Umfeld womöglich einem durch äußere Umstände bedingten Negativstrudel entzogen werden könne. Bei solchen Jugendlichen bestünde dann auch die Möglichkeit, mit sozialarbeiterischer Unterstützung im Arrest bei der Klärung etwaiger Probleme mit Arbeit, Ausbildung und Wohnung zu helfen.[400]

---

395 Zur Möglichkeit der Berücksichtigung im späteren Verfahren *Dünkel* 1990, S. 433; *Hinrichs* 1989, S. 337 mit Beispielen.

396 *Kuil* 1992, S. 332; *Weber* 1989, S. 346.

397 Nach der vorliegenden Untersuchung befanden sich mehr Erwachsende als Jugendliche im Arrest, siehe *Kapitel 3.1.1.*

398 *Eisenberg* 1989, S. 16, Fn. 15; *Ostendorf* 2013, § 11 Rn. 14.

399 *Eisenberg* 1989, S. 17; *Frehsee* 1989, S. 316; *Goeckenjan* 2013, S. 70 weist darauf hin, dass eine Unterscheidung zwischen Arrestgeeigneten und Arrestungeeigneten ohnehin problematisch sei.

400 *Eisenberg* 1989, S. 19, der dennoch den Beschlussarrest im Ergebnis erziehungspsychologisch für bedenklich hält.

2.6.4 Stellungnahme

Dem Beschlussarrest wird sicherlich nicht die Gesetzeslage vor seiner Einführung entgegengehalten werden können. Die ambulanten Maßnahmen spielten in der damaligen Zeit nicht die Rolle, die sie in der heutigen Zeit einnehmen.[401] Dementsprechend stellte sich die Frage der fehlenden Durchsetzbarkeit nicht mit der heutigen Bedeutsamkeit.

Auch verstößt der Beschlussarrest nicht gegen das Doppelbestrafungsverbot. Zwar mag er für die Arrestanten häufig als Strafe erscheinen,[402] jedoch handelt es sich nicht um eine Strafe im Sinne eines allgemeinen Strafgesetzes.[403] Das Doppelbestrafungsverbot ist deshalb hier nicht einschlägig.[404]

Da die Arrestanten im Beschlussarrest nach den bisherigen Untersuchungen häufig eine höhere soziale Belastung aufweisen, als die Arrestanten im Urteilsarrest,[405] kommt der gesetzlichen Differenzierung hinsichtlich der Erziehungsbedürftigkeit keine zu hohe Bedeutung zu. Das „Zusammenwürfeln" von Beschluss- und Urteilsarrestanten steht dem Beschlussarrest insofern nicht entgegen. Die soziale Belastung ist ein gemeinsames Problem aller Betroffenen.[406]

Ausweislich der folgenden Untersuchung liegen die Problemfelder des Beschlussarrests tatsächlich nicht so sehr in seiner Existenz, sondern in seiner Umsetzung.

2.7 Zusammenfassung

Der Beschlussarrest ist keine Folge der jugendlichen Verfehlung.[407] Vielmehr ist er als Instrument gedacht, das jugendstrafrechtliche Ziel der positiven erzieherischen Beeinflussung des jungen Täters[408] bei jenen Jugendlichen zu ver-

---

401 *Pfeiffer* 1983, S. 41 geht davon aus, dass eben wegen der fehlenden Erzwingbarkeit der Erziehungsmaßregeln kaum Gebrauch davon gemacht wurde; *Weber* 1989, S. 345.

402 *Werlich* 1985, S. 146 und zu den Ergebnissen der Richterbefragung S. 169.

403 *Laubenthal/Baier/Nestler* 2010, Rn. 639; *Reisenhofer* 2012, § 5 Rn. 83.

404 BVerfG NJW 89, S. 2529; *Dreier* 2008, Art. 103 III Rn. 22.

405 *Eisenberg* 1989, S. 18; *Frehsee* 1989, S. 318; *Pfeiffer* 1981, S. 47 f.; zur damit einhergehend erhöhten Rückfallrate *Werlich* 1985, S. 173.

406 *Albrecht* 2000, S. 221 f.; *Coerdt* 2011, S. 91 speziell zu jungen Frauen im Arrest; *Dünkel* 1990, S. 430; *Eisenhardt* 1988, S. 123 ff., 148 f.; *Frehsee* 1989, S. 317; *Hartwig/ Krieg/Rathke* 1989, S. 40; *Pfeiffer* 1981, S. 28 ff.; *Pörksen* 2011, S. 67 zu Menschen- und Kinderrechten im Vollzug mit Blick auf junge Arrestantinnen; *Schaffstein* 1970, S. 864; *Wulf* 2011, S. 104.

407 *Kapitel 2.2.*

408 *Kapitel 2.1.*

wirklichen, die mit ambulanten Maßnahmen nicht wie mit dem Urteil intendiert erreicht wurden.

Seit seiner Einführung 1944[409] ist der Beschlussarrest sowohl in seiner dogmatischen Einordnung als auch in seiner Zweckmäßigkeit umstritten. Zur dogmatischen Einordnung (vom Gesetzgeber ausdrücklich offengelassen[410]) existieren vielfältige Meinungen.[411] Tatsächlich lässt das Jugendgerichtsgesetz jedenfalls zweierlei Auslegungsmöglichkeiten zu: Mit dem Arrest soll einerseits die ursprüngliche Maßnahme erzwungen werden (§ 11 Abs. 3 S. 2 JGG), andererseits kann das Gericht die ursprüngliche Maßnahme durch den Arrest ersetzen (§§ 11 Abs. 2, 15 Abs. 3 S. 3 JGG). Sowohl die Einordnung des Arrests als Beugemaßnahme[412] als auch die Einordnung als Ersatzmaßnahme[413] (und damit gewissermaßen auch als Sanktionierung des Ungehorsams[414]) scheint damit vertretbar. Jedoch darf der Arrest nur dann vollstreckt werden, wenn die ursprüngliche Rechtsfolge fortbesteht. Das Absehen von der Durchsetzung der ursprünglichen Rechtsfolge dagegen steht im Ermessen des Jugendgerichts. Dies deutet darauf hin, dass der Beschlussarrest eher als Beugemaßnahme konzipiert ist.

Unabhängig von diesen rechtsdogmatischen Fragen halten Kritiker den Beschlussarrest unter anderem für ein überkommenes Relikt, für unverhältnismäßig und unnötig.[415] Befürworter können sich dagegen ein jugendstrafrechtliches Sanktionensystem ohne die Möglichkeit der Durchsetzung ambulanter Maßnahmen nicht vorstellen.[416] Welcher Auffassung auch gefolgt wird, die vorliegende Untersuchung zeigt, dass jedenfalls die Umsetzung des Beschlussarrests äußerst problematisch ist.

Dies ist von hoher praktischer Relevanz: Mit der Ausweitung ambulanter Maßnahmen im Zuge der inneren Reform in den 1970er Jahren[417] nahm auch die Bedeutung des Beschlussarrestes zu. Bei seiner Einführung waren die ambulanten Maßnahmen im Jugendgerichtsgesetz noch verhältnismäßig rar.[418] Nun wurde ihre Zahl größer, um dem Jugendgericht Möglichkeiten an die Hand zu geben, freiheitsentziehende Rechtsfolgen zu vermeiden – was paradoxerweise

---

409 *Kapitel 2.3.*

410 *Kapitel 2.4.*

411 *Kapitel 2.4.*

412 *Kapitel 2.4.6.*

413 *Kapitel 2.4.4.*

414 *Kapitel 2.4.5.*

415 *Kapitel 2.6.2.*

416 *Kapitel 2.6.1.*

417 *Ausführlich Kapitel 2.5.*

418 *Kapitel 2.3.*

gleichzeitig zur Zunahme einer anderen freiheitsentziehenden Maßnahme, nämlich des Beschlussarrests führte. In seiner Vollstreckung ist dieser den generellen Schwierigkeiten des Jugendarrests ausgesetzt, die mit den aktuellen Bestrebungen zur Schaffung von Jugendarrestvollzugsgesetzen minimiert werden sollen.[419]

---

419 *Kapitel 2.5.3.3.*

3. Die betroffenen Arrestanten

Aus dem Kalenderjahr 2009 standen für die Aktenauswertung 435 Arrestakten zur Vollstreckung von Beschlussarrest zur Verfügung. Diese stehen einer Gesamtzahl von 1310 im Jahr 2009 in der Jugendarrestanstalt Berlin vollstreckten Arresten gegenüber,[420] so dass der Beschlussarrest 33% der insgesamt vollstreckten Arreste darstellt.

Aus diesen Akten ergeben sich Hintergrundinformationen, die sowohl von Seiten des Gerichts als auch von Seiten der Arrestanstalt erfasst wurden. Da die Erfassungszeitpunkte und die Bereitschaft der Betroffenen zur Auskunftserteilung unterschiedlich waren, variieren die Angaben teilweise erheblich. Soweit die Angaben sich unterscheiden, werden der Vollständigkeit halber sowohl die Erkenntnisse des Gerichts als auch die Erkenntnisse der Arrestanstalt dargestellt. Detailliertere Beschreibungen der Lebensläufe beruhen auf den Angaben der Jugendlichen, die sich wiederum aus Notizen der Mitarbeiter der Jugendarrestanstalt ergeben, bzw. aus den Gründen des Urteils.

3.1 Hintergrundinformationen

3.1.1. Alter und Geschlecht

Unter den 435 im Kalenderjahr 2009 vollstreckten Beschlussarresten befanden sich 372 Arrestanten und 63 Arrestantinnen. In *Abbildung 9* wird verdeutlicht, dass die Arrestanten mit 86% in der deutlichen Überzahl sind. Diese Größenverhältnisse spiegeln sich im Übrigen auch in der Verteilung der Arrestplätze: Der Jugendarrestanstalt Berlin stehen derzeit 50 Plätze für Arrestanten und 10 Plätze für Arrestantinnen zur Verfügung.

---

420 Quelle: Interne Zugangsstatistik der Jugendarrestanstalt Berlin.

Abbildung 9:   Verteilung der Geschlechter

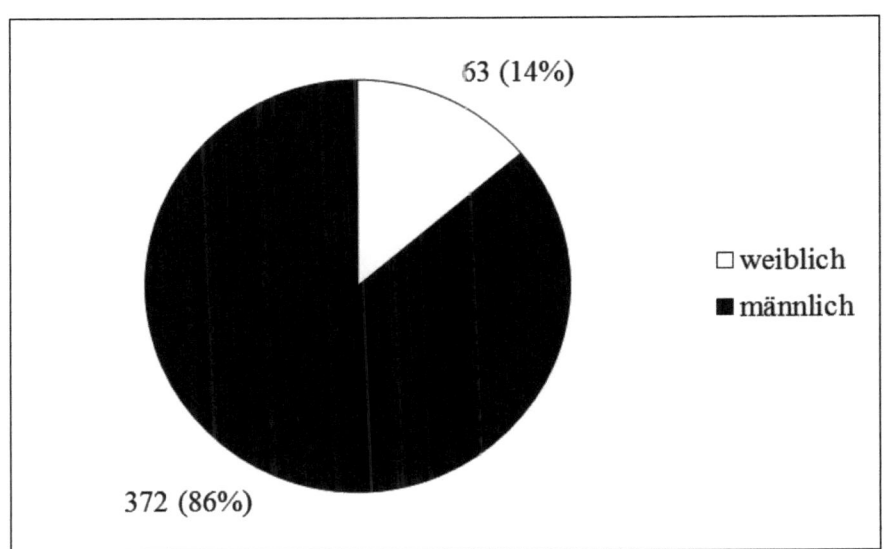

Arrestjahrgang 2009, Verteilung nach Geschlecht. Die Größenangaben erfolgen zum besseren Verständnis der Größenordnungen sowohl als absolute Zahlen in Häufigkeiten als auch in ihrer prozentualen Verteilung, n = 435.

Das Alter der Betroffenen bewegt sich über eine erhebliche Spannbreite von elf Jahren. Der Jüngste war mit 14 Jahren an der untersten Grenze der Strafmündigkeit, der Älteste mit 25 Jahren bereits seit vier Jahren erwachsen. Hier zeigt sich ganz deutlich, aus welch unterschiedlichen Lebensrealitäten die Arrestanten kommen, und wie schwierig es dementsprechend ist, eine Vollzugsgestaltung zu finden, aus der alle Beteiligten einen positiven Mehrwert ziehen können. Während der 14-Jährige noch schulpflichtig ist, befindet sich der 25-Jährige bereits in einer Lebenssituation, die Ausbildung oder Berufstätigkeit zulässt. Die Interessen und Bedürfnisse sind dementsprechend völlig unterschiedlich. Und während ein erzieherisch geprägter Arrestvollzug gegenüber einem 14-Jährigen noch sinnvoll ist, ist dieser Ansatz gegenüber einem 25-jährigen Erwachsenen fehl am Platz.

Die Alterskurve der Arrestanten macht die Breite der Altersverteilung nochmals deutlich (*Abbildung 10*). Durchschnittlich sind die Arrestanten 19,03 Jahre alt, der Median liegt bei 19 Jahren.

Der Anteil der Erwachsenen liegt mit 26% knapp höher als der Anteil an Jugendlichen (24%). Die Heranwachsenden stellen 50% und damit die Mehrheit des Beschlussarrestjahrgangs dar (vgl. *Abbildung 11*).

Abbildung 10: Alter der Arrestanten

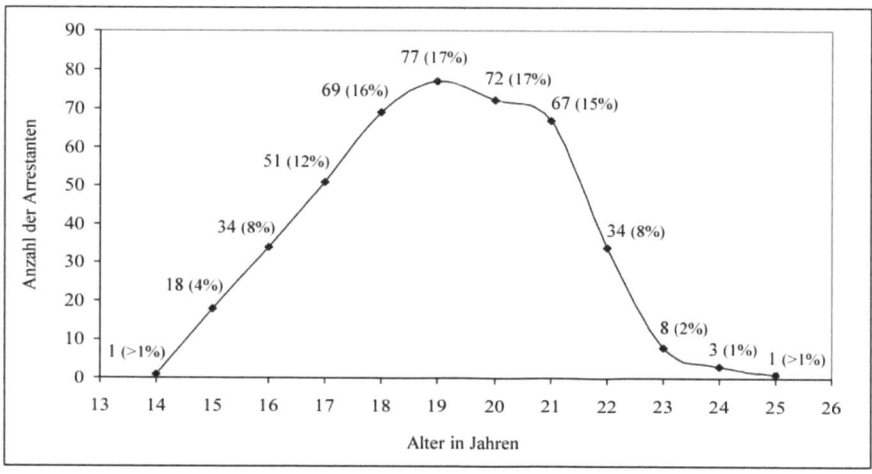

Darstellung des Alters der Arrestanten als Alterskurve. Angaben in absoluten Zahlen und nach ihrer prozentualen Verteilung, n = 435.

Abbildung 11: Jugendliche, Heranwachsende und Erwachsene

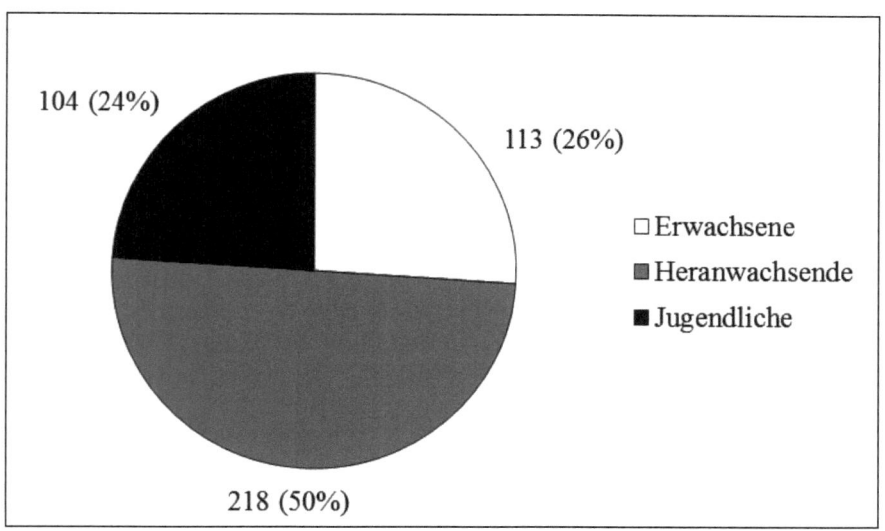

Darstellung der Altersgruppen nach der Vorgabe des § 1 Abs. 2 JGG. Angaben in absoluten Zahlen und nach ihrer prozentualen Verteilung, n = 435.

3.1.2 Herkunft und Staatsangehörigkeit

Rund 75% dieser Arrestanten wurden in Berlin geboren, gefolgt von rund 13%, die aus einem außerhalb der europäischen Union liegenden Land stammen. 13 Arrestanten stammen aus Brandenburg, die übrigen Bundesländer sind ebenso wie Mitgliedsstaaten der Europäischen Union jeweils in deutlich geringerem Maße vertreten (vgl. *Abbildung 12*).

Abbildung 12: Geburtsorte der Arrestanten

Geburtsorte der Arrestanten

Berlin	322 (75%)
Sonstiges Ausland	55 (13%)
Brandenburg	13 (3%)
EU-Ausland	7 (2%)
Mecklenburg-Vorpommern	6 (1%)
Baden-Württemberg	4 (1%)
Nordrhein-Westphalen	4 (1%)
Sachsen	4 (1%)
Sachsen-Anhalt	4 (1%)
Bayern	3 (1%)
Thüringen	3 (1%)
Niedersachsen	2 (>1%)
Rheinland-Pfalz	1 (>1%)
Saarland	1 (>1%)
Schleswig-Holstein	1 (>1%)

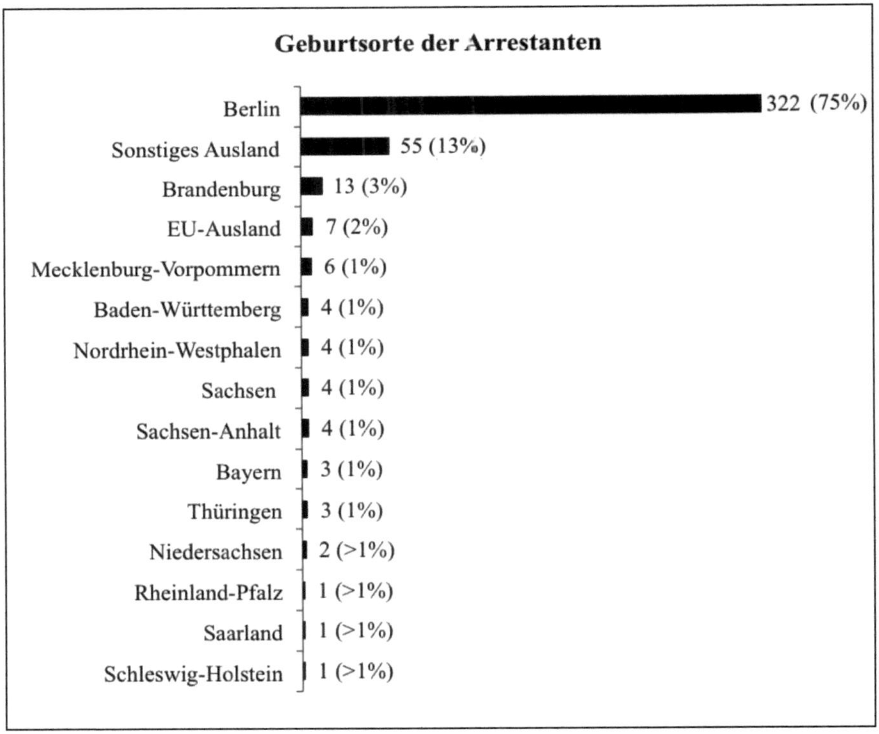

Darstellung der Geburtsorte der Arrestanten, zum besseren Verständnis der Größenordnungen erfolgen die Angaben in absoluten Zahlen als Häufigkeiten und zusätzlich in ihrer prozentualen Verteilung, n = 430. Für 5 Arrestanten fehlte die Angabe zum Geburtsort.

Mit 78% war die Mehrheit der Arrestanten deutscher Staatsangehörigkeit. Lediglich drei Arrestanten waren Staatsangehörige eines anderen EU-Mitglieds-staates, 82 Arrestanten gehörten einem außerhalb der Europäischen Union liegenden Staat an (*vgl. Abbildung 13*).

Abbildung 13:   Staatsangehörigkeiten der Arrestanten

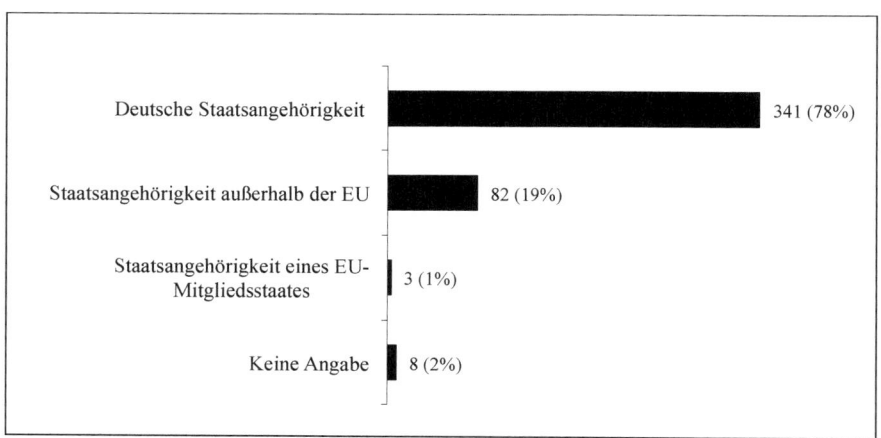

Darstellung der Staatsangehörigkeiten der Arrestanten. Die Größenangaben erfolgen zum besseren Verständnis der Größenordnungen in absoluten Zahlen als Häufigkeiten und in ihrer prozentualen Verteilung, n = 426. Das Vorliegen eines Migrationshintergrundes konnte anhand der zur Verfügung stehenden Daten nicht beurteilt werden.

3.1.3 Familienstand und Kinder

Zum Familienstand liegen in den meisten Fällen keine Angaben vor, was dem jugendlichen Alter der Betroffenen geschuldet sein dürfte. Dementsprechend waren in den 105 Urteilen, in denen das erkennende Gericht Angaben zum Familienstand erfasste, die meisten Verurteilten (14 weibliche und 90 männliche) ledig, ein Verurteilter war bereits geschieden. Die Arrestanstalt dokumentierte in lediglich drei Fällen Angaben zum Familienstand, hierbei war eine Arrestantin ledig, zwei Arrestanten waren verheiratet.

Den Erkenntnissen des Gerichts zufolge hatten 11 Verurteilte und damit insgesamt 3% bereits eigene Kinder. Vier weibliche und 6 männliche Verurteilte hatten angegeben, jeweils ein Kind zu haben, eine Verurteilte war bereits Mutter zweier Kinder. Nach den Informationen der Arrestanstalt hatte sich die Zahl der jungen Eltern zum Zeitpunkt des Arrestantritts auf 18 Arrestanten, also auf 4%, erhöht. Nun gaben 6 Arrestantinnen und 10 Arrestanten an, jeweils ein Kind zu haben, zwei Arrestantinnen hatten bereits jeweils zwei Kinder.

Nicht immer konnten die Arrestanten die Kinder selbst betreuen, teilweise lebten sie in Pflegefamilien. Einer erst 18-Jährigen Arrestantin wurde das Sorgerecht für ihre beiden vier und zwei Jahre alten Kinder entzogen, während sie mit diesen in einer Mutter-Kind-Einrichtung lebte.[421] Ihr Partner verbüßte gerade, ebenso wie ein weiterer Kindsvater, eine Haftstrafe. Eine 19-Jährige Arrestantin musste aufwendig betreut werden, nachdem sie ihr mittlerweile einjähriges Kind aus einer Pflegefamilie zurückbekommen hatte, um den Aufbau einer tragfähigen Mutter-Kind-Beziehung überhaupt erst zu ermöglichen. In einem weiteren Fall war die Freundin des Arrestanten schwanger (weshalb der Arrestant Beschwerde gegen den Arrestbeschluss einlegte), die weitere Entwicklung ergibt sich aus der Arrestakte nicht.

3.1.4 Die Eltern der Arrestanten

Der Familienstand der Eltern der Verurteilten wurde gerichtlicherseits in 229 Fällen erfasst (für 31 weibliche und 198 männliche Verurteilte). Hierunter lebten die meisten Eltern, nämlich insgesamt 56%, getrennt.

Differenziert nach Geschlecht der Verurteilten wurde deutlich, dass sich mit 61% deutlich häufiger die Eltern weiblicher Verurteilter getrennt hatten, als mit 55% die Eltern männlicher Verurteilter (vgl. *Abbildung 14*). Dementsprechend lebten auch nur 26% der Eltern weiblicher Verurteilter zusammen, während dies bei männlichen Verurteilten in immerhin 29% der Fall war. Dies könnte darauf hindeuten, dass die weiblichen Verurteilten möglicherweise aus tendenziell instabileren Verhältnissen stammen.

Die Arrestanstalt erfasste für 37 Arrestanten Angaben zum Familienstand der Eltern, hierunter lebte die Mehrheit, nämlich 54,1% zusammen (vgl. *Abbildung 15*). Diese Zahlen sind zwar angesichts des Umstands, dass lediglich von 6% der Arrestantinnen und 9% der Arrestanten überhaupt Angaben erfasst wurden, wenig repräsentativ. Jedenfalls aber bestehen die Unterschiede zwischen den Geschlechtern, die sich auf Grundlage des Urteils zeigten, hier nicht fort, vielmehr kehrten sich die Verhältnisse gewissermaßen um: Innerhalb der Gruppe der Arrestantinnen, die Angaben gemacht haben, lebten 67% der Eltern zusammen und nur 33% der Eltern getrennt. Bei den Arrestanten lebten deutlich weniger, nämlich 53% der Eltern zusammen, rund 38% der Eltern lebten getrennt.

---

421 Der Sorgerechtsentzug stand nicht im Zusammenhang mit der Arrestvollstreckung, sondern war informativ aktenkundig.

Abbildung 14:   Familienstand der Eltern laut Urteil

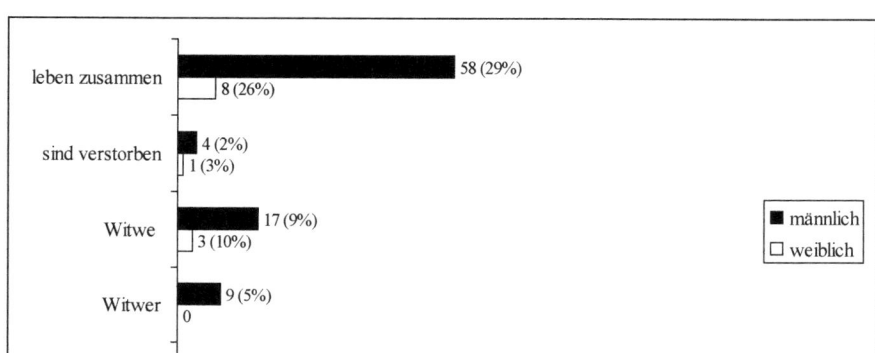

Darstellung des Familienstandes der Eltern der Verurteilten. Die Angaben erfolgen zum besseren Verständnis der Größenordnungen in absoluten Zahlen (Häufigkeiten) und in ihrer prozentualen Verteilung, n = 31 (w) und 198 (m).

Abbildung 15:   Familienstand der Eltern laut Arrestakte

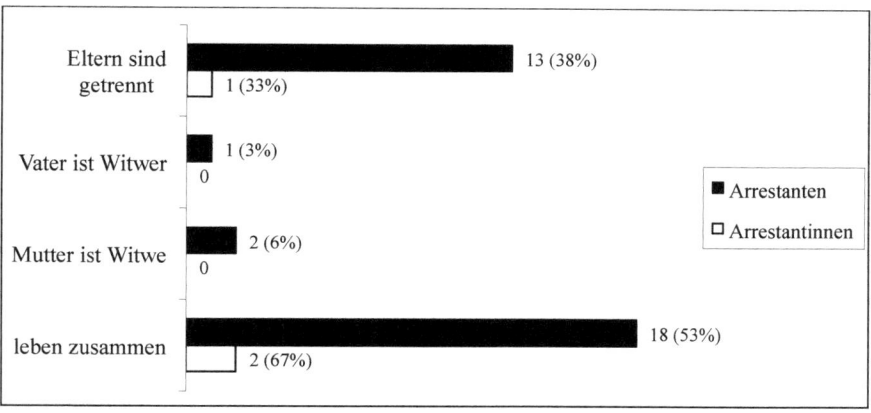

Darstellung des Familienstandes der Eltern der Arrestanten. Die Angaben erfolgen zum besseren Verständnis in absoluten Zahlen (Häufigkeiten) und in ihrer prozentualen Verteilung. Hier
unterstreichen die absoluten Zahlen, dass der Anteil der Arrestantinnen und Arrestanten, von
dem überhaupt Angaben erfasst wurden, vergleichsweise gering ist, n = 3 (w) und 34 (m).

Zu den beruflichen Hintergründen der Eltern gibt es nur in wenigen Fällen Angaben. In den bekannten Fällen ist der Vater jeweils einmal als Schichtarbeiter, Musiker, Softwarevermittler, Kellner, Pizzabäcker, Betreiber eines arabischen Lebensmittelgeschäfts und als Mitarbeiter am Flughafen tätig, in fünf weiteren Fällen im Baugewerbe, in je zwei Fällen in einer Bäckerei und als Kraftfahrer sowie einmal beim Militär.

Soweit bei den Müttern der Beruf bekannt war, war darunter jeweils eine Arbeitsvermittlerin, Erzieherin, Hundezüchterin, Astrologin, Schneiderin, S-Bahnreinigerin, Verkäuferin, Postbeamtin, sowie zwei Mitarbeiterinnen in der Bäckerei, zwei Mitarbeiterinnen der Gastronomie und drei Hausfrauen.

Nicht berufstätig sind laut Urteil 8 Mütter und vier Väter, laut Arrestakte trifft dies auf fünf Mütter und drei Väter zu.

3.1.5   Die Geschwister der Arrestanten

In nicht allen Urteilen hat das Gericht Angaben der Jugendlichen zu Geschwistern mit aufgenommen. Dementsprechend fand sich in lediglich 183 Urteilen die Information, dass der Verurteilte Geschwister habe. Für elf Verurteilte war explizit vermerkt, dass sie Einzelkinder waren.

Die Anzahl der Geschwister benannten 181 Verurteilte, diese variierten zwischen einem Geschwisterkind und 13 Geschwistern. Für einen Verurteilten fand sich lediglich die Information, dass er viele Geschwister in einer Altersspanne zwischen einem und 21 Jahren habe. Die meisten Verurteilten (37%) hatten jedoch nur ein Geschwisterkind.

Die Arrestanstalt erfasst Angaben zum familiären Hintergrund nicht standardmäßig, so dass sich in weit weniger Fällen Angaben zur Anzahl der Geschwister fanden. Nur für 32 Arrestanten fanden sich in der Arrestakte Informationen über ihre Geschwister, zwei Arrestanten machten keine näheren Angaben zu der Anzahl. Insgesamt hatten die Arrestanten hiernach zwischen einem und 8 Geschwister, ein Arrestant war Einzelkind. Erneut hatte mit 53% die Mehrheit ein Geschwisterkind (vgl. *Abbildung 17*).

Abbildung 16:   Anzahl der Geschwister laut Urteil

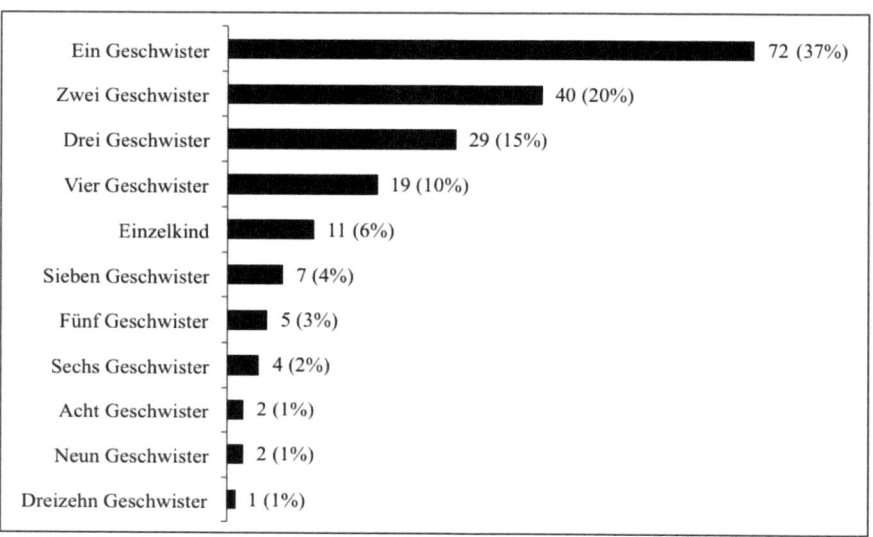

Darstellung der Anzahl der Geschwister der Verurteilten in absoluten Zahlen (Häufigkeiten) und in ihrer prozentualen Verteilung, n = 192.

Abbildung 17:   Anzahl der Geschwister laut Arrestakte

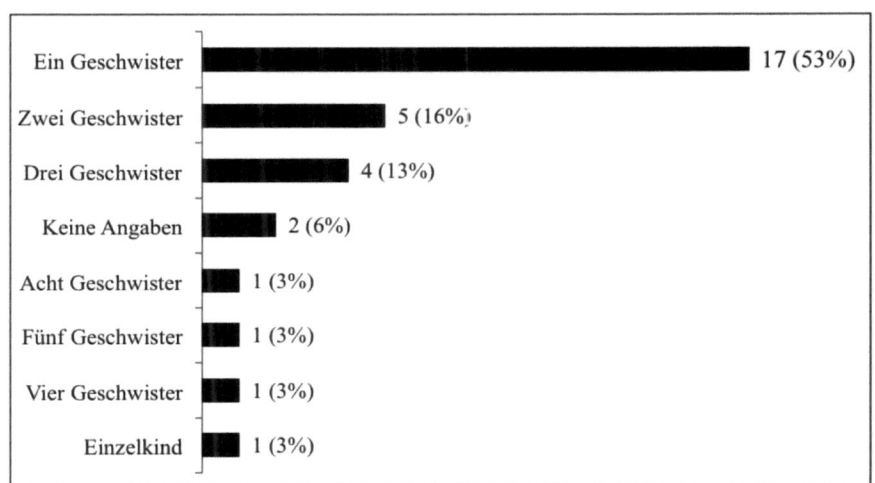

Darstellung der Anzahl der Geschwister der Arrestanten in absoluten Zahlen (Häufigkeiten) und in ihrer prozentualen Verteilung, n = 32. Anhand der absoluten Zahlen wird erneut deutlich, dass nur ein geringer Teil der Arrestanten überhaupt Angaben zu dieser Frage gemacht hat.

3.2   Wohnsituation

3.2.1   Allgemeine Angaben

Das erkennende Gericht hat von 45 weiblichen und 274 männlichen Verurteilten Angaben zu ihrer Wohnsituation erfasst (vgl. *Abbildung 18*).

Auch diese Zahlen weisen darauf hin, dass die Eltern der Verurteilten häufig getrennt waren. Deutlich mehr Verurteilte wohnten bei ihrer allein lebenden Mutter, als bei ihren zusammen lebenden Eltern: Dies betraf mit immerhin 39% der weiblichen und 25% der männlichen die Mehrzahl der Verurteilten.

Die Anzahl derer, die bei ihrem allein lebenden Vater wohnten, war – insbesondere unter den weiblichen Verurteilten – deutlich geringer. Daneben wohnten jeweils rund 22% der männlichen Verurteilten bei den zusammen lebenden Eltern oder in einer eigenen Wohnung.

Dies war bei den weiblichen Verurteilten nicht in der Ausprägung der Fall, vielmehr lebte hier ein nicht geringer Teil in betreutem Wohnen (22%) oder war in einem Heim untergebracht (4%). Lediglich 7% der weiblichen Verurteilten lebten bei beiden Elternteilen. Erneut entsteht der Eindruck, dass die weiblichen Verurteilten tendenziell aus instabileren Verhältnissen stammen könnten, als die männlichen Verurteilten.

Abbildung 18:   Wohnsituation der Verurteilten nach Geschlecht

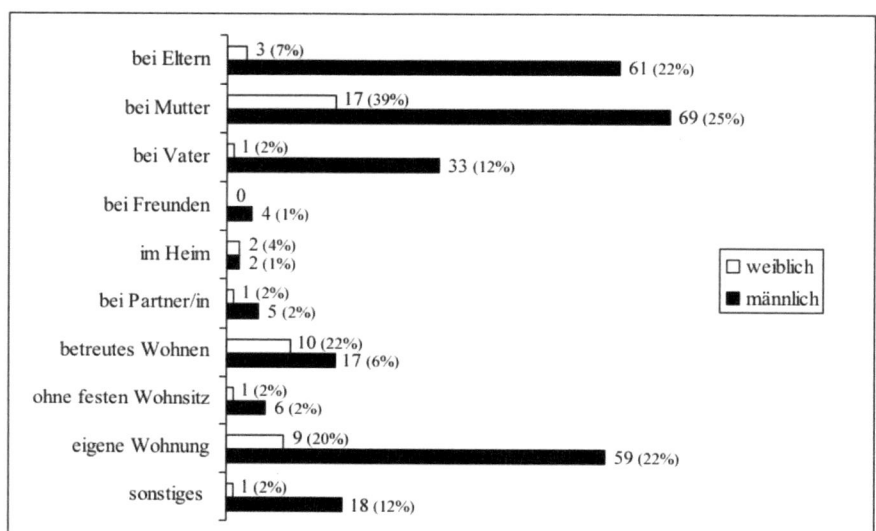

Darstellung der Wohnsituation der Verurteilten differenziert nach Geschlecht. Die Angaben erfolgen zum besseren Verständnis in absoluten Zahlen (Häufigkeiten) und in ihrer prozentuale le Verteilung, n = 45 (w) und 274 (m).

18 männliche und eine weibliche Verurteilte lebten in Wohnsituationen, die nicht in eine der vorgegebenen Kategorien einzuordnen waren. Diese wurden als Verurteilte in „sonstiger Wohnsituation" erfasst.

Zum größten Teil lebten diese Jugendlichen in der Wohnung mit Verwandten, namentlich Großeltern, Großmutter, Tante, Großtante oder Schwester. Einige hatten lediglich pauschal angegeben, „zuhause" zu leben, ohne hinzuzufügen, wer von den Eltern ebenfalls in diesem „Zuhause" lebte, so dass eine Einordnung nicht erfolgen konnte. In zwei Fällen wohnten die Verurteilten in einer Wohngemeinschaft, in einem Fall in einer nicht näher bezeichneten Art der Unterbringung, in einem Fall im Asylheim und in einem Fall bei der Familie der Freundin.

Gegenüber der Arrestanstalt machten 24 Arrestantinnen und 130 Arrestanten Angaben zu ihrer Wohnsituation (vgl. *Abbildung 19*).

Abbildung 19:   Wohnsituation der Arrestantinnen und Arrestanten

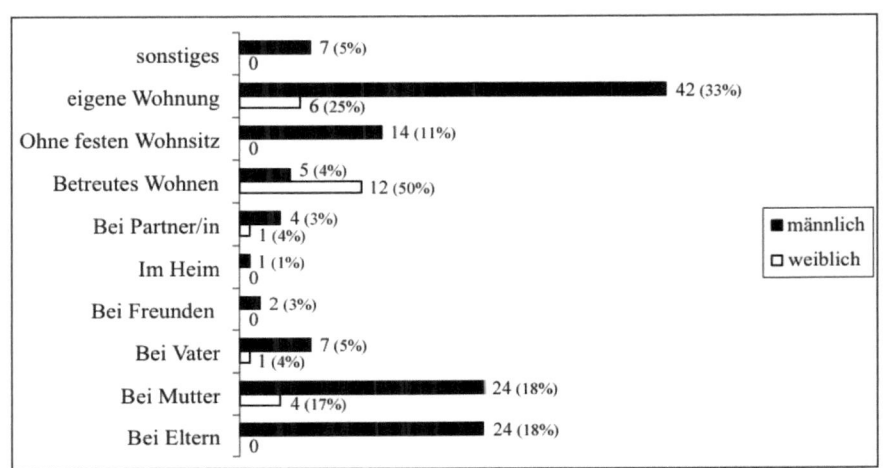

Darstellung der Wohnsituation der Arrestanten differenziert nach Geschlecht. Die Angaben erfolgen zum besseren Verständnis in absoluten Zahlen (Häufigkeiten) und in ihrer prozentualen Verteilung, n = 24 (w) und 130 (m). Auch hier zeigen die absoluten Zahlen, dass nur für einen kleinen Anteil der Arrestanten Informationen aktenkundig waren.

Besonders auffallend ist hier, dass innerhalb dieser Gruppe 50% der Arrestantinnen und damit der deutlich größte Teil betreut untergebracht war (wobei lediglich für rund ein Drittel der weiblichen Arrestpopulation Angaben aktenkundig waren).

Bei den Arrestanten (auch hier waren Informationen nur für rund ein Drittel der Arrestanten aktenkundig) traf dies lediglich auf 4% zu, von ihnen lebten die meisten (33%) bereits in einer eigenen Wohnung. Gleichzeitig war keine Arrestantin ohne festen Wohnsitz, während dies bei immerhin 11% der Arrestanten der Fall war.

Die 7 Arrestanten in „sonstiger" Wohnsituation lebten zumeist bei der Großmutter, einmal bei der Tante, einmal in einer nicht näher bezeichneten Unterbringung, einmal im Asylheim und einmal in einer Wohngemeinschaft.

3.2.2   Speziell: Obdachlosigkeit

Das Gericht erfasste für 7 männliche Verurteilte, dass sie ohne festen Wohnsitz seien. Gegenüber der Arrestanstalt erfolgte diese Angabe von 14 Arrestanten.

Bemerkenswert ist, dass von diesen 14 Arrestanten, die laut Arrestakte ohne festen Wohnsitz waren, 10 zum Zeitpunkt des Urteils noch einen festen Wohnsitz hatten. In fünf Fällen wohnten die Arrestanten damals noch bei den Eltern bzw. einem Elternteil oder der Großmutter, in jeweils einem Fall im Heim, betreuten Wohnen oder bei Freunden und in zwei Fällen in einer eigenen Wohnung. Bei rund 77% hatte sich also im Nachgang zum Urteil eine drastische Veränderung dergestalt ergeben, dass der feste Wohnsitz weggefallen war. Diese drastische Verschlechterung der Wohnsituation könnte durchaus im Zusammenhang mit der Nichterfüllung gestanden haben. Inwiefern dies tatsächlich der Fall war, ergab sich aus den Arrestakten jedoch nicht.

Für einige Arrestanten finden sich nähere Angaben zu ihrer gegenwärtigen oder vorangegangenen Obdachlosigkeit. So war ein zum Arrestantritt 19-Jähriger Arrestant zwei Monate obdachlos, weil ihn kein Elternteil bei sich aufnehmen wollte. Zum Zeitpunkt des Urteils lebte er in betreutem Wohnen, zum Zeitpunkt des Arrests hatten sich die Verhältnisse dann soweit stabilisiert, dass er angeben konnte, eine eigene Wohnung zu haben.

Ein 23-Jähriger Arrestant gab an, er habe seine Ausbildungsstelle verloren, weil die Mutter ihn aus der Wohnung warf und er so obdachlos wurde. Die Obdachlosigkeit bestand sowohl zum Zeitpunkt des Urteils als auch 14 Monate später zum Zeitpunkt des Arrestantritts. Er war verurteilt worden, sich einem Betreuungshelfer zu unterstellen und 30 Stunden gemeinnütziger Arbeit zu verrichten. Letzteres hatte er nicht getan, so dass ein zweiwöchiger Arrest vollstreckt wurde.

Ein anderer war obdachlos, weil er die strenge Erziehung seines Vaters nicht aushielt, ein weiterer – hinsichtlich dessen ein „problematischer Geisteszustand" vermerkt war – , weil er aus dem betreuten Einzelwohnen verwiesen wurde. Ein Arrestant wurde obdachlos, nachdem er neu nach Berlin gekommen war, ein anderer gab pauschal an, zwischendurch obdachlos gewesen zu sein.

In einem Fall teilte die Treberhilfe im September 2009 mit, dass der Arrestant seit eineinhalb Jahren obdachlos sei, die dortige Betreuung aber zuverlässig in Anspruch nehmen würde. Sie bat, von einer Arrestvollstreckung abzusehen, um die bereits erreichten Fortschritte nicht zu gefährden. Gegen den Arrestanten, der weder die Betreuungsweisung erfüllt noch 40 Arbeitsstunden abgeleistet hatte, wurden im November 2009 zwei Wochen Arrest vollstreckt.

3.3 Der Ausbildungs- und Berufshintergrund

Der Auswertung von *Werlich* zufolge waren 1983 in der Jugendarrestanstalt Bremen 18,5% der Arrestanten Schüler, 5,6% Auszubildende, 8,9% berufstätig und 66,9% arbeitslos.[422] Als Vergleichswert werden aus der hiesigen Auswertung die korrespondierenden Zahlen sowohl zum Zeitpunkt des Urteils als auch zum Zeitpunkt des Arrests dargestellt.

---

422 *Werlich* 1985, S. 159.

Das Jugendgericht erfasste die Informationen für 340 Verurteilte. Demzufolge waren 26% der Verurteilten Schüler, 11% Auszubildende, 10% berufstätig und 37% arbeitslos, weitere 16% befanden sich in einer berufsvorbereitenden Maßnahme oder einem entsprechenden Praktikum (vgl. *Abbildung 20*).

Abbildung 20:   Tätigkeitsstatus zum Zeitpunkt des Urteils

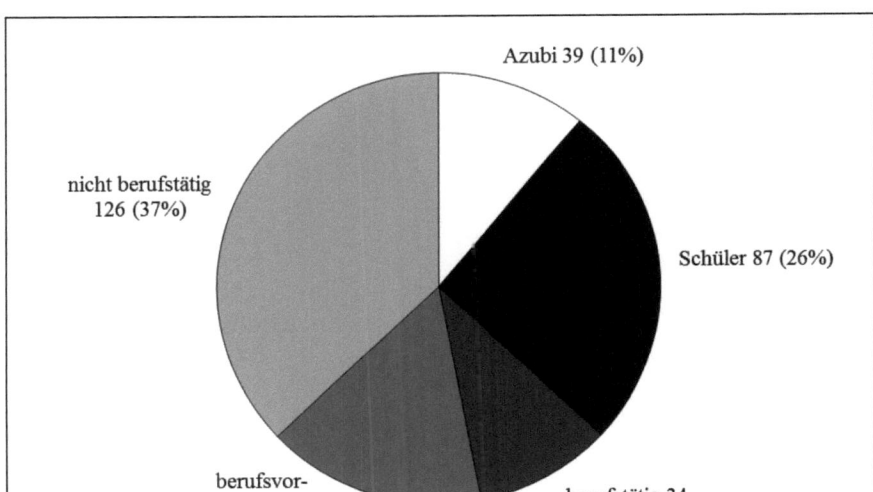

Darstellung der Tätigkeiten der Verurteilten zum Zeitpunkt des Urteils in absoluten Zahlen (Häufigkeiten) und ihrer prozentualen Verteilung, n = 340. Berufsvorbereitend tätig in diesem Sinne waren sowohl Verurteilte in einem berufsvorbereitenden Praktikum als auch Verurteilte in einer Maßnahme mit Mehraufwandsentschädigung. Die Prozentwerte weichen von den Abbildungen in den *Kapiteln 3.3.1, 3.3.2* und *3.3.3* ab, da unterschiedliche Variablen zueinander ins Verhältnis gesetzt wurden. Die dahinter stehenden absoluten Zahlen ergeben sich ebenfalls aus den Abbildungen und sind ersichtlich gleich bleibend.

Anders als das Jugendgericht erfasst die Arrestanstalt im Aufnahmegespräch standardmäßig Angaben zum Tätigkeitsstatus, so dass die Erkenntnisse hier von 428 Arrestanten vorliegen und damit weit reichender sind. Damit stellt sich die Verteilung auch anders dar (vgl. *Abbildung 21*):

11% der Arrestanten waren Schüler, 6% Auszubildende, 9% berufstätig, 12% in einer berufsvorbereitenden Maßnahme oder einem entsprechenden Praktikum. Explizit arbeitslos waren 62%, ihre Zahl hat sich also gegenüber den Angaben im Urteil fast verdoppelt. Auch hierin könnte die Nichterfüllung der Rechtsfolge jedenfalls unter anderem ihren Ursprung haben. Inwieweit dies tatsächlich der Fall war, konnte den Arrestakten nicht entnommen werden. Der von der Arrestanstalt dargestellte Tätigkeitsstatus entspricht im Großen und Ganzen den Verhältnissen, den *Werlich* in ihrer Auswertung festgestellt hat.

Abbildung 21:   Tätigkeitsstatus zum Zeitpunkt des Arrests

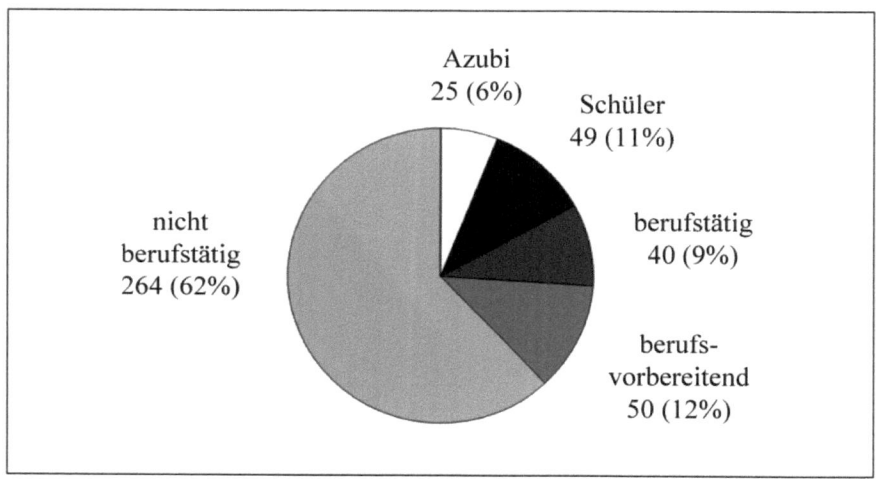

Darstellung der Tätigkeiten der Arrestanten zum Zeitpunkt des Arrestantritts in absoluten Zahlen (Häufigkeiten) und ihrer prozentualen Verteilung, n = 428. Berufsvorbereitend tätig in diesem Sinne waren sowohl Verurteilte in einem berufsvorbereitenden Praktikum als auch Verurteilte in einer Maßnahme mit Mehraufwandsentschädigung. Die Prozentwerte weichen von den Abbildungen in den *Kapiteln 3.3.1, 3.3.2* und *3.3.3* ab, da unterschiedliche Variablen zueinander ins Verhältnis gesetzt wurden. Die dahinter stehenden absoluten Zahlen ergeben sich ebenfalls aus den Abbildungen und sind ersichtlich gleich bleibend.

Sowohl Gericht als auch Arrestanstalt haben zum Ausbildungs- und Berufs-hintergrund der Arrestanten noch detailliertere Informationen erfasst. Diese werden im Folgenden ausführlicher beleuchtet werden. Es wird dabei neben den Möglichkeiten berufstätig – nicht berufstätig – Azubi – berufsvorbereitend tätig – Schüler noch weiter differenziert. Durch den Umstand, dass andere Variablen zueinander ins Verhältnis gesetzt werden, ergeben sich andere prozentuale Ver-teilungen als in den *Abbildungen 20* und *21*. Die absoluten Zahlen werden neben den prozentualen Angaben ebenfalls dargestellt um zu verdeutlichen, dass die zugrunde liegenden Häufigkeiten für alle Abbildungen gleich bleiben.

3.3.1 Schule

In 345 Fällen hat das Jugendgericht Angaben zum Status der schulischen Ausbildung erfasst (vgl. *Abbildung 22*), wobei in den meisten Fällen die Verurteilten von der Schule abgegangen[423] waren:
44% der weiblichen und 35% der männlichen Verurteilten hatten die Schule lediglich mit einem Abgangszeugnis verlassen, ein Abschlusszeugnis konnten nur 23% der weiblichen und 32% der männlichen Verurteilten vorweisen. Immerhin gaben 25% der weiblichen und 25% der männlichen Verurteilten an, zum Zeitpunkt des Urteils gerade die Schule zu besuchen. Ohne jegliches Zeugnis hatten jeweils 8% der weiblichen und männlichen Verurteilten die Schule verlassen.

Abbildung 22:   Schulstatus laut Urteil

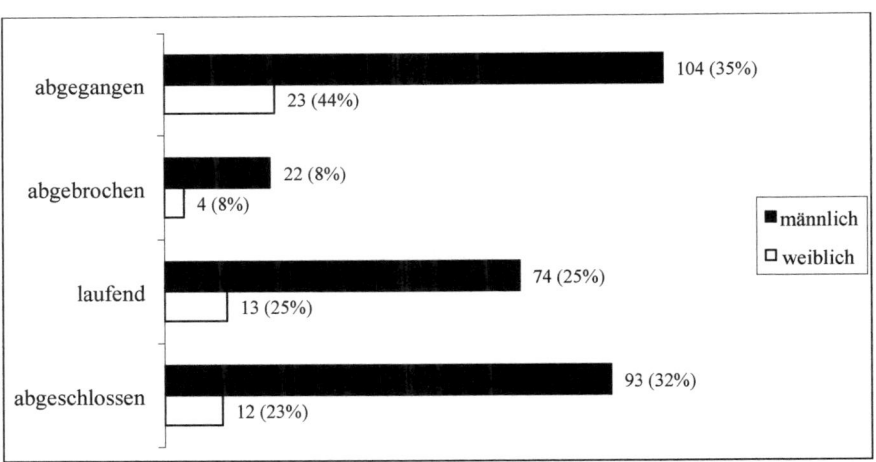

Darstellung des Status des Schulbesuchs zum Zeitpunkt des Urteils. Zum besseren Verständnis erfolgen die Angaben der Größenordnungen in absoluten Zahlen (Häufigkeiten) und in ihrer prozentualen Verteilung, n = 52 (w) und 293 (m). Die im Vergleich zu *Abbildung 20* unterschiedliche prozentuale Gewichtung beruht darauf, dass hier andere Variablen ins Verhältnis gesetzt wurden, die ebenfalls ausgewiesenen absoluten Zahlen sind ersichtlich identisch.

In einigen Fällen wurde nicht nur der Status des Schulbesuchs, sondern auch die Art der besuchten Schule konkret erfasst, so dass für diese Fälle der Bildungsstatus noch konkreter aufgeschlüsselt werden konnte:

---

423   Von der Schule abgegangen ist derjenige, der nach Erfüllung der Vollzeitschulpflicht die Schule ohne Abschlusszeugnis verlässt, er erhält ein Abgangszeugnis. Abgebrochen ist der Schulbesuch, wenn er vor dieser Zeit endet.

Von den weiblichen Verurteilten besuchten demnach zum Zeitpunkt des Urteils fünf eine Oberschule, sowie jeweils eine die Haupt- und Förderschule. Eine weitere war in einem sonstigen Schulprogramm (vgl. *Abbildung 23*).

Abbildung 23:   Schulstatus weiblicher Verurteilter mit Schulart

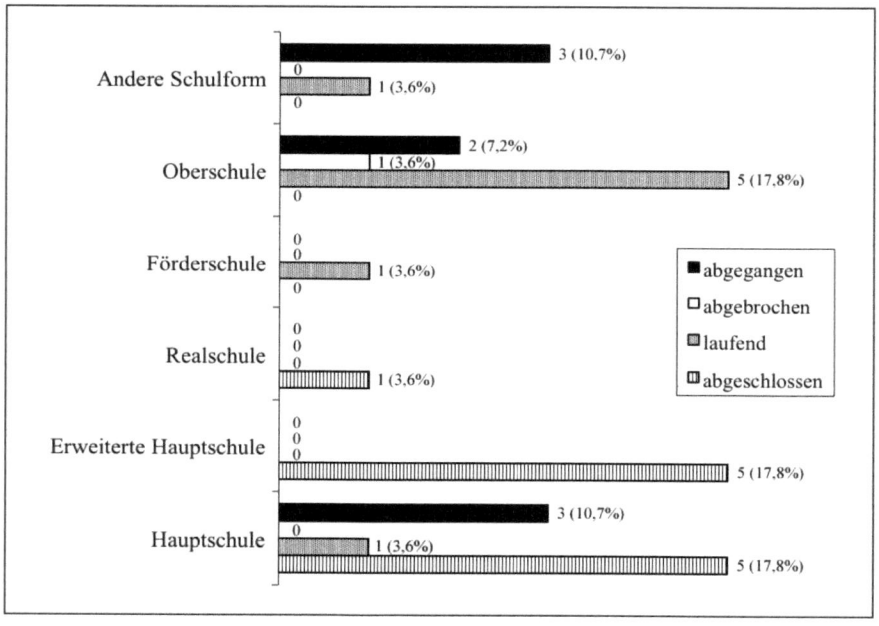

Differenzierte Darstellung des Schulstatus der weiblichen Verurteilten mit Aufschlüsselung sowohl nach Schulart als auch nach Status des Schulbesuchs. Die Darstellung erfolgt der besseren Verständlichkeit halber in absoluten Zahlen (Häufigkeiten) und in ihrer prozentualen Verteilung, n = 28.

Unter den männlichen Verurteilten besuchten drei das Gymnasium, vier die Realschule, 10 eine Oberschule und 7 ein Oberschulenzentrum. Fünf Verurteilte besuchten die erweiterte Hauptschule, also das zehnte Jahr der Hauptschule, 7 die Hauptschule. Zwei Verurteilte waren in einer Förderschule, 17 in einem sonstigen Schulprogramm (vgl. *Abbildung 24*).

Abbildung 24: Schulstatus männlicher Verurteilter mit Schulart

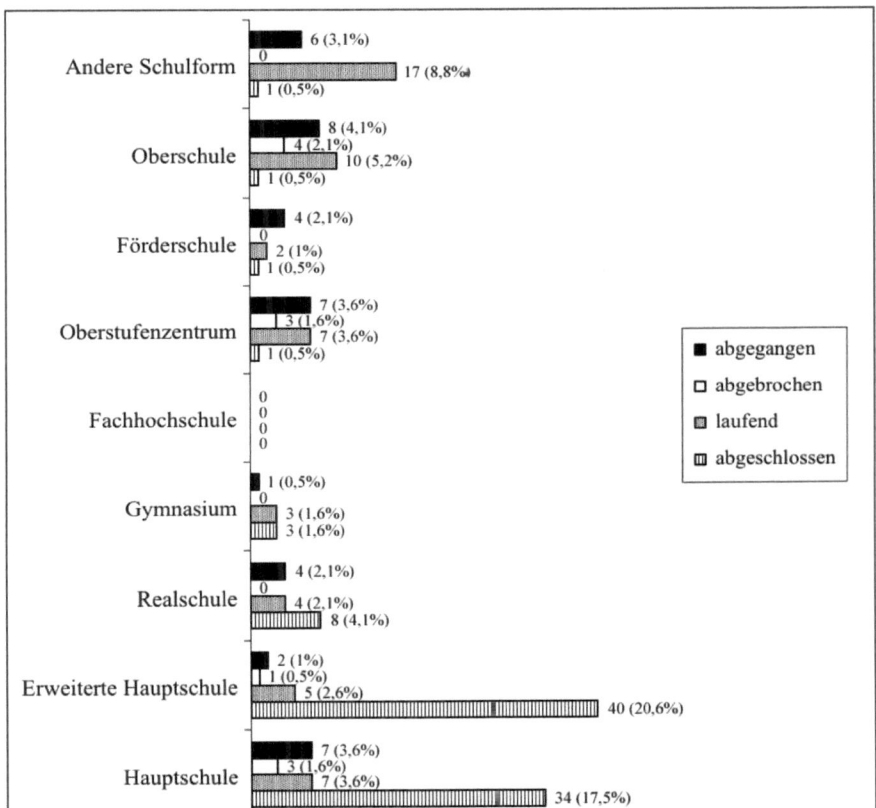

Differenzierte Darstellung des Schulstatus der männlichen Verurteilten mit Aufschlüsselung sowohl nach Schulart als auch nach Status des Schulbesuchs. Die Darstellung erfolgt der besseren Verständlichkeit halber in absoluten Zahlen (Häufigkeiten) und in ihrer prozentualen Verteilung, n = 194.

Andere Schulprogramme in diesem Sinne sind Schulschwänzerprojekte, Schulprojekte, Abendschulen, Alternativschulen, Sprachbehinderten- und Lernbehindertenschulen, Sprachschulen, Wirtschaftsfachschulen und Werkschulen.

Auch innerhalb der Gruppe derjenigen, die gegenüber der Arrestanstalt Angaben zum schulischen Status gemacht haben, gab die Mehrheit der Arrestantinnen (46%) an, ohne Abschluss von der Schule abgegangen zu sein, 27% besuchten laufend die Schule, weitere 27% hatten die Schule abgeschlossen.

Von den Arrestanten hat mit 36% die Mehrheit angegeben, laufend die Schule zu besuchen, lediglich 30% war von der Schule abgegangen. Die Schule abgeschlossen hatten 28% der Arrestanten, abgebrochen hatten immerhin 6% (vgl. *Abbildung 25*).

Abbildung 25: **Schulstatus laut Arrestakte**

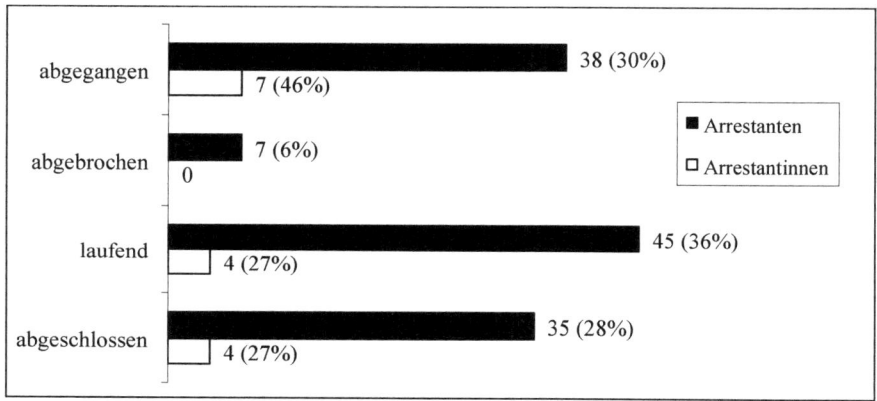

Darstellung des Status des Schulbesuchs der Arrestanten aufgeschlüsselt nach Geschlecht. Zum besseren Verständnis der jeweiligen Größenordnungen erfolgen die Angaben in absoluten Zahlen (Häufigkeiten) und in ihrer prozentualen Verteilung, n = 15 (w) und 125 (m). Die im Vergleich zu *Abbildung 21* unterschiedliche prozentuale Gewichtung beruht darauf, dass hier andere Variablen ins Verhältnis gesetzt wurden, die ebenfalls ausgewiesenen absoluten Zahlen bleiben ersichtlich identisch.

Zwar hat die Arrestanstalt in deutlich weniger Fällen als das Gericht den schulischen Werdegang detaillierter erfasst. Dennoch konnte anhand der vorliegenden Zahlen für 39 der 87 Verurteilten, die zum Zeitpunkt des Urteils die Schule besuchten, der weitere Verlauf verfolgt werden: Vier hatten die Schule zwischenzeitlich abgeschlossen, 6 weitere waren abgegangen, einer hatte die Schule abgebrochen. 28 Arrestanten gaben auch zum Zeitpunkt des Arrests an, laufend die Schule zu besuchen. Für die übrigen Arrestanten wurden keine Angaben erfasst.

Nähere Angaben zum schulischen Werdegang haben lediglich zwei Arrestanten gemacht. Hiervon berichtete einer, er habe wegen der Untersuchungshaft in einer anderen Sache den Anschluss in der Schule verloren. Der andere gab an, dass er viel umgezogen sei und deshalb häufig die Schule habe wechseln müssen.

3.3.2 Ausbildung

Das Gericht hat für 40 weibliche und 230 männliche Verurteilte Angaben zum Ausbildungsstatus erfasst (vgl. *Abbildung 26*). Die Mehrheit der Verurteilten hatte eine berufliche Ausbildung noch nicht begonnen.[424] Eine abgeschlossene Berufsausbildung konnten lediglich vier männliche Verurteilte vorweisen, jedoch keine einzige weibliche Verurteilte. Nach den Erkenntnissen des Gerichts befanden sich zum Zeitpunkt des Urteils 15% der männlichen und 13% der weiblichen Verurteilten in einem Ausbildungsverhältnis (zumeist eine Lehre, nur in einem Fall wurde die Fachhochschule besucht), ein jeweils nur geringfügig größerer Teil hatte die Ausbildung bereits wieder abgebrochen.

Abbildung 26: Ausbildungsstatus laut Urteil

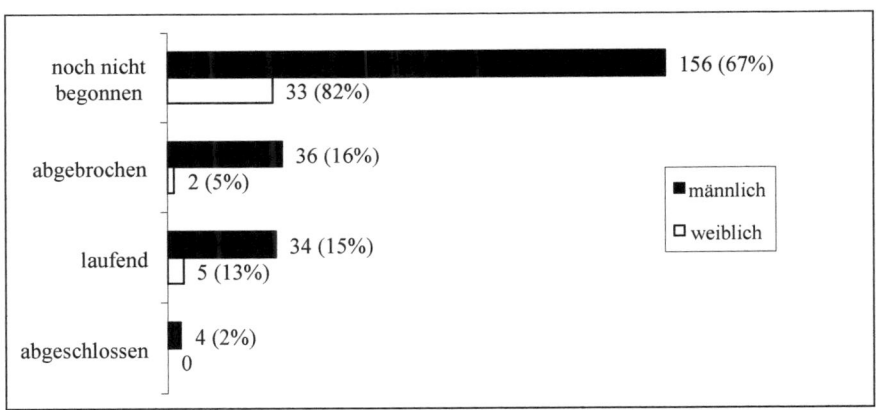

Darstellung des Ausbildungsstatus der Verurteilten zum Zeitpunkt des Urteils. „Noch nicht begonnen" hat in diesem Sinne eine Ausbildung sowohl derjenige, der zum Zeitpunkt des Urteils die Schule beendet, eine Ausbildung aber noch nicht aufgenommen hat, als auch derjenige, der zum Zeitpunkt des Urteils die Schule noch besucht. Zum besseren Verständnis der Größenordnungen erfolgen die Angaben in absoluten Zahlen (Häufigkeiten) und in ihrer prozentualen Verteilung, n = 40 (w) und 230 (m). Die im Vergleich zu *Abbildung 20* unterschiedliche prozentuale Gewichtung beruht darauf, dass hier andere Variablen ins Verhältnis gesetzt wurden, die ebenfalls ausgewiesenen absoluten Zahlen bleiben ersichtlich identisch.

Von Seiten der Arrestanstalt wurden lediglich für 8 Arrestantinnen und 81 Arrestanten Angaben zum Ausbildungsstatus erfasst (vgl. *Abbildung 27*). Auch hiervon haben die meisten (62% der Arrestantinnen und ebenfalls 62% der Arrestanten) eine Ausbildung noch nicht begonnen. Von den Arrestantinnen hat

---

424   Hierunter fallen auch diejenigen, die zu dem Zeitpunkt noch die Schule besuchten.

nur eine einzige angegeben, eine abgeschlossene berufliche Ausbildung zu haben.

Abbildung 27:   Ausbildungsstatus laut Arrestakte

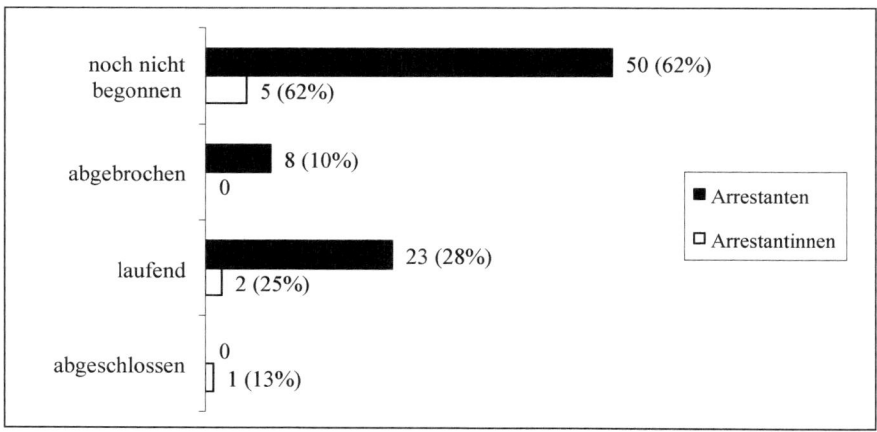

Darstellung des Ausbildungsstatus der Arrestanten zum Zeitpunkt des Arrestantritts. „Noch nicht begonnen" hat in diesem Sinne eine Ausbildung sowohl derjenige, der zum Zeitpunkt des Arrestantritts die Schule beendet, eine Ausbildung aber noch nicht aufgenommen hat, als auch derjenige, der zum Zeitpunkt des Arrestantritts die Schule noch besucht. Zum besseren Verständnis der Größenordnungen erfolgen die Angaben in absoluten Zahlen (Häufigkeiten) und in ihrer prozentualen Verteilung, n = 8 (w) und 81 (m). Die im Vergleich zu *Abbildung 21* unterschiedliche prozentuale Gewichtung beruht darauf, dass hier andere Variablen ins Verhältnis gesetzt wurden, die ebenfalls ausgewiesenen absoluten Zahlen bleiben ersichtlich identisch.

Unter den 39 Verurteilten, die zum Zeitpunkt des Urteils in beruflicher Ausbildung waren, hatten drei die Ausbildung zum Zeitpunkt des Arrests abgebrochen,[425] 13 gaben an, sich weiterhin in beruflicher Ausbildung zu befinden, für die Übrigen wurden keine Angaben erfasst.

---

425   Wobei sich für zwei dieser Arrestanten die Information „noch nicht begonnen" in der Arrestakte findet, offenbar wurde die Ausbildung also ohne Abschluss beendet.

3.3.3 Beruf

Das Gericht erfasste für 51 weibliche und 302 männliche Verurteilte den beruflichen Status, wobei die Mehrheit der Verurteilten eine berufliche Tätigkeit noch nicht begonnen hatte (vgl. *Abbildung 28*).[426]

Abbildung 28: Beruflicher Status laut Urteil

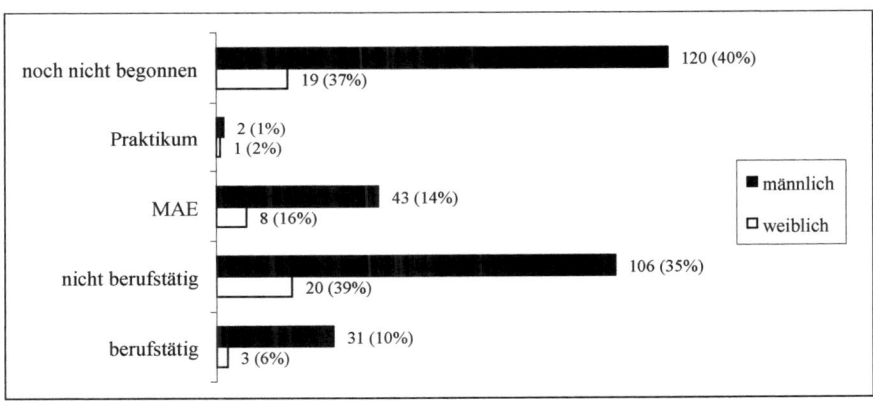

Darstellung des beruflichen Status der Verurteilten zum Zeitpunkt des Urteils. „Noch nicht begonnen" hat in diesem Sinne eine Berufstätigkeit sowohl derjenige, der zum Zeitpunkt des Urteils einen Beruf nach beendeter Schule oder Ausbildung noch nicht aufgenommen hat, als auch derjenige, der zum Zeitpunkt des Urteils noch die Schule besucht oder eine Ausbildung absolviert. Zum besseren Verständnis der Größenordnungen erfolgen die Angaben in absoluten Zahlen (Häufigkeiten) und in ihrer prozentualen Verteilung, n = 51 (w) und 302 (m). Die im Vergleich zu *Abbildung 20* unterschiedliche prozentuale Gewichtung beruht darauf, dass hier andere Variablen ins Verhältnis gesetzt wurden, die ebenfalls ausgewiesenen absoluten Zahlen bleiben ersichtlich identisch.

So betrachtet waren 39% der weiblichen und 35% der männlichen Verurteilten zum Zeitpunkt des Urteils arbeitslos,[427] lediglich 6% der weiblichen und 10% der männlichen Verurteilten gingen einer beruflichen Tätigkeit nach. 16% der weiblichen und 14% der männlichen Verurteilten waren zum Zeitpunkt des Urteils in eine Maßnahme mit Mehraufwandsentschädigung eingebunden.

---

426 Noch nicht begonnen in diesem Sinne bedeutet beispielsweise, dass noch eine Ausbildung absolviert wird oder der Betroffene noch zu jung für eine berufliche Tätigkeit war.

427 Anders als für die allgemein gehaltenen Zahlen in der Einführung zu *Kapitel 3.3* wird hier detaillierter zwischen noch nicht begonnener Berufstätigkeit, Praktikum und MAE differenziert. Im Unterschied dazu sollten die Variablen in der einleitenden Darstellung eine Vergleichbarkeit zur dort zitierten Studie von *Werlich* möglich machen.

Von den berufstätigen Verurteilten wurden in 25 Fällen Angaben zum Umfang der beruflichen Tätigkeit erfasst. Hierunter gingen nur zwei männliche Verurteilte einer Vollzeitbeschäftigung nach, eine weibliche und vier männliche Verurteilte waren geringfügig beschäftigt, fünf männliche Verurteilte hatten einen Ein-Euro-Job und eine weibliche sowie 11 männliche Verurteilte einen Gelegenheits-/Aushilfsjob. 7 Verurteilte waren Arbeiter, zwei arbeiteten auf selbständiger Basis.

Zum Zeitpunkt des Arrestantritts waren 72% der Arrestantinnen und 63% der Arrestanten nicht berufstätig, lediglich 5% der Arrestantinnen und 11% der Arrestanten gingen einer beruflichen Tätigkeit nach (vgl. *Abbildung 29*). Hiervon waren 6 Arrestanten vollzeitbeschäftigt, 8 waren teilzeitbeschäftigt, zwei hatten einen Minijob und 9 einen Aushilfsjob.

Abbildung 29:   Beruflicher Status laut Arrestakte

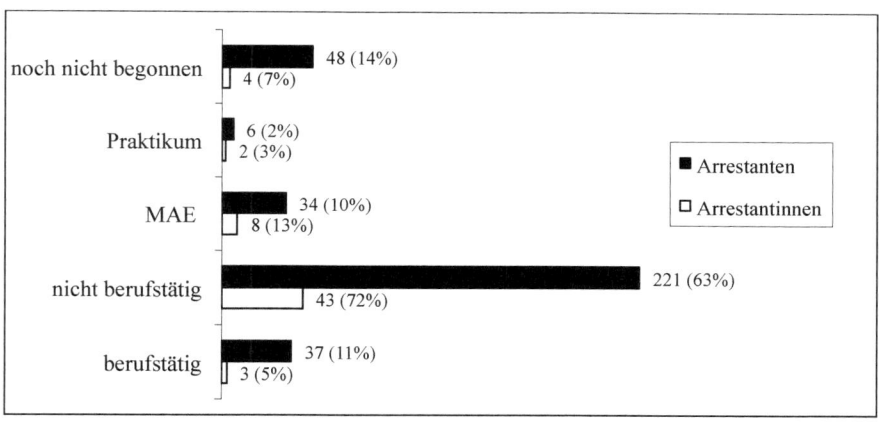

Darstellung des beruflichen Status der Arrestanten zum Zeitpunkt des Arrestantritts. „Noch nicht begonnen" hat in diesem Sinne eine berufliche Tätigkeit sowohl derjenige, der zum Zeitpunkt des Arrestantritts einen Beruf nach beendeter Schule oder Ausbildung noch nicht aufgenommen hat, als auch derjenige, der zum Zeitpunkt des Arrestantritts noch die Schule besucht oder eine Ausbildung absolviert. Zum besseren Verständnis der Größenordnungen erfolgen die Angaben in absoluten Zahlen (Häufigkeiten) und in ihrer prozentualen Verteilung, n = 60 (w) und 346 (m). Die im Vergleich zu *Abbildung 21* unterschiedliche prozentuale Gewichtung beruht darauf, dass hier andere Variablen ins Verhältnis gesetzt wurden, die ebenfalls ausgewiesenen absoluten Zahlen bleiben ersichtlich identisch.

Die Tätigkeitsbereiche der beruflichen Ausübung waren weit gestreut. Es fanden sich klassische Hilfstätigkeiten wie Zeitungsausträger, Wareneinräumer, Tankstellenaushilfe, Wagenschieber bei Ikea, sowie die Mitarbeit bei Getränke Hofmann. In 10 Fällen arbeiteten Arrestanten in der Gastronomie (von Café-

Betreiber über Barkeeper bis Kellner), in 8 Fällen im Einzelhandel, in fünf Fällen im Baubereich, in drei Fällen in Bäckereien. Daneben übten die Betroffenen auch ungewöhnliche und unerwartete Berufe aus, wie beispielsweise Kinderunterhalter, Staubsaugervertreter, Handelsvertreter, Immobilienmakler und Hundezüchter.

Für die Betroffenen, die einer Maßnahme mit Mehraufwandsentschädigung nachgingen, wurden in einigen Fällen die Schwerpunkte erfasst, hierunter Sporthelfer, Arbeiter im Bereich Farbe und Raumgestaltung, Elektrotechniker, Tischler, Wachmänner, Hilfen im Kochbereich sowie schlichte Hilfsarbeiter. Ein Verurteilter leistete ein berufsvorbereitendes Praktikum Forstwirtschaft, zum Zeitpunkt des Arrests ist er in einer Maßnahme mit Mehraufwandsentschädigung mit unbekanntem Schwerpunkt tätig.

Bemerkenswert ist, dass von den 34 Arrestanten, die gegenüber dem Gericht angegeben hatten, berufstätig zu sein, zum Zeitpunkt des Arrestantritts 17 (und damit 50%) angaben, nicht berufstätig zu sein. Die Hälfte der berufstätigen Verurteilten hatte offenbar in der Zwischenzeit bis zum Arrestantritt ihre Arbeit wieder verloren. Diese drastische Verschlechterung könnte mitursächlich für die Nichterfüllung der Rechtsfolge sein. Näheres hierzu war den Arrestakten jedoch nicht zu entnehmen.

3.4 Soziale Leistungen

Das Gericht hat lediglich für 6 weibliche und 60 männliche Verurteilte erfasst, dass sie Arbeitslosengeld II (Hartz IV) empfingen, für weitere 20 weibliche und 122 männliche Verurteilte wurde dokumentiert, dass soziale Leistungen nicht empfangen werden.[428]

Die Arrestanstalt erfasst standardmäßig im Aufnahmegespräch, ob die Arrestanten soziale Leistungen empfangen, so dass die Datenlage insofern umfangreicher ist (vgl. *Abbildung 30*). In der Gruppe der 59 Arrestantinnen und 342 Arrestanten, die Angaben gemacht hatten, erhielten 51% der Arrestantinnen Arbeitslosengeld II (Hartz IV), 49% erhielten keine sozialen Leistungen; die Arrestanten erhielten zu 1% Arbeitslosengeld I, 47% Arbeitslosengeld II (Hartz IV) und zu 52% keine sozialen Leistungen.

Von den 43 Arrestantinnen und 221 Arrestanten, die nach den Erkenntnissen der Arrestanstalt nicht berufstätig waren, bezogen nur 30 bzw. 161 soziale Leistungen. Dies kann zum einen darauf hindeuten, dass sie aufgrund von Bedarfsgemeinschaften oder anderen Umständen vom Bezug eigener sozialer Leistun-

---

428 Dies wurde auch in den Fällen so erfasst, wenn das Gericht nicht ausdrücklich den fehlenden Empfang sozialer Leistungen benannt hat, jedoch zur finanziellen Situation beispielsweise ein Taschengeld angeführt hat.

gen ausgeschlossen waren. Jedoch hat sich auch in nicht wenigen Fällen aus der Arrestakte ergeben, dass die Arrestanten selbst nicht in der Lage waren, sich um den Bezug sozialer Leistungen zu kümmern. So scheiterte es beispielsweise daran, sich überhaupt erst an die Behörden zu wenden, oder aber an der notwendigen Mitarbeit.

Abbildung 30:   Soziale Leistungen laut Arrestakte

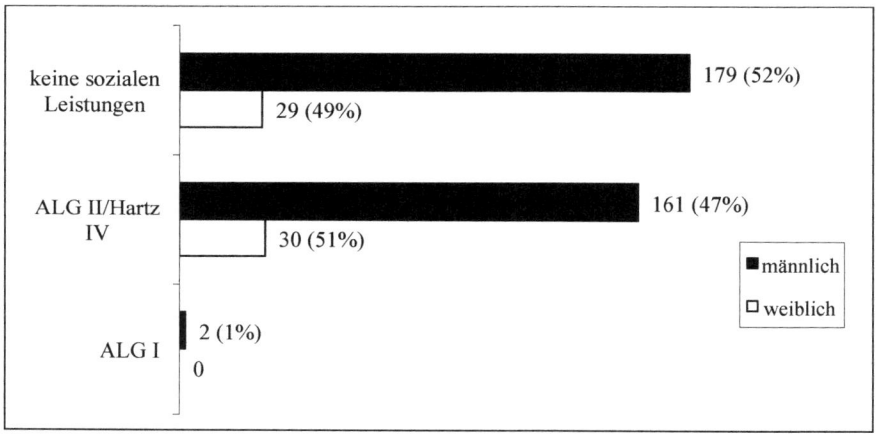

Darstellung des Bezugs sozialer Leistungen differenziert nach Geschlecht. Die Angaben erfolgen zum besseren Verständnis der Größenordnungen in absoluten Zahlen (Häufigkeiten) und in ihrer prozentualen Verteilung, n = 59 (w) und 342 (m).

3.5   Der strafrechtliche Hintergrund

3.5.1   Nach den Erkenntnissen des Jugendgerichts

Für 52 weibliche und 317 männliche Verurteilte hat das Jugendgericht in seinem Urteil Angaben zur strafrechtlichen Vorbelastung erfasst, in den übrigen Urteilen fanden sich hierzu keine Angaben (vgl. *Abbildung 31*).

Abbildung 31:   Strafrechtliche Vorbelastung laut Urteil

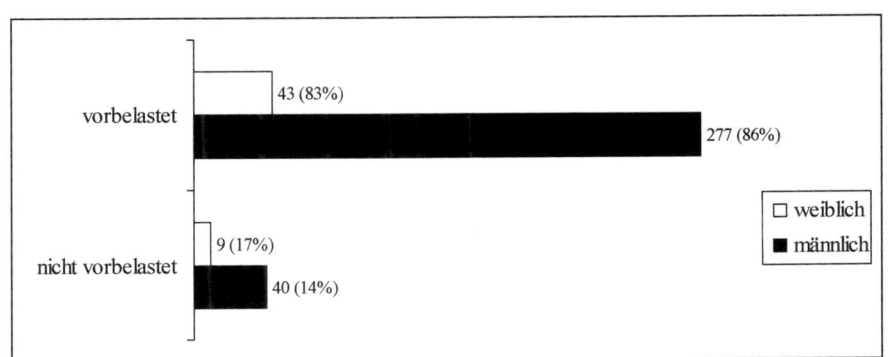

Darstellung der im Urteil erfassten strafrechtlichen Vorbelastung differenziert nach Geschlecht. Die Angaben erfolgen zum besseren Verständnis sowohl in absoluten Zahlen (Häufigkeiten) als auch in ihrer prozentualen Verteilung, n = 52 (w), 317 (m).

9 weibliche und 40 männliche Verurteilte waren mit der zugrunde liegenden Tat erstmals einer strafrechtlichen Maßnahme ausgesetzt. Damit sind 83% der weiblichen Verurteilten bereits zuvor strafrechtlich in Erscheinung getreten, 17% wurden erstmals auffällig. Bei den männlichen Verurteilten waren bereits 86% zuvor strafrechtlich auffällig, bei 14% handelte es sich um das erste strafrechtliche Verfahren.[429]

Über die Hälfte der weiblichen Verurteilten (53%), für die Angaben zur Häufigkeit der vorhergegangenen strafrechtlichen Auffälligkeiten erfasst worden waren, brachten bereits mehrfache, bis zu zehnfache Vorbelastungen mit (vgl. *Abbildung 32*).

Prozentual betrachtet waren die meisten strafrechtlich vorbelasteten weiblichen Verurteilten zuvor erst einmal auffällig geworden (47%), für 26% handelte es sich bereits um das dritte strafrechtliche Verfahren. Immerhin 12% mussten sich schon zum vierten Mal wegen eines strafrechtlichen Vorwurfs verantworten, 9% das fünfte sowie jeweils 3% das sechste und elfte Mal. Eine 15-Jährige Arrestantin, die zwar zum ersten Mal strafrechtlichen Maßnahmen ausgesetzt

429 Nach der Untersuchung von *Werlich* 1985, S. 158, waren 60% der Arrestanten kriminell vorbelastet, und damit nicht unerheblich weniger als in der hiesigen Auswertung. *Werlich* verweist jedoch darauf, dass ihre Datenlage für die Untersuchung unzureichend war. Auch in der vorliegenden Auswertung können nur die erfassten kriminellen Vorbelastungen dargestellt werden, ein Bundeszentralregisterauszug wurde nicht eingeholt.

war, war als Strafunmündige bereits 14 Mal strafrechtlich in Erscheinung getreten.

Abbildung 32: Im Urteil erfasste Häufigkeit der strafrechtlichen Vorbelastung der Mehrfachtäterinnen

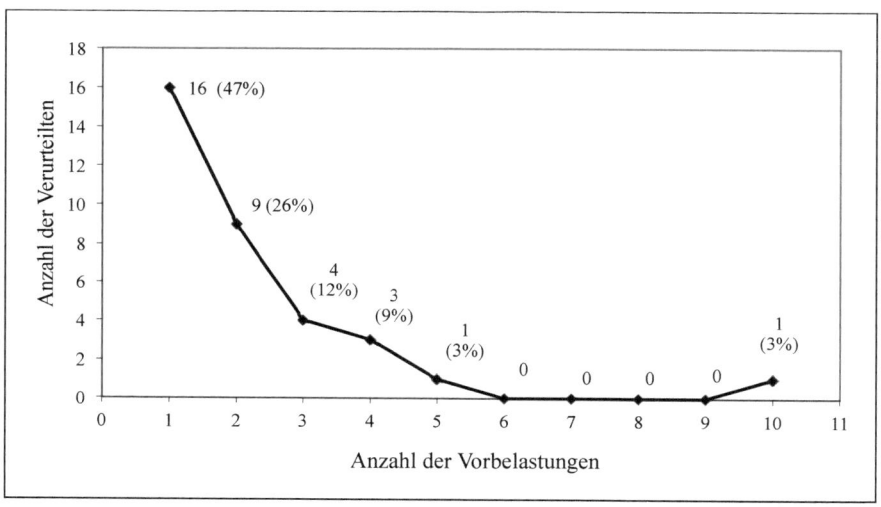

Die Kurve stellt die Anzahl der Verurteilten nach absoluten Zahlen (Häufigkeiten) dar. Zum besseren Verständnis wird auch die prozentuale Verteilung mit angegeben, n = 34. Zu beachten gilt, dass das Jugendgericht nicht immer alle Vorbelastungen im Urteil mit aufgenommen hat. Hier kann deshalb nur die die Häufigkeit der *erfassten* strafrechtliche Vorbelastung wiedergegeben werden. In 9 Fällen, in denen strafrechtliche Vorbelastungen gegeben waren, fehlten nähere Angaben zur Häufigkeit.

Bei den strafrechtlich vorbelasteten männlichen Verurteilten waren sogar 68% mehrfach vorbelastet. Insgesamt ist die Streuung hier breiter (vgl. *Abbildung 33*). 32% waren erst einmal strafrechtlich in Erscheinung getreten, 17% bereits zwei Mal, 19% drei Mal, 14% vier Mal, 9% fünf Mal, 4% 6 Mal, jeweils 2% 7 und 8 Mal, sowie rund 1% 10 Mal und 13 Mal.

Abbildung 33: Im Urteil erfasste Häufigkeit der strafrechtlichen Vorbelastung der Mehrfachtäter

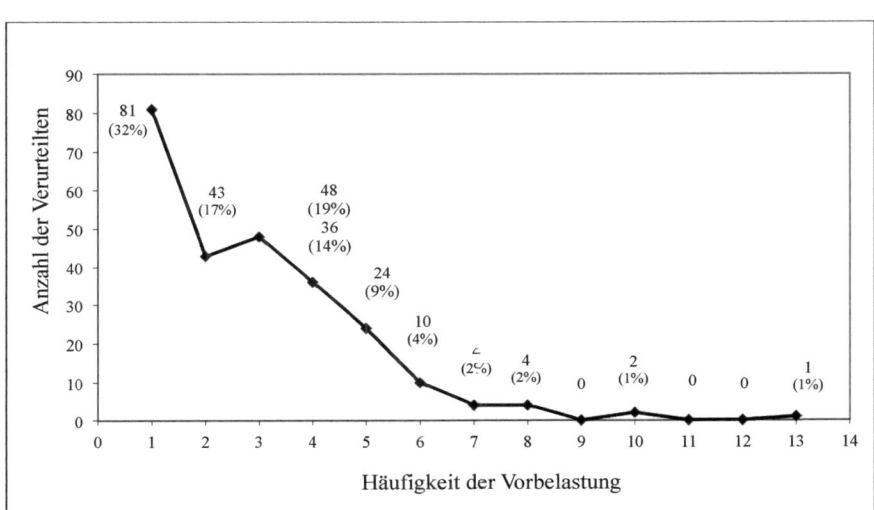

Die Kurve stellt die Verurteilten in absoluten Zahlen (Häufigkeiten) dar. Zum besseren Verständnis wird auch die prozentuale Verteilung mit angegeben, n = 253. Wie zuvor ausgeführt gilt es zu beachten, dass das Jugendgericht nicht immer alle Vorbelastungen im Urteil mit aufgenommen hat. Hier kann deshalb nur die Häufigkeit der *erfassten* strafrechtlichen Vorbelastung wiedergegeben werden. In 24 Fällen, wonach strafrechtliche Vorbelastungen gegeben waren, fehlten nähere Angaben zur Häufigkeit.

Neben der allgemeinen Häufigkeit der Vorbelastung hat das Gericht in einigen Fällen auch konkret erfasst, welchen Maßnahmen die strafrechtlich vorbelasteten Verurteilten bereits ausgesetzt waren.

Abbildung 34 stellt – aufgeschlüsselt nach Geschlecht – dar, bei wie vielen Verurteilten welche jugendstrafrechtlichen Maßnahmen zuvor verhängt worden sind. Erfahrungen mit einer Verfahrenseinstellung im Wege der Diversion hatten damit rund drei Viertel der erfassten Fälle, was mit den allgemeinen Diversionsraten in Einklang zu bringen ist.[430]

Bei 39,3% der Verurteilten hatte das Gericht bereits Erziehungsmaßregeln und gegen 20,8% der Verurteilten ambulante Zuchtmittel verhängt. Geldstrafen waren gegen 4% der Verurteilten bereits ausgeurteilt worden.

Auch Erfahrungen mit stationären Maßnahmen waren nicht selten: Immerhin 18,8% der Verurteilten waren zuvor zu Dauerarrest verurteilt worden, 6,7% der Verurteilten zu Kurzarrest, 7,0% der Verurteilten zu Freizeitarrest und 7,4%

---

430   Siehe *Kapitel 2.5.3.1.*

der Verurteilten zu einer Jugendstrafe. Für 12,1% der Verurteilten hatte das Gericht erfasst, dass gegen den Jugendlichen bereits Beschlussarrest verhängt worden war.

Abbildung 34:   Art der Vorbelastung laut Urteil

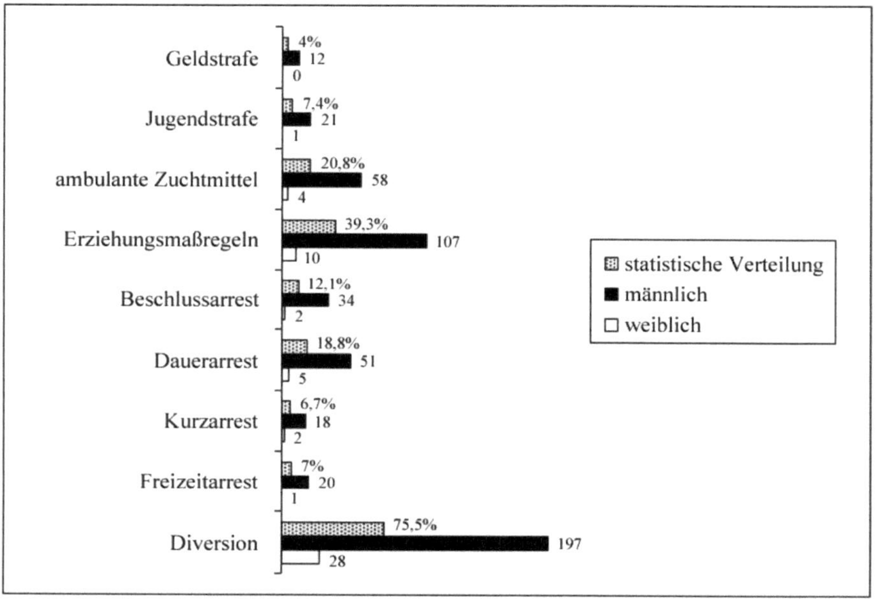

Angaben in absoluten Zahlen als Häufigkeiten und statistische Verteilung in Prozent, n = 53 (w) und 518 (m). Da Mehrfachantworten möglich waren, übersteigt die Summe der prozentualen Anteile 100%.

3.5.2 Nach den Erkenntnissen der Arrestanstalt

Die Arrestanstalt hat von 19 Arrestantinnen und 166 Arrestanten Angaben zu strafrechtlichen Vorbelastungen erfasst. Dies sind zum einen weit weniger Angaben, als seitens dem Jugendgerichts, zum andern sind die Angaben auch weniger repräsentativ, da diese nicht standardmäßig anhand von Zentralregisterauszügen erfasst werden. Vielmehr beruhen die Auskünfte häufig auf Angaben der Arrestanten auf einem Selbstauskunftsbogen, auf dem sie darlegen, wie oft sie bereits „vor Gericht standen", in einzelnen Fällen geben Notizen weiterer Aufschluss.

Unter den Arrestantinnen hat keine Einzige angegeben, Ersttäterin zu sein, vielmehr waren 64% der Arrestantinnen mit der Anlasstat zum zweiten Mal strafrechtlich in Erscheinung getreten, 21% bereits zum dritten Mal. Jeweils 5% waren zum vierten, fünften und sechsten Mal aufgefallen (vgl. *Abbildung 35*).

Abbildung 35: **Von der Arrestanstalt erfasste Häufigkeit der strafrechtlichen Vorbelastung der Mehrfachtäterinnen**

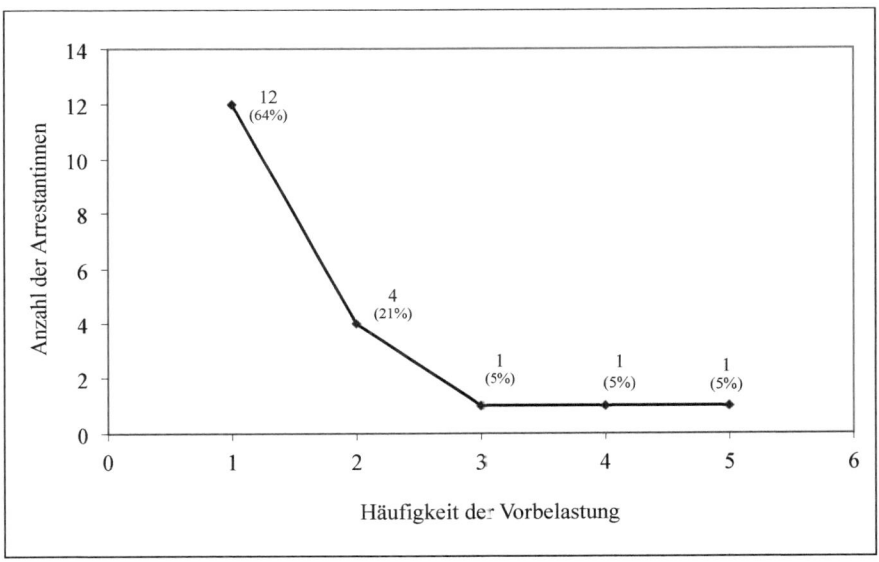

Die Kurve stellt die Anzahl der Arrestantinnen in absoluten Zahlen (Häufigkeiten) dar. Zum besseren Verständnis wird auch die prozentuale Verteilung mit angegeben, n = 19.

Vier Arrestanten haben angegeben, mit der Anlasstat das erste Mal strafrechtlich in Erscheinung getreten zu sein, für 9 weitere wurde lediglich der Umstand erfasst, dass Vorbelastungen bestehen, das Ausmaß blieb offen. Von den übrigen Arrestanten waren 44% zum zweiten Mal strafrechtlich in Erscheinung getreten, 24% zum dritten Mal, 10% das vierte Mal. 6% mussten sich bereits zuvor vier Mal strafrechtlich verantworten, 8% fünf Mal, jeweils 2% 6 und 8 Mal sowie jeweils 1% 7, 10, 11 und 20 Mal (vgl. *Abbildung 36*).

Abbildung 36: **Von der Arrestanstalt erfasste Häufigkeit der strafrechtlichen Vorbelastung der Mehrfachtäter**

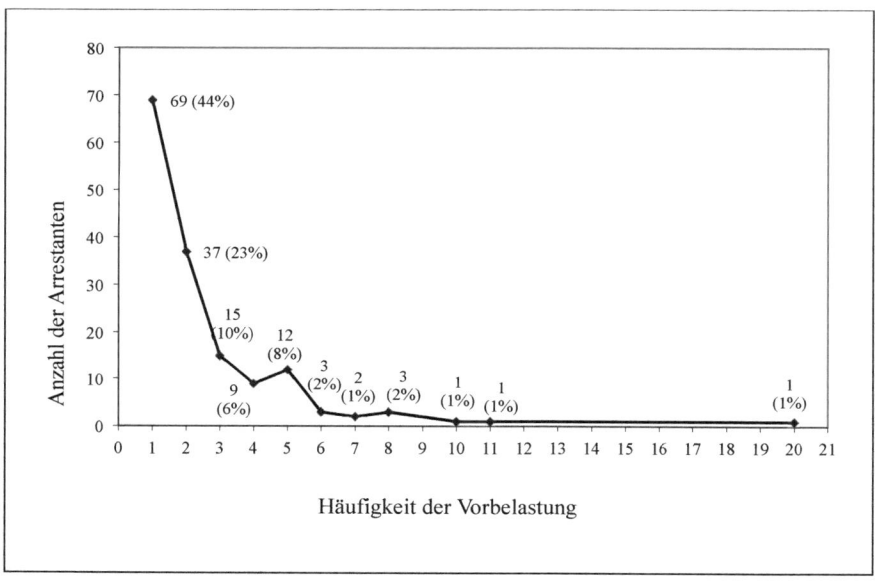

Die Kurve stellt die Anzahl der Arrestanten in absoluten Zahlen (Häufigkeiten) dar. Zum besseren Verständnis wird auch die prozentuale Verteilung mit angegeben, n = 153.

Soweit es der Arrestanstalt bekannt war, haben die Arrestantinnen und Arrestanten bereits in 42,7% zuvor Dauerarrest verbüßt, in 41,7% der Fälle bestand bereits Erfahrung mit Beschlussarrest.

Unter den Arrestanten, die bereits mit Beschlussarrest konfrontiert waren, war einer, gegen den in einem anderen Verfahren bereits drei Mal Beschlussarrest verhängt wurde. Zur mündlichen Anhörung in der hiesigen Sache war er nicht erschienen, dem Arrest musste er zugeführt werden. Ihm waren 40 Arbeitsstunden auferlegt worden. Über den vorangegangenen Beschlussarrest findet sich im Urteil keine Angabe, jedoch ergibt sich daraus, dass der Arrestant offenbar schon einmal zu einer Jugendstrafe verurteilt worden war.

Ein weiterer hatte bereits in beiden vorangegangenen Verfahren Erfahrungen mit dem Beschlussarrest gemacht. Vorliegend war er angewiesen worden, 30 Arbeitsstunden zu leisten, sich für ein Jahr einem Betreuungshelfer zu unterstellen sowie eine Geldauflage von 50 Euro zu bezahlen. Auch im Urteil fand der vorangegangene Beschlussarrest Erwähnung. Bei einem anderen Arrestanten wurden im Anschluss direkt noch einmal zwei Wochen Beschlussarrest in einer anderen Sache vollstreckt. Für einen weiteren war der Arrestanstalt bereits bekannt, dass in einem anderen Verfahren erneut Beschlussarrest verhängt wurde, in noch einem weiteren Fall war Beschlussarrest jedenfalls einmal verhängt, aber noch nicht vollstreckt worden.

Freizeitarrest war gegen 7,3% der Arrestanten zuvor verhängt worden, Kurzarrest gegen 5,2% der Arrestanten. 17,7% der Arrestanten hatten bereits Erfahrungen mit Erziehungsmaßregeln gemacht, gegen 4,2% der Arrestanten waren zuvor ambulante Zuchtmittel verhängt worden. Zu einer Jugendstrafe waren 7,3% der Arrestanten bereits verurteilt worden, zu einer Geldstrafe in 4,2% der Arrestanten. Bei 5,2% der Arrestanten wurde zuvor nach den Regeln der Diversion verfahren (vgl. *Abbildung 37*).

Über diese zusammenfassenden Angaben hinaus war in einigen Fällen ersichtlich, dass die Arrestanten bereits Erfahrungen mit anderen freiheitsentziehenden Maßnahmen gemacht hatten: 15 Arrestanten gaben beispielsweise an, sich bereits in Untersuchungshaft befunden zu haben, wobei nicht immer deutlich wurde, ob diese im zugrunde liegenden Verfahren oder in einem anderen Verfahren verbüßt worden war. Einer dieser Arrestanten befand sich allein drei Wochen wegen Nichterscheinens zur Hauptverhandlung in Untersuchungshaft. Drei weitere Arrestanten waren haftverschont untergebracht worden.

Für drei Arrestanten ergab sich aus der Arrestakte, dass Ersatzfreiheitsstrafen ausstanden, weil Geldstrafen nicht bezahlt wurden. In einem Fall wurde das Geld schließlich von der Treberhilfe bezahlt, in einem anderen Fall von der Mutter. Gegen einen 22-Jährigen Arrestanten lag ein Vorführbefehl zur Erzwingungshaft vor, ein 20-Jähriger hatte bereits Erfahrungen hiermit gemacht. Ein ebenfalls knapp 20-Jähriger Arrestant musste kurz nach Arrestende eine Jugendstrafe antreten.

Abbildung 37:   Art der Vorbelastung laut Arrestakte

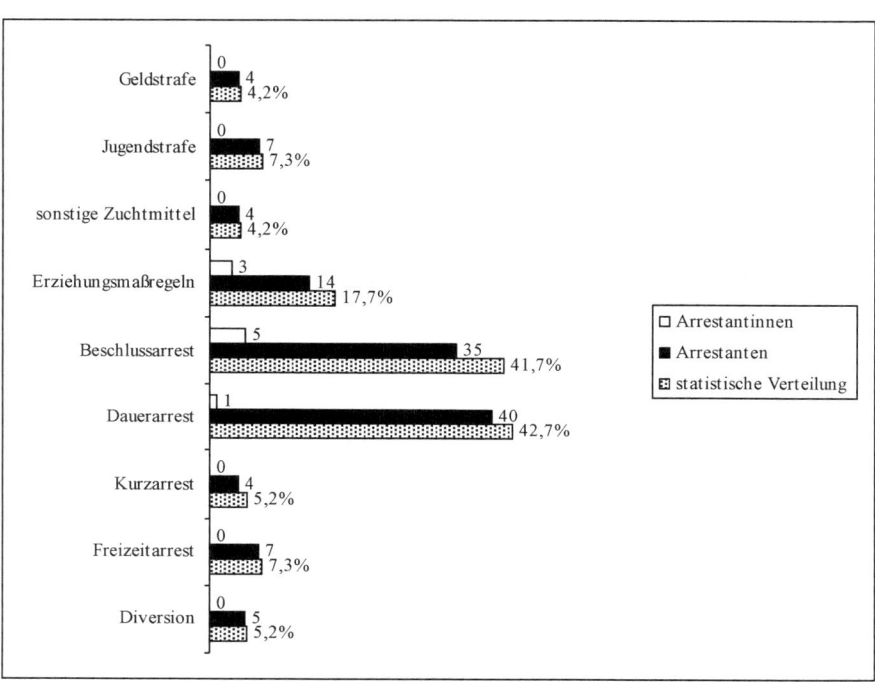

Geschlechtsspezifische Angaben in Häufigkeiten und statistische Verteilung insgesamt in Prozent, n = 10 (w) und 120 (m). Da Mehrfachantworten möglich waren, übersteigt die Summe der prozentualen Anteile 100%.

3.6   Außerfamiliäre Unterbringung

Im Urteil und in der Arrestakte fanden sich nicht selten Hinweise darauf, dass die Arrestanten bereits außerhalb ihres familiären Umfelds untergebracht waren. Diese Information wurde als „außerfamiliäre Unterbringung" erfasst und beinhaltet nicht nur die klassische Heimunterbringung, sondern auch die Unterbringung bei Pflegeeltern oder in betreutem Wohnen und organisierten Wohngruppen.

Hiervon betroffen war beispielsweise ein Arrestant, der nach dem Tod seiner Mutter im Jahr 2002 gemeinsam mit seinem Bruder beim Vater untergebracht wurde. Da dieser nach Aktenlage mit der Erziehung und Versorgung der Kinder überfordert war, mussten die beiden Brüder bald wieder ausziehen und wurden in unterschiedliche Heime gebracht. Mittlerweile führte die Polizei den Arrestanten als Intensivtäter. Er musste verschiedene Heime wegen seiner aggressiven Verhaltensweise verlassen und tauchte den Angaben der Arrestakte zufolge schließlich mit neuer Handynummer unter.

Ein anderer kam wegen der Alkoholerkrankung der Eltern bereits mit 11 Jahren in ein Heim, ein weiterer kam mit 8 Jahren in ein Heim, da der Stiefvater Alkoholiker und die Mutter gewalttätig war. Ein weiterer Arrestant zog von der Mutter zum Vater zum Onkel und schließlich zu Freunden, bis er schließlich in betreutem Wohnen untergebracht wurde.

Eine weitere Arrestantin berichtete, dass ihr Vater die Familie in der Mongolei nach ihrer Geburt verlassen habe, weil sie ein Mädchen war. Die Mutter habe die Arrestantin ihrerseits früh bei den Großeltern zurückgelassen und sei nach Deutschland zum Studieren gezogen. Nach fünf Jahren sei die Arrestantin nachgekommen, die Mutter habe sich jedoch nicht um sie gekümmert. Mit 9 Jahren sei sie vom Partner der Mutter der Wohnung verwiesen worden, weil sie schlampig sei. Zum Zeitpunkt des Arrests lebte die dann 16-Jährige in betreutem Wohnen.

Bei 19 weiblichen (30% der Gesamtzahl) und 76 männlichen Verurteilten (20% der Gesamtzahl) hat das Gericht festgestellt, dass diese Erfahrungen wie die eben geschilderten gemacht haben. In der Arrestakte findet sich diese Angabe für 10 Arrestantinnen (16% der Gesamtzahl) und 37 Arrestanten (10% der Gesamtzahl). Für alle übrigen Fälle wurden insofern keine Angaben erfasst.

Hinsichtlich der Dauer der Unterbringung konnten zumeist keine detaillierten Informationen aus der Arrestakte gewonnen werden. In 74 Fällen stellte das Gericht jedoch die Häufigkeit der außerfamiliären Unterbringung fest, wobei mit 47 der Betroffenen die absolute Mehrzahl lediglich einmal untergebracht worden war, die Zeitspanne bleibt allerdings offen (vgl. *Abbildung 38*).

Abbildung 38:   Häufigkeit außerfamiliärer Unterbringung laut Urteil

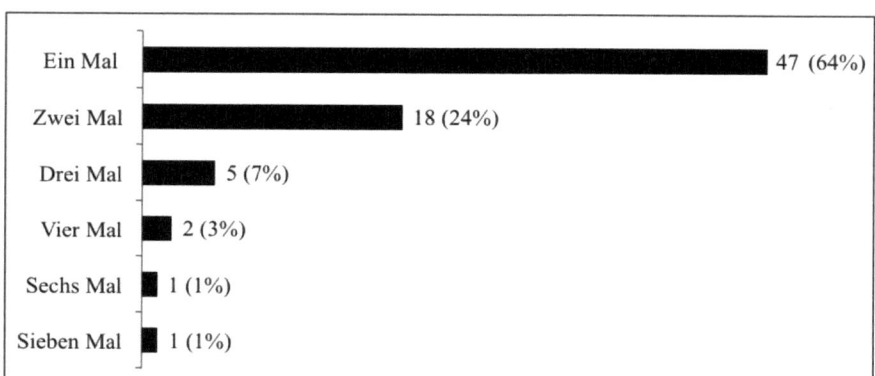

Darstellung der außerfamiliären Unterbringung der Verurteilten. Die Angaben erfolgen zum besseren Verständnis der Größenordnungen in absoluten Zahlen (Häufigkeiten) und in ihrer prozentualen Verteilung, n = 74.

Gegenüber der Arrestanstalt wurden in 18 Fällen Angaben gemacht, auch hierunter waren die meisten (12) einmal für eine unbekannte Zeitspanne außerfamiliär untergebracht (vgl. *Abbildung 39*).

Abbildung 39:   Häufigkeit außerfamiliärer Unterbringung laut Arrestakte

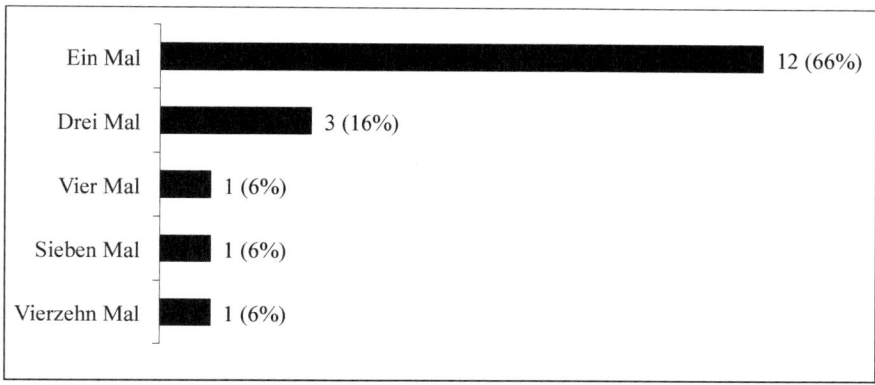

Darstellung der außerfamiliären Unterbringung der Arrestanten. Zum besseren Verständnis der Größenordnungen erfolgen die Angaben in absoluten Zahlen (Häufigkeiten) und in ihrer prozentualen Verteilung, n = 18.

3.7 Behinderungen

Das Gericht hat in 19 Fällen Behinderungen festgestellt: Demnach waren zwei weibliche und 11 männliche Verurteilte lernbehindert, eine weibliche Verurteilte und zwei männliche Verurteilte in sonstiger Weise geistig behindert und drei männliche Verurteilte körperlich behindert.

Die Arrestanstalt hat diese Feststellungen für insgesamt 15 Arrestanten getroffen, hierunter waren eine Arrestantin und 6 Arrestanten lernbehindert, fünf Arrestanten in sonstiger Weise geistig behindert und drei körperlich behindert.

4. Das zugrundeliegende Urteil

4.1 Die Anlasstat

Die Gesamtheit der begangenen Taten betrachtet, haben sich die meisten Arrestanten der Körperverletzung strafbar gemacht (29,5%), gefolgt von Eigentumsdelikten wie Diebstählen und Unterschlagungen (23,8%), Sachbeschädigungen (18,3%) sowie dem Erschleichen von geringwertigen Leistungen (17,8%), vgl. *Abbildung 40*.

Wird nach dem personenbezogen schwersten Delikt ausgezählt, steht auch hier die Körperverletzung an erster Stelle: 15% der Arrestanten lag eine gefährliche Körperverletzung zur Last, weiteren 9% eine einfache Körperverletzung. Dem folgen einfache Eigentumsdelikte: 15% der Arrestanten begingen einen Diebstahl oder eine Unterschlagung, 12% fuhren ohne Fahrschein, 12% machten sich der Sachbeschädigung strafbar (*Abbildung 41*). Es stehen also anders als in den Erhebungen von *Werlich* und *Frehsee* nicht die Ordnungswidrigkeiten (die in der Erhebung von *Werlich* über 50% ausmachten) an erster Stelle.[431] Jedoch trifft der Hinweis von *Frehsee*,[432] dass Eigentumsdelikte und Schwarzfahren einen hohen Anteil der zugrunde liegenden Taten bilden, auch hier zu.

Die Arrestanten, die ein „sonstiges Delikt" im Sinne der *Abbildung 40* begangen haben, machten sich in jeweils drei Fällen der Hehlerei, des Vollrausches sowie der Freiheitsberaubung strafbar. In jeweils zwei Fällen wurden falsche uneidliche Aussagen gemacht und über den Beteiligten an einer Straftat getäuscht, einmal wurde eine Straftat vorgetäuscht und einmal falsch verdächtigt. In ebenfalls jeweils zwei Fällen lagen den Arrestanten die Brandstiftung und das eigenmächtige Fernbleiben nach dem Wehrstrafgesetzbuch zur Last. Ein Arrestant machte sich der Begünstigung strafbar, einer des sexuellen Missbrauchs eines Kindes, einer der Nachstellung und einer der Fischwilderei. Drei Arrestanten waren wegen Urkundsdelikten verurteilt worden (Urkundenfälschung, Fälschung beweiserheblicher Daten, Fälschung technischer Aufzeichnungen). Des Weiteren war einmal gegen § 30a Abs. 1, 2 BtMG verstoßen worden, zwei Arrestanten hatten sich der Geldwäsche strafbar gemacht.

---

431 *Werlich* 1985, S. 159.
432 *Frehsee* 1989, S. 317.

Abbildung 40:   Zugrunde liegende Tat

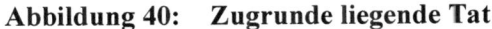

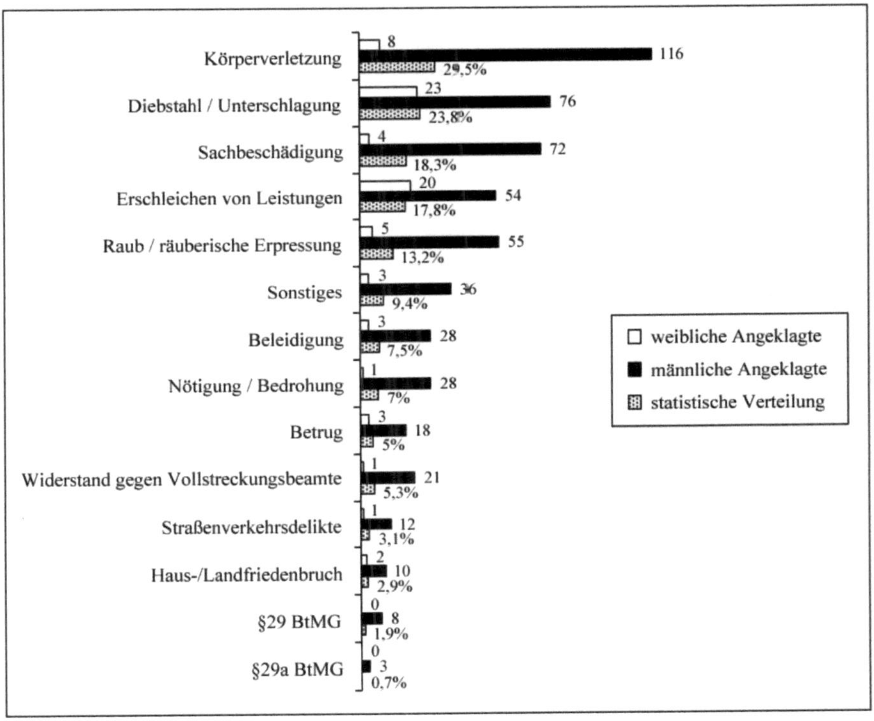

Körperverletzung	8 / 29,5% / 116
Diebstahl / Unterschlagung	23 / 23,8% / 76
Sachbeschädigung	4 / 18,3% / 72
Erschleichen von Leistungen	20 / 17,8% / 54
Raub / räuberische Erpressung	5 / 13,2% / 55
Sonstiges	3 / 9,4% / 36
Beleidigung	3 / 7,5% / 28
Nötigung / Bedrohung	1 / 7% / 28
Betrug	3 / 5% / 18
Widerstand gegen Vollstreckungsbeamte	1 / 5,3% / 21
Straßenverkehrsdelikte	1 / 3,1% / 12
Haus-/Landfriedensbruch	2 / 2,9% / 10
§29 BtMG	0 / 1,9% / 8
§29a BtMG	0 / 0,7% / 3

□ weibliche Angeklagte
■ männliche Angeklagte
▨ statistische Verteilung

Darstellung der Taten, die Anlass für das Urteil und so mittelbar Anlass für die Verhängung des Beschlussarrests gegeben haben. Geschlechtsspezifische Angaben in absoluten Zahlen (Häufigkeiten), n = 537 (m) und 74 (w) und statistische Verteilung insgesamt in Prozent. Für die Fälle der Tatmehrheit waren Mehrfachantworten möglich, so dass die Gesamtzahl der prozentualen Anteile 100% übersteigt.

Abbildung 41:   Das personenbezogen schwerste Delikt

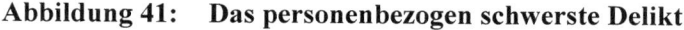

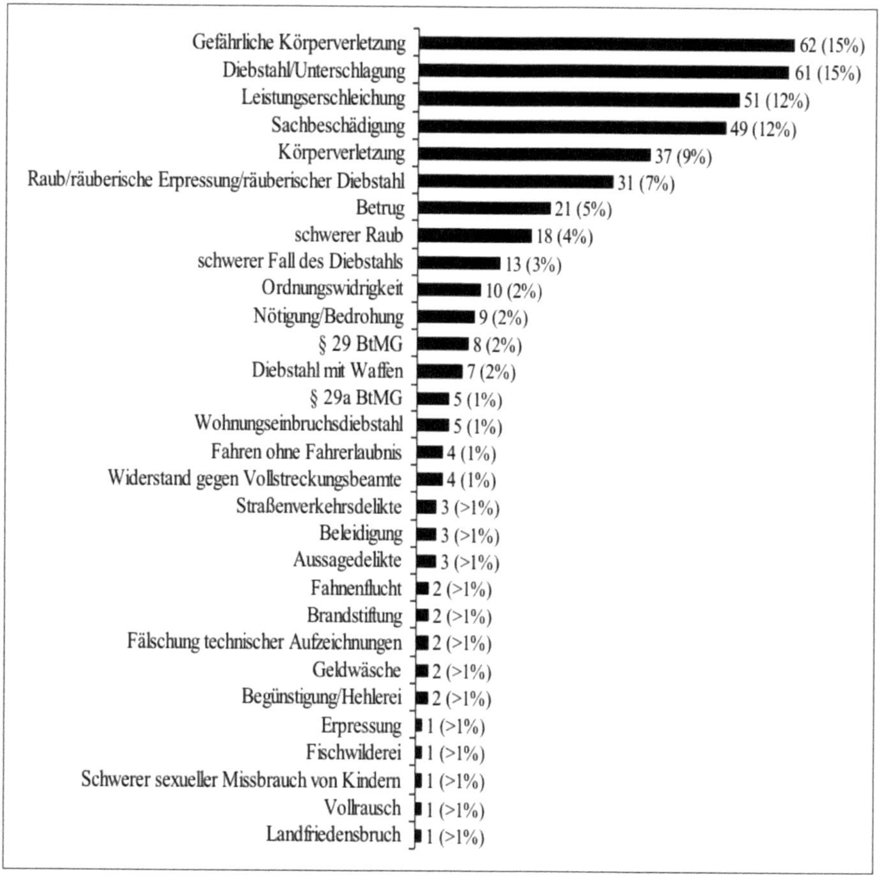

Gefährliche Körperverletzung	62 (15%)
Diebstahl/Unterschlagung	61 (15%)
Leistungserschleichung	51 (12%)
Sachbeschädigung	49 (12%)
Körperverletzung	37 (9%)
Raub/räuberische Erpressung/räuberischer Diebstahl	31 (7%)
Betrug	21 (5%)
schwerer Raub	18 (4%)
schwerer Fall des Diebstahls	13 (3%)
Ordnungswidrigkeit	10 (2%)
Nötigung/Bedrohung	9 (2%)
§ 29 BtMG	8 (2%)
Diebstahl mit Waffen	7 (2%)
§ 29a BtMG	5 (1%)
Wohnungseinbruchsdiebstahl	5 (1%)
Fahren ohne Fahrerlaubnis	4 (1%)
Widerstand gegen Vollstreckungsbeamte	4 (1%)
Straßenverkehrsdelikte	3 (>1%)
Beleidigung	3 (>1%)
Aussagedelikte	3 (>1%)
Fahnenflucht	2 (>1%)
Brandstiftung	2 (>1%)
Fälschung technischer Aufzeichnungen	2 (>1%)
Geldwäsche	2 (>1%)
Begünstigung/Hehlerei	2 (>1%)
Erpressung	1 (>1%)
Fischwilderei	1 (>1%)
Schwerer sexueller Missbrauch von Kindern	1 (>1%)
Vollrausch	1 (>1%)
Landfriedensbruch	1 (>1%)

Darstellung der personenbezogen schwersten Tat in absoluten Zahlen (Häufigkeiten) und prozentualer Verteilung. n = 419. Die Körperverletzungsdelikte dominieren, dicht gefolgt von einfachen Eigentumsdelikten.

4.2   Die Rechtsfolgen der Tat

Die Gesamtheit der infolge dieser Taten verhängten Rechtsfolgen ergibt sich im Überblick aus *Abbildung 42*: Es wurden zumeist Weisungen und Auflagen verhängt. Teilweise wurden diese durch Arreste und Verwarnungen ergänzt, teilweise handelte es sich um Bewährungsweisungen und -auflagen bei zur Bewährung ausgesetzten Jugendstrafen. Die Gesamtheit der Rechtsfolgen einschließ-

lich solcher, die keinen Beschlussarrest nach sich ziehen können, wurde abgebildet, um deutlich zu machen, dass gegen immerhin 65 Arrestanten und damit
gegen 15% der Arrestpopulation gleichzeitig eine andere Arrestart neben den
ambulanten Maßnahmen verhängt worden war. Dies steht der in Kapitel 2.6.3
dargestellten Kritik am Beschlussarrest[433] entgegen, wonach mit dem Beschlussarrest Jugendliche dem Arrest zugeführt werden, für welche das Jugendgericht ambulante Maßnahmen noch als ausreichend erachtet hatte.

Abbildung 42:   Verhängte Rechtsfolgen im Überblick

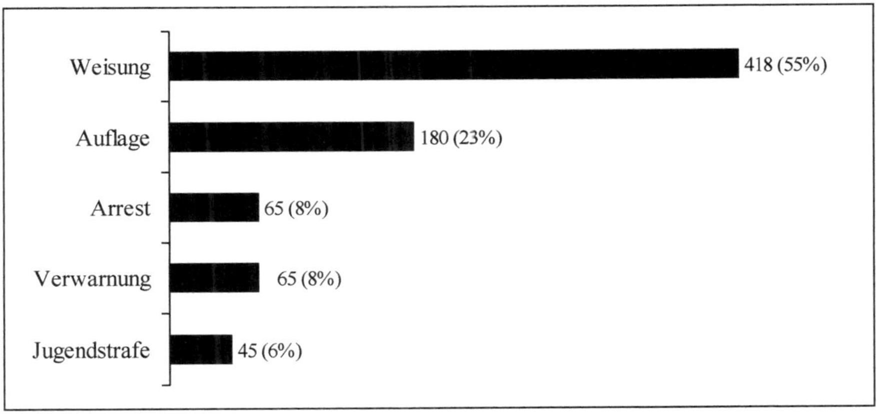

Darstellung der insgesamt gegen die Arrestanten verhängten Rechtsfolgen in absoluten Zahlen (Häufigkeiten) und in ihrer prozentualen Verteilung, n = 773. Aus den absoluten Zahlen
wird ersichtlich, dass gegen 110 Arrestanten neben der ambulanten noch eine stationäre Maßnahme verhängt worden war (wobei diese in 45 Fällen eine bedingte Jugendstrafe war). Da
gegen die Betroffenen zumeist mehrere Rechtsfolgen verhängt wurden, übersteigt die Anzahl
der verhängten Rechtsfolgen die Anzahl der Betroffenen.

4.2.1 Erziehungsmaßregeln

Bei den gegen die betroffenen Arrestanten verhängten Erziehungsmaßregeln
handelte es sich allesamt um Weisungen, die zumeist den Inhalt hatten, Arbeitsleistungen zu erbringen (51,2% der Weisungen). Ebenfalls sehr häufig repräsen-
tiert sind die Betreuungsweisung und die Weisung, einen sozialen Trainingskurs
zu besuchen, also Maßnahmen mit explizit pädagogischem Hintergrund.

Daneben machte das Gericht häufig von der Möglichkeit Gebrauch, eine
Weisung außerhalb des Weisungskataloges zu verhängen. Hierunter fand sich
besonders oft die Weisung, Beratungsgespräche wahrzunehmen, sei es bei der

---

433 *Eisenberg* 1989, S. 17; *Frehsee* 1989, S. 316.

Jugendgerichtshilfe, der Suchtberatung oder der Schuldnerberatung. Auch die Schulbesuchsweisung wurde unter den sonstigen Weisungen relativ häufig ausgesprochen.

Einen Überblick über die Inhalte der verhängten Weisungen und die Häufigkeiten der Verhängung geben die folgenden *Abbildungen 43* und *44.*

Abbildung 43:   Inhalt verhängter Weisungen

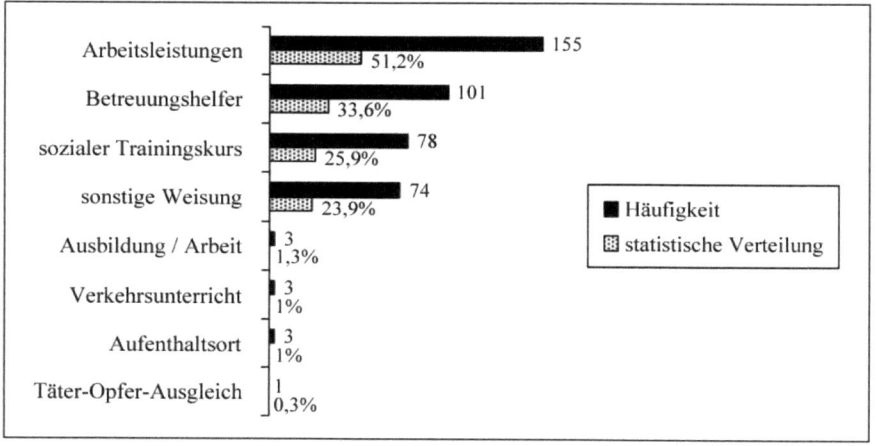

Darstellung der Inhalte verhängter Weisungen nach § 10 JGG. Die Angaben erfolgen in absoluten Zahlen (Häufigkeiten) und in Prozent, n = 418. Da Mehrfachantworten möglich waren, übersteigt die Gesamtzahl der prozentualen Anteile 100%.

Die Inhalte der sonstigen Weisungen wurden in der folgenden *Abbildung 44* weiter aufgeschlüsselt. Die sonstigen Weisungen, die keiner Kategorie zuzuordnen waren, beinhalteten beispielsweise die Weisung, die betrügerisch einbehaltenen Waren zurückzusenden, einen Brief an das Opfer der Straftat zu schreiben, eine Lehre erfolgreich abzuschließen, die Monatskarte regelmäßig dem Bewährungshelfer vorzulegen und mit der Familienhilfe zusammenzuarbeiten.[434]

---

434 Kritisch zu den Weisungsinhalten unter *Kapitel 5.1.1.4.*

Abbildung 44:   Inhalt verhängter sonstiger Weisungen

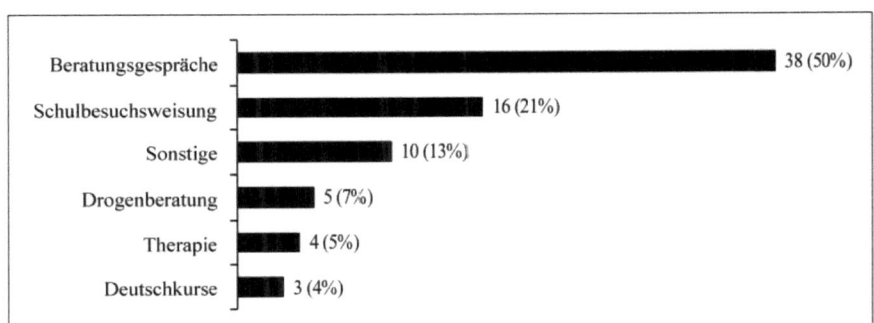

Darstellung des Inhalts der verhängten sonstigen Weisungen, die Angabe erfolgt in absoluten Zahlen in Häufigkeiten und in ihrer prozentualen Verteilung, n = 76. Die zahlenmäßige Abweichung zu den in *Abbildung 43* genannten 74 sonstigen Weisungen ergibt sich daraus, dass hier nach Weisungsinhalten aufgeschlüsselt wurde und manche Weisungen mehreren Inhalten zuzuordnen waren.

Wurde die Weisung erteilt, *Arbeitsleistungen* zu erbringen, so variierte die Anzahl der zu erbringenden Stunden auf einer Bandbreite zwischen 2 und 120 Stunden, wobei die meisten Verurteilten zwischen 20 und 40 Arbeitsstunden zu erledigen hatten. Der durchschnittliche Verurteilte musste 36 Stunden erbringen (vgl. *Abbildung 45*).

Abbildung 45:   **Anzahl der angewiesenen Arbeitsstunden**

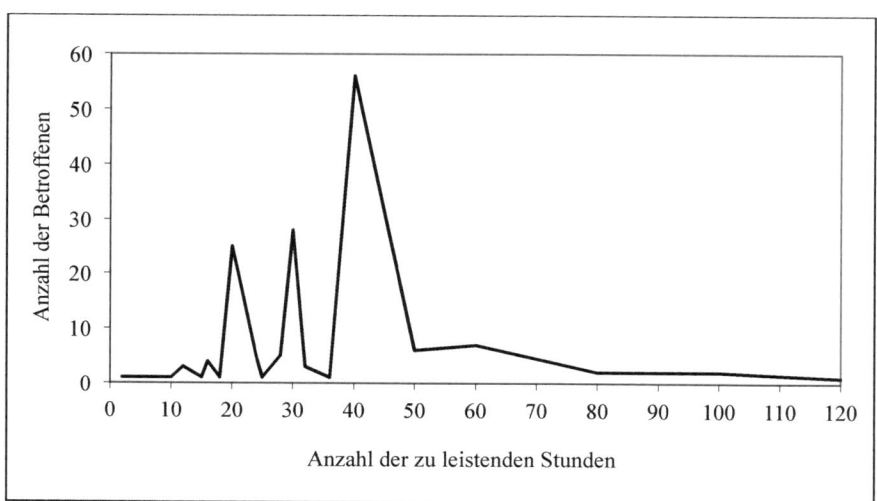

Darstellung der Anzahl der als Folge der Tat im Wege der Weisung verhängten Arbeitsstunden. Die Kurve stellt die Anzahl der verhängten Stunden in absoluten Zahlen in ihrer Häufigkeitsverteilung dar, n = 154.

Gegen 33,6% der betroffenen Arrestanten wurde eine *Betreuungsweisung* ausgesprochen, gefolgt von 25,9%, in denen die Verurteilten verpflichtet wurden, an einem *sozialen Trainingskurs* teilzunehmen. Hierunter fällt zumeist ein Anti-Gewalt-Training, gelegentlich auch das so genannte „Denkzeit-Training".[435] Dieser soziale Trainingskurs umfasst 40 Einzelsitzungen, die Laufzeit beträgt ca. 9 Monate. Anders als das durchschnittliche Anti-Gewalt-Training handelt es sich um eine sehr intensive Herangehensweise, die dem Betroffenen ein hohes Maß an Öffnung und Kooperation abverlangt. Um hieraus ein positives Resultat zu erzielen, erscheint ein gewisses Einverständnis des Jugendlichen als Grundvoraussetzung für das Gelingen des Trainings, dieses sollte vor der Verurteilung abgefragt werden.

Eine Weisung hinsichtlich des *Aufenthaltsortes* wurde ebenso wie die Aufforderung zur Teilnahme an *Verkehrsunterricht* gegen 1% der Verurteilten verhängt. Die Weisung, eine *Ausbildung/Arbeitsstelle* anzunehmen betraf 1,3%, die Verpflichtung zum *Täter-Opfer-Ausgleich* 0,3% der Verurteilten.[436]

---

435   www.denkzeit.com.

436   Da Mehrfachantworten möglich waren, beträgt die Summe der prozentualen Anteile der verschiedenen Weisungen mehr als 100%.

In zwei Fällen war die Weisung zur Aufnahme eines Arbeits- oder Ausbildungsverhältnisses problematisch: Einmal wies das Gericht den Jugendlichen
an, die laufende Lehre erfolgreich abzuschließen, einmal schlicht, die laufende
Lehre abzuschließen. In dieser Ausprägung dürfte diese Weisung jedoch nicht
zulässig sein, da sie in dieser Form gegen das Grundrecht der Berufsfreiheit
nach Art. 12 GG verstößt.[437] Die Arrestverhängung wäre in diesem Fall daher
unzulässig.[438]

4.2.2 Zuchtmittel

Urteilte das Gericht Zuchtmittel aus, so handelte es sich bei 58% der Verurteilten um die Auflage, *Arbeitsstunden* zu erbringen.

Abbildung 46: Verhängte Zuchtmittel im Überblick

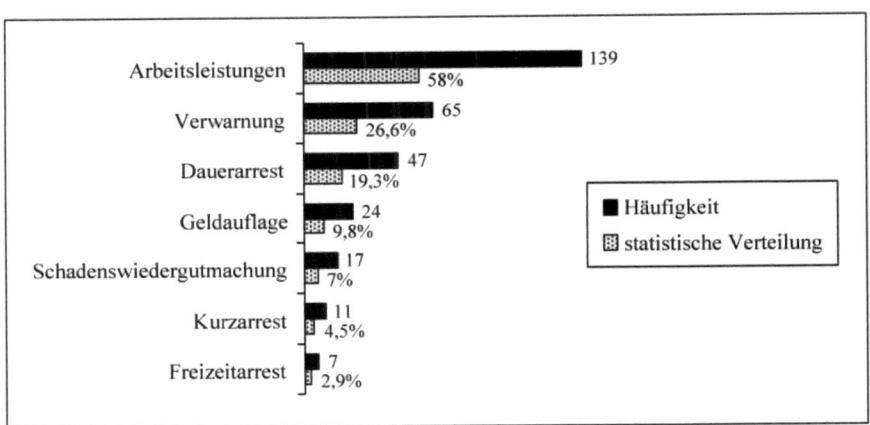

Darstellung der insgesamt gegen die betroffenen Arrestanten verhängten Zuchtmittel. Die
Angabe erfolgt in absoluten Zahlen (Häufigkeiten) und in Prozent, n = 310. Da Mehrfachant-
worten möglich waren, übersteigt die Gesamtzahl der prozentualen Anteile 100%. Aus dieser
Abbildung wird deutlich, dass gegen 47 Arrestanten neben der ambulanten Maßnahme, deren
Nichterfüllung zum Beschlussarrest führte, auch Dauerarrest verhängt worden war.

Die zu einer Arbeitsauflage Verurteilten mussten durchschnittlich 46 Stunden – und damit 10 Stunden mehr, als im Wege der Weisung – erbringen. Die
meisten Jugendlichen mussten 40 Stunden ableisten (vgl. *Abbildung 47).*

---

437 *Eisenberg* 2013, § 10 Rn. 19; *Streng* 2012, Rn. 361.

438 Im vorliegenden Fall wurde der Arrest auch nicht wegen des Verstoßes gegen diese
Weisung, sondern wegen der Nichterfüllung einer anderen, daneben verhängten Rechtsfolge angeordnet.

Abbildung 47:   Anzahl der auferlegten Stunden

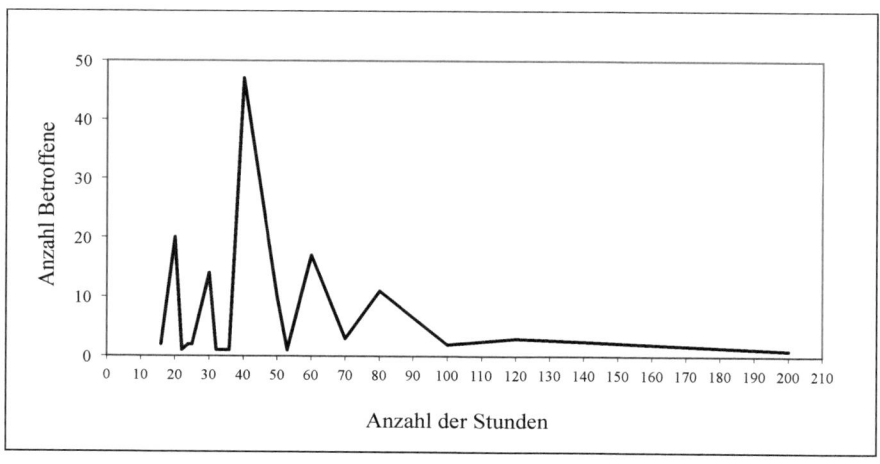

Darstellung der Anzahl der als Folge der Tat im Wege der Auflage verhängten Arbeitsstunden. Die Kurve stellt die zugrunde liegenden absoluten Zahlen in ihrer Häufigkeitsverteilung dar, n = 138.

In 26,6% der Fälle wurden die Jugendlichen neben der verhängten Weisung oder Auflage *verwarnt*, in 9,8% der Fälle dazu verurteilt, eine *Geldauflage* zu leisten. Der hier zu erbringende Betrag lag zwischen 50 und 1000 Euro. Durchschnittlich mussten die Verurteilten 290 Euro bezahlen, für die meisten lag der Betrag zwischen 200 und 250 Euro (vgl. *Abbildung 48*).

Abbildung 48:   Höhe der Geldauflage

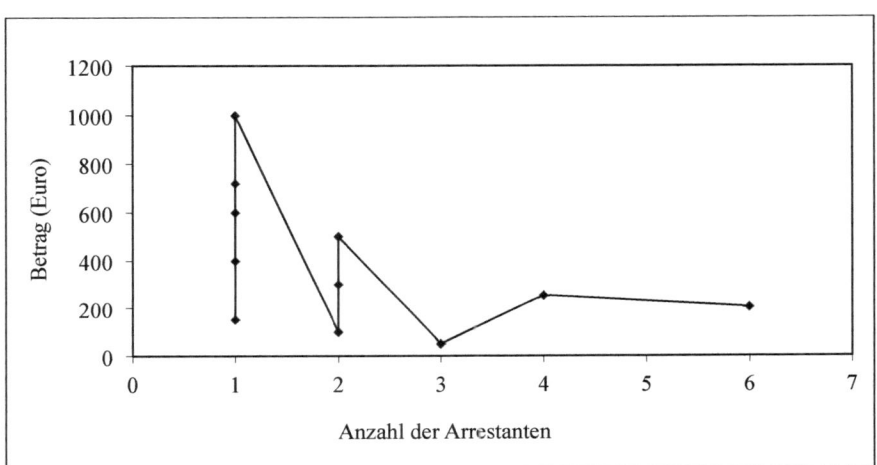

Darstellung der Höhe der Geldauflage. Die Grafik weist die Höhe der Geldauflage und die Anzahl der davon betroffenen Arrestanten aus, n = 24.

Soweit das Gericht in 7% der Fälle die Auflage verhängte, *Schadenswiedergutmachung* zu leisten, so handelte es sich dabei stets um die Verpflichtung zu einer Geldzahlung. Diese belief sich auf einen Betrag zwischen 5 und 765 Euro, durchschnittlich mussten die Verurteilten rund 113 Euro bezahlen.

Immerhin 65 Verurteilte (15%) wurden neben den den Beschlussarrest letztlich begründenden Weisungen und Auflagen zu *Jugendarrest* verurteilt, darunter 7 Freizeitarreste (2,9% der Arrestanten), 11 Kurzarreste (4,5% der Arrestanten) und 47 Dauerarreste (19,3% der Arrestanten).[439] Aus diesen Zahlen wird ersichtlich, dass nicht nur Jugendliche vom Beschlussarrest betroffen sind, für die nach Auffassung des Gerichts ambulante Sanktionen noch ausreichend waren.[440] Vielmehr handelt es sich von vornherein und nicht erst beim Zusammentreffen in der Arrestanstalt um eine sehr gemischte Gruppe von Jugendlichen.

---

439   Da Mehrfachantworten möglich waren, beträgt die Summe der prozentualen Anteile der verschiedenen Zuchtmittel mehr als 100%.

440   Vgl. zur entsprechenden Kritik am Beschlussarrest unter oben *Kapitel 2.6.3.*, dazu *Frehsee* 1989, S. 316; *Eisenberg* 1989, S. 17.

4.2.3 Jugendstrafe

Gegen 45 Verurteilte verhängte das Gericht eine Jugendstrafe, die zur Bewährung ausgesetzt und mit Bewährungsweisungen und -auflagen flankiert wurde.

4.3 Erfüllungsmodalitäten und -zeiträume

Die ausgewerteten Urteile beinhalteten nur für ein Fünftel der Weisungen und Auflagen einen konkreten Erfüllungszeitraum mit Beginn und Umfang. Für 62% der dementsprechenden Rechtsfolgen beinhaltete der Tenor des Urteils lediglich die Weisung bzw. Auflage selbst, beispielsweise den Umfang der zu leistenden Arbeitsstunden. Binnen welchen Zeitraums diese zu erfüllen waren blieb offen. Für weitere 12% der Rechtsfolgen wurde zwar ein Erfüllungszeitraum genannt, jedoch kein Beginn bezeichnet, für 4% wurde die Erfüllung der Rechtsfolge „nach Maßgabe der Jugendgerichtshilfe" ausgeurteilt (vgl. *Abbildung 49*).

Abbildung 49:   Beginn des Erfüllungszeitraums

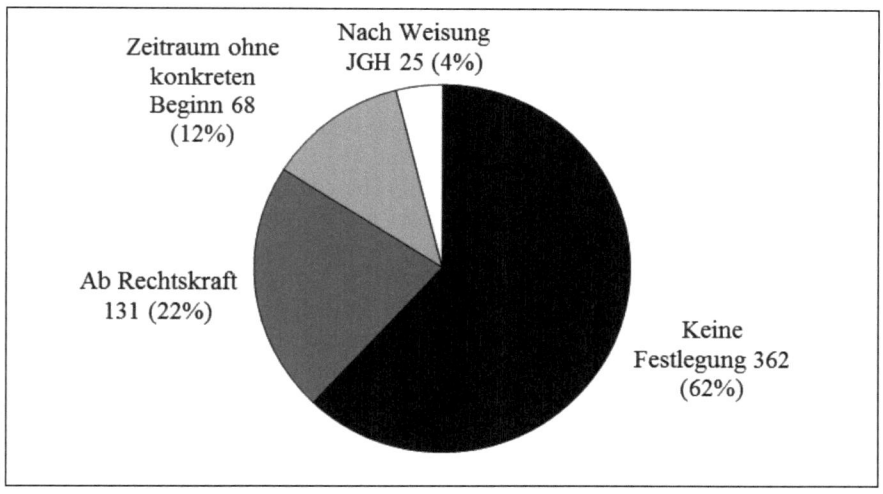

Darstellung der Erfüllungszeiträume für die insgesamt verhängten Weisungen und Auflagen mit Angabe der Häufigkeiten in absoluten Zahlen sowie der prozentualen Verteilung, n = 586. Die zahlenmäßige Abweichung zu der Gesamtzahl der verhängten Auflagen und Weisungen (*Abbildung 43*: 595) ergibt sich daraus, dass sich einige Urteile unvollständig ohne Tenor in den Akten befanden und so zwar die Rechtsfolge aus dem Kontext zu erfassen war, nicht aber der Erfüllungszeitraum.

Das Jugendgericht ist jedoch gehalten, den Zeitraum, binnen dessen bzw. den Zeitpunkt, zu dem die Rechtsfolge zu erfüllen ist, konkret bestimmen,[441] um diese hinreichend zu konkretisieren. Ein Erfüllungszeitraum ist erforderlich, um später die Prüfung des objektiven und subjektiven Tatbestands des § 11 Abs. 3 JGG zu ermöglichen.[442] Dies ist hier für 78% der Rechtsfolgen nicht geschehen. Es fehlt also an der zwingend erforderlichen Bestimmtheit und Unmissverständlichkeit, die dem Jugendlichen hinreichend deutlich macht, mit welchem *konkreten* Verhalten er die Verhängung von Beschlussarrest riskiert.[443] In all diesen Fällen fehlte damit ein wesentliches Element, um überhaupt die Prüfung des Tatbestands des § 11 Abs. 3 JGG und damit die Verhängung von Beschlussarrest erst möglich zu machen, so dass die Verhängung in diesen Fällen jedenfalls erheblichen Bedenken begegnet.

In einigen Fällen mag sich der Erfüllungszeitraum – jedenfalls für Experten – aus dem Zusammenhang erschließen, beispielsweise wenn im Bewährungsbeschluss steht, dass die Bewährungszeit zwei Jahre beträgt (Beginn des Zeitraums dann wohl ab Rechtskraft), oder der Verurteilte dem Betreuungshelfer für die Dauer eines Jahres unterstellt wird (dann wohl ebenfalls Beginn des Erfüllungszeitraums mit der Rechtskraft des Urteils). Weisungsempfänger sind jedoch zum einen nicht Juristen, sondern juristisch unbewanderte Jugendliche; zum andern erschließt sich der Erfüllungszeitraum jedenfalls in all den übrigen Fällen (und damit in der deutlichen Mehrzahl) auch nicht aus dem Zusammenhang, sondern bleibt völlig offen.

Selbst wenn zwischen Urteil und Arrestbeschluss durchschnittlich 8 Monate vergehen,[444] kann dem Jugendlichen nicht grundsätzlich unterstellt werden, er hätte wissen können und müssen, dass die Nichtbefolgung der zwischenzeitlich ergangenen Aufforderungen seitens der Jugendgerichtshilfe, des Bewährungshelfers oder sonstiger beteiligter Einrichtungen die Verhängung von Arrest zur Folge haben würde. Denn der Verlauf der „roten Linie" – in diesem Falle in Form einer konkreten Begrenzung des Erfüllungszeitraumes – wurde soweit aus der Arrestakte ersichtlich von Seiten des Gerichts nie präzisiert.[445] Selbstver-

---

441   OLG Braunschweig, NStZ 2012, 575; *Eisenberg* 1989, S. 19; *Meier/Rössner/Trüg/Wulf* 2011, § 10 Rn. 8; vgl. hierzu unter *Kapitel 4.3.*

442   Hierzu unter *Kapitel 4.3.*

443   BVerfG, Stattgebender Kammerbeschluss vom 24.09.2011, 2 BvR 1165/11 Juris (zum Bewährungswiderruf); OLG Braunschweig NStZ 2012, S. 575, 576; *Eisenberg* 1989, S. 16, S. 19; *Eisenberg* 2013, § 11 Rn. 2; *Meier/Rössner/Trüg/Wulf* 2011, § 10 Rn. 8.

444   Vgl. hierzu unter *Kapitel 7.4* (Arrest nach dem JGG) und *8.3.2* (Arrest nach dem O-WiG).

445   BVerfG, Stattgebender Kammerbeschluss vom 24.09.2011, 2 BvR 1165/11 Juris (zum Bewährungswiderruf).

ständlich kann eine solche Präzisierung erfolgt sein, ohne dass das zugrunde liegende Dokument seinen Weg in die Arrestakte gefunden hat. Es stimmt jedoch bedenklich, dass in so vielen Fällen eine genaue Bestimmung des Erfüllungszeitraums nicht bereits im Urteil tenoriert wird.

5. Die Voraussetzungen des § 11 Abs. 3 JGG

Beschlussarrest kann sowohl nach den §§ 11 Abs. 3 S. 1, 2, 15 Abs. 3 JGG[446] als auch nach § 98 OWiG verhängt werden. Im Folgenden wird zunächst der Arrest nach § 11 Abs. 3 JGG behandelt, der Arrest nach § 98 OWiG wird unter *Kapitel 8* gesondert betrachtet.

Kommt der Jugendliche Auflagen oder Weisungen schuldhaft nicht nach, so kann Jugendarrest verhängt werden, wenn zuvor eine Belehrung über die Folgen schuldhafter Zuwiderhandlung erfolgt war. Hiernach verhängter Jugendarrest darf bei einer Verurteilung insgesamt die Dauer von vier Wochen nicht überschreiten. Die nicht erfüllte Rechtsfolge muss in einem rechtskräftigen Urteil ausgesprochen worden sein, verstößt ein Jugendlicher gegen im Diversionswege erteilte Weisungen, so erfüllt er damit den Tatbestand des § 11 Abs. 3 JGG nicht.[447] Der Verstoß gegen die Rechtsfolge muss schuldhaft erfolgen,[448] und der Jugendliche muss vor der Arrestverhängung über die möglichen Konsequenzen der Nichtbefolgung belehrt worden sein.[449] Typischerweise erfolgt diese Belehrung am Ende der Hauptverhandlung im Zusammenhang mit der Urteilsverkündung.[450] Sie kann auch zu einem späteren Zeitpunkt nachgeholt werden, soweit der Jugendliche nach Belehrung und vor Arrestverhängung noch ausreichend Zeit hat, die Weisung zu erfüllen.[451] Gemäß § 65 JGG muss das Gericht dem Jugendlichen vor der Verhängung Gelegenheit zur mündlichen Anhörung geben.

Die Verhängung des Beschlussarrests ist nach vorherrschender Auffassung auch im Erwachsenenalter noch möglich.[452] Begründet wird dies damit, dass

---

446 Im Folgenden wird als Rechtsgrundlage stellvertretend stets der Ausgangstatbestand § 11 Abs. 3 JGG genannt, sofern eine Differenzierung nicht erforderlich ist.

447 *Böhm* 1994, S. 530; *Diemer/Schatz/Sonnen* 2011, § 11 Rn. 14; *Eisenberg* 2013, § 11 Rn. 15; *Laubenthal/Baier/Nestler* 2010, Rn. 638; *Nothacker* 2001, S. 59; *Ostendorf* 2013, § 11 Rn. 16; *Ostendorf* 1983, S. 566.

448 Hierzu unter *Kapitel 5.2.*

449 *Brunner/Dölling* 2011, § 11 Rn 6; *Böhm/Feuerhelm* 2004, S. 193; *Eisenberg* 2013, § 11 Rn. 11; *Feltes* 1993, S. 109; *Meier/Rössner/Trüg/Wulf* 2011, § 9 Rn. 27, 33; *Ostendorf* 2013, § 11 Rn. 17; *Zieger* 2013, Rn. 54.

450 *Dallinger/Lackner* 1965, § 11 Rn. 11.

451 *Diemer/Schatz/Sonnen* 2011, § 11 Rn. 16.

452 *Albrecht* 2000, S. 168; *Brunner/Dölling* 2011, § 11 Rn. 6; *Dallinger/Lackner* 1965, § 11 Rn. 7; *Diemer/Schatz/Sonnen* 2011, § 11 Rn. 10; *Eisenberg* 1989, S. 16 Fn. 15, der darauf verweist, dass dies in der erzieherisch konzipierten Vollstreckung des Arrests Probleme verursache; *Potrykus* 1955, § 11 Bem. 7; *Streng* 2012, Rn. 372; *Ostendorf* 2013, § 11 Rn. 14, ebenso mit Bedenken zur Vollstreckung; a. A. *Werlich* 1985, S. 152.

dem Verurteilten andernfalls die Möglichkeit eröffnet würde, die Erfüllung der Weisung auf die Zeit nach Eintritt der Volljährigkeit zu verschieben. Könnte dann kein Beschlussarrest mehr verhängt werden, müsste er im Ergebnis mangels Durchsetzbarkeit keine Konsequenzen aus der Straftat tragen, könnte also das Urteil des Jugendgerichts umgehen.[453] Diese Auffassung wird auch von den gesetzlichen Regelungen gestützt: Der Verstoß gegen Weisungen stellt keine Verfehlung i. S. d. § 1 JGG dar, so dass nach den Vorgaben des Jugendgerichtsgesetzes die richterlichen Reaktionsmöglichkeiten insofern nicht vom Alter des Betroffenen abhängen. Es bleibt daher nach dem Normengefüge irrelevant, ob eine neuerliche Straftat nach materiellem Jugendstrafrecht abzuurteilen wäre, allein die ursprüngliche Straftat ist maßgeblich.[454]

5.1 Die nicht erfüllte Rechtsfolge

Der Verstoß gegen eine Rechtsfolge kann nur dann die Verhängung von Beschlussarrest nach sich ziehen, wenn diese an sich zulässig war.[455] Deshalb muss die verhängte Rechtsfolge ihrerseits klar, bestimmt und verständlich[456] sein, um dem Gericht im Falle der Nichtbefolgung die Prüfung zu ermöglichen, ob der Tatbestand des § 11 Abs. 3 JGG überhaupt verwirklicht ist.[457]

Verständlichkeit in diesem Sinne bedeutet auch, dass die Weisung den jeweiligen Fähigkeiten des Betroffenen entsprechen muss, der Jugendliche muss auch wirklich nach seiner persönlichen Disposition in der Lage sein, der Rechtsfolge nachzukommen.[458] Zudem muss das Jugendgericht den Zeitraum, binnen dessen bzw. den Zeitpunkt, zu dem die Weisung zu erfüllen ist, konkret bestimmen.[459]

Wie sich aus *Abbildung 50* ergibt, waren die nicht erfüllten Rechtsfolgen zumeist Weisungen nach § 10 JGG und Auflagen nach § 15 JGG.

---

453 *Laubenthal/Baier/Nestler* 2010, Rn. 638; *Streng* 2012 Rn. 372.

454 *Brunner/Dölling* 2011, § 11 Rn. 6; *Diemer/Schatz/Sonnen* 2011, § 11 Rn. 10; *Eisenberg* 2013, § 11 Rn. 12.

455 *Hellmer* 1957, S. 226.

456 Entsprechend zur Bestimmtheit von Weisungen i. R. d. § 145a StGB Kammergericht JR 1987, S. 124; *Böhm* 2001, S. 321; *Brunner/Dölling* 2011, § 10 Rn. 3; *Meier/Rössner/Trüg/Wulf* 2011, § 10 Rn. 8; *Ostendorf* 2013, § 10 Rn. 2; *Reisenhofer* 2012, § 5 Rn. 50.

457 Kammergericht JR 1987, S. 124; LG Bielefeld, Beschluss vom 04. Februar 2000 – Qs 81/2000 III; *Albrecht* 2000, S. 166; *Brunner/Dölling* 2011, § 11 Rn. 6; *Dallinger/Lackner* 1965, § 11 Rn. 9 zur Problematik allgemein gehaltener Weisungen; *Eisenberg* 1989, S. 21; *Hellmer* 1957, S. 225.

458 *Hellmer* 1957, S. 226.

459 OLG Braunschweig, NStZ 2012, S. 575; *Meier/Rössner/Trüg/Wulf* 2011, § 10 Rn. 8; *Eisenberg* 1989, S. 19, vgl. hierzu oben *Kapitel 4.3.*

Abbildung 50:   Nicht erfüllte Rechtsfolgen im Überblick

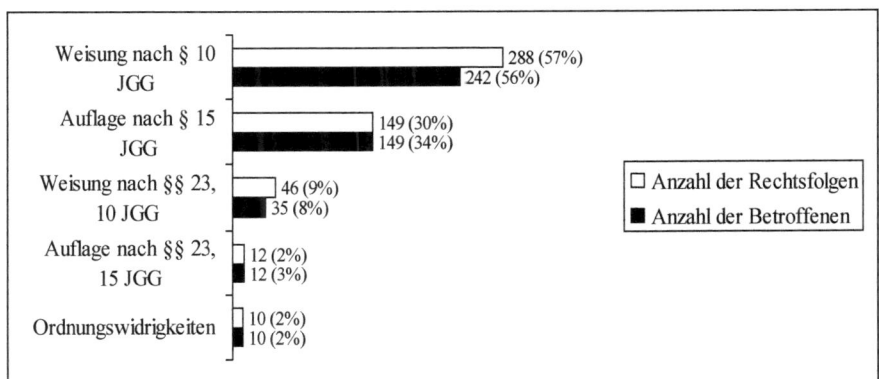

Darstellung der nicht erfüllten Rechtsfolgen differenziert nach der Häufigkeit der jeweiligen Rechtsfolge und der Anzahl der von der Rechtsfolge Betroffenen. Die Größenangaben erfolgen jeweils in Zahlen (Häufigkeiten) und in ihrer prozentualen Verteilung, n = 505 (Rechtsfolgen) und 435 (Betroffene). Hier wird deutlich, dass die Arrestanten zumeist nur eine, gelegentlich jedoch auch mehrere Rechtsfolgen nicht erfüllten: 288 nicht erfüllte Weisungen verteilen sich etwa auf 242 Betroffene. Die Gesamtzahl der nicht erfüllten Rechtsfolgen übersteigt deshalb die Gesamtzahl der Betroffenen, die Gesamtzahl der nicht erfüllten Bewährungsauflagen und -weisungen die Gesamtzahl der verhängten Jugendstrafen. Da Mehrfachantworten möglich waren, übersteigt die Summe der prozentualen Anteile der Betroffenen 100%.

5.1.1   Weisungen

Neben den genannten allgemeinen Voraussetzungen muss es sich bei den Weisungen zudem um eine erzwingbare Weisung handeln. Weist das Gericht den Jugendlichen beispielsweise an, eine Entziehungskur wahrzunehmen, so ist diese Weisung von vornherein nach § 10 Abs. 2 JGG nicht zu erzwingen.[460] Solche Weisungen können zwar durchaus zweckmäßig sein, jedoch dürfen sie nur verhängt werden, wenn die Erziehungsberechtigten des Jugendlichen bzw. der Heranwachsende selbst dem zugestimmt hat.[461] Verweigert der Betroffene im Nachgang seine Mitwirkung an der Kur, so muss dieses Verhalten als Rücknahme der ursprünglichen Zustimmung ausgelegt werden.[462] Der Weisung wird damit die Grundlage entzogen, die Verweigerungshaltung des Jugendlichen darf nicht als schuldhafte Nichterfüllung i. S. d. § 11 Abs. 3 JGG und damit nicht als Anlass zur Verhängung von Beschlussarrest genommen werden. Da bei Zuwi-

---

460   *Brunner/Dölling* 2011, § 10 Rn. 18; *Zieger* 2013. Rn. 54.

461   *Meier/Rössner/Trüg/Wulf* 2011, § 10 Rn. 55.

462   LG Marburg, NStZ-RR 2006, S. 122; *Laubenthal/Baier/Nestler* 2010, Rn. 641.

derhandlungen gegen Weisungen mit dem Beschlussarrest ein nicht unerheblicher Eingriff in das Freiheitsgrundrecht des Art. 2 Abs. 2 GG droht, ist die inhaltliche Ausgestaltung der Weisungen zudem ausschließlich dem Gericht vorbehalten.[463] Von Seiten des Gerichts muss deshalb der Erfüllungsmodus einschließlich des Erfüllungszeitraumes in allen wesentlichen Details deutlich präzisiert werden.[464]

Die nicht erfüllten Weisungen wurden den verhängten Weisungen gegenübergestellt. Hieraus ergab sich, dass hier keine vollständige Deckungsgleichheit herrschte, wie aus *Abbildung 50* deutlich wird. Gegen die Betroffenen wurden – wenn auch lediglich geringfügig – mehr Weisungen verhängt, als schließlich nicht erfüllt wurden. Die Jugendlichen waren also nicht per se unwillig oder unfähig, die gerichtlich verhängten Rechtsfolgen zu erfüllen. Vielmehr hat in jedem Fall ein kleiner Teil der Arrestanten die Weisung komplett erfüllt.[465]

Die Inhalte der insgesamt nicht erfüllten 335 Weisungen werden im Folgenden näher erläutert werden. Im Überblick ergeben sich der Inhalt und die Rechtsgrundlage bereits aus *Abbildung 52*.

---

463 Hierzu nochmals unter *Kapitel 5.1.1.2* und *5.1.1.4*; OLG Frankfurt, NStZ-RR 2003, S. 199, 200 zum Bewährungswiderruf; *Albrecht* 2000, S. 166; *Brunner/Dölling* 2011, § 10 Rn. 3; *Eisenberg* 2013, § 10 Rn. 9; *Hellmer* 1957, S. 227, der insofern von einem Verstoß gegen Art. 104 Abs. 2 GG ausgeht; *Meier/Rössner/Trüg/Wulf* 2011, § 10 Rn. 33; *Streng* 2012, Rn. 356.

464 Jeweils zum Bewährungswiderruf OLG Frankfurt, NStZ-RR 2003, S. 199, 200; OLG Rostock, Beschluss vom 6.12.2011 I Ws 373/11; hierzu unter *Kapitel 5.1.1.2* und *5.1.1.4* sowie oben *4.3*.

465 Hierbei handelt es sich um eine teilweise Erfüllung der insgesamt verhängten (mehreren) Rechtsfolgen, was von der unter *Kapitel 5.3.2.2* behandelten Teilerfüllung der einzelnen Rechtsfolgen zu unterscheiden ist.

Abbildung 51:   Verhängte und nicht erfüllte Weisungen

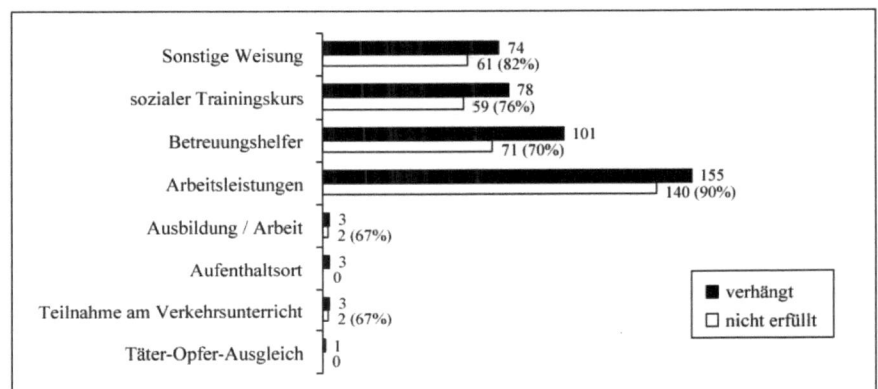

Gegenüberstellung der verhängten und der nicht erfüllten Weisungen nach Weisungsinhalt. Die insgesamt verhängten Weisungen sind in absoluten Zahlen (Häufigkeiten) ausgewiesen, die nicht erfüllten Weisungen in absoluten Zahlen (Häufigkeiten) und zusätzlich mit dem prozentualen Anteil der nicht erfüllten an den insgesamt verhängten Weisungen. Ersichtlich erfüllten die Arrestanten einen – wenn auch geringen – Anteil der gegen sie verhängten Weisungen. n = 418 (verhängt) und 335 (nicht erfüllt).

Abbildung 52:   Nicht erfüllte Weisungen nach Rechtsgrundlage

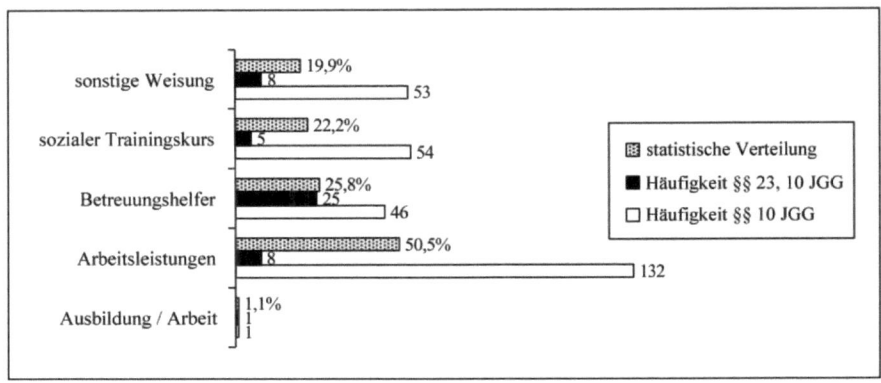

Darstellung der nicht erfüllten Weisungen nach Weisungsinhalt und Rechtsgrundlage in absoluten Zahlen (Häufigkeiten) mit der statistischen Verteilung insgesamt in Prozent, n = 335. Gegen die Betroffenen wurden gleichzeitig mehrere Rechtsfolgen verhängt und dementsprechend mehrere nicht erfüllt, so dass Mehrfachantworten möglich waren. Die Gesamtzahl der prozentualen Anteile übersteigt deshalb 100%.

Die in *Abbildung 52* ausgewiesenen sonstigen Weisungen waren zum größten Teil Schulbesuchsweisungen (35 Fälle), die Weisung, Drogenberatung in Anspruch zu nehmen oder Therapiebemühungen zu unternehmen (vier Fälle), ferner unter anderem eine Gruppentherapie fortzusetzen (ein Fall), Verkehrsunterricht (zwei Fälle) oder einen Erste-Hilfe-Kurs (ein Fall) zu besuchen, einen Deutschkurs zu machen (zwei Fälle), bei einem Projekt mitzuarbeiten bzw. mit der Familienhilfe zusammenzuarbeiten (zwei Fälle bzw. ein Fall) oder Urinproben abzugeben (ein Fall).

5.1.1.1 Arbeitsstunden

Ebenso wie in der Erhebung von *Werlich*[466] kann festgehalten werden, dass die Mehrzahl der nicht erfüllten Weisungen (50,5% der Fälle) die Erbringung von Arbeitsstunden zum Inhalt hatte. Insofern dürften die meisten nicht erfüllten Weisungen durchaus verständlich gewesen sein. In nur drei Fällen war die Ermittlung der tatsächlich zu erbringenden Stunden etwas komplizierter: Einmal wurde auf eine nicht konkret bezeichnete, bereits im Rahmen des Täter-Opfer-Ausgleichs erbrachte Anzahl von Stunden Bezug genommen, die von den ausgeurteilten Stunden abzuziehen war. In einem anderen Fall war die Erbringung der Stunden von der Aufnahme eines sozialversicherungspflichtigen Arbeits- oder Ausbildungsverhältnisses binnen drei Monaten abhängig gemacht, und einmal war die monatlich zu leistende Anzahl der Stunden an die erfolgende oder nicht erfolgende Aufnahme eines Ausbildungsverhältnisses geknüpft.

5.1.1.2 Betreuungshelfer

25,8% der zur Erfüllung einer Weisung verurteilten Arrestanten hatten sich dem Betreuungshelfer nicht unterstellt. Bei der Prüfung, ob auf die Nichtbefolgung dieser Weisung tatsächlich mit Beschlussarrest reagiert werden darf, gilt zu beachten, dass das Jugendgericht seine Weisung selbst konkretisiert haben muss[467] und die Ausfüllung des Weisungsinhaltes nicht auf die Jugendgerichtshilfe oder sonstige Dritte übertragen darf. Eine Weisung des pauschalen Inhalts, den Anweisungen anderer Personen zu folgen, wäre unzulässig.[468]

---

466 *Werlich* 1985, S. 162, die 50 Jugendliche zu den nicht erfüllten Maßnahmen befragte. Demnach wurde in 42% eine Arbeitsauflage, in 12% die Weisung, einen sozialen Trainingskurs zu machen, in 4% die Weisung, eine Ausbildung anzunehmen, in 4% eine Bewährungsauflage, in 20% eine Geldauflage und in 18% eine sonstige Weisung nicht erfüllt.

467 Vgl. bereits unter *Kapitel 5.1.*

468 *Albrecht* 2000, S. 166; *Brunner/Dölling* 2011, § 10 Rn. 3; *Dölling* 1989, S. 261; *Eisenberg* 2013, § 10 Rn. 9; *Hellmer* 1957, S. 227, der insofern von einem Verstoß gegen

Hat das Gericht dagegen die Weisung dergestalt allgemein gehalten, dass der Jugendliche sich der Aufsicht des Betreuungshelfers unterstellen möge, so kann jedenfalls dann von einer Nichtbefolgung ausgegangen werden, wenn dieser sich der Betreuung vollständig entzieht.[469]

In den ausgewerteten Fällen war das zumeist der Fall: Die Betroffenen hatten sich mit dem Betreuungshelfer überhaupt nicht in Verbindung gesetzt oder waren fortgesetzt zu Gesprächsterminen nicht erschienen, so dass eine Aufsicht oder stringente Betreuung nicht zustande kam.

5.1.1.3 Soziale Trainingskurse

In weiteren 22,2% der Fälle erfüllten die Verurteilten die Weisung nicht, einen sozialen Trainingskurs zu absolvieren. Problematisch ist die Verhängung von Beschlussarrests wegen des Verstoßes gegen diese Weisung in jenen Fällen, in welchen das Gericht zur Teilnahme am Denkzeit-Training angewiesen hat. Dessen Regeln sehen vor, dass das Training nach einem Abbruch nicht wieder aufgenommen werden kann. Da eine Teilnahme dann nicht mehr erfolgt und die Weisung also nicht weiter erfüllt wird, folgt – soweit eine Umwandlung vom Jugendgericht nicht in Betracht gezogen wird – Beschlussarrest.[470] Vorliegend waren immerhin 8 Arrestanten nicht bereit, vollständig an diesem Training teilzunehmen.

5.1.1.4 Sonstige Weisungen

In 19,9% der Fälle befolgten die Verurteilten eine Weisung sonstigen Inhalts nicht. Hierunter befanden sich einige Weisungen, in denen das Gericht die konkrete Ausgestaltung der Weisung relativ weit aus der Hand gegeben hatte, beispielsweise die Weisung

- sich um eine Alkoholtherapie zu bemühen, diese anzutreten und nicht vorzeitig abzubrechen,
- an der Drogenberatung teilzunehmen, solange dies erforderlich sei,
- eine Gruppentherapie bis zu ihrer ordnungsgemäßen Beendigung fortzusetzen,
- Kontakt zur Drogenberatungsstelle zum Zwecke des Entzugs aufzunehmen,

---

Art. 104 Abs. 2 GG ausgeht; *Meier/Rössner/Trüg/Wulf* 2011, § 10 Rn. 33; *Streng* 2012, Rn. 356.

469 *Meier/Rössner/Trüg/Wulf* 2011, § 10 Rn. 34; *Reisenhofer* 2012, § 5 Rn. 66.

470 Was unter dem Aspekt der Schuldhaftigkeit der Nichterfüllung durchaus kritisch zu beurteilen ist, denn der Verurteilte kann das Training selbst dann nicht mehr aufnehmen, wenn er nunmehr erfüllungsbereit ist, vgl. *Kapitel 5.3.2.3.*

- eine Entgiftung und Therapie durchzuführen,
- eine stationäre Entgiftung binnen eines Monats zu beginnen, anschließend eine ambulante Therapie fortzusetzen und regelmäßige Drogentests durchzuführen sowie
- die Monatskarte in „regelmäßigen Abständen" dem Bewährungshelfer vorzulegen.

Diese Weisungen begegnen teilweise bereits Bedenken dahingehend, als sie in Richtung Therapieweisung i. S. v. § 10 Abs. 2 JGG gehen und es deshalb an der Erzwingbarkeit fehlen könnte, so dass die Verhängung von Beschlussarrest wegen Nichterfüllung unzulässig wäre.[471] Zudem birgt die Weisung zur Durchführung von Drogentests das Problem, dass der Verurteilte mit der Befolgung der Weisung womöglich gezwungen wird, sich selbst zu belasten. Allerdings wirkt sich dies nicht auf die Rechtmäßigkeit der jeweiligen Weisung aus, vielmehr ist in einem potenziell einzuleitenden weiteren Verfahren zu entscheiden, inwiefern die gewonnenen Beweismittel verwendet werden dürfen.[472]

Die aufgegebenen Weisungen sind insgesamt sehr vage gehalten: Es soll „eine Alkoholtherapie" aufgenommen oder „eine Entgiftung" durchgeführt werden. Eine nähere Ausgestaltung trifft das Gericht nicht. Mit Blick auf die vom Jugendgerichtsgesetz vorgesehene Kompetenzverteilung erscheint dies äußerst problematisch. Eine inhaltliche Ausgestaltung der Weisung von Seiten des Gerichts erfordert, die Art der zu absolvierenden Therapie zu präzisieren und eine Bestimmung der konkreten Einrichtung und der Art und Häufigkeit der wahrzunehmenden Termine mit in die Weisung aufzunehmen bzw. diese Angaben nachzuholen.[473] Im Vergleich: Wird ein Verurteilter der Führungsaufsicht nach § 145a StGB unterstellt und angewiesen, sich in einem bestimmten Turnus bei der Aufsichtsstelle zu melden, so muss das Gericht diesen Meldeturnus konkret festlegen.[474] Würde ein von Seiten der Aufsichtsstelle selbst bestimmter Turnus nicht eingehalten, so dürfte dies nicht als Verstoß gegen Weisungen der Führungsaufsicht gewertet werden.

Nichts anderes dürfte im vorliegenden Fall gelten: Auch hier ist das Gericht gehalten, den Begriff der „Regelmäßigkeit" zur Vorlage des Monatstickets konkret zu bestimmen, es darf diese Kompetenz nicht auslagern.[475] Ebenso darf es nicht zur Drogenberatung, zum Sprachkurs oder zu Beratungsgesprächen „nach

---

471 Hierzu bereits *Kapitel 5.1.1.*

472 BVerfG NStZ 1993, 482 ff.; kritisch *Hoferer* 1997, S. 172 ff.; *Reisenhofer* 2012, § 5 Rn. 52.

473 Jeweils zum Bewährungswiderruf OLG Frankfurt, NStZ-RR 2003, S. 199, 200; OLG Rostock, Beschluss vom 6.12.2011 I Ws 373/11; vgl. *Kapitel 5.1.1.*

474 Kammergericht JR 1987, S. 124.

475 Vgl. bereits in *Kapitel 5.1.1.*

Maßgabe der JGH" oder „des Bewährungshelfers" anweisen, bzw. zur Durchführung „solange dies erforderlich erscheint". Allgemein gehaltene Weisungen, „mit der Familienhilfe zusammenzuarbeiten" oder „regelmäßig" die Schule zu besuchen, erscheinen unter dem Gesichtspunkt der Kompetenzverteilung ebenfalls zu vage.

Wird eine solche gegen die Kompetenzverteilung verstoßende Weisung nicht eingehalten, so darf dies allein nicht als Grundlage für die Verhängung von Beschlussarrest genommen werden. Vielmehr obliegt es in solchen Fällen zunächst dem Gericht, die verhängte Weisung zu präzisieren, um so das gewünschte Erziehungsziel zu erreichen und gegebenenfalls bei Nichtbefolgung konkreten Anweisungen Beschlussarrest zu verhängen.[476] Da sich in den Arrestakten lediglich ein Bruchteil der Informationen des Straf- und Vollstreckungsverfahrens befindet, kann nicht abschließend beurteilt werden, in welchem Maße hier vor Arrestverhängung eine solche Präzisierung stattgefunden hat.

Unter den sonstigen Weisungen finden sich ferner solche, einen Entschuldigungsbrief zu schreiben, einen Erste-Hilfe-Kurs zu absolvieren, an einem bestimmten Projekt teilzunehmen, die betrügerisch nicht versandten Waren zu versenden sowie im Anschluss an eine Sachbeschädigung ein Gespräch zur Schadensregulierung zu führen.

5.1.2 Auflagen

Ebenso wie bei nicht erfüllten Weisungen wurden auch im Bereich der Auflagen am häufigsten, nämlich in 81,5% der Fälle, die auferlegten Arbeitsstunden nicht erfüllt. In weiteren 11,1% der Fälle lag dem Arrestbeschluss eine nicht erfüllte Geldauflage, in 8% der Fälle eine nicht geleistete Schadenswiedergutmachung zugrunde (vgl. *Abbildung 53*). Auch in dieser Häufigkeitsverteilung spiegeln sich die Erkenntnisse zur Sanktionierungspraxis wider: Die Arbeitsauflage ist die am häufigsten verhängte Auflage,[477] es erscheint insofern logisch, dass sie auch die am häufigsten nicht erfüllte Auflage darstellt.

---

476 *Brunner/Dölling* 2011, § 10 Rn. 10.

477 Siehe *Kapitel 2.5.3.1*.

Abbildung 53:   Inhalte nicht erfüllter Auflagen

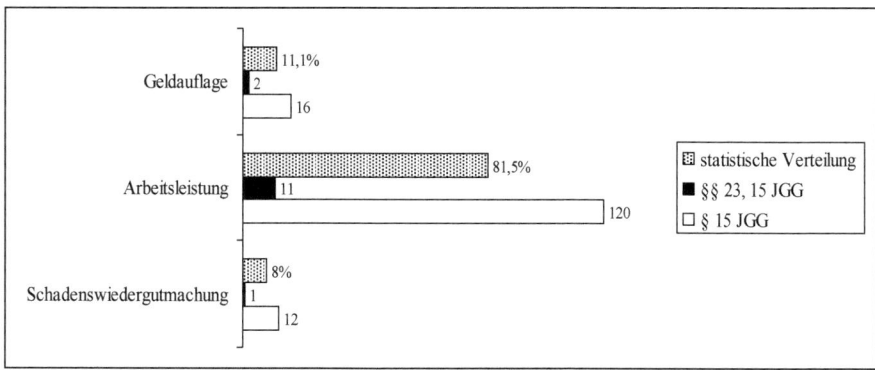

Darstellung der nicht erfüllten Auflagen nach Auflageninhalt und Rechtsgrundlage in absolu-ten Zahlen (Häufigkeiten) mit der statistischen Verteilung insgesamt in Prozent, n = 162.

Auch hier wurden die dem Urteil zufolge verhängten und laut Arrestbe-schluss nicht erfüllten Auflagen gegenübergestellt (vgl. *Abbildung 54*). Erneut zeigt sich, dass die verhängten Auflagen zu einem – zwar ebenso geringen – Maß durchaus erfüllt wurden. Eine gewisse Bereitschaft zur Befolgung gericht-licher Auflagen war also auch hier gegeben.[478]

---

478 Hierbei handelt es sich um eine teilweise Erfüllung der insgesamt verhängten (mehre-ren) Rechtsfolgen, was von der unter *Kapitel 5.3.2.2* behandelten Teilerfüllung der ein-zelnen Rechtsfolgen zu unterscheiden ist.

Abbildung 54:   Verhängte und nicht erfüllte Auflagen

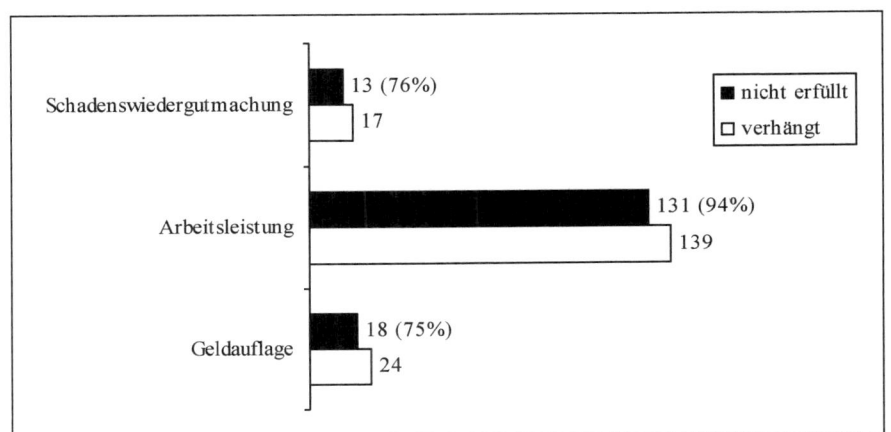

Gegenüberstellung der verhängten und der nicht erfüllten Auflagen nach Auflageninhalt. Die insgesamt verhängten Auflagen sind in absoluten Zahlen (Häufigkeiten)ausgewiesen, die nicht erfüllten Auflagen in absoluten Zahlen (Häufigkeiten) und zusätzlich mit dem prozentualen Anteil an den insgesamt verhängten Auflagen. Ersichtlich erfüllten die Arrestanten jedenfalls einen – wenn auch geringen – Anteil der gegen sie verhängten Auflagen, n = 180 (verhängt) und 162 (nicht erfüllt).

5.2   Vorsatz, Fahrlässigkeit und Schuld

Erfüllt der Jugendliche die verhängte Rechtsfolge nicht, so hat das Gericht vor der Arrestverhängung zu prüfen, ob diese Nichterfüllung vorwerfbar war, also willentlich[479] –vorsätzlich oder fahrlässig – und schuldhaft erfolgte.[480] Die Erfüllung kann auch daran scheitern, dass die tatsächliche Umsetzung der Rechtsfolge von Seiten der anderen Verfahrensbeteiligten (Träger, Betreuungshelfer) unzweckmäßig war[481] oder der Träger, der dem Jugendlichen einen Einsatzort

---

479   *Brunner/Dölling* 2011, § 11 Rn. 4; *Feltes* 1993, S. 109; *Meier/Rössner/Trüg/Wulf* 2011, Rn. 27; *Werlich* 1985, S. 141.

480   *Brunner/Dölling* 2011, § 11 Rn. 6; *Dallinger/Lackner* 1965, § 11 Rn. 8: Prüfung wie bei einem gewöhnlichen strafrechtlichen Tatbestand; ebenso *Diemer/Schatz/Sonnen* 2011, § 11 Rn. 15; *Eisenberg* 2013, § 11 Rn. 16.

481   *Weber* 1989, S. 348; *Werlich* 1985, S. 142.

zur Verfügung stellen sollte, nicht kooperiert[482] bzw. den Jugendlichen wegen einem einmaligen Fehlverhalten von der weiteren Teilnahme ausschließt.[483]

Die Anforderungen an die Schuld sind weiter an dem persönlichen und wirtschaftlichen Leistungsvermögen des Jugendlichen zu messen, denn die zugrunde liegende Rechtsfolge muss diesem Leistungsvermögen entsprechen.[484] Ist sie ungeeignet, kann an der Schuldhaftigkeit der Nichtbefolgung zu zweifeln sein.[485] Für die Bestimmung des Leistungsvermögens muss das Gericht berücksichtigen, dass es sich bei den vom Beschlussarrest betroffenen jungen Menschen häufig um solche handelt, die arbeitslos, überschuldet, leistungsschwach, labil und ohne soziale Bindungen sind, viele haben Suchtprobleme und stecken schlicht den Kopf in den Sand.[486] Für jemanden, in dessen Umfeld niemand vor 10 Uhr aufsteht, kann es bereits große Schwierigkeiten machen, um 8 Uhr am Einsatzort für die Ableistung der Arbeitsstunden zu sein.[487] Auch wenn dies banal klingen mag: Es kann eine unüberwindbare Hürde auf dem Weg zur Befolgung der Pflicht darstellen, wenn die Betroffenen hierfür zunächst aus der ihnen vorgelebten Lebenswirklichkeit ausbrechen müssen. Für derart belastete junge Menschen stellt es eine enorme Herausforderung dar, einen Schritt aus diesen Zuständen heraus zu tun. Erfüllen sie die Rechtsfolge nicht, so liegt diesem Verhalten nicht selten statt des vermuteten Ungehorsams und der unterstellten Gleichgültigkeit schlicht Überforderung zugrunde: Aufgrund fehlender Deutschkenntnisse und sonstiger Kommunikationsbarrieren, wegen Drogenabhängigkeit, Mittellosigkeit, Veränderungen in der Lebenssituation (wie beispielsweise Wohnungswechsel), sonstige Verdrängungsmechanismen oder einer generellen Unfähigkeit, die eigenen Angelegenheiten zu ordnen.[488]

---

482 LG Kaiserslautern, Beschluss vom 23. September 2010, 8 Qs 14/10; *Eisenberg* 2013, § 11 Rn. 16a; *Ostendorf* 2013, § 11 Rn. 16.

483 *Zieger* 2013, Rn. 54 mit dem Hinweis, dass die Nichtbefolgung der Rechtsfolge und nicht ein Fehlverhalten am Einsatzort Grund für die Arrestverhängung ist; vgl. hierzu die Problematik des Denkzeit-Trainings, *Kapitel 5.1.1.3.*

484 *Ostendorf* 1995, S. 362.

485 *Eisenberg* 1989, S. 18 spricht insofern von einem in der Erteilung einer ungeeigneten Weisung liegenden „primären Fehlverhalten"; *Frehsee* 1989, S. 324; *Schumann* 1985, S. 10 f. geht insofern davon aus, dass die Jugendgerichte hier zu wenig selbstkritisch sind und der Erziehungsgedanke der bloßen Disziplinierung weicht; *Werlich* 1985, S. 142.

486 *Hartwig/Krieg/Rathke* 1989, S. 41; *Ostendorf* 1995, S. 362.

487 *Eisenberg* 2013, § 11 Rn. 16a; *Ohder* 2009, S. 434, wonach die soziale Erfahrungswelt der vom Strafverfahren betroffenen Jugendlichen häufig einer „Insel" gleichkommt, die zu verlassen sie eigenständig kaum in der Lage sind.

488 *Emig* 1991, S. 55; *Hinrichs* 1989, S. 335; *Kuil* 1992, S. 333.

Bereits im Jahr 1981 stellte *Pfeiffer* fest, dass Jugendliche im Beschlussarrest tendenziell erhebliche Gefährdungsmerkmale aufweisen. Er schlussfolgerte, dass es sich bei der Nichterfüllung um einen Hilferuf handeln und mit einer entsprechenden Reaktion der drohenden kriminellen Karriere entgegengewirkt werden könnte.[489] Dies entspricht dem Ergebnis von *Eisenhardt*, der ebenfalls meint, dass die Beschlussarrestanten angesichts ihrer sozialen Umstände besonderer Hilfestellung bedürften.[490] Auch *Werlich* weist darauf hin, dass der Großteil der Arrestanten im Beschlussarrest Schwierigkeiten in elementaren Lebensbereichen hatten, die ihren Grund vermutlich in der bestehenden Arbeitslosigkeit fanden. Pünktlich und zuverlässig zu sein überfordere die Jugendlichen; ihre Frustrationstoleranz sei überaus gering. Auf Konflikte mit dem Träger reagierten sie demzufolge schlicht damit, nicht mehr zu erscheinen.[491] *Frehsee* meint zudem, dass es jungen Menschen in einem Zustand existenzieller Orientierungslosigkeit schwer fallen dürfte, einer Arbeitsauflage die entsprechende Ernsthaftigkeit entgegenzubringen.[492]

Wie sich in der folgenden Darstellung zeigen wird, darf allein daraus, dass der Jugendliche die Rechtsfolge nicht erfüllt hat, nicht auf die Schuldhaftigkeit der Nichterfüllung geschlossen werden.[493] Vielmehr ist es unumgänglich, die im Einzelfall hinter der Nichterfüllung stehende Problematik konkret festzustellen.[494] Wird diese Überprüfung nicht vorgenommen, sondern formularmäßig bei Nichterfüllung Arrest verhängt, so handelt es sich bei dem verhängten Arrest nicht mehr um eine erzieherische Maßnahme, sondern lediglich – zweckwidrig – um Disziplinierung.[495]

5.2.1 Ausreichendes Verständnis für die Rechtsfolge

Ein vorwerfbarer, willentlicher und schuldhafter Verstoß ist nur dann denkbar, wenn der Betroffene die Rechtsfolge verstanden hat.[496] Dieser – an sich selbstverständliche – Punkt bedarf durchaus der Prüfung, denn bei der vom Be-

---

489 *Pfeiffer* 1981, S. 48.

490 *Eisenhardt* 1988, S. 126.

491 *Werlich* 1985, S. 164.

492 *Frehsee* 1989, S. 321.

493 So aber in der Praxis häufig: *Hinrichs* 1989, S 335; *Kuil* 1992, S. 332 mit einem entsprechenden Zitat; *Ostendorf* 1995, S. 362; *Thalmann* 2011, S. 82.

494 *Werlich* 1985, S. 153.

495 *Schumann* 1985, 11, der insofern von Erziehung als Denkzettelsystem spricht.

496 *Hellmer* 1957, S. 225; *Ostendorf* 2013, § 11 Rn. 16.

schlussarrest betroffenen Klientel sind häufig die sprachlichen Ausdrucksfähigkeiten und das Verständnis für behördliche Schreiben gering.[497]

Grundvoraussetzung für ein entsprechendes Verständnis sind Kenntnisse der
deutschen Sprache und ausreichende Ausdrucksfähigkeiten. In der hiesigen Untersuchung stellte sich bei 6 Arrestanten bereits die Frage, ob diese Voraussetzungen mitgebracht wurden. Vier Arrestanten hatten ein Problem mit der Be-
herrschung der deutschen Sprache, zwei weitere hatten sonstige Verständi-
gungsprobleme:[498]

Im Einzelnen:

Bei einem 20-jährigen geduldeten Asylbewerber, dem 40 Arbeitsstunden
auferlegt wurden, wurden in der Arrestakte schlechte Deutschkenntnisse vermerkt. Zur mündlichen Anhörung ist er nicht erschienen. Auch ein fast 16-
Jähriger, dem der Besuch eines Deutschkurses und die Ableistung von 40 Arbeitsstunden aufgegeben wurden, sprach nach Aktenlage schlecht Deutsch. Immerhin erschien er in Begleitung eines Betreuungshelfers zur mündlichen Anhörung. Ein weiterer 16-jähriger Asylbewerber sprach ebenso nur schlecht
Deutsch. Er war angewiesen worden, seinen Deutschkurs fortzusetzen und im
Anschluss einen neuen Deutschkurs zu beginnen. Zur mündlichen Anhörung ist
er nicht erschienen. Zum Arrest haben sich alle drei freiwillig gestellt – was jedenfalls für ein gewisses Grundverständnis hinsichtlich der behördlicherseits
gestellten Anforderungen spricht.

Ein weiterer 15-jähriger, erstmals auffälliger Arrestant, der zur mündlichen
Anhörung erschien und sich seinem einwöchigen Dauerarrest selbst gestellt hat,
konnte sich nach Aktenlage nicht richtig artikulieren. Er war angewiesen worden, 24 Arbeitsstunden abzuleisten. Seine sonstigen Lebensverhältnisse waren
ungeordnet: Die Mutter, bei der er zum Zeitpunkt der Urteilsfindung noch
wohnte, hatte ihn der Wohnung verwiesen, zum Zeitpunkt des Arrests war er
ohne festen Wohnsitz. Regelschulfähig war er nicht, sowohl zum Zeitpunkt des
Urteils als auch zum Zeitpunkt des Arrests befand er sich in einem Schulverwei-
gererprojekt. Der Arrestakte zufolge wurde aufgrund seiner fehlenden Selbstän-
digkeit angedacht, ihn in einer therapeutischen Wohneinrichtung unterzubrin-
gen.

Ergibt sich wie hier aus dem Verfahren oder nach Aktenlage, dass ein Betroffener der deutschen Sprache nicht oder nur begrenzt mächtig ist oder in sonstiger Weise Probleme hat, die Sachzusammenhänge zu verstehen, so muss das
Gericht vor der Ergreifung von weiteren Maßnahmen zunächst sicherstellen,

---

497 *Kuil* 1992, S. 332; *Meier/Rössner/Trüg/Wulf* 2011, § 58 Rn. 5.

498 *Kuil* 1992, S. 334; *Emig* 1991, S. 55.

dass der Betroffene die wesentlichen Verfahrensgänge verstanden hat. Das ist bereits Ausfluss des Anspruchs des Betroffenen auf rechtliches Gehör.[499] Um sicherzustellen, dass eine Verständigung über die wesentlichen Zusammenhänge stattgefunden hat, kann in Fällen wie diesen eine zwingende mündliche Anhörung erforderlich sein.[500]

5.2.2 Pflichtenkollision und familiäre Belastungen

Gerät der Jugendliche durch die Erfüllung der Rechtsfolge in Konflikt mit Anforderungen seiner Erziehungsberechtigten gerät, kann dies die Schuldhaftigkeit der Nichterfüllung beeinträchtigen.[501] Das Gleiche gilt in den Fällen, in denen der Pflichtenkollision ähnliche familiäre Belastungen einen Grund für die Nichterfüllung darstellen.[502] Kollidierende Pflichten sind im Übrigen auch mit dem Arbeitgeber oder der Ausbildungsstelle denkbar.[503]

Einen klassischen Fall der Pflichtenkollision könnte der des Arrestanten darstellen, dessen Eltern die Arbeitsstunden unbedingt für ihn oder mit ihm zusammen erledigen wollten. Bei dieser Konstellation liegt nahe, dass die Eltern die eigenständige Ableistung der Arbeitsstunden durch den Arrestanten nicht gutgeheißen hätten, ihn womöglich sogar von der Erfüllung abgehalten haben.

In weiteren Fällen lagen Informationen über familiäre Belastungen aufgrund pflegebedürftiger Mütter vor, die möglicherweise auch zu einer Pflichtenkollision geführt haben. Aufgrund der damit einhergehenden Belastung und Zusatzverantwortung könnten die betroffenen Arrestanten möglicherweise daran gehindert worden sein, gleichzeitig die gerichtlich geforderten Pflichten zu erfüllen. Konkret war dies im Fall eines Arrestanten geschildert, dessen Mutter pflegebedürftig war und daher ihren Beruf, die selbständige Hundezucht, nicht mehr ausüben konnte. Da der Vater als Berufskraftfahrer viel unterwegs war, musste

---

499 *Dreier* 2008, Art. 103 I Rn. 55.

500 Siehe hierzu unter *Kapitel 5.4.*

501 Wobei das elterliche Erziehungsrecht in den Hintergrund rückt, wenn der Jugendliche zu rechtsuntreuem Verhalten angeleitet wird, RhPfVerfGH, Beschluss vom 13.07.2012, NJW-RR 2012, S. 1345 ff.; *Brunner/Dölling* 2011, § 11 Rn. 6; *Dallinger/Lackner* 1965, § 11 Rn. 10; *Diemer/Schatz/Sonnen* 2011, § 11 Rn. 15; *Eisenberg* 2013, § 11 Rn. 16a; ausführlich *Hellmer* 1957, S. 229 ff.; anders wohl *Laubenthal/Baier/Nestler* 2010, Rn. 641, wonach für die Beurteilung der Schuldhaftigkeit unerheblich bleibt, ob das Erziehungsrecht missbräuchlich ausgeübt wurde; *Reisenhofer* 2012, § 5 Rn. 84; *Trenczek* 1996, S. 64.

502 *Eisenberg* 1989, S. 21.

503 *Albrecht* 2000, S. 168; *Ostendorf* 2013, § 11 Rn. 17.

der Arrestant ihr dabei helfen und vernachlässigte seine Bewährungsweisung, 60 Arbeitsstunden zu verrichten. Wegen dieser problematischen persönlichen Situation wurde die Vollstreckung des Arrests bereits einmal ausgesetzt, dann jedoch wurde der Arrestant einem vierwöchigen Arrest zugeführt, von dem er gut drei Wochen verbüßte.

Eine 19-jährige Arrestantin musste wegen der schwer erkrankten Mutter für diese und ihre fünfjährige Schwester sorgen. Zur mündlichen Anhörung ist sie nicht erschienen, ob sie sich dem Arrest gestellt hat, blieb unklar. Sie musste bereits Untersuchungshaft verbüßen, weil sie vier Mal nicht zur Hauptverhandlung erschienen war. In drei weiteren Fällen war bekannt, dass die Mütter krank waren, davon zwei so schwer, dass sie pflegebedürftig waren. Inwieweit dies konkrete Zusatzbelastungen für die Arrestanten mit sich brachte, ergab sich aus jenen Akten nicht.

5.2.3 Suchtproblematik

Die Angaben gegenüber dem Gericht und der Arrestanstalt zusammengenommen haben insgesamt 250 Arrestanten den Suchtmittelkonsum bejaht, so dass 57% der Arrestanten in unterschiedlichen Ausprägungen Suchtmittel konsumierten. Dies erscheint problematisch, da je nach Umfang dieses Suchtmittelkonsums die verhängten Rechtsfolgen bereits von vornherein aussichtslos und deshalb ungeeignet gewesen sein könnten.[504] War die Rechtsfolge aber ungeeignet, kann bereits dies ein Grund für die fehlende Vorwerfbarkeit der Nichterfüllung sein.[505] Bei suchtmittelabhängigen Jugendlichen kann – je nach Schwere – zudem die Sucht selbst die Schuldhaftigkeit beeinträchtigen.[506]

Gegenüber dem Gericht haben 95 männliche und 8 weibliche Verurteilte Angaben zu konsumierten Suchtmitteln gemacht. Als eine solche bejahende Angabe wurde auch gewertet, wenn die Tat unter Einfluss von Suchtmitteln begangen wurde (vgl. *Abbildung 55*).

---

504 *Brunner* 1980, S. 419.

505 *Eisenberg* 1989, S. 18 „primäres Fehlverhalten" durch Ausurteilung einer ungeeigneten Rechtsfolge; *Frehsee* 1989, S. 324; *Schumann* 1985, S. 10 f.; *Werlich* 1985, S. 142.

506 *Emig* 1991, S. 55; *Hinrichs* 1989, S. 335; *Kuil* 1992, S. 333.

Abbildung 55:   Angaben zu konsumierten Suchtmitteln laut Urteil

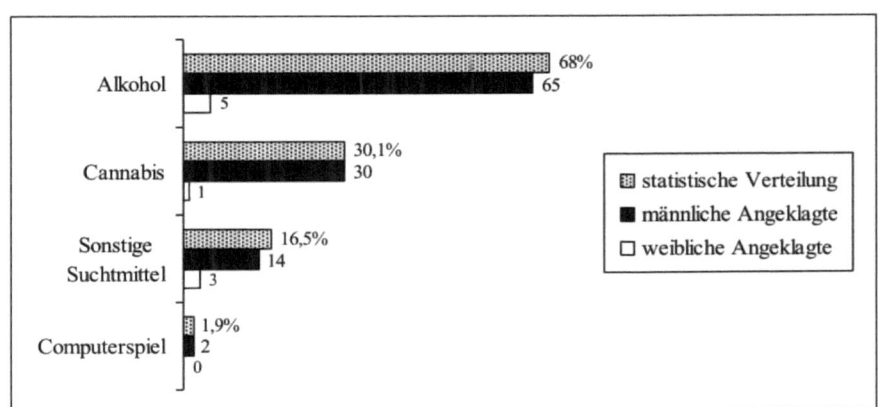

Gerichtlicherseits erfasste Angaben zum Suchtmittelkonsum, differenziert nach Geschlecht. Die Auskunftsfreudigkeit der Betroffenen ist sichtlich gering, anders gegenüber der Arrestanstalt (siehe *Abbildung 56*). Die Angaben erfolgen in absoluten Zahlen (Häufigkeiten) und in ihrer statistischen Verteilung insgesamt in Prozent. n = 8 (w) und 95 (m). Da Mehrfachantworten möglich waren, beträgt die Summe der prozentualen Anteile mehr als 100%.

Der Konsum von Alkohol wurde von 68% der Verurteilten bejaht, der Konsum von Cannabis von 30,1%. Eine Problematik mit Computerspielen lag bei 1,9% der Verurteilten vor, ein Problem mit sonstigen Suchtmitteln bei 16,5%. Als sonstiges Suchtmittel in diesem Sinne wurden in 7 Fällen „Drogen" ohne weitere Konkretisierung erfasst. Vier Verurteilte hatten angegeben, Heroin zu konsumieren, jeweils zwei weitere konsumierten Ecstasy, Speed und Tilidin, vier konsumierten Kokain, einer LSD und einer sonstige chemische Drogen.

Gegenüber der Arrestanstalt wurde häufiger Auskunft über Suchtmittel erteilt (vgl. *Abbildung 56*). Hier wurde der Konsum von Alkohol von 54,9% der Arrestanten bejaht, der Konsum von Cannabis sogar von 62,3%. Sonstige Suchtmittel wurden von 17,2% der Arrestanten konsumiert, ein Problem mit Computerspielen bestand nur bei 0,5% der Arrestanten.

Abbildung 56: **Angaben zu konsumierten Suchtmitteln laut Arrestakte**

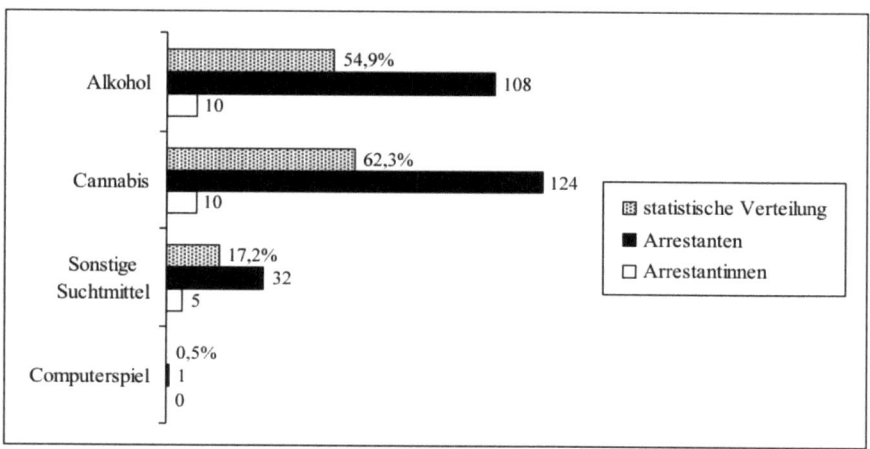

Von der Arrestanstalt erfasste Angaben zum Suchtmittelkonsum differenziert nach Geschlecht. Der vom Arrestanten auszufüllende Bogen zu den persönlichen Verhältnissen enthält die Rubrik Suchtmittelkonsum, jeweils verbunden mit der Zusatzfrage, ob ein Problem mit Suchtmitteln bestehe. Letzteres wurde von den Arrestanten unabhängig von den konsumierten Suchtmitteln in den allermeisten Fällen verneint. Die Angaben erfolgen in absoluten Zahlen (Häufigkeiten) und in ihrer statistischen Verteilung in Prozent, n = 25 (w) und 265 (m). Da Mehrfachantworten möglich waren, beträgt die Summe der prozentualen Anteile mehr als 100%.

Als sonstiges Suchtmittel in diesem Sinne wurden hier in 8 Fällen „Drogen" ohne nähere Konkretisierung genannt, zudem 9 Mal Heroin, 8 Mal Kokain, fünf Mal Tilidin, drei Mal „alles", zwei Mal Ecstasy, jeweils einmal Amphetamine, Speed, Methadon, Anabolika sowie „alles außer Heroin". Eine Arrestantin war magersüchtig, eine andere süchtig danach, sich zu ritzen.

Neben diesen allgemeinen Angaben haben 20 Arrestanten ihr Suchtproblem ausführlicher geschildert. 9 dieser Arrestanten mussten wegen Entzugserscheinungen vorzeitig entlassen werden (insgesamt wurden 13 Arrestanten, die den Konsum von Suchtmitteln bejaht hatten, aus gesundheitlichen Gründen vorzeitig entlassen). Mit Blick darauf, dass die Erteilung von Weisungen bei Drogenabhängigen generell kritisch gesehen wird[507] und diese als arrestungeeignet eingestuft werden,[508] sollen die Einzelfälle hier ausführlicher geschildert werden.

---

507 *Brunner* 1980, S. 419.

508 *Brunner/Dölling* 2011, § 11 Rn. 11; *Brunner* 1980, S. 419.

Hiermit soll ein Bild der Erreichbarkeit dieser suchtbelasteten Jugendlichen durch jugendgerichtliche Maßnahmen gezeichnet werden: Dargestellt werden die nicht erfüllten Rechtsfolgen ebenso wie die Suchtproblematik, das Erscheinen zur mündlichen Anhörung und der Antritt zum Arrest. Allerdings ist auch hier zu beachten, dass die Arrestakten nur einen Bruchteil des Verfahrens darstellen und das Vorgehen des Gerichts in seiner Gesamtheit nicht beurteilt werden kann. Die vorliegenden Informationen lassen jedoch den Schluss zu, dass in nicht wenigen Fällen die Suchtbelastung der Jugendlichen Probleme sowohl mit Blick auf die erteilte Rechtsfolge als auch auf die Arrestvollstreckung birgt, welche das Gericht bei seiner Entscheidungsfindung nicht außer Acht lassen darf.

Voranzustellen ist der Fall eines 20-jährigen Arrestanten, für den weder das Urteil vorlag, noch Anhaltspunkte in der Arrestakte zu finden waren, ob und mit welchem Ergebnis eine mündliche Anhörung stattgefunden hatte. Er war einem zweiwöchigen Arrest zugeführt worden und musste wegen Heroinentzugserscheinungen noch am gleichen Tag entlassen werden. Er hatte sich weisungswidrig nicht der Aufsicht des Betreuungshelfers unterstellt.

5.2.3.1 „Unerkannt" Suchtkranke

In 8 Fällen hatte das erkennende Gericht dem Urteil zufolge keine Kenntnis von dem Suchtproblem oder seinem tatsächlichen Ausmaß. Die Rechtsfolge wurde in diesen Fällen also nicht in Kenntnis des Drogenproblems verhängt, die Probleme traten entweder erst später auf oder wurden jedenfalls erst später bekannt. Zur mündlichen Verhandlung erschienen waren lediglich zwei Arrestanten, für einen 20-jährigen Arrestanten fehlten Informationen dazu in der Arrestakte. Er trank nach eigenen Angaben täglich eine Flasche Wodka und konsumierte daneben Cannabis. Zum Antritt seines zweiwöchigen Arrests hat er sich gestellt.

Im Einzelnen:

Ein 18-Jähriger, bei dem das Gericht lediglich von Alkoholkonsum Kenntnis hatte, war zur Anhörung erschienen. Tatsächlich hatte er über die Angaben vor Gericht hinaus eine massive (nicht konkretisierte) Drogenproblematik und musste bereits mehrfach in der Psychiatrie untergebracht werden. Ihm waren die Bewährungsweisungen erteilt worden, sich für zwei Jahre einem Bewährungshelfer zu unterstellen, drei Beratungsgespräche zu führen und 40 Arbeitsstunden abzuleisten. Die Beratungsgespräche waren laut Arrestbeschluss erfüllt. Dem zweiwöchigen Arrest hatte er sich gestellt, jedoch musste er nach 6 Tagen aus gesundheitlichen Gründen entlassen werden.

Auch ein ebenfalls zur Anhörung erschienener 17-jähriger Arrestant, der sich dem zweiwöchigen Arrest gestellt hatte, musste nach drei Tagen wegen des Verdachts auf Entzugserscheinungen entlassen werden. Er hatte gegenüber der

Arrestanstalt den Konsum von Alkohol und Cannabis angegeben und die angewiesenen zwölf Arbeitsstunden nicht erfüllt. Nach der vorzeitigen Entlassung floh er jedoch aus dem Krankenhaus und stellte sich wieder dem Arrest.

In weiteren fünf Fällen erschienen die Betroffenen nicht zur mündlichen Anhörung. Darunter ein 20-jähriger, erstmals kriminell in Erscheinung getretener Arrestant, der dem Gericht gegenüber angeben hatte, Cannabis zu konsumieren. Entsprechend wurde er angewiesen, sich einem Betreuungshelfer zu unterstellen und ein Gespräch bei der Drogenberatungsstelle wahrzunehmen. Nachdem er seinem 14-tägigen Arrest zugeführt worden war, stellte sich heraus, dass er Alkohol, Cannabis, Heroin und generell „alles" konsumiere. Er musste wegen Entzugserscheinungen nach vier Tagen entlassen werden.

Ein 22-Jähriger musste bereits am Tag nach der Zuführung aus Entzugsgründen entlassen werden. Ihm war eine Geldauflage von 300 Euro erteilt worden, zum Zeitpunkt des Urteils hatte er als Küchenhilfe gearbeitet und keine Angaben zum Drogenkonsum gemacht. In der Arrestanstalt hatte sich herausgestellt, dass er Cannabis und Heroin konsumierte und zum Entzug auch schon stationär untergebracht gewesen war. Seine Arbeitsstelle hatte er zwischenzeitlich verloren.

Ein 19-jähriger Arrestant hatte sich seinem zweiwöchigen Arrest gestellt und war zunächst wieder weggeschickt worden.[509] Danach wurde er zugeführt und durchlief in der Arrestanstalt einen Alkoholentzug. Das Gericht hatte ihn angewiesen, 20 Arbeitsstunden abzuleisten. Aus den Arrestakten ergibt sich, dass er Alkohol und Cannabis konsumierte. Auch seine darüber hinausgehende Lage war desolat: Der Strom in seiner Wohnung musste von einem Freund bezahlt werden.

Ein weiterer 19-jähriger Arrestant durchlief in der Arrestanstalt einen kalten Entzug, nachdem er sich einem zweiwöchigen Dauerarrest gestellt hatte. Ihm waren 40 Arbeitsstunden auferlegt worden. Aus dem Urteil ergibt sich lediglich eine Alkoholproblematik, gegenüber der Arrestanstalt gab er dann den Konsum von Alkohol, Cannabis, Tilidin, Ecstasy und Methadon an.

Bei einem anderen 19-jährigen Arrestanten, der dem Arrest zugeführt wurde, stand ein ambulanter oder stationärer Cannabisentzug im Raum. Gegenüber dem Gericht hatte er keine Angaben zum Drogenkonsum gemacht. Er war angewiesen worden, 40 Arbeitsstunden zu erledigen.

---

509 In einigen Fällen wurden Selbststeller abgewiesen, zu Details siehe *Kapitel 7.2.*

5.2.3.2 Bekanntermaßen Suchtkranke

In 11 Fällen war die Suchtproblematik dagegen bereits dem Urteil zu entnehmen.
In den folgenden zwei Fällen wird aus den Arrestakten nicht deutlich, ob eine mündliche Anhörung stattgefunden hat. Hierunter ein knapp 22-jähriger Arrestant, der bekanntermaßen massiv alkoholabhängig war und seine angewiesenen 60 Arbeitsstunden nicht erledigt hatte. Der Arrestakte ist zu entnehmen, dass der Arrestant Selbstmordgedanken hegte und bereits einen Psychiatrieaufenthalt hinter sich hatte. Der einwöchige Arrest, zu dem er zugeführt wurde, wurde nahezu vollständig vollstreckt.

Ein 20-jähriger Arrestant, der von seinen Eltern wegen des Drogenkonsums der Wohnung verwiesen wurde, wurde einem zweiwöchigen Arrests zugeführt, weil er im Rahmen der Bewährung 60 Arbeitsstunden nicht erfüllte. Daneben war er angewiesen worden, sich einem Bewährungshelfer zu unterstellen und einen sozialen Trainingskurs zu absolvieren. Letzteren Weisungen war er dem Arrestbeschluss zufolge nachgekommen. Dem Gericht war bekannt, dass ein Alkoholproblem bestand. Gegenüber der Arrestanstalt hat der Arrestant dagegen überhaupt keine Angaben zu Suchtproblemen gemacht.

Fünf Arrestanten mit bekanntem Suchtmittelkonsum sind zur mündlichen Anhörung erschienen. Darunter ein 20-Jähriger, der nach seiner ersten stationären Drogenentgiftung im Alter von 14 Jahren noch einige weitere durchlaufen hat und 40 Arbeitsstunden erledigen sollte. Dem Gericht gegenüber hatte er pauschal von „Drogenkonsum" gesprochen, in der Arrestanstalt war von Alkoholkonsum die Rede. Dem Arrest hat er sich gestellt.

Bei einem 19-jährigen Arrestanten war dem Gericht bekannt, dass dieser Speed, Kokain und LSD konsumierte. Er wurde angewiesen, sich einem Betreuungshelfer zu unterstellen, daneben wurde ihm auferlegt, 60 Arbeitsstunden zu leisten. Dem Arrest hat er sich gestellt. Aus den Akten ergibt sich, dass bei ihm eine ambulante Drogentherapie avisiert war.

Ein 21-Jähriger war einem Bewährungshelfer unterstellt worden, daneben erlegte das Gericht ihm in Kenntnis seines Cannabiskonsums 120 Arbeitsstunden auf. Aus den Arrestakten ergab sich, dass der Arrestant wegen seiner Drogensucht bereits entgiftet wurde und wegen seines gestörten Sozialwesens eine Therapie besuchen musste.

Ebenso musste ein 10-fach vorbelasteter, 20-jähriger lernbehinderter Arrestant bereits eine stationäre Therapie wegen Alkoholmissbrauchs in Anspruch nehmen. Auch seine Eltern hatten Alkoholprobleme. Er stellte sich dem Arrest, der verhängt worden war, weil er weisungswidrig nicht zu 6 Beratungsgesprächen gegangen war und sich keine eigene Wohnung suchte (anstatt weiterhin bei Großmutter und Schwester zu wohnen).

Ein 18-jähriger Arrestant, der einem vierwöchigen Arrest zugeführt wurde, musste am Folgetag bereits wieder wegen Entzugserscheinungen entlassen werden. Er war zunächst im Rahmen der Bewährung angewiesen worden, sich alle zwei Monate einem Drogentest zu unterziehen. Die Weisung wurde umgewandelt mit dem neuen Inhalt, dass der Arrestant sich um Entgiftung und Therapie zu bemühen habe. Dem Urteil ist zu entnehmen, dass er Kokain und Tilidin konsumierte. Sein Suchtproblem war bekannt, die Vorgehensweise war bewusst gewählt worden, um ihn endlich dazu zu bewegen, sein Drogenproblem in Angriff zu nehmen.

Die übrigen vier erschienen zur mündlichen Anhörung nicht. Hierunter ein 22-Jähriger, der zugeführt und nach drei Tagen entlassen wurde, um die Substituierung mit Methadon weiter zu ermöglichen. Er hatte 40 Arbeitsstunden nicht erfüllt, bereits dem Urteil war die bestehende Problematik mit Alkohol, Cannabis, Heroin und chemischen Drogen zu entnehmen. Zur mündlichen Anhörung entschuldigte er sich telefonisch wegen eines Magen-Darm-Infekts.

Auch eine 20-jährige Arrestantin musste bereits am Folgetag nach ihrer Zuführung wegen Entzugserscheinungen entlassen werden. Aus dem Urteil ergab sich, dass die Arrestantin seit eineinhalb Jahren heroinabhängig war. Das Gericht hatte sie angewiesen, zwei Beratungsgespräche wahrzunehmen und 7 Mal zur Drogenberatungsstelle zu gehen, um einem Drogenentzug den Weg zu bereiten.

Ebenso wurde ein 23-Jähriger noch am Tage der Zuführung aus Gründen des Heroinentzugs wieder entlassen. Er war angewiesen worden, 30 Arbeitsstunden zu verrichten, zu zwei Terminen bei der Drogenberatung zu gehen und diese Drogenberatung so lange fortzusetzen, wie dies erforderlich sei. Aus der Arrestakte ergibt sich, dass er bereits eine stationäre Entzugstherapie absolvieren musste.

Im Fall eines 20-jährigen Arrestanten hatte das erkennende Gericht anscheinend jegliche Hoffnung aufgegeben, die auferlegten 70 Arbeitsstunden könnten noch erfüllt werden. Er hatte bereits in der Hauptverhandlung pauschal angegeben, „Drogen" zu konsumieren, dies konkretisierte er gegenüber der Arrestanstalt mit Cannabiskonsum. Er habe deshalb bereits Hilfe in Anspruch nehmen müssen. Gegen ihn wurden vier Wochen Arrest verhängt, die nahezu vollständig vollstreckt wurden.[510]

5.2.4 Soziale und psychische Belastungen

Wird die Weisung durch den Jugendlichen wegen Belastungen sozialer oder psychischer Art nicht erfüllt, dürfte ein schuldhafter Verstoß nicht vorliegen.[511]

---

510 Diese Praxis erscheint tatsächlich als nachträgliche Korrektur des Urteils, im vorliegenden Fall ist der Arrest dann auch wirklich Ersatzmaßnahme, vgl. *Kapitel 2.4.4.*

Auch die folgenden Fälle legen nahe, dass hier Problemfelder bestehen, deren Auswirkung auf den Jugendlichen jedenfalls vor der Verhängung von Beschlussarrest geprüft werden müssen.

5.2.4.1 Familiäres Umfeld

Viele Arrestanten kommen aus einem sehr problematischen familiären Umfeld, was in nicht wenigen Fällen zu persönlichen Belastungen geführt haben dürfte. Diese Hintergründe und die damit einhergehenden Belastungen und Konflikte könnten bei der Nichterfüllung der Rechtsfolge eine Rolle spielen.

Ein Arrestant kam beispielsweise aus einer Familie von Kriegsflüchtlingen, beide Eltern waren psychisch krank. Die Mutter eines anderen war zumeist nicht zuhause, so dass der 17-Jährige sich selbst um seinen 7 Jahre jüngeren Bruder kümmern musste. Die Mutter einer anderen Arrestantin war Mittäterin der Anlasstat (eines Diebstahls).Die Wohnung, die ein anderer Arrestant mit seiner Familie bewohnte, wurde laut Arrestakte im Juni 2009 geräumt. Im November 2009 musste er seinem zweiwöchigen Arrest zugeführt werden. Zur mündlichen Anhörung war er nicht erschienen, der Arrestbeschluss datierte vom 02. Juli 2009, erging also just in dem Zeitfenster, in dem die Räumung und der dadurch erforderliche Umzug stattfanden. Er war angewiesen worden, dem Gericht für ein Jahr seinen regelmäßigen Schulbesuch nachzuweisen. Seine Mutter legte gegen den Arrestbeschluss erfolglos Beschwerde ein.
Der Vater eines weiteren Arrestanten verlor seine Arbeit im Schichtdienst, weil er nach der Trennung von der Mutter alleinerziehend wurde und die Kinderbetreuung nicht mit der Schichtarbeit kompatibel war. Sämtliche Wiedereingliederungsversuche scheiterten, der Vater blieb arbeitslos. Die Mutter des Arrestanten nahm ihr Umgangsrecht nicht wahr.
Aus ebenfalls problematischen familiären Verhältnissen stammt die 16-Jährige, deren Vater die Familie ihren Angaben zufolge bei ihrer Geburt wegen ihres Geschlechts verlassen hatte und die später auch von der Mutter vernachlässigt worden war.[512] Bei einem weiteren Arrestanten bestanden derart erhebliche familiäre Probleme, dass der Mutter während des Arrests das Sorgerecht entzogen wurde. Ein anderer Arrestant gab an, dass die Arbeitsstunden wegen des Todes des Vaters nicht erfüllt worden seien. Zur Mutter bestehe seit Jahren kein Kontakt mehr.

---

511 *Eisenberg* 1989, S. 21.

512 Hierzu bereits unter *Kapitel 3.6.*

5.2.4.2 Sucht- und Gewaltproblematik der Eltern

Zwölf Arrestanten schilderten Sucht- und Gewaltprobleme ihrer Eltern.

So wurde ein Arrestant wegen der Alkoholerkrankung der Eltern bereits mit 11 Jahren in einem Heim untergebracht. In der zugrunde liegenden Sache musste er Untersuchungshaft verbüßen. Für den Anhörungstermin meldete er sich krank, dem Arrest musste er zugeführt werden. Auch ein weiterer Arrestant kam mit 8 Jahren ins Heim, da der Stiefvater Alkoholiker und die Mutter gewalttätig war.

Bei einem anderen Arrestanten wurde der Mutter zwischenzeitlich vorübergehend das Sorgerecht wegen ihrer Alkoholerkrankung entzogen, diese wiederum behauptete, der Sorgerechtsentzug habe wegen des gewalttätigen Kindsvaters stattgefunden. Anlasstat des zum zweiten Male auffälligen Arrestanten war der Diebstahl von Kaugummi für 1,19 Euro. Dem 16-Jährigen war auferlegt worden, 20 Arbeitsstunden zu erledigen. Gegenüber der Arrestanstalt gab der Arrestant, der bereits (vermutlich im Zusammenhang mit dem Sorgerechtsentzug) einmal außerfamiliär untergebracht worden war, an, Alkohol und Cannabis zu konsumieren.

Der Vater eines anderen Arrestanten wurde mit Methadon substituiert. Ein Sorgerechtsentzugsverfahren blieb erfolglos, die installierte Familienhilfe wurde mangels Mitwirkung der gleichgültigen Eltern beendet.

Ein Arrestant stand nach eigenen Angaben unter dem rigiden Regime des gewalttätigen Vaters, ein Familienhelfer wurde installiert. Zur mündlichen Anhörung war er angeblich wegen Fiebers nicht erschienen.

Der Vater eines anderen Arrestanten hatte 1994 zuerst die Mutter und dann sich selbst umgebracht. Der Arrestant wurde dann von der Tante adoptiert. Die Verständigung mit ihm war nach Aktenlage schwierig.

Ein weiterer Vater starb an den Folgen seines Drogenmissbrauchs, die Mutter war psychisch krank. Auch eine weitere Mutter litt unter einer Suchtproblematik, mit der Erziehung ihrer vier Kinder, darunter der Arrestant, war sie nach Aktenlage überfordert.

Ein anderer Vater wiederum akzeptierte die Scheidung von der Mutter nicht, hieraus resultierte immer wieder Gewalt. In einer anderen Familie waren alle Geschwister Schulverweigerer. Die Familie hatte sich nach Aktenlage in ein Leben mit Arbeitslosengeld II eingerichtet, Versuche, Veränderungen herbeizuführen, scheiterten stets an dem dominanten Vater.

Ein anderer Arrestant wurde von seiner Mutter im Alter von zweieinhalb Jahren alleine mit seiner 8 Monate alten Schwester in der Wohnung zurückgelassen, und nur zufällig nach drei Tagen von Tante und Onkel gefunden. Der Vater war heroinabhängig. Der Arrestant selbst verlor seine Ausbildung, nach eigenen Angaben infolge der erlittenen U-Haft.

Ein Arrestant berichtete allgemein von viel Gewalt in der Familie. Seine Auflage, 40 Arbeitsstunden zu verrichten, war auf seinen Wunsch in eine Geldauflage von 300 Euro umgewandelt worden, die jedoch nicht bezahlt wurde.

All diese Konstellationen bergen das Potenzial, den Arrestanten zu überfordern oder anderweitig derart zu beschäftigen, dass die Vorwerfbarkeit der Nichterfüllung beeinträchtigt sein könnte.

5.2.4.3   Problematische Wohnsituation

10 Arrestanten berichteten von massiven Problemen mit ihrer Wohnsituation.[513]

Die Wohnung des einen, der sich Anfang Mai für eine Woche im Arrest befand, sollte zum 15. Mai 2009 geräumt werden. Ein weiterer berichtete ebenso von einer Räumungsklage. Zur mündlichen Anhörung war er nicht erschienen, dem Arrest hatte er sich gestellt. Die Wohnung eines anderen wurde an dem Tag geräumt, als er dem Arrest zugeführt wurde. Zur mündlichen Anhörung war er nicht erschienen.

Bei einem weiteren Arrestanten war der Strom in der Wohnung bereits seit 6 Monaten abgestellt. Einem anderen muss bei der Bezahlung des Stroms in der Wohnung von einem Freund ausgeholfen werden.

Ein anderer bezahlte seine Miete nicht, weil er der Auffassung war, dass diese vom Amt bezahlt werde. Dabei hatte er übersehen, dass mit Ausbildungsantritt die Zahlung wegfiel. Die Wohnung wurde daraufhin gekündigt. Da er nicht mehr zur Ausbildung erschien, hatte er schließlich weder Wohnung noch Tätigkeit, ihm drohte zudem eine Ersatzfreiheitsstrafe wegen einer nicht bezahlten Geldstrafe in Höhe von 300 Euro.

Auch einem weiteren Arrestanten wurde die Wohnung gekündigt, obgleich er einen Amtsbetreuer für Behördengänge und Finanzen hatte. Bei einem anderen, der nach eigenen Angaben seinen Briefkasten nie öffnete, musste die Wohnung neu beantragt werden. Er wurde von der Treberhilfe betreut, die berichtet, dass er ein Praktikum ableiste und dort sehr eingespannt sei. Bis er in betreutem Wohnen untergebracht worden war, war er von der Mutter zum Vater zum Onkel und schließlich zu Freunden gezogen. Zur mündlichen Anhörung war er nicht erschienen, zum vierwöchigen Arrest, den er fast vollständig verbüßte, musste er zugeführt werden. Ihm waren 80 Arbeitsstunden auferlegt worden.

Eine Arrestantin zog zwei Monate vor der Tat aufgrund der Streitigkeiten mit ihren Eltern zuhause aus und wohnte fortab ohne Sozialleistungen bei Freunden und Bekannten. Ein weiterer Arrestant, der bei seiner Oma gewohnt hatte, teilte mit, dass diese eine Woche vor Arrestantritt verstorben und damit seine weitere Wohnsituation ungeklärt sei.

---

513   Zu den Problemen mit Obdachlosigkeit siehe bereits in *Kapitel 3.2.2.*

Eine derart existenzielle Sorge wie die um die eigene Wohnsituation kann durchaus bei der Nichterfüllung der Rechtsfolge eine Rolle gespielt haben.

5.2.4.4   *Psychische Auffälligkeiten der Arrestanten*

Bei 25 Arrestanten und fünf Arrestantinnen ergaben sich psychische Auffälligkeiten aus der Arrestakte, die sich ebenfalls auf die Schuldhaftigkeit des Verstoßes ausgewirkt haben könnten.

Fünf Arrestanten hatten angegeben, eine Aufmerksamkeitsdefizit-/Hyperaktivitätsstörung (ADHS) zu haben, ein weiterer musste wegen mangelnder Gefühlskontrolle mit Ritalin behandelt werden.
Einer der an ADHS Erkrankten musste wegen seiner Krankheit bereits stationär untergebracht werden. Sein Arrest war zuvor zwei Mal aus psychischen Gründen unterbrochen worden, wurde dann jedoch vollends vollstreckt, da die Weisung, sich einem Betreuungshelfer zu unterstellen und einen sozialen Trainingskurs zu absolvieren, weiterhin nicht erfüllt wurde. Ein zweiter ADHS-Kranker brachte schwere familiäre Vorbelastungen mit: Die Mutter litt ebenfalls an einer psychischen Erkrankung, der Vater starb an den Folgen seines Drogenmissbrauchs.
Bei zwei Arrestanten und einer Arrestantin stand eine depressive Problematik im Raum, die in einem Fall auf die Verletzung zweier Halswirbel bei einem Badeunfall 2003 und den daraus resultierenden, noch immer andauernden Folgen zurückging.
6 Arrestanten und zwei Arrestantinnen waren wegen psychischen Problemen bereits stationär untergebracht. Bei einem Arrestanten sollte so nachgewiesen werden, dass er unbeschulbar sei. Eine Arrestantin war wegen Selbstverletzung untergebracht worden. Bei zwei weiteren Arrestanten bestand gleichzeitig eine massive Drogen- bzw. Alkoholproblematik.
Für immerhin drei Arrestanten und zwei Arrestantinnen waren Hinweise auf eine bestehende Suizidgefahr vermerkt, einer der Arrestanten hatte demzufolge bereits einmal versucht, sich umzubringen.
Bei zwei Arrestanten und einer Arrestantin enthielt die Arrestakte Hinweise darauf, dass sie zur Selbstverletzung neigten, bei einem Arrestanten erfolgte hieraus sogar eine Arrestunterbrechung, weil er sich in seinem Arrestraum Arme und Oberkörper geritzt hatte. Ein weiterer 17-jähriger Selbstverletzer hatte eine frappierend auffällige psychische Problematik: Der Arrestakte zufolge lebt er in einer völlig anderen Welt und war stark psychisch gestört. Auch nach Auffassung der Jugendarrestanstalt war dieser Arrestant nicht in der Lage, selbst Verantwortung zu übernehmen. Der zweiwöchige Dauerarrest wegen Nichterfüllung der 20 Stunden gemeinnütziger Arbeit wurde dennoch vollstreckt.

Bei weiteren 10 Arrestanten waren die Angaben über die psychischen Probleme eher pauschal gehalten, es war allgemein die Rede von psychischen Problemen (in einem Fall konkretisiert als Borderline-Fall), psychiatrischen Behandlungen, einem gestörtem Sozialwesen und dem Erfordernis von therapeutischer Hilfe bei erzieherischen Problemen.

Psychische Probleme können je nach Ausprägung die Schuldhaftigkeit der Nichterfüllung Beeinträchtigung und müssen auf jeden Fall Anlass zu weiterer Prüfung geben.

5.2.4.5   *Sonstige problematische Lebensverhältnisse*

Daneben wurde von folgenden problematischen Verhältnissen berichtet:

Eine Arrestantin hatte schon zwei Abtreibungen hinter sich und glaubte in der Arrestanstalt, erneut schwanger zu sein. Sie stehe unter strengen Regeln von ihrer Familie und ihrem Freund, der ihr verbiete, mit anderen Männern zu sprechen. Er habe sie bereits krankenhausreif geschlagen. Die Arrestantin wurde von einem Einzelfallhelfer betreut.

Eine andere Arrestantin war bereits als Strafunmündige 14-fach vorbelastet. Sie wurde geringfügig vorzeitig aus ihrem Arrest entlassen, weil sie fürchtete, der Bekannte, der sich zum Abholen angeboten habe, erwarte als Gegenleistung sexuelle Dienstleistungen. Dem zweiwöchigen Arrest musste sie zugeführt werden, zur mündlichen Anhörung war sie nicht erschienen. Ihr waren 40 Arbeitsstunden auferlegt worden.

Ein anderer Arrestant musste dem Arrest zugeführt werden. Dabei stellte die Polizei fest, dass er in katastrophalen hygienischen Zuständen lebte, in der verwahrlosten Wohnung lag überall Müll. Hygieneartikel waren dagegen nicht zu finden. Er hatte wegen seiner Diabeteserkrankung erfolglos Beschwerde gegen den Arrestbeschluss eingelegt. Zur mündlichen Anhörung war er nicht erschienen.

5.2.4.6   *Familienhilfe und Betreuer*

Angesichts der geschilderten problematischen Verhältnisse überrascht nicht, dass in 10 Fällen die Einrichtung einer Familien- und Erziehungshilfe aktenkundig war. In weiteren 6 Fällen war bekannt, dass ein gesetzlicher Betreuer für Finanzen und Behördengänge bestellt worden war.

Unter diesen Arrestanten befindet sich beispielsweise jener, der bereits früh zuhause ausgezogen war und seitdem in verschiedenen Einrichtungen untergebracht wurde. Er hatte eine gerichtlich bestellte Betreuerin für Behördengänge und Finanzen und litt unter einer nicht näher bezeichneten physischen Auffälligkeit.

Bei einer Arrestantin hatte die Mutter zum Zeitpunkt der Urteilsfindung bereits Hilfe beantragt, weil ihre Tochter ihr entglitten sei. Sie berichtete von Rumtreiberei, Schulschwänzerei und Alkoholmissbrauch. Der Arrestantin waren 25 Arbeitsstunden auferlegt worden. Ob eine mündliche Anhörung stattfand, ist nicht bekannt.

5.2.5 Fazit

Die betroffenen jungen Menschen waren in ihrem sozialen Umfeld vielgestaltigen Problemen ausgesetzt. Diese dürften in den wenigsten Fällen als alleinige Erklärung für die Nichtbefolgung der Rechtsfolge herangezogen werden können – möglicherweise bei den schwerst suchtkranken Jugendlichen oder denjenigen, die wegen familiären Pflichten kaum Spielraum hatten, sich auch noch um die Erfüllung gerichtlicher Rechtsfolgen zu kümmern. Für alle Betroffenen jedoch gilt, dass für die Prüfung der Schuldhaftigkeit ihrer Nichterfüllung die Probleme und Schwierigkeiten beachtet und bewertet werden müssen.

5.3 Verhältnismäßigkeit

Kommt das Gericht zu dem Ergebnis, dass Vorsatz und Schuldhaftigkeit der Nichterfüllung gegeben sind, so hat es über die Verhängung des Arrests und seiner Dauer zu entscheiden. Insofern hat das Gericht ein Ermessen.[514] Die Richtlinie zu § 11 Abs. 3 JGG sieht Folgendes vor:

> *Unter Beachtung des Grundsatzes der Verhältnismäßigkeit soll die Staatsanwaltschaft darauf hinwirken, dass bei Zuwiderhandlungen gegen Weisungen Jugendarrest nur dann verhängt wird, wenn mildere Mittel, z. B. eine formlose Ermahnung, nicht ausreichen.*[515]

Die Verhängung von Beschlussarrest ist also – wie Freiheitsentziehungen generell – *ultima ratio*[516] und daher unter strikter Ausübung des Ermessens nur in begründeten Ausnahmefällen zuzulassen. Da kurze freiheitsentziehende Maßnahmen erheblich in die Freiheitsrechte der Jugendlichen eingreifen, sind sie

---

514 *Laubenthal/Baier/Nestler* 2010, Rn. 642; *Dallinger/Lackner* 1965, § 11 Rn. 13; *Diemer/Schatz/Sonnen* 2011, § 11 Rn. 20; *Trenczek* 1996, S. 64.

515 *Brunner/Dölling* 2011, Vor § 11.

516 *Böhm/Feuerhelm* 2004, S. 193; *Ostendorf* 1983, S. 576; *Potrykus* 1955, § 11 Bem. 7; *Werlich* 1985, S. 153.

ebenso wie im Allgemeinen Strafrecht nur begrenzt und ausnahmsweise vorgesehen.[517]
   Zudem gilt es zu berücksichtigten, dass das sanktionierende Eingreifen der
Justiz weiteres kriminelles Verhalten erfahrungsgemäß eher wahrscheinlicher
macht, als dass es dieses verhindert.[518] Es besteht somit immer die Gefahr, dass
mit der kurzzeitigen Freiheitsentziehung eine weitere Kriminalisierung einhergeht[519] und darüber hinaus der verfolgte erzieherische Effekt im Ergebnis nicht
nur nicht eintritt, sondern diesem womöglich sogar entgegengewirkt wird. Wegen eines geringfügigen Verstoßes gegen die Rechtsfolge darf Beschlussarrest
deshalb nicht verhängt werden, vielmehr ist ein erheblicher, nachhaltiger Verstoß erforderlich.[520]

   Dies vorausgeschickt, ist das Gericht also stets gehalten zu prüfen, ob mildere Mittel den mit dem Arrest verfolgten Zweck erfüllen, also entweder den Verurteilten zur Erfüllung der Rechtsfolge bewegen oder das verfolgte Erziehungsziel herbeiführen könnten. Um dies zu beurteilen muss das Gericht Prognosen
hinsichtlich der zu erwartenden Rückfälligkeit und zur Eignung der beabsichtig-
ten Reaktion anstellen.[521] Zudem hat es zu berücksichtigen, ob die Erzwingung
der Maßnahme überhaupt einen erzieherischen Sinn hat. Würde es tatsächlich
das verfolgte Ziel erfüllen, wenn die Teilnahme an dem sozialen Trainingskurs
erzwungen wird?[522] Es kommt unter anderem darauf an, ob der Jugendliche im
Zeitpunkt der Arrestverhängung noch erziehungsbedürftig und erziehungsfähig
ist.[523] Dies ist in besonderem Maße relevant, da der Beschlussarrest als atypi-
sche und besonders einschneidende Maßnahme häufig solche Jugendliche be-

---

517 *Meier/Rössner/Trüg/Wulf* 2011, Rn. 21, 23, die mit Blick darauf empfehlen, anhand des
     Entlassungsberichts der JAA zu prüfen, ob ein Absehen von der weiteren Erfüllung der
     Weisung in Betracht kommt; vgl. auch *Schnitzerling* 1956, S. 275.

518 Anders die Landesregierung Sachsen-Anhalt, die davon ausgeht, dass eine frühzeitige
     und deutliche Reaktion auf jugendliches ubiquitäres Fehlverhalten erforderlich ist und
     dazu beitragen kann, eine spätere kriminelle Karriere zu vermeiden, Landtag Sachsen-
     Anhalt, Drucksache 6/693.

519 *Ohder* 2009, S. 433.

520 *Brunner/Dölling* 2011, § 11 Rn. 4; *Diemer/Schatz/Sonnen* 2011, § 11 Rn. 20 mit Ver-
     weis auf die allg. M.; *Eisenberg* 2013, § 11 Rn. 18; *Eisenberg* 1989, S. 18; *Lauben-
     thal/Baier/Nestler* 2010, Rn. 642; *Ostendorf* 1995, S. 363.

521 *Ostendorf* 2013, § 11 Rn. 18.

522 *Diemer/Schatz/Sonnen* 2011, § 11 Rn. 20; *Werlich* 1985, S. 153.

523 *Diemer/Schatz/Sonnen* 2011, § 11 Rn. 20; *Eisenberg* 1989, S. 18, kritisch auch zur Er-
     ziehungswilligkeit des Jugendgerichts; *Feltes* 1993, S. 109; *Werlich* 1985, S. 141 meint
     dagegen, dass der Beschlussarrest anders als der Arrest nach § 16 JGG nicht aus erzie-
     herischen Gründen verhängt wird.

trifft, bei denen – in den meisten Fällen – freiheitsentziehende Maßnahmen zunächst erzieherisch nicht für erforderlich erachtet wurden.[524] Gerade in den Fällen, in denen die Rechtsfolge zudem zum größten Teil erfüllt ist und der Jugendliche sich zwischenzeitlich legalbewährt hat, dürfte eine fortbestehende Erziehungsbedürftigkeit zweifelhaft sein. Das Gericht hat den Jugendlichen dann gegebenenfalls eher von der weiteren Erfüllung zu befreien, anstatt Arrest zu verhängen.[525]

Zusammenfassend hat das Gericht bei der Prüfung der Verhältnismäßigkeit zu fragen, ob als milderes Mittel eine Umwandlung der Weisung in Betracht kommt. Ist dies nicht der Fall, so muss geprüft werden, ob die Verhängung des Arrests mit Blick auf die noch ausstehende Weisung und mit Blick auf die Anlasstat verhältnismäßig ist. Dabei darf auch der Zeitraum, der zwischen der Tat und dem Entscheidungszeitpunkt verstrichen ist, nicht außer Betracht bleiben.

Im Einzelnen:

5.3.1 Milderes Mittel: Umwandlung der Weisung nach § 11 Abs. 2 JGG

Neben der bereits in der zitierten Richtlinie genannten formlosen Ermahnung kommt als milderes Mittel die in § 11 Abs. 2 JGG geregelte Abänderung der Weisung in Betracht.[526]

Konsequenz der vermehrt zum Zwecke der Vermeidung der Freiheitsentziehung ausgeurteilten ambulanten Maßnahmen[527] ist der Widersinn, dass ursprünglich als helfend und entwicklungsfördernd gedachte, pädagogische Mittel schließlich im Wege des freiheitsentziehenden Zwangs durchgesetzt werden sol-

---

524 *Werlich* 1985, S. 144 verweist darauf, dass mit der Verhängung von Beschlussarrest das Prinzip der Subsidiarität (ambulant vor stationär) durchbrochen wird, vgl. *Abbildung 42,* wonach nur gegen 65 Jugendliche bereits im Urteil unbedingte freiheitsentziehende Maßnahmen (Arrest) verhängt wurden.

525 *Weber* 1989, S. 348; dagegen *Brunner/Dölling* 2011, § 11 Rn. 8: der Beschlussarrest sei keine „Ersatzfreiheitsstrafe"; vgl. auch oben *Kapitel 2.4.4.*

526 *Albrecht* 2000, S. 168; *Böttcher* 1991, S. 8; *Böhm/Feuerhelm* 2004, S. 193; *Brunner/Dölling* 2011, § 11 Rn. 4; *Dallinger/Lackner* 1965, § 11 Rn. 13; *Diemer/Schatz/ Sonnen* 2011, § 11 Rn. 20; kritisch *Eisenberg* 1989, S. 16, 18, der darauf hinweist, dass Arrest auch verhängt werde, um zu einer Verfahrenserledigung insgesamt zu kommen; in diese Richtung auch *Frehsee* 1989, S. 324; *Feltes* 1993, S. 105, 109; *Meier/Rössner/Trüg/Wulf* 2011, Rn. 20 (zur wiederholten Verhängung); *Ostendorf* 1995, S. 352, 362; *Reisenhofer* 2012, § 5 Rn. 84; gegen Arrest und für die Umwandlung *Vogl-Petters/ Reinecke* 1992, S. 392.

527 Siehe *Kapitel 2.5.1* und *2.5.3.*

len.[528] Dabei ist fraglich, ob der ursprünglich verfolgte pädagogisch-erzieherische Zweck durch die Erzwingung der Maßnahme überhaupt erreicht werden kann.[529]

Dies zeigt sich insbesondere in der Betrachtung der mit den Weisungen verfolgten Zielrichtungen: Der Teilnehmer an einem sozialen Trainingskurs soll dort seine sozialen Handlungskompetenzen verbessern und verschiedene Aspekte sozialer und persönlicher Verantwortlichkeit erlernen, nicht zuletzt in verschiedenen Rollenspielen.[530] Um aus diesem Programm eine positive Resonanz ziehen zu können, muss eine gewisse Grundbereitschaft für die Teilnahme und Offenheit für ein kommunikatives Zusammenwirken mitgebracht werden. Das Gleiche gilt beim Täter-Opfer-Ausgleich: Auch hier ist ein kommunikatives Element Grundvoraussetzung, denn der Täter soll (wie der Name der Maßnahme schon sagt) mit dem Opfer in Verbindung treten.[531] Ziel ist nicht nur die Unterstützung des Sozialisationsprozesses des Jugendlichen, sondern auch die Förderung seiner Motivation, sich an einer aktiven Wiedergutmachung der Tatfolgen zu beteiligen[532] und die „Aussöhnung" zwischen Täter und Opfer herbeizuführen.[533] Die Wahrnehmung des Täters für Opferschäden soll geschärft und seine soziale Verantwortung motiviert werden.[534] Von Erfolg gekrönt kann diese Maßnahme für beide Seiten nur dann sein, wenn diese Wiedergutmachung wirklich gewollt ist – gerade auch von Seiten des Täters. Schließlich ist auch für den Erfolg einer Betreuungsweisung eine gewisse Freiwilligkeit und Offenheit von Nöten. Die soziale Handlungskompetenz des Jugendlichen soll dabei gestärkt werden, der Betreuungshelfer soll ihm bei lebenspraktischen Problemen helfen und ihm gesellschaftliche Anforderungen vermitteln.[535] Verschließt sich der Jugendliche, wird der Betreuungshelfer mit seinen Anregungen nicht zu ihm durchdringen können.[536]

Sicherlich handelt es sich bei all diesen Maßnahmen um solche des Strafrechts und ein gewisser Zwang ist dem Strafrecht immanent.[537] Dementsprechend ist auch nichts dagegen einzuwenden, dass der Jugendliche an einem so-

---

528 *DVJJ* 2002, S. 77.

529 *Diemer/Schatz/Sonnen* 2011, § 11 Rn. 20; *Werlich* 1985, S. 153.

530 *Brunner/Dölling* 2011, § 10 Rn. 11; *Meier/Rössner/Trüg/Wulf* 2011, § 10 Rn. 35.

531 *Meier/Rössner/Trüg/Wulf* 2011, § 10 Rn. 40.

532 *Brunner/Dölling* 2011, § 10 Rn. 12.

533 *Dölling* 1989, S. 262.

534 *Heinz* 2012, S. 125.

535 *Brunner/Dölling* 2011, § 10 Rn. 10; *Meier/Rössner/Trüg/Wulf* 2011, § 10 Rn. 29.

536 *Meyer* 1989, S. 206; *Ostendorf* 2013a, Rn. 56.

537 *Böhm/Feuerhelm* 2004, S. 193.

zialen Trainingskurs unter normalen Umständen nicht teilgenommen hätte, dies jedoch in Folge des Urteils gewissermaßen zwangsweise tut; dass er von sich aus nicht auf das Opfer zugegangen wäre, sondern dies nun unter Vermittlung wegen des Urteilsspruchs tut; dass er sich von sich aus keine Hilfe für die Lösung seiner Probleme gesucht hätte.[538] Für den erfolgreichen Verlauf von Betreuung, Trainingskurs und Täter-Opfer-Ausgleich muss die weitere Mitwirkung des Jugendlichen jedoch auf einer gewissen Freiwilligkeit basieren, die idealerweise durch ein vertrauensbildendes und motivierendes Verhalten des zuständigen Sozialarbeiters oder Pädagogen geweckt wird.[539] Die Teilnahme an einem sozialen Trainingskurs wird nicht dadurch erfolgreich, weil der Jugendliche damit einen weiteren Arrest vermeiden möchte – bereits die Grundhaltung „Absitzen zur Arrestvermeidung" dürfte der Offenheit, positive Anstöße aus der Veranstaltung mitzunehmen, im Wege stehen. Noch deutlicher beim Täter-Opfer-Ausgleich: Wo liegt hier die Wiedergutmachung, das ausgleichende Element, wenn der Täter lediglich zur Vermeidung einer freiheitsentziehenden Maßnahme handelt? Und wird ein Jugendlicher, der nur der guten Form halber zur Vermeidung weiteren Arrests den Betreuungshelfer aufsucht, bereit sein, die Hilfestellungen anzunehmen?[540] Dies darf bezweifelt werden.

So hat bereits der Gesetzgeber erkannt, dass die in der Hauptverhandlung zweckmäßig scheinenden ambulanten Maßnahmen nicht immer zum Erfolg führen und veränderte Verhältnisse in der Lebensrealität des Jugendlichen andere Erziehungsmittel erfordern. Deshalb sehen § 11 Abs. 2 JGG und auch § 15 Abs. 3 JGG vor, dass Weisungen und Auflagen aus erzieherischen Gründen geändert werden können.[541]
Diese Abänderung ist beispielsweise dann nahe liegend, wenn sich bei erneuter Prüfung der Lebensverhältnisse und der persönlichen Entwicklung des Verurteilten herausstellt, dass die verhängte Weisung nicht (mehr) geeignet ist, das gewünschte erzieherische Ziel zu erreichen.[542] Eine solche Ungeeignetheit kann angesichts des raschen Wandels der Lebensrealitäten junger Menschen sehr schnell eintreten, wenn beispielsweise die zum Zeitpunkt des Urteils zahlungsfähige junge Mutter zweier Kleinkinder kurze Zeit später völlig überschuldet ist und damit die ausgeurteilte Geldauflage rein tatsächlich nicht bezahlen

---

538 *Meyer* 1989, S. 205.

539 *Meyer* 1989, S. 205.

540 Verneinend *Meyer* 1989, S. 206.

541 *Böttcher* 1991, S. 8; *Brunner/Dölling* 2011, Vor § 11.

542 *Meier/Rössner/Trüg/Wulf* 2011, § 11 Rn. 21; *Frehsee* 1989, S. 324, der meint, der Beschlussarrest diene nicht der Lösung der Probleme des Jugendlichen, sondern der des Richters; *Werlich* 1985, S. 153.

kann.[543] Vor der Arrestverhängung ist daher stets zu prüfen, ob die Weisung unzweckmäßig geworden ist, weil sie nicht mehr zu den geänderten Lebensverhältnissen des Jugendlichen passt.[544]

Aus den ausgewerteten Arrestakten wurde ersichtlich, dass dem Arrest in 9 Fällen eine Umwandlung der Weisung voranging. So hatte beispielsweise ein Arrestant, der an der ihm zugeteilten Einsatzstelle in einem anderen Verfahren 113 Arbeitsstunden geleistet hatte, gebeten, statt der Arbeitsstunden eine Geldauflage zahlen zu dürfen. Die Zahlung erfolgte jedoch nicht. In drei weiteren Fällen hatte das Gericht dem Verurteilten die Möglichkeit eingeräumt, die Weisung alternativ zu erfüllen (beispielsweise die Geldauflage durch die Ableistung von Arbeitsstunden zu ersetzen oder umgekehrt).

Demgegenüber hatte das Gericht auch in den folgenden zwölf Fällen trotz verschiedener Anregungen die Umwandlung der Weisung abgelehnt.

5.3.1.1 Anregungen von dritter Seite

In 7 Fällen wurde dem erkennenden Gericht von dritter Seite nahe gelegt, die Weisung umzuwandeln oder von der Durchsetzung der Weisung im Wege des Arrests abzusehen.

Im Falle eines 23-Jährigen stellte der Träger die pädagogische Wirksamkeit der verhängten 60 Arbeitsstunden in Frage. Worauf sich diese Einschätzung gründete, war aus den vorliegenden Unterlagen nicht ersichtlich. Der sowohl zum Zeitpunkt des Urteils als auch zum Zeitpunkt des Arrests arbeitslose Arrestant kam der zweiten Weisung des Urteils, sich für die Dauer eines Jahres einem Betreuungshelfer zu unterstellen, jedenfalls ohne Beanstandungen nach.

Im einem weiteren Fall bezweifelte die Jugendgerichtshilfe die erzieherische Notwendigkeit der weiteren Durchsetzung der Weisungen. Der 23-jährige Arrestant hatte 7 der angewiesenen 30 Arbeitsstunden erledigt und drei der fünf angewiesenen Beratungsgespräche wahrgenommen. Trotz des noch erheblichen offenen Anteils bezweifelte die Jugendgerichtshilfe die erzieherische Notwendigkeit, die weitere Erfüllung mit einem Beschlussarrest zu erzwingen.

Hinsichtlich eines 21-jährigen Arrestanten legte das Jugendamt dem Gericht nahe, die Weisung wegen der geänderten persönlichen Lebenssituation umzuwandeln. Der zum Zeitpunkt des Urteils unbeschäftigte Arrestant hatte zwi-

---

543 *Thalmann* 2011, S. 82 spricht mit angesichts dieses Beispiels von einer „unheiligen Allianz" zwischen Jugendgericht und Jugendgerichtshilfe, da Letztere angeregt hatte, die Mutter für zwei Wochen in den Arrest zu schicken, ihre Kinder sollten für diesen Zeitraum ins Heim.

544 *Weber* 1989, S. 348; *Werlich* 1985, S. 142.

schenzeitlich eine Lehre begonnen und sollte an einem sozialen Trainingskurs teilnehmen.

Auch bei einem 16-Jährigen fand sich mehrfach die Empfehlung der Jugendgerichtshilfe, die Weisung, einen sozialen Trainingskurs (Anti-Gewalt-Training) abzuleisten, umzuwandeln. Es bestehe keine Gewaltproblematik, zudem nehme der Arrestant anderweitige Hilfe zuverlässig in Anspruch.

Ein 21-jähriger Arrestant war angewiesen worden, sich für ein Jahr einem Betreuungshelfer zu unterstellen. Er hatte zugleich bereits einen Amtsvormund für finanzielle Fragen, so dass die Betreuerin wegen des „Zuviel" an Betreuung anregte, die Weisung umzuwandeln. Das Gericht sah das offenbar anders und verlängerte die Weisung um ein Jahr.

In einem weiteren Fall wurden gegen einen 20-jährigen Arrestanten vier Bewährungsweisungen verhängt: Er sollte sich für zwei Jahre einem Betreuungshelfer unterstellen, einen sozialen Trainingskurs ableisten, 40 Arbeitsstunden erledigen sowie sich um eine schulische Fortbildungsmaßnahme bemühen. Dem Arrestbeschluss zufolge wurden die beiden letzteren Weisungen erledigt. Die Jugendgerichtshilfe schlug im Juni 2009 vor, auf den sozialen Trainingskurs zu verzichten, da der Arrestant seit zwei Jahren –augenscheinlich seit der zugrunde liegenden Tat - nicht mehr kriminell in Erscheinung getreten sei und deshalb keine erzieherische Notwendigkeit bestehe. Der Arrestant, der zur mündlichen Anhörung nicht erschienen war, musste dennoch im Juli/August 2009 drei Wochen Arrest verbüßen.[545]

Im Falle einer 18-jährigen Arrestantin, deren Mutter schwer krank und pflegebedürftig war, schätzte die Jugendgerichtshilfe ebenso wie die Jugendarrestanstalt den erzieherischen Bedarf für die Durchsetzung der Weisung als gering ein, dennoch wurde ein zweiwöchiger Dauerarrest, zu dem die Arrestantin zugeführt wurde, vollstreckt. Sie war angewiesen worden, 20 Arbeitsstunden zu verrichten und einen sozialen Trainingskurs zu absolvieren. Letzteres wurde laut Arrestbeschluss erfüllt.

5.3.1.2   Bitten der Arrestanten

In fünf weiteren Fällen hatten die Arrestanten Gründe vorgetragen, aufgrund derer sie sich eine Umwandlung erbaten.

Ein knapp 19-jähriger Arrestant hatte das Denkzeittraining[546] nach 22 von insgesamt 40 Terminen abgebrochen, weil es ihm zu intim werde und er seine familiären Probleme nicht mit Fremden besprechen wolle. Stattdessen bat er, da das Denkzeittraining nach einem Abbruch nicht wieder aufgenommen werden

---

545   Nach Auffassung von *Eisenberg* 1989, S. 18 f. erfüllt der Arrest hier vermutlich hauptsächlich den Zweck, den Respekt gegenüber dem Gericht einzufordern.

546   Siehe in *Kapitel 4.2.1* und *Kapitel 5.1.1.3.*

konnte, die Weisung in Arbeitsstunden umzuwandeln. Die Umwandlung wurde abgelehnt, stattdessen wurden – aufgrund der nun eingetretenen Unmöglichkeit, die Weisung zu erfüllen? – vier Wochen Arrest verhängt, von denen der Arrestant immerhin drei Wochen verbüßen musste.[547]

Ein 20-jähriger Arrestant, der zur Ableistung eines sozialen Trainingskurses angewiesen wurde, teilte mit, dass er bei der Müllabfuhr arbeite und dafür stets um 03:30 Uhr aufstehen müsse. Die Termine für das Anti-Gewalt-Training seien immer donnerstagabends und zwar so weit entfernt, dass er frühestens um 23:00 Uhr nach Hause käme und nur knapp vier Stunden Schlaf hätte. Er bat insofern um Umwandlung, da andere Termine für das Anti-Gewalt-Training nicht zur Verfügung stünden. Eine Umwandlung wurde abgelehnt, vielmehr wurden zwei Wochen Dauerarrest verhängt, die der Arrestant nahezu vollständig verbüßte.

Ein 21-jähriger Arrestant bat um Umwandlung der ihm auferlegten 60 Arbeitsstunden, da er einen festen Job habe und die Arbeitsstunden daneben nicht schaffe. Bereits zum Zeitpunkt des Urteils arbeitete er bei einer Umzugsfirma, diese Arbeitsstelle hatte er auch noch zum Zeitpunkt des Arrests. Die Umwandlung wurde abgelehnt, der Arrestant musste eine Woche Dauerarrest verbüßen.

Eine Arrestantin hatte bereits 10,5 Stunden und damit knapp über die Hälfte der verhängten 20 Stunden erfüllt. Sie gab an, eine Weiterbildung zu absolvieren und alleinerziehend zu sein. Das erkennende Gericht hielt an der ausgeurteilten Weisung fest. Die Arrestantin erschien nicht zur mündlichen Anhörung, dem einwöchigen Arrest musste sie zugeführt werden.

Ein weiterer Arrestant, gab an, 6 Tage pro Woche zu arbeiten und deshalb die Arbeitsstunden nicht erfüllen zu können. Eine Umwandlung wurde abgelehnt, da gerichtlicherseits 20 Arbeitsstunden auch bei einem voll Berufstätigen nicht als unverhältnismäßig angesehen wurden.

5.3.2 Verhältnismäßigkeit mit Blick auf die noch ausstehende Rechtsfolge

Kommt eine Umwandlung nicht in Betracht, so ist zu prüfen, ob die Verhängung von Beschlussarrest verhältnismäßig ist. Für diese Prüfung darf nicht an den „Ungehorsam" des Betroffenen angeknüpft werden, sondern Maßstab muss die nicht erfüllte Rechtsfolge bleiben.[548] Es kommt deshalb darauf an, ob die zu verhängende Freiheitsentziehung mit Blick auf die noch ausstehende Weisung verhältnismäßig ist.[549]

---

547 Womit statt einer Beugewirkung eher die Sanktionierung des Fehlverhaltens im Denkzeittraining das Ziel gewesen sein dürfte, siehe *Kapitel 5.3.2.3*.

548 *Meier/Rössner/Trüg/Wulf* 2011, § 11 Rn. 27.

549 Nach *Meier/Rössner/Trüg/Wulf* 2011, § 11 Rn. 27 ist die Verhängung von vierwöchigem Beschlussarrest bei 10 Arbeitsstunden unverhältnismäßig; kritisch ebenfalls *Thal-*

Dies wird teilweise anders gesehen: Danach sei die noch ausstehende Weisung für die Verhängung und Vollstreckung von Beschlussarrest unerheblich, die Weisung müsse nicht notwendig noch fortbestehen, vielmehr könne diese bereits gegenstandslos geworden sein.[550] Der Beschlussarrest sei schließlich eine spezifische Maßnahme der Überwachung der Weisungserfüllung oder Bewährungsaufsicht und als solche vom Fortbestand der Weisung völlig unabhängig.[551] Hier kommt wieder der Streit über die Rechtsnatur des Beschlussarrests zum Tragen: Wird der Beschlussarrest als spezifisch jugendrechtlicher Tatbestand des Ungehorsams eingeordnet, so erscheint diese Konsequenz logisch vertretbar. Wird der Beschlussarrest jedoch wie hier als speziell jugendrechtliche Beugemaßnahme eingeordnet, so ist die Verhängung nur unter der Voraussetzung des Fortbestandes der Weisung möglich.[552]

Damit spielt die zugrunde liegende Weisung für die Verhältnismäßigkeit des Beschlussarrests eine wesentliche Rolle. In folgenden Fällen erscheint die Verhältnismäßigkeit der Verhängung des Arrests mit Blick auf die noch offene Weisung durchaus fraglich.

5.3.2.1 Zeitnah endender Erfüllungszeitraum

Die Erzwingung der Rechtsfolge muss erzieherisch geboten sein.[553] Insofern muss das erzieherische Ziel, den Verurteilten zur Erfüllung der Rechtsfolge zu bewegen, überhaupt noch erreichbar sein. Hieran fehlt es in den Fällen, in denen der Erfüllungszeitraum für die Rechtfolge kurz nach dem Entlassungstag abläuft: Wenn wie in den folgenden vier Fällen die Betreuungsweisung zwei bis drei Wochen nach dem Ende der Arrestvollstreckung abläuft, in einem Fall sogar am Entlassungstag, so ist offenbar erzieherisch überhaupt nicht intendiert, den Jugendlichen noch zur Weisungserfüllung zu bringen. Ziel des Arrests dürfte dann nur noch sein, das Verhalten des Jugendlichen zu sanktionieren,[554] oder

---

mann 2011, S. 82, die von Fällen berichtet, in denen wegen noch ausstehenden 2 von 40 Arbeitsstunden Arrest verhängt wurde.

550 *Brunner/Dölling* 2011, § 11 Rn. 8a.

551 BVerfG NJW 1989, S. 2529; *Brunner/Dölling* 2011, § 11 Rn. 8a.

552 So auch LG Kaiserslautern, Beschluss vom 23. September 2010, 8 Qs 14/10; LG Landau, Beschluss vom 06.09.2002, 2 Qs 20/02; *Meier/Rössner/Schöch* 2013, § 9 Rn. 33.

553 *Göppinger/Bock* 2008, § 33 Rn. 24, der zwischen Weisungen und Auflagen differenziert und für Letztere wegen des ahndenden Charakters die Möglichkeit des Beschlussarrests weiterhin bejaht.

554 Also doch eine Sanktionierung des Ungehorsams, vgl. *Kapitel 2.4.5.*

aber die ursprünglich verhängte Weisung gewissermaßen zu korrigieren.[555] Besonders deutlich wird dies in den zwei Fällen, in denen vier Wochen Dauerarrest und damit das Höchstmaß an Beschlussarrest verhängt worden war.

Im Einzelnen:

Ein Arrestant befand sich die komplette Woche vor Ablauf seiner Betreuungsweisung im Arrest, diese endete an seinem Entlassungstag. Weitere nicht erfüllte Rechtsfolgen bestanden nicht. Bei einem weiteren endete die Betreuungsweisung rund drei Wochen nach seiner Entlassung. Die vier Wochen Beschlussarrest waren bereits drei Monate zuvor verhängt worden. Weitere nicht erfüllte Rechtsfolgen lagen nicht vor. In einem weiteren Fall endete die Bewährungszeit rund zwei Wochen nach der Entlassung. Gegen den Arrestanten wurde ein dreiwöchiger Dauerarrest vollstreckt, weil er nicht mit seinem Bewährungshelfer zusammengearbeitet hatte. Weitere nicht erfüllte Rechtsfolgen bestanden nicht. Zuletzt befand sich ein Arrestant rund vier Wochen in der Arrestanstalt und wurde drei Wochen vor Ablauf seiner Betreuungsweisung entlassen. Weitere nicht erfüllte Rechtsfolgen bestanden nicht.

5.3.2.2   Teilerfüllung

In 9 weiteren Fällen war die Rechtsfolge zu einem großen Teil erfüllt, es standen teilweise nur noch ein Gesprächstermin oder wenige Arbeitsstunden aus.

Bei einem Arrestanten, der angewiesen worden war, fünf Beratungsgespräche zu führen, war beispielsweise nur noch ein Gesprächstermin offen. Es wurde eine Woche Arrest verhängt und vollstreckt. Auch bei einem weiteren Arrestanten war nur noch eines von fünf Beratungsgesprächen offen. Er wurde nach vier Tagen zur endgültigen Erfüllung der Weisung entlassen.
Bei einem anderen waren noch 7 von 30 Arbeitsstunden und zwei von fünf Beratungsgesprächen offen. Die Jugendgerichtshilfe bezweifelte zwar die erzieherische Notwendigkeit, die Weisung vollends durchzusetzen. Es wurden dennoch zwei Wochen Arrest verhängt und nahezu vollständig vollstreckt.
Ein weiterer Arrestant hatte bereits 33 von 40 Stunden erledigt. Dennoch wurde eine Woche Dauerarrest verhängt, der Arrestant wurde jedoch bereits nach drei Tagen vorzeitig entlassen, weil er die verbleibenden Arbeitsstunden im Arrest abgeleistet hatte.
In einem weiteren Fall waren noch vier von 20 Stunden offen. Es wurde eine Woche Dauerarrest verhängt, von der vier Tage verbüßt wurden. Anschließend wurde der Arrestant vorzeitig entlassen, weil er die verbleibenden Arbeitsstunden in der Arrestanstalt abgeleistet hatte.

---

555   Oder eine Art korrigierende Ersatzmaßnahme, vgl. *Kapitel 2.4.4.*

Ein weiterer Arrestant hatte ebenfalls vier Stunden noch nicht abgeleistet (die ursprüngliche Geldauflage von 100 Euro war in eine nicht bekannte Zahl von Arbeitsstunden umgewandelt worden). Das Gericht verhängte zwei Wochen Dauerarrest, von denen der Arrestant jedoch nur zwei Tage verbüßen musste. Er bekam die Möglichkeit, die verbleibenden Stunden im Arrest abzuleisten und wurde dann vorzeitig entlassen.

Einer weiteren Arrestantin war aufgegeben worden, sich um einen Schulplatz zu bemühen. Sie hatte sich auch bei diversen Schulen angemeldet, wurde aber abgelehnt. Der Arrestakte nach zu urteilen, hatte sie sich bei der Wahl der Schulen, bei denen sie sich anmeldete, eher ungeschickt angestellt und blieb deshalb erfolglos. Sie musste 10 Tage des zweiwöchigen Arrests verbüßen, bevor sie wegen Überfüllung der Anstalt vorzeitig entlassen wurde.

Bei einem anderen Arrestanten, dem eine Schulbesuchsweisung erteilt worden war, teilte die Lehrerin dem Gericht mit, dass sein Verhalten derzeit akzeptabel sei. Da er sich aber einmal fälschlich damit entschuldigte, wegen eines Gerichtstermins zu spät zum Unterricht gekommen zu sein, musste er zwei Wochen Arrest verbüßen.

Gegen eine weitere Arrestantin wurden ein Freizeitarrest und die Weisung verhängt, sich einen Schulplatz zu suchen. Dabei sollte der Freizeitarrest als „Warnschuss" dienen, um der Arrestantin nahe zu bringen, dass sie der Weisung nachzukommen habe, um Beschlussarrest zu vermeiden. Tatsächlich wurde der Freizeitarrest dann im Wege der Anschlussvollstreckung erst nach dem Beschlussarrest vollstreckt, so dass die Umstände der Intention des erkennenden Gerichts nicht mehr gerecht werden konnten. Da die Arrestantin zum Arrestantritt bereits seit einem Monat ein schulisches Praktikum absolvierte, konnte sie zudem überhaupt nicht nachvollziehen, weshalb sie den Arrest verbüßen musste.

Bei einem Arrestanten war bekannt, dass gegen ihn in einem anderen Verfahren Arrest verhängt worden war, weil er von 23 Stunden nur 20 erledigt hatte. Im hiesigen Verfahren wurden zwei Wochen Arrest verhängt, weil er sich dem Betreuungshelfer nicht unterstellt hatte. Zur mündlichen Anhörung ist er nicht erschienen, zum Arrest musste er zugeführt werden.

Letztlich gab es auch Missverständnisse: Bei einem Arrestanten teilte die Bewährungshelferin mit, dass seit dem Anhörungstermin regelmäßiger Kontakt mit guten Gesprächen bestehe. Deshalb wurde hinsichtlich des verhängten einwöchigen Dauerarrests drei Monate Vollstreckungsaufschub gewährt. Allerdings wurde der Arrestant dennoch während des eigentlichen Aufschubs zugeführt. Er wurde angesichts des Missverständnisses am Folgetag wieder entlassen.

5.3.2.3   Nicht weiter erfüllbare Rechtsfolgen

Kann die verhängte Rechtsfolge nicht weiter erfüllt werden, so dürfte die Verhängung von Beschlussarrest unverhältnismäßig sein. In diesem Zusammenhang erscheinen vor allem die Fälle des abgebrochenen Denkzeit-Trainings problematisch:

Nach den Regeln des Trainings ist es nach einem Abbruch nicht mehr möglich, das Training wieder aufzunehmen.[556] Hat ein Verurteilter also einmal mit dem Training aufgehört, so kann er in Ermangelung der entsprechenden Bereitschaft des Trägers die Weisung des Gerichts selbst bei einem entsprechenden Leistungswillen nicht mehr erfüllen. In den Fällen, in denen der Jugendliche noch bereit ist, das Training fortzusetzen, aber aufgrund der Regeln nicht weiter teilnehmen kann, darf Beschlussarrest nicht verhängt werden, auch wenn die Weisung nicht weiter erfüllt wird. Andernfalls dient der Arrest unzulässigerweise lediglich der Sanktionierung eines Fehlverhaltens des Jugendlichen am Einsatzort, nicht aber der Erzwingung der Erfüllung. In diesen Fällen muss der Arrestverhängung deshalb eine Umwandlung der Weisung vorangehen.[557] Wird ohne Umwandlung Beschlussarrest verhängt, kommt diesem keine Beugewirkung zu (der Jugendliche *kann* ja tatsächlich nicht mehr erfüllen), vielmehr dient der Arrest der Sanktionierung des Ungehorsams[558] oder der Ersetzung der ursprünglichen Rechtsfolge.[559]

5.3.3 Verhältnismäßigkeit mit Blick auf die Anlasstat

Neben der noch ausstehenden Weisung muss auch die Anlasstat von Bedeutung bleiben: War diese eher geringfügig und liegt sie schon längere Zeit zurück,[560] so erscheint die Arrestverhängung unverhältnismäßig.[561] Auch wenn sich der Beschlussarrest an sich als selbständige Reaktion auf die Nichtbefolgung der Weisung darstellt, beruht er gleichwohl jedenfalls mittelbar auf der Straftat, die die ursprüngliche Verurteilung begründet hat und muss deshalb im Gesamtkontext betrachtet werden.[562]

---

556 Nach *Seidl/Holthusen/Hoops* 2013, S. 294 eine für Soziale Trainingskurse nicht unübliche Praxis.

557 Vgl. hierzu unter *Kapitel 5.3.1.*

558 *Kapitel 2.4.5.*

559 Praktisch also doch eine Art korrigierende Ersatzmaßnahme, vgl. *Kapitel 2.4.4.*

560 Zu den Zeitspannen ausführlich in *Kapitel 5.3.2.5.*

561 *Frehsee* 1989, S. 325; *Ostendorf* 1995, S. 363, der unter diesem Aspekt die Arrestverhängung nach § 98 Abs. 2 OWiG für regelmäßig unverhältnismäßig hält; *Thalmann* 2011, S. 82 mit dem Beispiel einer Arrestverhängung fünf Jahre nach der begangenen Tat.

562 *Hellmer* 1957, S. 227 ist der Auffassung, dass bei einer unverhältnismäßigen Weisung auch ein Verstoß i. S. d. § 11 Abs. 3 JGG nicht vorliegen kann; *Meyer-Höger* 1998, S. 104 mit Verweis auf die Leitsätze zu C V in: BA R 22/1184 Bl. 14, wonach mit der

Neben den Ordnungswidrigkeiten, die sämtlich geringfügig waren, gab es vorliegend jedenfalls zwei Fälle nach Aktenlage deutlich daran zu zweifeln, ob der Arrest angesichts der zugrunde liegenden Tat verhältnismäßig war. In einem Fall stahl der Arrestant ein Päckchen Kaugummi für 1,19 Euro. Es wurden zwei Wochen Arrest verhängt, die eindreiviertel Jahre nach der Tat nahezu vollständig vollstreckt wurden. Dem Arrestanten waren 20 Arbeitsstunden auferlegt worden. Er war zum zweiten Mal strafrechtlich in Erscheinung getreten, im ersten Falle war im Wege der Diversion verfahren worden.

Ein anderer Arrestant stahl eine Nutella-To-Go-Packung für 0,99 Euro. Es waren zwei Wochen Arrest verhängt worden, die ein Jahr nach der Tat auch nahezu vollständig vollstreckt wurden. Der Arrestant war angewiesen worden 28 Arbeitsstunden zu erledigen. Er war zum dritten Mal strafrechtlich in Erscheinung getreten, zuvor war einmal im Wege der Diversion verfahren worden, einmal wurden gegen ihn Erziehungsmaßregeln verhängt.

5.3.4 Verhältnismäßigkeit mit Blick auf den Zeitraum zwischen Tat und Entscheidungszeitpunkt

Da für die Prüfung der Verhältnismäßigkeit der Gesamtzusammenhang nicht aus dem Blick verloren werden darf, muss bei der Ermessensentscheidung auch der Zeitraum berücksichtigt werden, der seit der Ausurteilung der Rechtsfolge verstrichen ist.[563] Es besteht ansonsten die Gefahr, dass der Beschlussarrest zu einer Zeit verhängt wird, zu der der Jugendliche die Straftat bereits vergessen oder verdrängt hat. Eine solche Vorgehensweise birgt nicht nur das Risiko, keinen erzieherischen Mehrwert zu bringen, sondern womöglich sogar kontraerzieherisch zu wirken.[564]

Insbesondere sollte das Gericht auch darauf achten, dass nicht der Eindruck entsteht, die Verweigerung der Erfüllung der Rechtsfolge (also gewissermaßen die Verweigerung des Gehorsams gegenüber dem Gericht) wiege schwerer, als eine Straftat zu begehen. Dieses Bild könnte gerade in den Fällen, in denen zu-

---

Einführung des Arrests eben kein neuer Straftatbestand geschaffen werden und sich dieser auf die ursprüngliche Straftat beziehen solle; *Streng* 2012, Rn. 371.

563 *Eisenberg* 1989, S. 20 im Zusammenhang mit den Vollstreckungsverboten des § 87 JGG.

564 *Eisenberg* 2013, § 11 Rn. 22; *Ostendorf* 2013a, Rn. 329 empfiehlt in diesen Fällen, von der Arrestverhängung abzusehen; *Ostendorf* 1995, S. 364: durchschnittlich vergingen laut JAA Rendsburg 1993/1994 19 Monate zwischen Tat und Antritt des Arrests; *Thalmann* 2011, S. 82, die davon ausgeht, dass die Wirkung jugendrichterlicher Sanktionen überschätzt wird und bezweifelt, dass die Verhängung von Arrest zur Wahrung der Rechtsordnung erforderlich ist.

nächst eine geringfügige Weisung verhängt wurde und nun wegen der Nichterfüllung Arrest vollstreckt wird, durchaus entstehen.[565]

In der hiesigen Auswertung vergingen zwischen der Anlasstat und dem Arrestbeschluss – also dem Entscheidungszeitpunkt – mindestens rund 5 Monate,
maximal drei Jahre und 8 Monate sowie durchschnittlich knapp eineinhalb Jahre
(vgl. *Abbildung 57)*. In einem Extremfall waren seit der Anlasstat also bereits
fast vier Jahre vergangen. Die Arrestantin wurde Anfang 2009 einem zweiwöchigen Arrest zugeführt. Die zugrunde liegende Tat (eine gefährliche Körperverletzung) hatte sie im Jahr 2005 begangen, zwischenzeitlich war sie Mutter eines
zum Arrestzeitpunkt zweijährigen Kindes. Es war bereits einmal Arrest verhängt
worden, der ohne Vollstreckung verjährt war. Weshalb tatsächlich noch ein erzieherisches Erfordernis für die Vollstreckung dieses Arrests – zu erfüllen war
eine Geldauflage – bestand, nachdem sich die Lebensverhältnisse offensichtlich
völlig gewandelt haben, wurde aus der Arrestakte nicht deutlich, sondern wurde
vom erkennenden Gericht ohne weitere Begründung in einem kurzen Vermerk
bejaht.

Abbildung 57:   Zeitspanne zwischen Tat und Arrestbeschluss

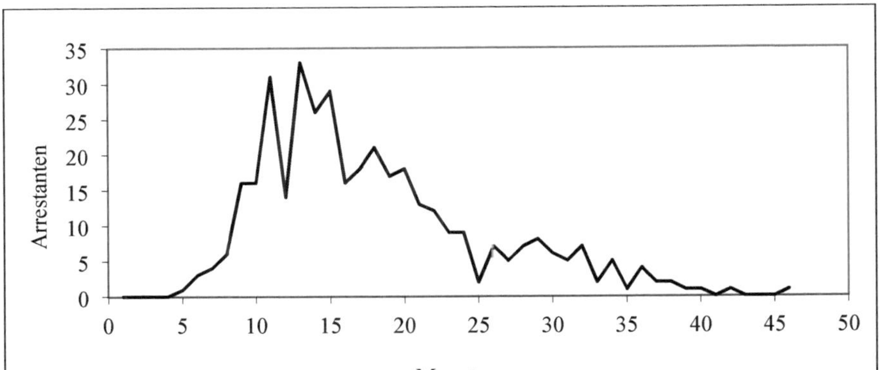

Darstellung der Zeitspanne, die zwischen der letzten Tat und dem Arrestbeschluss verging,
die Kurve zeigt die Anzahl der Betroffenen in absoluten Zahlen an, n = 380.

Zwischen Bußgeldbescheid und Arrestbeschluss vergingen durchschnittlich
rund 11 Monate, mindestens rund 6 Monate und in Extremfällen gut zwei Jahre
(vgl. *Abbildung 58)*.

---

565 *Frehsee* 1989, S. 319.

Abbildung 58: **Zeitspanne zwischen Bußgeldbescheid und Arrestbeschluss**

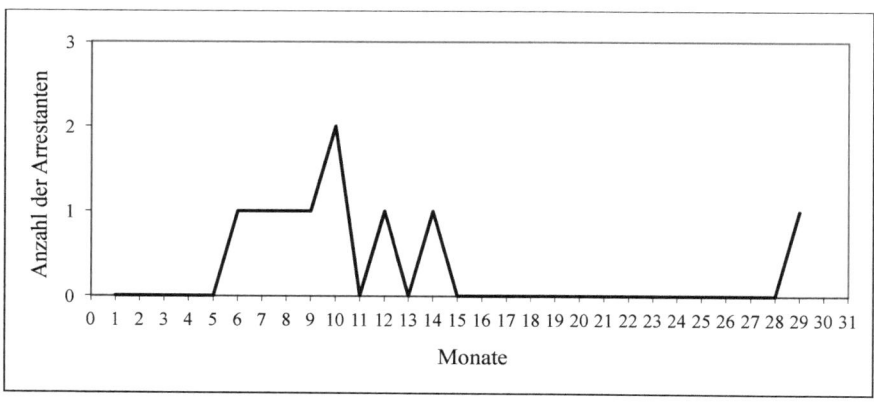

Darstellung der Zeitspanne, die seit dem Erlass des Bußgeldbescheids bis zum Arrestbeschluss verging, die Kurve zeigt die Anzahl der Betroffenen in absoluten Zahlen an, n = 9. Die zugrunde liegende Ordnungswidrigkeit konnte nicht als Ausgangspunkt herangezogen werden, da dieses Datum nicht aktenkundig war.

5.4 Gelegenheit zur mündlichen Anhörung

5.4.1 Rechtliche Grundlagen

Das Verfahren zur Entscheidung über die Verhängung des Beschlussarrests ist in § 65 JGG geregelt. Nach § 65 Abs. 1 S. 3 JGG hat das Jugendgericht dem Jugendlichen Gelegenheit zur mündlichen Äußerung zu geben. In einem Anhörungstermin soll vor Arrestverhängung geklärt werden, ob die Rechtsfolge wegen Ungeschicklichkeit oder sonstigen Versagens des Jugendlichen oder tatsächlich wegen Ungehorsams nicht erfüllt wurde,[566] sowie ob der Betroffene schuldhaft gehandelt hat.[567]

Die Norm erfordert lediglich das Angebot einer mündlichen Anhörung, das der Jugendliche annehmen kann, aber nicht muss.[568] Er darf zur Wahrnehmung

566   LG Arnsberg, NStZ 2006, S. 525; *Böhm* 1991, S. 534, 536; *Brunner/Dölling* 2011, § 65 Rn. 6.

567   *Brunner/Dölling* 2011, § 65 Rn. 6, § 11 Rn. 4a.

568   *Böttcher* 1991, S. 8.

des Termins also nicht gezwungen, mithin nicht vorgeführt werden.[569] Auch darf sein Ausbleiben nicht als negatives Indiz in die Entscheidung mit einfließen,[570] etwa darf das Nichterscheinen nicht als weiterer Hinweis für das Vorliegen schuldhaften Ungehorsams gewertet werden.

5.4.2 Ergebnisse der Untersuchung

Erscheint der Jugendliche nicht, wird die Entscheidung über die Verhängung des Arrests ohne seine Beteiligung getroffen. Dies ist nach der hiesigen Auswertung in der deutlichen Mehrzahl der Fälle so geschehen: 60% der Jugendlichen sind nicht zur mündlichen Anhörung erschienen (vgl. *Abbildung 59*).[571] Allein mit der *Möglichkeit* der mündlichen Anhörung werden also die meisten Jugendlichen nicht erreicht.

Abbildung 59: Erscheinen zur mündlichen Anhörung

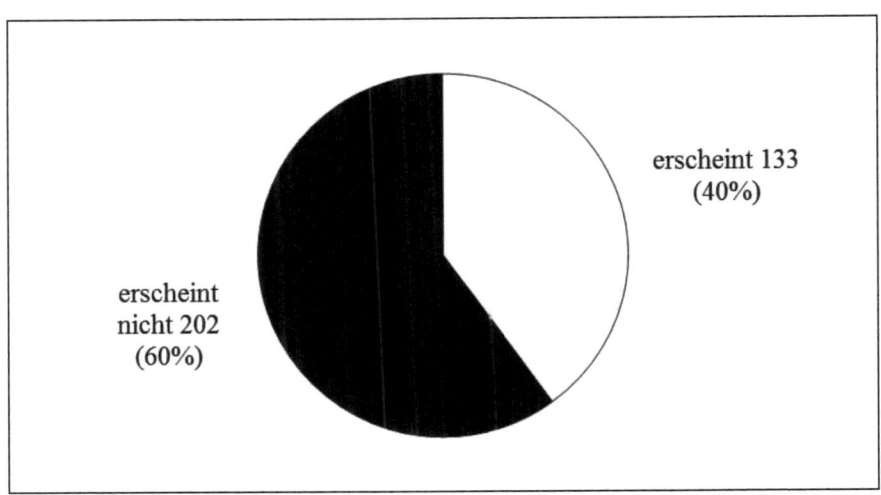

erscheint 133
(40%)

erscheint
nicht 202
(60%)

Darstellung des Erscheinens der Betroffenen durch die mündliche Anhörung, die Angabe erfolgt in absoluten Zahlen (Häufigkeit) und in Prozent, n = 335. In 100 weiteren Fällen fehlen Angaben zur mündlichen Anhörung.

---

569 *Brunner/Dölling* 2011, § 65 Rn. 7; *Meier/Rössner/Trüg/Wulf* 2011, § 58 Rn. 6; *Ostendorf* 1995, S. 352, 363.

570 *Ostendorf* 2013, § 65 Rn. 5.

571 *Werlich* 1985, S. 166, wonach im Rahmen ihrer Untersuchung 50% der Jugendlichen das Angebot der mündlichen Anhörung genutzt hatten.

Erscheinen die Jugendlichen, so kommen sie zumeist alleine, werden sie begleitet, so nimmt zumeist die Jugendgerichtshilfe, der Betreuer oder der Bewährungshelfer an der Anhörung teil. Begleitpersonen aus dem persönlichen Umfeld wie beispielsweise Eltern, Familienhelfer oder Freunde begleiten nur in den seltensten Fällen (vgl. *Abbildung 60*).

Abbildung 60:   Begleitung zur mündlichen Anhörung

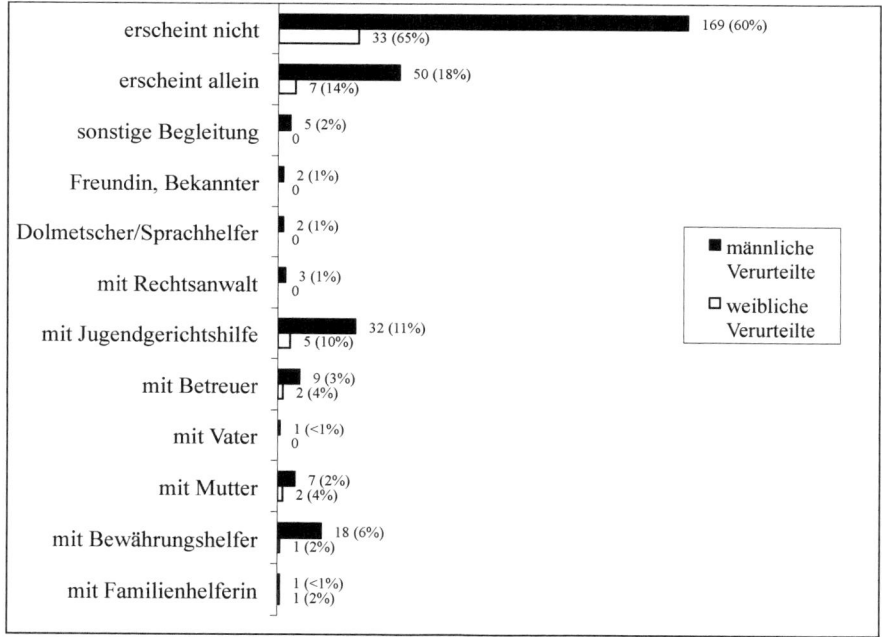

Aufgeschlüsselte Darstellung zum Erscheinen der Betroffenen bei der mündlichen Anhörung und jeweilige Begleitung, Angabe in absoluten Zahlen (Häufigkeiten) und prozentualer Anteil der Betroffenen, n = 284 (männlich) und 51 (weiblich). Da Mehrfachantworten möglich waren, übersteigt die Summe der prozentualen Anteile 100%.

5.4.3 Konsequenz: Freiheitsentziehung ohne Anhörung

In der Konsequenz erfolgt nicht selten die Freiheitsentziehung bei einem Jugendlichen, ohne dass dieser tatsächlich zu den Hintergründen gehört wurde. Hier stellt sich die Frage, inwiefern das mit rechtlichen Grundsätzen vereinbar ist.

5.4.3.1   Vereinbarkeit mit Art. 103 Abs. 2 GG

Dies steht zwar nicht im Widerspruch zum Grundsatz rechtlichen Gehörs nach
Art. 103 Abs. 2 GG: Es ist zur Wahrung dieses Grundsatzes noch nicht einmal
zwingend erforderlich, *mündliches* Gehör zu gewähren, die Ausgestaltung der
Modalitäten rechtlichen Gehörs obliegt dem einfachen Gesetzgeber. Es genügt,
wenn dem Betroffenen die Möglichkeit *schriftlichen* Gehörs gewährt wird.[572]
Da § 65 JGG vorsieht, dass der Jugendliche die Möglichkeit bekommt, sich im
Rahmen eines Anhörungstermins rechtliches Gehör zu verschaffen, ist den verfassungsrechtlichen Vorgaben insofern Genüge getan. Eine zwingende mündliche Anhörung ist nach diesen Maßstäben nicht erforderlich.

5.4.3.2   Vereinbarkeit mit jugendstrafrechtlichen Grundsätzen

Jedoch widerspricht es den in § 2 Abs. 1 S. 2 JGG gesetzten Maßstäben an ein
erzieherisch sinnvolles Verfahren, wenn derart eingreifende, freiheitsentziehende Maßnahmen ohne zwingende mündliche Anhörung verhängt werden. Nicht
nur die Rechtsfolgen, sondern auch die verfahrensrechtlichen Weichenstellun-
gen sind vorrangig am Erziehungsgedanken auszurichten. Um erzieherisch sinnvoll zu arbeiten, ist eine Kommunikation zwischen Gericht und Jugendlichem
unerlässlich.[573] Es genügt deshalb keinesfalls, lediglich die *Gelegenheit* zur
mündlichen Anhörung zu geben – denn zu oft wird diese Gelegenheit aus den
unterschiedlichsten Gründen nicht wahrgenommen. Die Anhörung muss vielmehr vor der Verhängung von Arrest *obligatorisch* erfolgen.[574] Der Umstand,
dass der Jugendliche dann gegebenenfalls zur Anhörung vorgeführt werden
müsste, steht hier nicht entgegen. Im Vergleich zur Zuführung zum Beschlussarrest erscheint dies allemal als milderes Mittel.

Das Gericht wird angesichts der im Umfeld der Jugendlichen häufig bestehenden Gemengelage[575] nicht ohne weiteres und erst recht nicht nach Aktenlage
feststellen können, ob die Nichtbefolgung tatsächlich schuldhaft erfolgte[576] und
die Verhängung von Beschlussarrest erzieherisch indiziert ist. So haben beispielsweise 109 Jugendliche, die nicht zur mündlichen Anhörung erschienen
waren, gegenüber Gericht oder Arrestanstalt den Konsum von Suchtmitteln be-

---

572 *Dreier* 2008, Art. 103 I Rn. 51; *Sachs* 2011, Art. 103 Rn. 22.

573 Zum Erfordernis jugendspezifischer Kommunikation Ostendorf 2013a, Rn. 58; *Streng*
     2012, Rn. 11 m. w. N.

574 *Frehsee* 1989, S. 324 f.

575 Hierzu im Wesentlichen *Kapitel 5.2.*

576 LG Arnsberg, NStZ 2006, S. 525; *Frehsee* 1989, S. 325; ähnlich *Reisenhofer* 2012, § 5
     Rn. 84; *Trenczek* 1996, S. 65.

jaht, so dass das Vorliegen einer Suchtproblematik jedenfalls möglich ist. Allein dem Inhalt der Straf- und Vollstreckungsakten wird in den seltensten Fällen zu entnehmen sein, ob die Erfüllung der Rechtsfolge womöglich am übermäßigen Konsum von Suchtmitteln gescheitert ist und daher die Schuldhaftigkeit der Nichterfüllung beeinträchtigt gewesen sein könnte. Ein persönliches Gespräch mit dem Jugendlichen könnte abhelfen und sollte insofern das Mindestmaß sein, um die zugrundeliegenden Umstände zu besprechen, wünschenswert – weil noch Erfolg versprechender – wäre die Klärung der Hintergründe im Wege der aufsuchenden Sozialarbeit.[577]

So wie das Gericht ohne ein Gespräch kaum in der Lage sein wird, die Hintergründe zu verstehen, tun sich die hier betroffenen Jugendlichen schwer, gerichtliche Maßnahmen ohne nähere Erläuterung zu verstehen. Aber nur, wenn sie diese und ihren Hintergrund verstehen, können sie erzieherischen Wert entfalten.[578] Auch um das Verständnis auf Seiten des Jugendlichen zu gewährleisten, muss das Gericht also mit dem Jugendlichen sprechen. So wird dem Betroffenen zudem die Möglichkeit gegeben, seine Sicht der Dinge zu schildern. Die sprachlichen Möglichkeiten der betroffenen Jugendlichen lassen es oft nicht zu, sich schriftlich differenziert auszudrücken und den Inhalt von Schriftstücken zu verstehen. Auch vermögen sie vielfach nicht einzuschätzen, welche Konsequenzen die Nichterfüllung der Rechtsfolge für sie haben kann.[579] Angesichts der oft begrenzten Ausdrucksfähigkeit ändert sich hieran auch wenig, wenn die möglichen Folgen der schuldhaften Nichterfüllung bereits schriftlich mitgeteilt wurden: Viele Betroffene können mit dem Inhalt behördlicher Schreiben nicht umgehen und tendieren deshalb dazu, als Reaktion schlicht den Kopf in den Sand zu stecken.[580] Eine so belastende Maßnahme wie eine Freiheitsentziehung darf aber den Jugendlichen nicht einfach überrollen, sondern muss mit ihm im persönlichen Gespräch erläutert werden, so dass auch dieser die Möglichkeit hat, sich zu den Gründen seines Verhaltens zu äußern.[581]

Ein nicht gerade seltener Grund für die Nichtbefolgung dürfte sein, dass der Jugendliche sich ungerecht behandelt fühlt, weil das Gericht die urteilsbegründenden Tatsachen nach Auffassung des Jugendlichen fehlerhaft angenommen

---

577 *Hartwig/Krieg/Rathke* 1989, S. 41; *Kuil* 1992, S. 334; *Emig* 1991, S. 55; *Werlich* 1985, S. 175.

578 *Storz/Spieß* 1989, S. 152 verweisen bereits darauf, dass Jugendliche überhaupt sehr wenig von den Vorgängen in einem Strafverfahren verstehen.

579 *Ostendorf* 2013, § 65 Rn. 5; *Werlich* 1985, S. 166.

580 *Hartwig/Krieg/Rathke* 1989, S. 41; *Kuil* 1992, S. 332.

581 *Meier/Rössner/Trüg/Wulf* 2011, § 58 Rn. 5.

hat.[582] So ergab sich in der hiesigen Auswertung in jedenfalls 6 Fällen ausdrücklich aus der Arrestakte, dass die Arrestanten sich unschuldig verurteilt fühlten und deshalb die Rechtsfolge nicht erfüllten. Während dies in vier Fällen pauschal in den Raum gestellt wurde, sah ein Arrestant die Fehlbehandlung darin, dass in erster Instanz ein Freispruch erfolgt war. Ein weiterer Arrestant fühlte sich als Justizirrtum: Gemeinsam mit zwei Mittätern verprügelte er unbeteiligte Zeugen an einem S-Bahnhof, wobei er den Erkenntnissen des Urteils zufolge eher Mitläufer und sein Tatbeitrag dementsprechend der Geringste war. Die Verfahren gegen die Mittäter wurden gem. § 154 StPO und § 45 JGG eingestellt, der Arrestant – der selbst nach einem vorangegangenen Diversionsverfahren zum ersten Mal vor Gericht stand – wurde beauflagt, 60 Arbeitsstunden zu leisten. Diese erfüllte er nicht, da er sich im Verhältnis zu seinen Mittätern ungerecht behandelt fühlte. Dass ihm deshalb nun auch noch die Freiheit entzogen wurde, stieß auf völliges Unverständnis – was durch ein Mehr an Gespräch möglicherweise behoben hätte werden können. Denn so wird die Gefahr minimiert, dass der Jugendliche sich unverstanden fühlt und deshalb die Maßnahme im Protest unterläuft, womit das erzieherische Ziel ausbleibt.[583] Häufig meinen die betroffenen Jugendlichen, das Jugendgericht habe ihre Sicht der Dinge völlig übergangen, als mache es überhaupt keinen Unterschied, was sie selbst zur Tat zu sagen hatten.[584] Liegt der Nichterfüllung also zugrunde, dass der Jugendliche sich derart unverstanden und übergangen fühlt, so ist die einfachste Lösung für dieses Problem, noch einmal miteinander zu sprechen. In all jenen Fällen, in denen der Grund für die Nichterfüllung in nicht zureichender oder nicht erfolgreicher Kommunikation, kann dieses Defizit in einem zwingenden Anhörungstermin ausgeglichen und womöglich die Verhängung von Beschlussarrest überflüssig werden.[585]

5.4.3.3 Schlussfolgerungen

Dies ist nicht nur Grund genug dafür, eine zwingende mündliche Anhörung zu verlangen, sondern auch dafür, den Anhörungstermin als eine Art mündliche Verhandlung auszugestalten.[586] So könnte auch die Diskrepanz ausgeräumt werden, die ansonsten zwischen Hauptverhandlung und mündlicher Anhörung besteht: Erstere ist als Termin mit allen Verfahrensbeteiligten ausgestaltet, auch wenn am Ende „nur" Erziehungsmaßregeln ausgeurteilt werden. Letztere ist le-

---

582 *Eisenberg* 1989, S. 18.

583 *Ohder* 2009, S. 433.

584 *Ohder* 2009, S. 433; *Bottke* 1984, S. 26 zu der Möglichkeit, an einem „runden Tisch" zu verhandeln.

585 *Ohder* 2009, S. 436.

586 *Meier/Rössner/Trüg/Wulf* 2011, § 65 Rn. 8; in diese Richtung auch *Dünkel* 1991, S. 29.

diglich eine Möglichkeit – obgleich in diesem Termin über freiheitsentziehende Maßnahmen entschieden wird.[587]

Wenn der Jugendliche dabei in das Verfahren eingebunden wird, kann er die Bedeutung seines Verhaltens mit Blick auf die zu treffende Entscheidung über den Beschlussarrest besser nachvollziehen.[588] Dies gilt umso mehr, als die Jugendlichen sich oftmals überhaupt nicht an die Tat erinnern können[589] und deshalb kaum einen Bezug zu den gerichtlich angeordneten Maßnahmen haben. Wird dem Jugendlichen nochmals vor Augen geführt, was überhaupt erst Anlass für die gerichtliche Entscheidung gegeben hat, ist er möglicherweise in größerem Maße bereit, diese zu befolgen.[590]

Selbst wenn die mündliche Anhörung keine erneute Tatsacheninstanz ist, so bietet sie doch die Gelegenheit, Missverständnisse in tatsächlicher Hinsicht zu klären und dem Jugendlichen die Hintergründe für die gerichtliche Entscheidung nochmals zu erläutern.[591] Es kann beispielsweise besprochen werden, ob der Jugendliche tatsächlich nicht einsieht, dass er fremde Rechtsgüter zu respektieren hat und für abweichendes Verhalten eine Konsequenz zu tragen hat, oder ob er lediglich aufgrund einer temporären – im Anhörungstermin auszuräumenden – Trotzreaktion die Weisung bislang nicht erfüllte.[592]

Um dem Jugendlichen angesichts der – im Idealfall – neu gewonnenen Einsicht nochmals Gelegenheit zu geben, dem Urteil nachzukommen, kann das Jugendgericht nochmals eine Nachfrist zur Erfüllung der Weisung setzen.[593] So

---

587 *Eisenberg* 1989, S. 16, 21 allerdings noch zur alten Fassung des § 65 JGG, in der eine mündliche Anhörung noch nicht vorgesehen war.

588 *Meier/Rössner/Trüg/Wulf* 2011, § 58 Rn. 5; *Müller-Piepenkötter/Kubink* 2007, S. 63 zu der in Nordrhein-Westfalen praktizierten Kommunikationsverbesserung namens „Gelbe Karte", wo statt von „Diversion" nunmehr der verständlichere Begriff „Gelbe Karte" verwendet und dies in einem Anhörungs- und Vernehmungstermin mit den Eltern besprochen wird.

589 *Werlich* 1985, S. 163.

590 Ähnlich *Böhm* 1991, S. 536.

591 *Ohder* 2009, S. 428 zu dem Umstand, dass Jugendliche in zu häufigen Fällen die Hintergründe des justiziellen Handelns nicht verstehen und damit der erzieherische Wert entsprechend gering bleibt.

592 *Ostendorf* 2013, § 11 Rn. 10; *Seidl/Holthusen/Hoops* 2013, S. 293 nennen als Grund für die Nichterfüllung die Kumulation von verschiedenen Rechtsfolgen aus unterschiedlichen Urteilen, soziale und familiäre Problemlagen, „schlichtweg Faulheit", die fehlende Fähigkeit, sich zu organisieren und Träger, die mit den Jugendlichen überfordert sind und diese dann abweisen; *Werlich* 1985, S. 164 führt die Gründe der Nichterfüllung bei 50 befragten Jugendlichen auf: 36% keine Lust, 6% blöde Arbeit, 6% kein Geld, 4% öfter zu spät, 2% Alkohol, 6% Streit bekommen, 40% weiß nicht.

593 *Meier/Rössner/Trüg/Wulf* 2011, § 11 Rn. 25; *Landmann* 1999, S. 251, geht davon aus, dass das Setzen einer Nachfrist zwingend und eine erneute Entscheidung des erkennen-

wurde vorliegend in 23 Arrestbeschlüssen, also in 5%, die Vollstreckung des Arrests noch einmal ausgesetzt, um dem Verurteilten die Erfüllung der Rechtsfolge zu ermöglichen.

5.4.4 Die Gründe für die Nichterfüllung

Häufig bleibt nach Aktenlage offen, weshalb der Verurteilte die Rechtsfolge nicht erfüllt hat. In einigen Fällen ergaben sich aus der Arrestakte jedoch nähere Angaben, die im Folgenden als Eindruck dessen, was in einer mündlichen Anhörung besprochen werden könnte, dargestellt werden sollen.

6 Arrestanten haben angegeben, sie wollten die Rechtfolge einfach nicht erfüllen – sei es wegen mangelnder Lust oder Faulheit oder einer schlichten Verweigerungshaltung. Bei einem Arrestanten kam hinzu, dass er sich grundsätzlich weigerte, Reinigungsarbeiten jeglicher Art zu verrichten. Einer ging ausdrücklich lieber in den Arrest, statt das Denkzeittraining[594] zu machen. Ein weiterer Arrestant empfand den Weg zum Bewährungshelfer schlicht als zu weit.

7 Arrestanten machten Angaben, die auf ein Kommunikationsproblem hindeuten könnten. Einer öffnete seinen Briefkasten nie, ein anderer wagte nach eigenen Angaben nicht, Briefe zu öffnen. Bei einem weiteren gab es bereits Zustellschwierigkeiten bei der Zuweisung, ein anderer war viel auf Trebe, hatte ein Drogenproblem und war damit kaum erreichbar. Zwei weitere hatten angegeben, sie hätten keine Schreiben zur Weisungserfüllung erhalten. Einer der Betroffenen hatte deshalb (erfolglos) Beschwerde gegen den Arrestbeschluss eingelegt. Der andere hatte sich bereits im März mit dieser Begründung entschuldigt und angekündigt, die Rechtsfolge zu erfüllen, im Oktober wurde der Arrest dann vollstreckt. Die Erfüllung scheiterte in diesem Fall also nicht nur an der fehlenden Erreichbarkeit.

Dies gilt auch für die folgenden 6 Arrestanten. Sie hatten jeweils lange vor der Arrestvollstreckung beteuert, die Rechtsfolge erfüllen zu wollen, dies jedoch nicht getan.

Ein Arrestant hatte beispielsweise im Januar angegeben, seine Arbeitsstunden erfüllen zu wollen. Da er dies bis Dezember immer noch nicht getan hatte, wurde der Arrest dann vollstreckt. Ein weiterer Arrestant hatte um eine 10tägige Frist zur Ableistung seiner Arbeitsstunden gebeten, die ohne Resultat verstrich. Ein anderer verspricht beim ersten Anhörungstermin, binnen eines Monats die Arbeitsstunden zu erledigen. Ohne Erfolg. Ein weiterer bat im Januar 2009 um eine Möglichkeit, die Arbeitsstunden zu leisten. Im August wurde Arrest vollstreckt. Eine andere Arrestantin bat im März, die Arbeitsstunden noch ableisten

---

den Gerichts zur Vollstreckung erforderlich ist, ansonsten handele es sich um eine vorläufige Vollstreckung des Beschlussarrests; ebenso *Landmann* 2003, S. 483, 484 f.

594   Vgl. hierzu *Kapitel 4.2.1* und *5.1.1.3*.

zu dürfen, was sie bis zur Arrestvollstreckung im September nicht getan hatte. Ein weiterer Arrestant hatte brieflich mitgeteilt, dass es nicht möglich sei, die Arbeitsstunden jedes Wochenende zu leisten und er die 40 Stunden deshalb nicht in den vorgeschriebenen zwei Monaten erledigen könne. Der Arrest wurde jedoch erst 15 Monate nach dem Urteil verhängt – der Arrestant hatte also deutlich mehr als zwei Monate Zeit gehabt.

Weitere fünf Arrestanten gaben an, die Weisung aus beruflichen Gründen nicht erfüllen zu können, hierunter der 20-jährige Arrestant, der zur Ableistung eines sozialen Trainingskurses angewiesen wurde und dessen Nachtschlaf sich aufgrund seiner Tätigkeit bei der Müllabfuhr und der Örtlichkeit des sozialen Trainingskurses nach seinen Angaben auf knapp vier Stunden reduziere.[595] Einer gab an, er habe einen Nebenjob in der Disco, weshalb er die restlichen 9,5 von 40 Stunden nicht geschafft habe. Eine andere arbeitete als Staubsaugervertreterin und gab an, an 7 Tagen in der Woche zwischen 08:30 Uhr und 21:30 Uhr verpflichtet zu sein. Ein anderer gab an, bereits das erkennende Gericht habe von seiner 60-Stunden-Woche und der kleinen Tochter gewusst und dennoch Arbeitsstunden verhängt. Zum Zeitpunkt des Arrests war er wieder arbeitslos.

Ein Arrestant hatte angegeben, er habe seine Arbeitsstunden nicht leisten können, weil er aus der elterlichen Wohnung geworfen worden sei. Zum Zeitpunkt des Arrestantritts hatte er eine eigene Wohnung. Auch ein weiterer Arrestant gab an, wegen Wohnungsproblemen seine Arbeitsstunden nicht gemacht zu haben. Gegen ihn sei Räumungsklage erhoben worden. Eine weitere Arrestantin teilte mit, der Anhörungstermin sei zwei Wochen vor dem Entbindungstermin gewesen, was sie unter Vorlage des Mutterpasses auch mitgeteilt habe. Sie hatte wegen einer Tat aus dem Jahr 2005 20 Arbeitsstunden verrichten sollen. Zu ihrem zweiwöchigen Arrest, den sie fast ganz verbüßte, musste sie zugeführt werden. Auch eine weitere Arrestantin hatte die Nichterfüllung der Rechtsfolge auf ihre Mutterrolle zurückgeführt: Sie habe in Ermangelung einer Fremdbetreuung nicht am sozialen Trainingskurs teilnehmen können. Ein anderer Arrestant teilte – ohne nähere Begründung – mit, er könne wegen seiner schwangeren Freundin seine 30 Arbeitsstunden nicht ableisten. Gegen den Arrestbeschluss hat er aus selbigem Grund erfolglos Beschwerde eingelegt.

---

595 Hierzu unter *Kapitel 5.3.1.2.*

6. Der Arrestbeschluss

6.1 Die nicht erfüllte Rechtsfolge

Dem Arrestbeschluss lag in 56% der Fälle und damit deutlich am häufigsten eine nicht erfüllte Weisung nach § 10 JGG zugrunde, gefolgt von 34% der Fälle, in denen Auflagen nach § 15 JGG nicht erfüllt wurden. Die von den 45 zu einer Jugendstrafe Verurteilten nicht erfüllten Bewährungsweisungen und -auflagen machten 8% bzw. 3% der Fälle aus (vgl. *Abbildung 50*).[596]

In seiner Begründung enthält der Arrestbeschluss standardmäßig Angaben dazu, ob die Rechtsfolge „nicht erfüllt" oder „nur teilweise erfüllt" wurde. Diese Angaben zu Grunde gelegt, wurde die Rechtsfolge zumeist, nämlich in 255 Fällen (60%), nicht erfüllt (vgl. *Abbildung 61*).[597]

Abbildung 61:   Nicht- oder Teilerfüllung

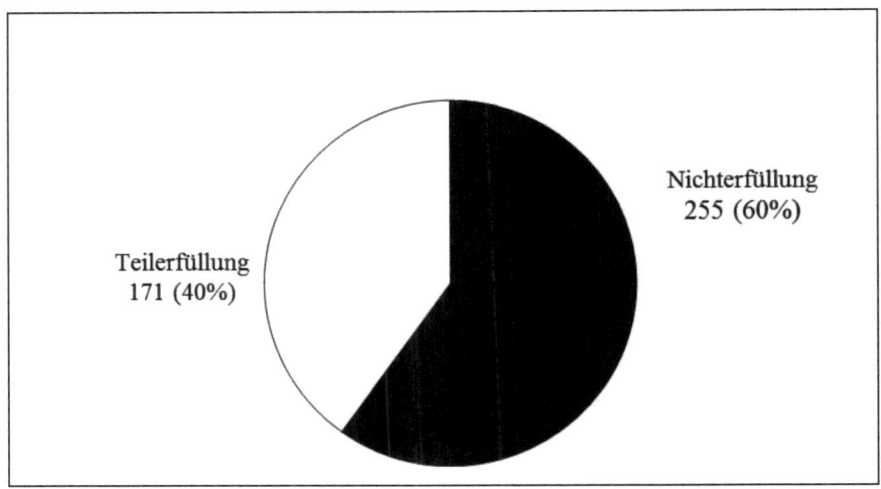

Darstellung des Ausmaßes der Erfüllung der arrestbegründenden Rechtsfolge, die Angabe erfolgt in absoluten Zahlen (Häufigkeiten) und in prozentualen Anteilen, n = 426.

Allerdings hat sich bei der Auswertung der Arrestakten ergeben, dass diese Angabe jedenfalls in den Fällen, in denen „nicht erfüllt" angegeben wurde, nicht unbedingt zutreffend ist. Die Angabe scheint eher auf das Verwenden eines

---

596   Hierzu unter *Kapitel 5.1.*

597   *Werlich* 1985, S. 163, kam zu dem Ergebnis, dass die Rechtsfolge in 20% zur Hälfte, in 38% zum Teil und in 40% gar nicht erfüllt worden war.

Textbausteins[598] und nicht unbedingt auf die tatsächlichen Verhältnisse zurückzuführen zu sein, denn in einigen Fällen hatte der Arrestant die Rechtsfolge bereits teilweise erfüllt, was sich zwar im Protokoll der mündlichen Anhörung, nicht aber im Arrestbeschluss wiederfand. Es kann deshalb davon ausgegangen werden, dass tatsächlich mehr als 40% der Arrestanten die Rechtsfolge jedenfalls teilweise erfüllt hatten.

6.2 Gründe des Arrestbeschlusses

6.2.1 Umfang der Begründungspflicht

Der Arrest wird gemäß § 65 JGG durch einen mit Gründen zu versehenden Beschluss verhängt.[599] Die Pflicht zur Begründung ergibt sich aus § 34 StPO, der nach § 2 Abs. 2 JGG mangels vorrangiger Regelung auch im Jugendstrafverfahren Anwendung findet.[600] Es ist letztlich ein Ausfluss des Anspruchs auf rechtliches Gehör nach Art. 103 Abs. 1 GG[601] sowie des Gebots geordneter Rechtspflege, Art. 6 Abs. 1 EMRK, dass alle durch ein Rechtsmittel anfechtbaren Entscheidungen des Gerichts eine Begründung enthalten müssen.[602] Schließlich muss der Betroffene – unbedingt gerade auch bei Entscheidungen, die eine freiheitsentziehende Maßnahme anordnen – in der Lage sein, die Hintergründe zu verstehen und einzuschätzen, so dass er eine sachgerechte Entscheidung über sein weiteres Vorgehen treffen kann. Eine solche Entscheidung basiert nicht zuletzt auch darauf, ob das Vorbringen des Betroffenen erkennbar berücksichtigt wurde, oder nicht.[603] Entscheidet er sich, ein Rechtsmittel einzulegen – was in der hiesigen Auswertung immerhin in 7 Fällen (erfolglos) getan wurde,[604] – so muss auch das Rechtsmittelgericht in der Lage sein, nachzuvollziehen, weshalb

---

598 Siehe hierzu in *Kapitel 6.2.2.*

599 *Böhm* 2004, S. 260 zu Kammergericht ZJJ 3/2003, S. 303 f.: schriftliche Belehrungspflicht über die möglichen Rechtsmittel.

600 *Eisenberg* 2013, § 58 Rn. 11: Die Regelung in § 58 Abs. 1 S. 4 JGG stelle lediglich insofern eine Spezialregelung dar, als hier noch über das Begründungserfordernis des § 34 StPO hinaus eine Begründung erforderlich gemacht werde, die Anwendung der allgemeinen Vorschriften werde hierdurch nicht ausgeschlossen.

601 *Meyer-Goßner/Schmitt* 2012, § 34 Rn. 4; *Gercke/Julius/Temming/Zöller* 2012, § 34 Rn. 1 m. w. N.; *Sachs* 2011, Art. 103 Rn. 40.

602 *Sachs* 2011, Art. 103 Rn. 40; *Sodan* 2011, Rn. 7; *Hofmann/Hopfauf* 2011, Art. 103 Rn. 13; *Jarass/Pieroth* 2012, Art. 103 Rn. 32.

603 *Hofmann/Hopfauf* 2011, Art. 103 Rn. 13; *Dreier* 2008, Art. 103 I Rn. 76.

604 Wie häufig die Beschwerde erfolgreich war, konnte anhand der Akten nicht nachvollzogen werden.

die ursprüngliche Entscheidung so getroffen wurde, wie sie besteht, um beurteilen zu können, ob diese in ihrer konkreten Form rechtmäßig ist.[605]

Der Umfang der Begründungspflicht ist nicht statisch vorgegeben, sondern variiert nach dem Ausmaß des Grundrechtseingriffs.[606] Handelt es sich wie in den hiesigen Fällen um freiheitsentziehende Maßnahmen, so liegt auf der Hand, dass eine Begründung nicht nur formelhaft erfolgen darf.[607]

Die Begründung des Arrestbeschlusses muss jedenfalls erkennen lassen, aufgrund welcher rechtlichen und tatsächlichen Erwägungen die Entscheidung getroffen wurde.[608] Dem wird nicht Genüge getan, wenn lediglich der Gesetzeswortlaut wiedergegeben wird[609] oder das Gericht sich auf allgemeine und formelhafte Wendungen beschränkt.[610] Es muss vielmehr konkret erkennbar sein, dass sich das Gericht selbst mit dem jeweils vorliegenden Einzelfall auseinandergesetzt und seine Entscheidung aufgrund der individuellen Umstände getroffen hat.[611] Zudem übt das Gericht mit der Entscheidung über die Verhängung des Arrests auch das ihm zustehende Ermessen aus,[612] was sich ebenfalls in der Begründung des Beschlusses niederschlagen muss.[613] Die Begründung

---

605 OLG Köln, Beschluss vom 25.07.2011 2 Ws 428/11; Kammergericht, Beschluss vom 29. März 2010 – 4 Ws 14/10, 4 Ws 14/10 – 1 1 AR 355/09; OLG Oldenburg NJW 1971, S. 1098; *Meyer-Goßner/Schmitt* 2012, § 34 Rn. 1; *Graf* 2012, § 34 Rn. 1; *Gercke/Julius/Temming/Zöller* 2012, § 34 Rn. 1.

606 BVerfG NJW 2004, S. 1519; *Gercke/Julius/Temming/Zöller* 2012, § 34 Rn. 7; *Graf* 2012, § 34 Rn. 1; *Meyer-Goßner/Schmitt* 2012, § 34 Rn. 4.

607 Zur Notwendigkeit der Begründung bei der Einweisung in eine Heil- und Pflegeanstalt *Graf* 2012, § 34 Rn. 5, wonach sich bei derart einschneidenden Entscheidungen eine Begründungspflicht aufdränge (nach OLG Oldenburg, NJW 1971, S. 1098).

608 *Dünkel* 1991, S. 29 fordert insofern, dass das Gericht sich auch damit auseinandersetzt, weshalb eine Umwandlung der Weisung nicht ausreichend wäre; *Meyer-Goßner/Schmitt* 2012, § 34 Rn. 4; *Gercke/Julius/Temming/Zöller* 2012, § 34 Rn. 5 m. w. N.; *Graf* 2012, § 34 Rn. 3; soweit der BGH in NStZ-RR 2004, S. 118, 119 das Begründungserfordernis auf Fälle einschränkt, in denen das Gericht unzweifelhaft von zutreffenden Erwägungen ausgegangen ist, lässt sich dies mangels Vergleichbarkeit nicht auf die hiesige Konstellation übertragen.

609 OLG Hamm, NJW 1951, 166; *Meyer-Goßner/Schmitt* 2012, § 34 Rn. 4.

610 BayObLG NJW 1953, S. 233 ff.; *Graf* 2012, § 34 Rn. 1; *Gercke/Julius/Temming/Zöller* 2012, § 34 Rn. 5; *Meyer-Goßner/Schmitt* 2012, § 34 Rn. 4.

611 *Gercke/Julius/Temming/Zöller* 2012, § 34 Rn. 5 kritisch zu „copy-and-paste" von staatsanwaltlichen Begründungen.

612 *Laubenthal/Baier/Nestler* 2010, Rn. 642; *Ostendorf* 1983, S. 563, 566; *Thalmann* 2011, S. 82.

613 Zum Ermessen: *Diemer/Schatz/Sonnen* 2011, § 11 Rn. 20; *Eisenberg* 2013, § 11 Rn. 18; zum Begründungserfordernis: *Meyer-Goßner/Schmitt* 2012, § 34 Rn. 5 m. w. N.

muss erkennen lassen, dass das Gericht sich seines Ermessens bewusst war und dieses nicht fehlerhaft ausgeübt hat.[614]

6.2.2 Begründungsumfang der ausgewerteten Beschlüsse

Die in der vorliegenden Untersuchung ausgewerteten Arrestbeschlüsse genügten diesen Anforderungen größtenteils nicht. Eine konkrete Begründung zu den Hintergründen und Voraussetzungen der Arrestverhängung war zumeist nicht enthalten.

Enthielt ein über den Urteilstenor und den Umstand der Nichterfüllung hinausgehende Angaben, beschränkten sich diese zumeist auf einen immer gleichen Textbaustein zur schuldhaften Nichterfüllung. In einem Fall enthielt der Beschluss sogar überhaupt keine Gründe.

Dass das Gericht mit der Entscheidung, Arrest zu verhängen, ein Ermessen ausgeübt hat und sich darüber bewusst war, dass mildere Mittel im Zweifelsfall vorzuziehen sind, war in dieser Deutlichkeit nur in wenigen Einzelfällen zu erkennen (siehe *Abbildung 62*).

Abbildung 62: Gründe der Arrestverhängung

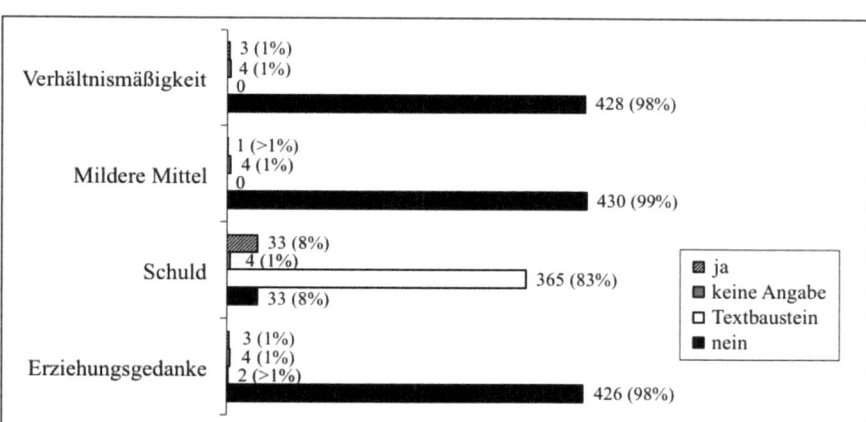

Darstellung des Begründungsumfangs der Arrestbeschlüsse zu den Voraussetzungen der Arrestverhängung, Angabe in absoluten Zahlen (Häufigkeiten) und prozentualer Verteilung, n = 435.

Im Normalfall enthält der Arrestbeschluss als Begründung folgenden textbausteinartigen Standardtext:

---

614 *Gercke/Julius/Temming/Zöller* 2012, § 34 Rn. 6.

Durch rechtskräftiges Urteil vom TT.MM.JJJJ ist dem Verurteilten auferlegt worden, <Einfügung des Urteilstenors>. Der Verurteilte hat die Auflage[615] *trotz mehrfacher Aufforderung unentschuldigt nicht erfüllt.*[616]

Weitere Ausführungen erfolgen im Regelfall nicht, gegebenenfalls wird noch der Satz eingefügt:

Zur mündlichen Anhörung am TT.MM.JJJJ ist er unentschuldigt nicht erschienen.

Ob die Rechtsfolge tatsächlich schuldhaft nicht erfüllt wurde, ob mildere Mittel in Betracht kamen, ob die Freiheitsentziehung in Anbetracht der Gesamtumstände verhältnismäßig und ob der Arrest aus erzieherischer Sicht erforderlich war, all diese Fragen wurden im Allgemeinen nicht beantwortet.

Mit anderen Worten: Die Voraussetzungen, unter denen der Arrest überhaupt erst verhängt werden darf, wurden im Beschluss bestenfalls benannt, es ist jedoch in den allerseltensten Fällen auch nur ansatzweise ersichtlich, ob die Voraussetzungen überhaupt geprüft wurden, oder ob deren Vorliegen nicht vielmehr lediglich unterstellt wurde. Eine Prüfung des Verschuldens, der Verhältnismäßigkeit an sich oder der Möglichkeit, mit milderen Mitteln den gleichen erzieherischen Erfolg zu erzielen, findet sich, wie in *Abbildung 62* ersichtlich, nur in den wenigsten Einzelfällen.[617]

Von den 435 ausgewerteten Arrestbeschlüssen enthielten lediglich vier und damit nicht einmal 1% der Beschlüsse Ausführungen zur erzieherischen Notwendigkeit, ebenso viele zu etwaigen milderen Mitteln. In drei Fällen waren Ausführungen zur Verhältnismäßigkeit enthalten, in immerhin 33 Beschlüssen nähere Ausführungen zur Frage der schuldhaften Nichterfüllung. Insgesamt enthielten 84% der Arrestbeschlüsse keine über den Textbaustein *„unentschuldigt nicht erfüllt"* hinausgehende Begründung der Schuldhaftigkeit der Nichterfüllung.

Zur Durchführung der mündlichen Anhörung fanden sich in nur 79 Beschlüssen Angaben, die sich zumeist in der oben genannten Floskel erschöpfte.

Obgleich das Protokoll der mündlichen Anhörung in 112 Fällen vermerkte, dass der Verurteilte Angaben zur Nichterfüllung gemacht hatte, findet sich in

---

615 Unabhängig ob Weisung oder Auflage war stets von „Auflage" die Rede.

616 Diese immer gleiche Floskel wurde in der Auswertung als „Textbaustein" erfasst.

617 Bereits *Hinrichs* 1989, S. 333 stellt fest, dass Verschulden aufgrund der Nichterfüllung unterstellt wird; ebenso *Eisenberg* 2013, § 11 Rn. 16.

nur 34 Beschlüssen eine Auseinandersetzung des Gerichts mit diesen Gründen. Das bedeutet, dass das Gericht sich in 70% dieser Fälle in der Begründung des Arrestbeschlusses überhaupt nicht mit den vorgebrachten Argumenten des Verurteilten auseinandersetzte.

6.2.3 Kritik

Damit wurde das Gericht seiner Begründungspflicht nach § 34 StPO in der Mehrzahl der Fälle nicht gerecht. Sicherlich hätte es nicht auf jedes einzelne Vorbringen der Betroffenen ausführlich eingehen müssen.[618] Wird jedoch etwas zur Verteidigung vorgebracht, so darf die Auseinandersetzung mit den wesentlichen und relevanten Gegenargumenten nicht fehlen.[619] Schon zur Wahrung des rechtlichen Gehörs ist eine ausdrückliche Befassung mit den bekannten Hintergründen erforderlich.

Dass dies nur mündlich geschehen darf, folgt aus dem sich inzident aus §§ 35, 36 StPO ergebenden Prinzip der Schriftlichkeit, ebenfalls für sich genommen Ausfluss des Anspruchs auf rechtliches Gehör.[620] Außerdem wird das Rechtsmittelgericht mit einer nur mündlichen, nicht protokollierten Begründung des Beschlusses nicht in die Lage versetzt, dessen Hintergründe und damit dessen Rechtmäßigkeit zu überprüfen.

Kommt der Jugendliche zur mündlichen Anhörung und äußert sich zu den Gründen seiner Nichterfüllung, so ist es unabhängig davon, was in der mündlichen Anhörung besprochen wurde, frappierend, wenn dies im Beschluss überhaupt nicht berücksichtigt, sondern lediglich ein Textbaustein eingefügt wird. Abgesehen davon, dass dies bereits verfassungsrechtlichen Maßstäben nicht genügt, dürfte ein solches Vorgehen auch dem Anspruch des § 2 Abs. 1 S 2 JGG, wonach sich das Verfahren am Erziehungsgedanken orientieren soll, nicht im Mindesten gerecht werden:

Erziehung beinhaltet ein kommunikatives Element, es muss dem Betroffenen möglich sein, Sinn und Zweck der Erziehungsmaßnahmen und so die Konsequenzen auf sein Handeln zu verstehen.[621] Die Erklärung muss eine Verknüpfung zwischen dem ausschlaggebenden Verhalten und der jeweiligen Konse-

---

618 *Meyer-Goßner/Schmitt* 2012, § 34 Rn. 1.

619 *Dreier* 2008, Art. 103 I Rn. 60, 63; *Gercke/Julius/Temming/Zöller* 2012, § 34 Rn. 5 m. w. N.; *Graf* 2012, § 34 Rn. 1; *Hofmann/Hopfauf* 2011, Art. 103 Rn. 13; *Jarass/Pieroth* 2012, Art. 103 Rn. 32; *Sachs* 2011, Art. 103 Rn. 11; *Sodan* 2011, Rn. 7.

620 Kammergericht, Beschluss vom 24. Februar 2003; 5 Ws 78/03; *Gercke/Julius/Temming/Zöller* 2012, § 35 Rn. 1; ablehnend *Ostendorf* 2013, § 65 Rn. 5, wonach die Zustellung eines schriftlichen Beschlusses nicht geboten sei.

621 *Eisenberg* 2013, § 2 Rn. 8 m. w. N. und dem Hinweis, dass ein zu strenger und wenig mitbestimmender Erziehungsstil Autonomiebestrebungen des Jugendlichen hemmt und damit sein Selbstwertgefühl beeinträchtigt.

quenz herstellen, damit der Jugendliche den Zusammenhang begreifen kann. Er muss erfahren, weshalb seine Gründe für die Nichterfüllung das Gericht nicht dazu bewegten, von der Arrestverhängung und folglich auch -vollstreckung abzusehen. Warum verhängt das Gericht welche Maßnahme, worauf kam es hierbei an?[622] Versteht der Betroffene überhaupt nicht, weshalb die Entscheidung getroffen wurde – und ein solcher Verständnismangel ist nahe liegend, wenn das Gericht in seinen Gründen überhaupt nicht auf das eigene Vorbringen eingegangen ist – so ist von der Entscheidung kaum ein erzieherischer Mehrwert zu erwarten.[623] Der Zusammenhang der Entscheidung fehlt, sie hängt sozusagen in einem leeren Raum ohne eine konkrete Verbindung zwischen Verhalten, Hintergründe und Konsequenz.

Es ist zwar davon auszugehen, dass das Gericht in den Fällen, in denen der Betroffene zur mündlichen Anhörung erschien, die Hintergründe mündlich erläutert hat. Jedoch reicht dies für ein erzieherisch sinnvolles Verfahren nicht aus. Die mündlich vorgetragenen Erwägungen zur Arrestverhängung müssen sich auch in den schriftlichen Gründen wieder finden, die Entscheidung muss auch im Nachgang nachvollziehbar bleiben.

Zusammenfassend muss deutlich gesagt werden, dass der durchschnittliche Arrestbeschluss erschreckend wenige Angaben und Begründungen enthält, gerade angesichts des Umstandes, dass dem Betroffenen auf Basis dessen für durchschnittlich rund 10 Tage[624] die Freiheit entzogen wird.

Gleichwohl überrascht dieses Ergebnis nicht, sondern bestätigt vielmehr die Feststellungen und Befürchtungen der einschlägigen Literatur:

Auch *Hinrichs* stellte fest, dass Arrestbeschlüsse keine Ausführungen zur Frage der erzieherischen Notwendigkeit oder der besseren Eignung einer anderen Maßnahme enthalten, sowie dass die Schuldhaftigkeit schlicht unterstellt wird – und dies obgleich § 11 Abs. 2 JGG dem Gericht explizit die Handhabe lässt, Weisungen entsprechend dem erzieherischen Bedarf abzuändern. Seine Schlussfolgerung ist, dass die Gerichte sich weniger um den Jugendlichen bemühen, als schlicht um die Vollstreckung des Urteils, die mit dem Arrest ein Stück weit vorangetrieben wird.[625]

Ebenso der Eindruck von *Kuil*, der kritisiert, dass die erkennenden Gerichte viel zu wenig Gebrauch von den Möglichkeiten der Arrestvermeidung machten.[626] Wie *Kuil* stellt auch *Thalmann* fest, dass in Arrestbeschlüssen zumeist

---

622 *Sachs* 2011, Art. 103 Rn. 16.

623 *Ohder* 2009, S. 428.

624 Vgl. hierzu *Kapitel 7.1.2.*

625 *Hinrichs* 1989, S. 335.

626 *Kuil* 1992, S. 334.

aus der fehlenden Reaktion des Jugendlichen auf die Schuldhaftigkeit der Nicht-erfüllung geschlossen wird.[627] In die gleiche Richtung geht das folgende Zitat *Werlichs* aus der von ihr durchgeführten Richterbefragung:

> *„Eine Belehrung über die Folgen einer schuldhaften Zuwiderhand-lung findet in dieser Form nicht statt. Auf ein Verschulden wird der Jugendliche nicht besonders hingewiesen. Das wird ja i. d. R. bei uns überhaupt nicht geprüft, weil wir die Verhältnisse i. d. R. ja gar nicht genau aufklären, warum jemand nicht hingegangen ist. Wir gehen i. d. R. davon aus, der wollte nicht. Dass der vielleicht krank gewesen sein könnte, wird nicht weiter nachgeprüft."*[628]

Nur ergänzend sei zudem darauf hingewiesen, dass auch die Begründungen der Urteile in einzelnen Fällen deutliche Mängel aufweist: So verweist das Ur-teil in drei Fällen zur Tat pauschal auf die Anklage der Staatsanwaltschaft, in zwei weiteren Fällen werden Tatzeit und Tatort nicht konkretisiert, in einem Fall besteht das Urteil sogar nur aus zusammenhangslosen Textbausteinen.

---

627 *Kuil* 1992, S. 332 mit einem entsprechenden Zitat; *Thalmann*, 2011, S. 82.

628 *Werlich* 1985, S. 168.

7. Die Arrestvollstreckung

7.1 Verhängte Arrestarten

In 424 Fällen wurde Dauerarrest verhängt, in 7 Fällen Kurzarrest sowie in vier Fällen Freizeitarrest (vgl. *Abbildung 63*).

Abbildung 63: Verhängte Arrestarten

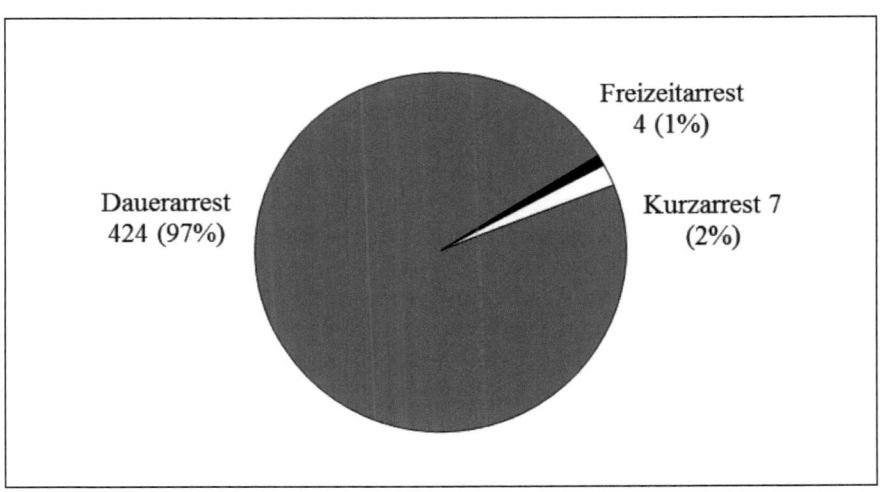

Aufschlüsselung der verschiedenen verhängten Arrestarten, Angaben in absoluten Zahlen (Häufigkeiten) und in prozentualen Anteilen, n = 435. Offenbar wird in den allermeisten Fällen Dauerarrest verhängt.

Das von *Werlich*[629] geschilderte Verhältnis von Freizeitarrest, Kurzarrest und Dauerarrest im Verhältnis von 15 : 53 : 50% ist in der hiesigen Untersuchung also nicht abzubilden, vielmehr wurde fast ausschließlich Dauerarrest verhängt.

Die Verteilung innerhalb der Geschlechter ist dabei gleichmäßig: Freizeitarrest wurde gegen 2% der Arrestantinnen und 1% der Arrestanten verhängt, Kurzarrest gegen 2% der Arrestantinnen und 2% der Arrestanten, und Dauerarrest gegen 96% der Arrestantinnen und 97% der Arrestanten.

---

629 *Werlich* 1985, S. 157.

7.1.1 Dauer des Arrests nach § 11 Abs. 3 JGG

§ 11 Abs. 3 JGG sieht vor, dass bis zu vier Wochen Beschlussarrest auch neben vier Wochen Urteilsarrest nach § 16 JGG verhängt und vollstreckt werden können, selbst wenn dadurch die Höchstdauer des Arrests auf 8 Wochen ansteigt.[630] Da Beschlussarrest und Jugendarrest unterschiedlicher Natur sind, laufen beide Fristen nebeneinander und werden nicht zusammengefasst.[631] Auch der Gesetzeswortlaut – „hiernach" verhängter Jugendarrest – deutet auf das Erfordernis dieser Differenzierung hin.[632] Dem steht nicht entgegen, dass die Belastungswirkung freiheitsentziehender Maßnahmen ohne Zweifel hoch ist und sich durch die Kumulierung zusätzlich erhöht.[633]

Die Maximaldauer des § 11 Abs. 3 JGG bezieht sich auf die gesamte Verurteilung. Enthält das Urteil mehrere Weisungen und verstößt der Jugendliche gegen mehrere davon, kann nicht für jeden Verstoß einzeln Arrest verhängt werden.[634] Ferner bezieht sich die Maximaldauer auf die *Verhängung* des Arrests: Wurden bereits vier Wochen verhängt, aber von der Vollstreckung (teilweise) abgesehen, so darf kein weiterer Arrest verhängt werden.[635]

Wie sich zudem aus dem Gesetzeswortlaut – „insgesamte" Dauer der Verhängung – ergibt, kann der Beschlussarrest wegen des Verstoßes gegen dieselbe oder eine andere Weisung aus demselben Urteil auch wiederholt verhängt werden.[636] In der hiesigen Auswertung war für 57 Arrestanten aus der Arrestakte

---

630 *Brunner/Dölling* 2011, § 11 Rn. 7; *Diemer/Schatz/Sonnen* 2011, § 11 Rn. 15; *Laubenthal/Baier/Nestler* 2010, Rn. 645 plädiert für eine Verhältnismäßigkeitsprüfung im Einzelfall; ausführlich jüngst Wohlfahrt 2012, S. 392; a. A. *Eisenberg* 2013, § 11 Rn. 21; *Ostendorf,* 2013 § 11 Rn. 13; *Reisenhofer* 2012, § 5 Rn. 86; *Streng* 2012, Rn. 371.

631 *Diemer/Schatz/Sonnen* 2011, § 11 Rn. 18; kritisch *Schnitzerling* 1956, S. 274, 275, der hierin eine Schlechterstellung desjenigen Jugendlichen sieht, gegen den eine Weisung und Arrest verhängt wurden, wo Erziehungsmaßregeln also auch noch ausreichen, gegenüber demjenigen, wo Erziehungsmaßregeln nicht mehr aussichtsreich erachtet werden.

632 *Wohlfahrt* 2012, S. 395.

633 Deshalb gegen die separate Laufzeit der Fristen *Eisenberg* 2013, § 11 Rn. 21; *Nothacker* 2001, S. 60; *Ostendorf* 2013, § 11 Rn. 13; *Streng* 2012, Rn. 371; a. A. *Brunner/Dölling* 2011, § 11 Rn. 7.

634 *Diemer/Schatz/Sonnen* 2011, § 11 Rn. 17; *Nothacker* 2001, S. 59.

635 OLG Zweibrücken NStZ 1991, 522; *Diemer/Schatz/Sonnen* 2011, § 11 Rn. 17.

636 *Böttcher* 1991, S. 8; *Diemer/Schatz/Sonnen* 2011, § 11 Rn. 11; *Eisenberg* 2013, § 11 Rn. 22; *Feltes* 1993, S. 109; *Laubenthal/Baier/Nestler* 2010, Rn. 645; a. A. *Ostendorf* 2013, § 11 Rn. 15 der darauf hinweist, dass Erzwingungs- und Ordnungshaft (§§ 96 Abs. 3 S. 3 OWiG, 70 Abs. 4 StPO) auch nicht wiederholt angeordnet werden dürfen, zudem sei die wiederholte Verhängung aus erzieherischen Gründen verfehlt und

ersichtlich, dass es sich um die Vollstreckung wiederholten Arrests in der gleichen Sache handelt. Begrenzt ist die Möglichkeit wiederholter Verhängung durch den Grundsatz der Verhältnismäßigkeit und das Übermaßverbot. Ziel der Verhängung darf nur ein erzieherisches sein, es darf nicht schlicht darum gehen, den Willen des Jugendlichen zu brechen.[637]

Mit Blick auf den Erziehungswert des massiven Eingriffs erneuter Freiheitsentziehung sollte das Gericht sich vor der wiederholten Verhängung wegen desselben Verstoßes die Frage stellen, ob nicht die Weisung selbst ungeeignet und daher abzuändern ist.[638] Entsprechend dürfte es nur in wenigen Fällen und allenfalls bei längerfristigen Weisungen sinnvoll sein, von der wiederholten Verhängung Gebrauch zu machen. Wurde das erzieherische Ziel mit dem Arrest nicht erreicht, so sollte dies nicht standardmäßig mit der wiederholten Arrestverhängung erneut versucht werden. Das Gericht sollte vielmehr in Betracht ziehen, mit den in § 11 Abs. 2 JGG zur Verfügung stehenden Mitteln auf den Jugendlichen einzuwirken.[639]

7.1.2 Dauer des verhängten und vollstreckten Arrests

Die Zeitspanne, die die Arrestanten und Arrestantinnen der hiesigen Auswertung in der Arrestanstalt verbrachten, ist weit: So gab es unter den Arrestanten solche, die keinen einzigen ganzen Tag in der Arrestanstalt blieben, und solche, die volle 28 Tage verweilten. Auch unter den Arrestantinnen wurden einige am Aufnahmetag wieder entlassen und verbrachten damit keinen einzigen ganzen Tag in der Arrestanstalt. Andere wiederum waren volle 14 Tage dort. Durchschnittlich befanden sich die Arrestantinnen 8,84 Tagen im Arrest (vgl. *Abbildung 64*).

---

verstoße gegen das Doppelbestrafungsverbot; anders nach § 98 Abs. 3 OWiG: Hier darf wegen desselben Betrages nicht wiederholt angeordnet werden.

637 *Diemer/Schatz/Sonnen* 2011, § 11 Rn. 19; *Nothacker* 2001, S. 60.

638 *Dallinger/Lackner* 1965, § 11 Rn. 15; *Eisenberg* 2013, § 11 Rn. 22; *Laubenthal/Baier/ Nestler* 2010, Rn. 645; *Ostendorf* 1983, S. 574 warnt in erzieherischer Hinsicht vor negativen Folgen der wiederholten Verhängung.

639 *Dallinger/Lackner* 1965, § 11 Rn. 12 mit Hinweis auch auf die Rechtstaatlichkeit; *Ostendorf* 1983, S. 563, m. w. N. zum Meinungsstand; *Schaffstein* 1970, S. 869 zur wiederholten Verhängung.

Abbildung 64:   Tatsächliche Arrestdauer der Arrestantinnen

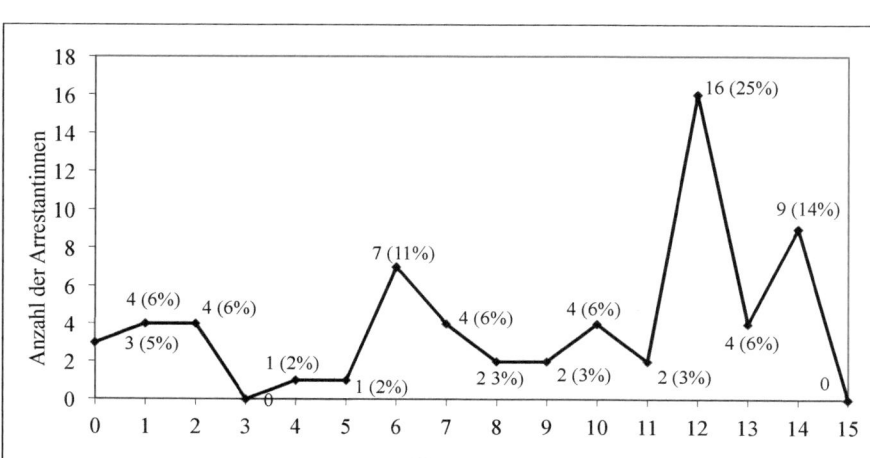

Darstellung der tatsächlich verbrachten Arrestdauer der Arrestantinnen, die Kurve stellt die Häufigkeit der Arrestantinnen in absoluten Zahlen dar, n = 63.

Die Arrestanten verbrachten durchschnittlich 10,26 Tage und damit rund eineinhalb Tage länger als die Arrestantinnen in der Arrestanstalt (vgl. *Abbildung 65*).

Abbildung 65:   Tatsächliche Arrestdauer der Arrestanten

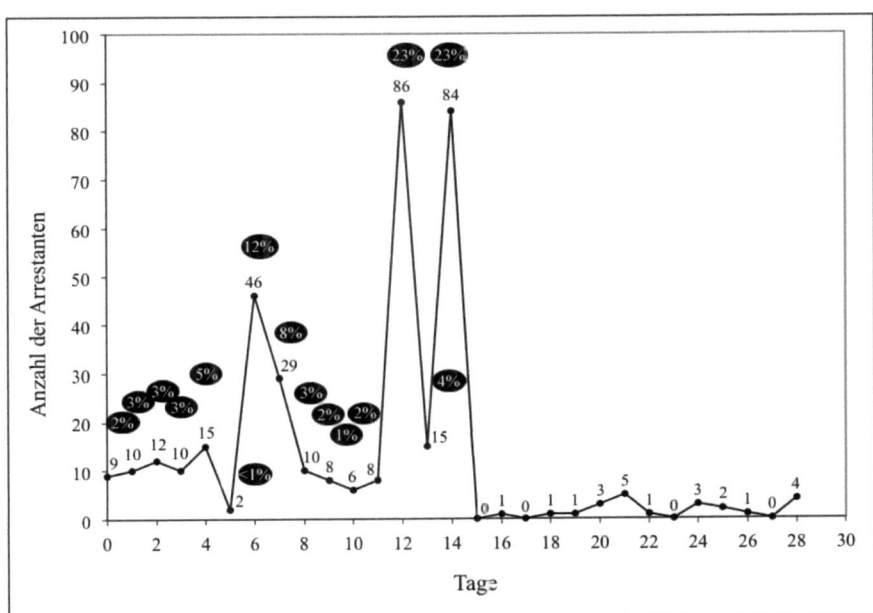

Darstellung der tatsächlich verbrachten Arrestdauer der Arrestanten, die Kurve stellt die Häufigkeiten der Arrestanten in absoluten Zahlen und der prozentualen Verteilung. Die Werte unterhalb von 5 sind unterhalb von 1 Prozent, der besseren Lesbarkeit halber wurden die Prozentzahlen nicht eingefügt, n= 372.

Im Folgenden werden die Zeitspannen nach den Arrestarten aufgeschlüsselt und der Dauer des jeweils verhängten Arrests gegenübergestellt.

7.1.2.1   Freizeitarrest

In den vier Fällen, in denen das Gericht Freizeitarrest verhängte, wurde dieser jeweils auf eine Freizeit bemessen. Diese Zeitdauer mussten die Arrestanten auch voll verbüßen, sie verbrachten jeweils zwei Tage in der Arrestanstalt.

7.1.2.2   Kurzarrest

Verhängte das Gericht Kurzarrest, so wurde dieser in zwei Fällen auf zwei Tage bemessen. In einem Fall verhängte das Gericht drei Tage, in vier Fällen sogar vier Tage. Damit wurden durchschnittlich 3,3 Tage Kurzarrest verhängt.

Die mit Kurzarrest belegten Arrestanten verbrachten mindestens zwei Tage und höchstens vier Tage in der Arrestanstalt. Durchschnittlich wurden drei Tage Arrest verbüßt und damit geringfügig weniger als verhängt wurde.

7.1.2.3 Dauerarrest

Der Dauerarrest kann in Tagen oder in Wochen bemessen werden. In der vorliegenden Auswertung hat das Gericht in 415 Fällen und damit ganz überwiegend den Arrest in Wochen bemessen (vgl. *Abbildung 66*). Hierbei wählte das Gericht geradezu standardmäßig die Zeitspanne von zwei Wochen, Dauerarreste von drei oder vier Wochen kamen vergleichsweise selten vor.

In nur 8 Fällen wurde der Dauerarrest in Tagen bemessen, wobei hier zumeist 10 Tage Dauerarrest verhängt wurden (7 Fälle). Einmal verhängte das Gericht 12 Tage Dauerarrest.[640]

Abbildung 66: Dauer des in Wochen verhängten Dauerarrests

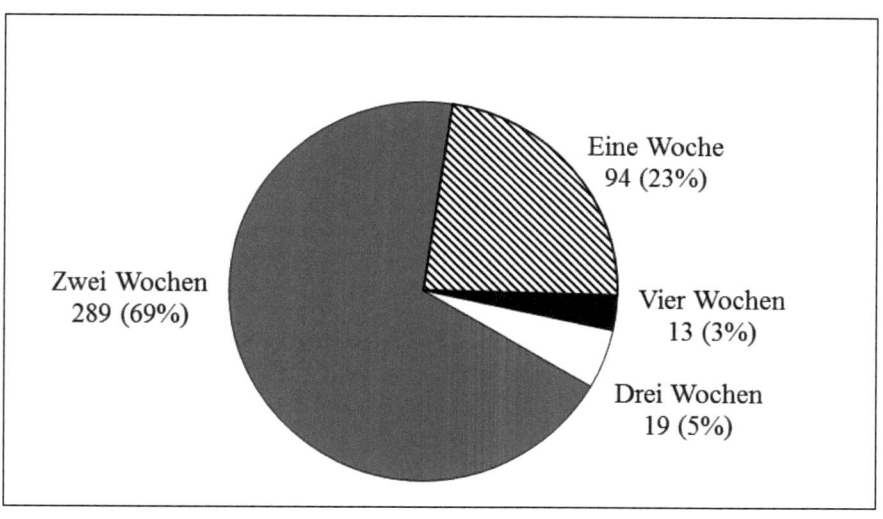

Darstellung der Dauer des in Wochen verhängten Dauerarrests. Gut erkennbar ist, dass am häufigsten ein zweiwöchiger Dauerarrest verhängt wurde. Angaben in absoluten Zahlen (Häufigkeiten) und Prozent, n = 415.

Durchschnittlich wurden 1,9 Wochen (13,1 Tage) Dauerarrest verhängt. Hiervon wurden durchschnittlich 10,3 Tage, also 1,5 Wochen verbüßt. Somit wurden rund drei Tage weniger verbüßt, als verhängt wurden.

---

640 In einem weiteren Fall fehlen nähere Angaben.

Nochmals zu unterstreichen ist, dass in immerhin 4% der insgesamt ausgewerteten Fälle vier Wochen und damit das Maximum des möglichen Beschlussarrests verhängt wurde, wobei die hiervon betroffenen 13 Personen sämtlich männlich waren. Gegen die Arrestantinnen waren maximal zwei Wochen Dauerarrest verhängt worden.

7.2 Arrestantritt

265 Arrestanten haben sich selbst dem Arrest gestellt, 166 mussten der Arrestanstalt zugeführt werden. Ein Arrestant trat den Arrest im Wege der Anschlussvollstreckung an, bei dreien fehlen nähere Angaben (vgl. *Abbildung 67*).

Abbildung 67:   Art des Arrestantritts

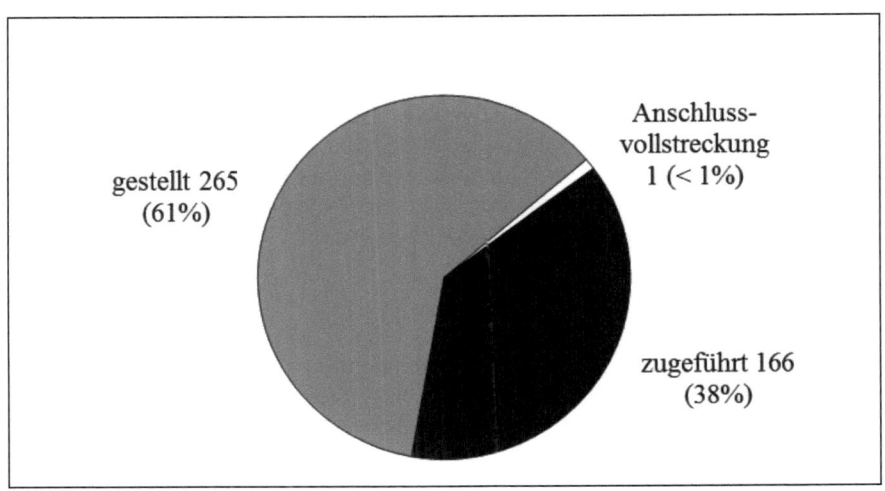

Darstellung der verschiedenen Zugangsvarianten. Der größte Teil der Arrestanten hat den Arrest nicht freiwillig angetreten. Die Angaben erfolgen in absoluten Zahlen (Häufigkeiten) und in ihrer prozentualen Verteilung, n = 432.

Anders als in der Untersuchung von *Werlich*,[641] wonach über 50% der Arrestanten per Haftbefehl zugeführt werden mussten, hat sich hier eine deutliche Mehrheit selbst gestellt. Dennoch ist auch der zugeführte Anteil von 38% sehr hoch. Die Schlussfolgerung von *Frehsee*,[642] hieraus sei ersichtlich, dass es sich um eine besonders problembelastete und deklassierte Gruppe handele, ist des-

---

641 *Werlich* 1985, S. 158.

642 *Frehsee* 1989, S. 318.

halb auch hier nicht völlig von der Hand zu weisen. *Werlich*[643] geht sogar so weit, aus den hohen Zahlen der Zuführung zu schließen, dass der Beschlussarrest selbst kriminogen wirkt.

Fast zwei Drittel der Zugeführten (101 Arrestanten) hatten gegenüber Gericht oder Arrestanstalt bejaht, Suchtmittel zu konsumieren. Zudem waren 85 der zugeführten Arrestanten und damit über die Hälfte bereits nicht bei der mündlichen Anhörung. Dies könnte darauf hindeuten, dass es sich hierbei um Personen handelt, die insgesamt ein Kommunikationsproblem haben, die mit behördlichen Schreiben nicht umgehen können, die den Kopf in den Sand stecken.[644]

Von den 166 zugeführten Arrestanten hatten sich fünf zuvor dem Arrest gestellt, waren jedoch abgewiesen worden. Hierunter war ein 24-Jähriger Arrestant, der zwei Mal wegen Überfüllung der Arrestanstalt abgewiesen wurde, und sich nun weigerte, sich ein drittes Mal zu stellen. Er arbeite als Immobilienmakler und mache das Abitur nach, dies habe Vorrang. Der Arrestant war angewiesen worden, das Denkzeit-Training[645] machen, verweigerte dies jedoch, weil es ihm zu persönlich war.

Unter den Selbststellern befanden sich noch mehr, die zuvor abgewiesen worden waren: 60 Selbststeller mussten sich ein zweites Mal, 6 sogar ein drittes Mal stellen. Die Abweisung beruhte teilweise auf der Überfüllung der Arrestanstalt, teilweise hatten die Arrestanten ihre Ausweispapiere nicht dabei, erschienen zur falschen Zeit oder waren alkoholisiert.

7.3 Arrestende

388 Arrestanten wurden vorzeitig entlassen, damit mussten nur rund 10% – also 45 Arrestanten – den Arrest bis zum Ende verbüßen, in 2 Fällen konnten keine näheren Angaben erfasst werden (vgl. *Abbildung 68*). Allerdings ist zu berücksichtigen, dass eine „vorzeitige Entlassung" in diesem Sinne auch bedeuten kann, dass der Arrestant lediglich einige Stunden früher aus der Arrestanstalt entlassen wurde. So wurde beispielsweise eine Arrestantin einige Stunden vorzeitig entlassen, weil sie befürchtete, der Bekannte, der sich angeboten hatte, sie abzuholen, werde als Gegenleistung sexuelle Dienstleistungen erwarten. In zwei weiteren Fällen wurde der Arrest ebenfalls aus fürsorglichen Gründen vorzeitig beendet, weil das reguläre Ende des Arrests einmal um 4:00 Uhr früh und einmal um 00:00 Uhr nachts gewesen wäre.

---

643 *Werlich* 1985, S. 158.

644 *Hartwig/Krieg/Rathke* 1989, S. 41; *Kuil* 1992, S. 332.

645 Siehe *Kapitel 4.2.1* und *5.1.1.3.*

Abbildung 68:   Gründe der vorzeitigen Entlassung

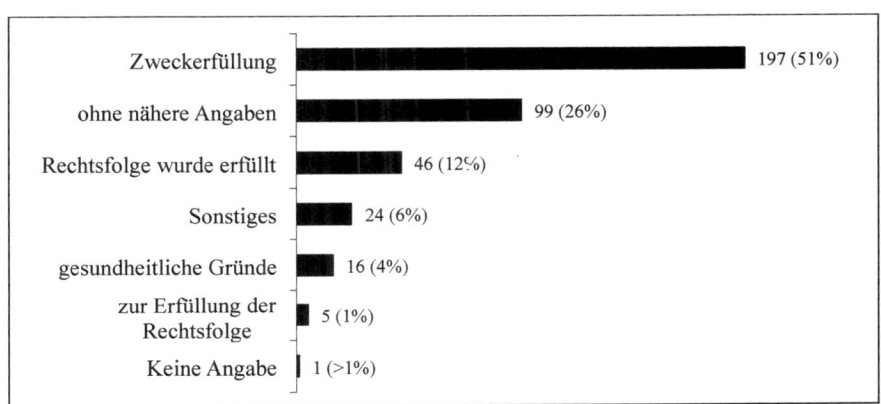

Darstellung der verschiedenen Gründe des frühzeitigen Arrestendes. In den meisten Fällen handelt es sich um die sogenannte Zweckerfüllung nach § 87 Abs. 3 JGG. Bei den Zahlen gilt zu berücksichtigen, dass die vorzeitige Entlassung häufig lediglich einige Stunden vor dem tatsächlichen Arrestende lag. Die Angaben erfolgen in absoluten Zahlen (Häufigkeiten) und in ihrer prozentualen Verteilung, n = 388.

Wurde die vorzeitige Entlassung abgelehnt, so handelte es sich häufig um Fälle, in denen der Arrestant erhebliches Fehlverhalten zeigte, oder in denen der zweite Arrest in der gleichen Sache verbüßt wurde. Letzteres betraf vier Arrestantinnen und 51 Arrestanten.

Wie sich aus *Abbildung 68* ergibt, wurde der Arrest in 51% der vorzeitigen Entlassungen gem. § 87 Abs. 3 JGG beendet, weil er seinen Zweck erfüllt hatte. Der Vollzugsleiter hatte in diesen Fällen den Eindruck gewonnen, dass der Arrestant bzw. die Arrestantin angesichts des Arrests, des dort durchgeführten Modularen Kompetenztrainings und der Gespräche nunmehr die verhängte Rechtsfolge erfüllen werde.

In 12% erfolgte die vorzeitige Entlassung, weil die Rechtsfolge erfüllt worden war. Das bedeutet, dass entweder zwischenzeitlich die verhängte Geldauflage bezahlt wurde, oder dass die Arrestanstalt dem Arrestanten die Möglichkeit gegeben hatte, die verhängten Arbeitsstunden in der Arrestanstalt abzuarbeiten. Anders als in wohl vielen anderen Arrestanstalten[646] wurde die Möglichkeit, die

---

646 *Thalmann* 2011, S. 82 f.

Arbeitsstunden im Arrest zu erfüllen, hier nicht von vornherein abgelehnt.[647] Zumeist erfolgte die Ableistung der Arbeitsstunden auf dem Gelände der Jugendarrestanstalt. In einigen Fällen halfen die Arrestanten bei einem Weihnachtsmarkt der Gemeinde aus und leisteten die Stunden auf diese Weise ab.

Fünf Arrestantinnen und 32 Arrestanten erfüllten die verhängte Rechtsfolge teilweise in der Arrestanstalt.

4% der Arrestanten wurden aus gesundheitlichen Gründen vorzeitig entlassen. Unter den 16 betroffenen Arrestanten hatten 13 eine Suchtproblematik bejaht, in 9 Fällen beruhte die vorzeitige Entlassung ausdrücklich auf Entzugserscheinungen.

In den 6%, in denen der Arrest aus sonstigen Gründen vorzeitig endete, war dies bei 13 Arrestanten der jährlichen Weihnachtsschließung der Arrestanstalt geschuldet. Immerhin in 7 dieser Fälle ergibt sich aus der Arrestakte, dass die Zeit der Unterbrechung nicht zur Erfüllung der Rechtsfolge genutzt wurde, sondern der Restarrest im Jahr 2010 vollends vollstreckt wurde.

Drei Arrestantinnen wurden vorzeitig entlassen, weil die Arresträume für die weiblichen Arrestanten überbelegt waren. Ein Arrestant wurde aus familiären Gründen vorzeitig entlassen, ebenso ein weiterer, dem so die Teilnahme an der Beerdigung der Großmutter ermöglicht wurde. In zwei Fällen wurde der Arrestant in eine andere Art des Gewahrsams überführt: Einer kam in Untersuchungshaft, bei einem weiteren wurde ein anderer Arrest im Anschluss vollstreckt.

Ein Arrestant wurde wegen Arrestungeeignetheit vorzeitig entlassen. Er beleidigte, brach Regeln, provozierte körperliche Auseinandersetzungen und verließ die Arrestanstalt vorzeitig mit drei neuen Strafanzeigen.

In insgesamt 36 Fällen wurde die Vollstreckung des Arrests zur Erfüllung der Weisung unterbrochen. Zwei Mal ergibt sich aus den Arrestakten, dass der Arrest wegen Nichterfüllung fortgesetzt wurde, einmal ist ausdrücklich dokumentiert, dass während dieser Unterbrechung die Arbeitsstunden erfüllt wurden. In den anderen Fällen blieb offen, ob die Unterbrechung zur Erfüllung der Rechtsfolge geführt hat.

7.4 Die verstrichenen Zeitspannen

Zur Klärung der Hintergründe der Arrestvollstreckung gehört auch die Frage nach den zwischen den maßgebenden Ereignissen verstrichenen Zeiträumen. Im Folgenden werden die verstrichenen Zeitspannen für Arreste nach dem Jugend-

647 Nach *Ostendorf* 1995, S. 359 wurde dies nur von sieben der insgesamt von ihm seinerzeit befragten 24 Arrestanstalten gewährt; die Allgemeine Verfügung zum Jugendarrestvollzug der Senatsverwaltung für Justiz Berlin vom 3. März 2010 (Just III A 4) sieht im Regelungspunkt 3 auch lediglich vor, dass „in der Regel" vor Vollstreckung des Arrests die Gelegenheit zu geben sei, der Weisung nachzukommen bzw. die Auflage zu erfüllen.

gerichtsgesetz dargestellt, beginnend mit dem ersten Zeitabschnitt zwischen der Anlasstat[648] und dem Urteil.

Durchschnittlich wurde das Urteil 10 Monate nach der letzten abzuurteilenden Tat gefällt.[649] In Einzelfällen vergingen sogar nur gut eineinhalb Monate zwischen der letzten Tat und dem Urteil, wobei typischerweise dann die letzte Tat zusammen mit älteren Taten abgeurteilt wurde, maximal verstrichen zwei Jahre und vier Monate (vgl. *Abbildung 69*).

Abbildung 69: Zeitspanne zwischen Tat und Urteil

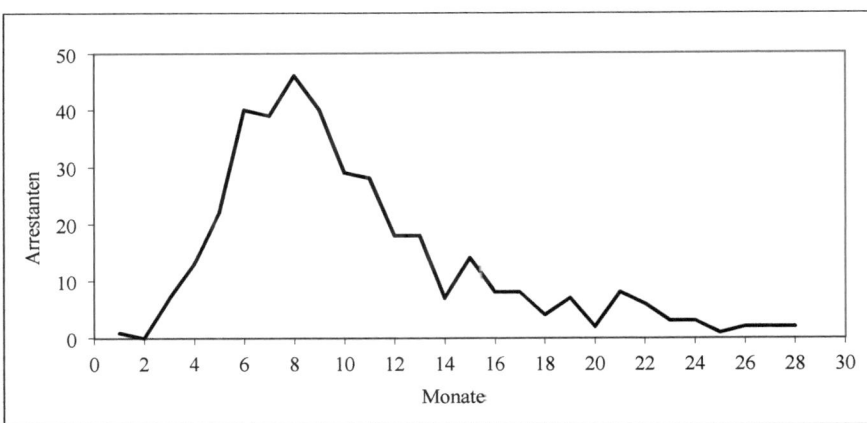

Darstellung der Zeitspanne, die zwischen der letzten Tat und dem Urteil verging, die Kurve zeigt die Anzahl der Betroffenen in absoluten Zahlen an. Bei sehr kurzen Zeitspannen wurden die letzten Taten zumeist mit älteren Taten abgeurteilt. Angabe in Häufigkeiten, n = 379.

Zwischen dem Urteil und dem Arrestbeschluss verging in Einzelfällen lediglich ein Monat, durchschnittlich jedoch 8 Monate.[650] Maximal verstrichen nochmals zwei Jahre und vier Monate (vgl. *Abbildung 70*).

In immerhin 113 Verfahren waren bereits ein Jahr und mehr seit der Tat vergangen, hierunter 10 Verfahren, in denen die Tat bereits zwei Jahre und mehr zurücklag.

---

648 Wurden mehrere Taten zusammen abgeurteilt, war jeweils das Datum der letzten Tat maßgebend.

649 Nach der Untersuchung von *Werlich* 1985, S. 173 vergingen 6 Monate zwischen Tat und Urteil; hierzu auch *Dünkel* 1990, S. 432; *Ostendorf* 1995, S. 364 legt Erkenntnisse der JAA Rendsburg 1993/1994 dar, wonach durchschnittlich 7 Monate vergingen.

650 *Ostendorf* 1995, S. 364, nach Erkenntnissen der JAA Rendsburg 1993/1994 vergingen dort im Schnitt 8 Monate und 9 Tage.

Abbildung 70:   Zeitspanne zwischen Urteil und Arrestbeschluss

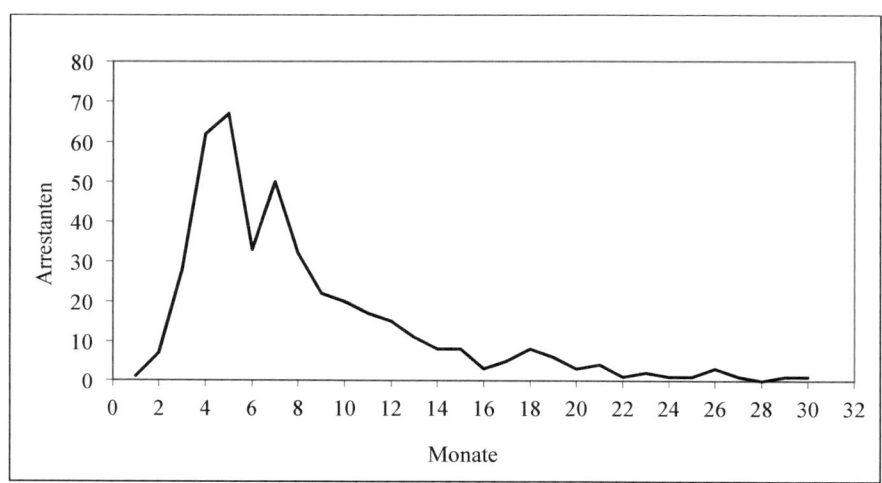

Darstellung der Zeitspanne, die zwischen dem Urteil und dem Arrestbeschluss verging, die Kurve zeigt die Anzahl der Betroffenen in absoluten Zahlen an, n = 421.

Wie sich bereits aus *Abbildung 57* ergibt (vgl. oben *Kapitel 5.3.4*), vergingen zwischen der Anlasstat und dem Arrestbeschluss – also dem Entscheidungszeitpunkt – mindestens rund 5 Monate, maximal drei Jahre und 8 Monate sowie durchschnittlich knapp eineinhalb Jahre.

Zwischen dem Arrestbeschluss und dem Arrestantritt verstrich mindestens ein knapper Monat. Durchschnittlich vergingen rund 4 Monate und maximal knapp 14 Monate (vgl. *Abbildung 71*).

Insgesamt betrachtet vergingen damit zwischen der ursprünglichen Tat und dem Arrestantritt mindestens 9 Monate, durchschnittlich ein Jahr und 9 Monate sowie maximal sogar knapp fünf Jahre[651] (vgl. *Abbildung 72).*

---

651 *Ostendorf* 1995, S. 364 teilt mit, dass nach Erkenntnissen der JAA Rendsburg durchschnittlich 19 Monate vergangen waren; nach *Werlich* 1985, S. 173 vergingen zwischen Arrest und Verurteilung rund 12 Monate; hierzu auch *Dünkel* 1990, S. 432.

Abbildung 71: **Zeitspanne zwischen Arrestbeschluss und Arrestantritt**

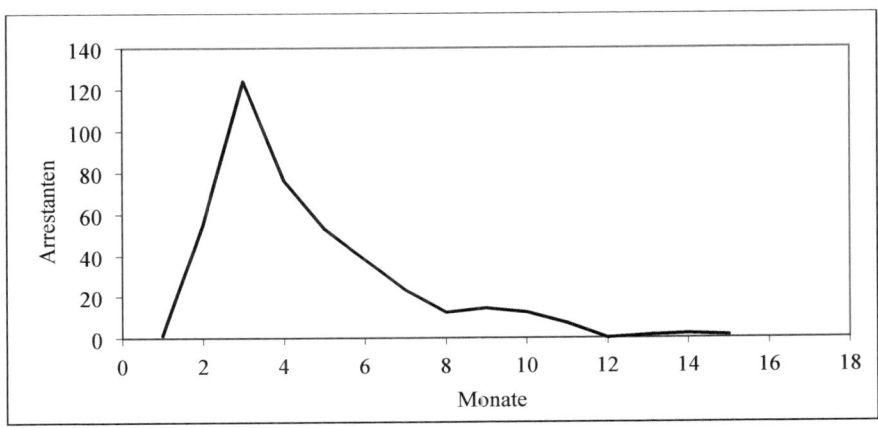

Darstellung der Zeitspanne, die zwischen dem Arrestbeschluss und dem Arrestantritt verging, die Kurve zeigt die Anzahl der Betroffenen in absoluten Zahlen an, n = 425.

Abbildung 72: **Zeitspanne zwischen Tat und Arrestantritt**

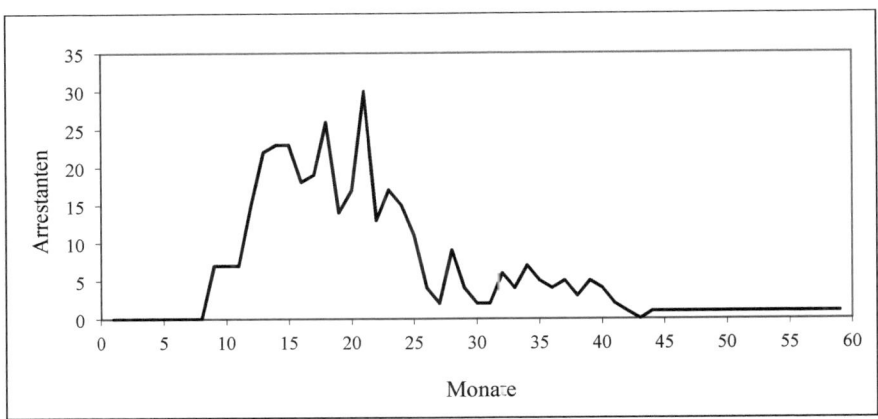

Darstellung der Zeitspanne, die zwischen der letzten Tat und dem Arrestantritt verging, die Kurve zeigt die Anzahl der Betroffenen in absoluten Zahlen an, n = 380.

Es vergeht also zumeist sehr viel Zeit zwischen der die gerichtlichen Maßnahmen auslösenden Tat und der Vollstreckung des Beschlussarrests.[652] Bereits der durchschnittliche Zeitraum von fast zwei Jahren – der noch über der Zeitspanne von 19 Monaten liegt, die laut *Ostendorf* in den Jahren 1993/1994 in Schleswig-Holstein zwischen der Tat und dem Arrestantritt vergingen – ist ein Zeitraum, in dem sich die Lebensverhältnisse junger Menschen grundlegend wandeln können. Der Bezug zur Anlasstat dürfte nur noch sehr gering sein,[653] und damit ebenso das Verständnis dafür, worauf sich die gerichtlichen Maßnahmen überhaupt gründen. Letztlich entspricht es, wie *Böttcher* richtigerweise feststellt, zudem nicht dem Sinn der Anordnung einer ambulanten Maßnahme, wenn der Jugendliche schließlich doch noch in derart großem zeitlichem Abstand zur Tat Arrest verbüßen muss.[654]

So haben auch einige Arrestanten angegeben, dass sie nicht mehr so genau wüssten, was Anlass für die ursprüngliche Rechtsfolge war. Unter diesen Umständen darf jedenfalls bezweifelt werden, ob tatsächlich noch eine positive Wirkung mit der Arrestvollstreckung erzielt werden kann. Vielmehr dürfte die Gefahr bestehen, dass die Vollstreckung einer freiheitsentziehenden Maßnahme mit so wenig Bezug zur Anlasstat eher zur Verfestigung einer aggressiv-feindlichen Einstellung gegenüber den Maßnahmen des Gerichts führt.[655]

7.5 Hinweise zur Arrestvermeidung

In jedenfalls vier Fällen war die Ladung zum Arrest in der Akte enthalten. Hieraus wurde ersichtlich, dass sich offenbar standardmäßig auf der Ladung ein eingerahmter Hinweis befindet, dass der Arrest nur durch die Erfüllung der Rechtsfolge abgewendet werden könne.[656] In einem weiteren Fall war ein Hinweis zur Arrestvermeidung im Arrestbeschluss enthalten. Abgesehen hiervon

---

652 *Ostendorf* 2013a, Rn. 329 weist darauf hin, dass in Schleswig-Holstein 1993/1994 durchschnittlich 19 Monate zwischen Tat und Antritt des Arrests vergingen.

653 *Ostendorf* 2013a, Rn. 329 empfiehlt in diesen Fällen, von der Arrestverhängung abzusehen; *Ostendorf* 1995, S. 364; *Thalmann* 2011, S. 82, die davon ausgeht, dass die Wirkung jugendrichterlicher Sanktionen überschätzt wird und bezweifelt, dass die Verhängung von Arrest zur Wahrung der Rechtsordnung erforderlich ist; *Walter* 1992, S. 472.

654 *Böttcher* 1991, S. 7.

655 So *Werlich* 1985, S. 157 f., wonach zwischen Urteil/Bußgeldbescheid und Arrestantritt durchschnittlich ein Jahr, maximal drei Jahre vergehen; in diese Richtung auch Kritiker des Beschlussarrests, vgl. *Kapitel 2.6.2.*

656 Dies entspricht dem Vorschlag von *Ostendorf* 2010, S. 21, wonach auf der Ladung auf die Abwendungsmöglichkeit hinzuweisen sei; *Hinrichs* 1990, S. 336 weist darauf hin, dass die Jugendlichen derartige Hinweise im „Behördendeutsch" häufig nicht verstehen.

waren in insgesamt 84 Arrestakten Hinweise auf Arrestvermeidung dokumentiert.

7.6 Vollstreckungshindernisse

7.6.1 Rechtsfolge erfüllt

Ein Vollstreckungsverbot ist zum einen in § 11 Abs. 3 S. 3 JGG selbst geregelt. Danach muss das Gericht von der Vollstreckung absehen, wenn die zugrunde liegende Weisung erfüllt ist.[657] Zuständig für diese Entscheidung ist das Gericht des ersten Rechtszuges, auch wenn das Verfahren bereits zur Vollstreckung abgegeben wurde.[658] Aus Gründen der Klarheit und mit Blick auf den Erziehungsgedanken muss das Gericht diese Entscheidung durch einen Beschluss gem. § 65 JGG treffen.[659]

In 9 Fällen war die Weisung bereits vor Arrestantritt erfüllt worden. Im Großteil dieser Fälle wurden die Betroffenen am gleichen Tag oder am Folgetag entlassen. Es gab jedoch auch Fälle, in denen einige Tage Arrest vollstreckt wurden.

Ein Arrestant, dem Beratungsgespräche aufgegeben wurden, konnte nachweisen, dass er am Tag vor der Arrestzuführung ein Beratungsgespräch absolvierte und einen Termin für die Folgemonate vereinbart hatte. Er wurde am Folgetag entlassen. Auch am Folgetag entlassen wurde eine Arrestantin, die ihre Arbeitsstunden zum Zeitpunkt des Arrestantritts bereits erfüllt hatte.

In vier weiteren Fällen erfolgte die Entlassung noch am gleichen Tag. So konnten eine Arrestantin und ein Arrestant, die ihre Arbeitsstunden schon erledigt hatten, die Anstalt am Aufnahmetag wieder verlassen. Ebenso hatte ein weiterer Arrestant, der zugeführt worden war, seine Weisungen (Arbeitsstunden, Beratungsgespräche und der Versand der betrügerisch einbehaltenen Ware) zum Arrestantritt erfüllt. Ein anderer brachte den Zahlungsnachweis für die Geldauflage bei Arrestantritt mit, er wurde ebenfalls am gleichen Tag entlassen.

In immerhin drei Fällen jedoch wurden mehrere Tage Arrest verbüßt, bevor sich aufklärte, dass die Rechtsfolge bereits erfüllt worden war:

---

657 *Diemer/Schatz/Sonnen* 2011, § 11 Rn. 22; ausführlich *Landmann* 1999, S. 251, der davon ausgeht, dass nach Einleitung der Vollstreckung ein Absehen wegen Erfüllung von Weisungen nicht mehr möglich ist, im Ergebnis also der Arrest trotz erfüllter Weisung vollstreckt werden müsste; ebenso *Landmann* 2003, S. 484.

658 *Diemer/Schatz/Sonnen* 2011, § 11 Rn. 22; a. A. *Böttcher* 1991, S. 7, 8; wiederum a. A. *Landmann* 1999, S. 255, der davon ausgeht, dass § 11 Abs. 3 S. 3 dann nicht mehr einschlägig ist, weil das Verfahren bereits zur Vollstreckung abgegeben wurde.

659 *Eisenberg* 2013, § 11 Rn. 24a; *Diemer/Schatz/Sonnen* 2011, § 11 Rn. 22.

So kam ein Arrestant, der sich dem Arrestantritt stellte, zur mündlichen An-hörung aber nicht erschienen war, seiner Betreuungsweisung zum Zeitpunkt des Arrestantritts bereits regelmäßig nach. Aufgrund der Fehlkommunikation ver-büßte er dennoch drei Tage Arrest. Ebenso befand sich ein anderer drei Tage im Arrest. Er hatte mitgeteilt, verletzungsbedingt die Arbeitsstunden erst später leisten zu können, was er dann auch getan hatte. Ein anderer Arrestant hatte sei-ne Arbeitsstunden vier Monate vor seiner Zuführung zum Arrest bereits erledigt, was damals bereits mitgeteilt worden war. Da diese Mitteilung übersehen wurde, musste er vier Tage Arrest verbüßen, bevor sich das Missverständnis klärte und er entlassen wurde.

7.6.2 § 87 Abs. 4 JGG: Ein Jahr seit Rechtskraft

Ein weiteres Vollstreckungsverbot ergibt sich aus § 87 JGG:[660] So darf nach § 87 Abs. 4 JGG der Arrest nicht mehr vollstreckt werden, wenn seit Rechtskraft des Arrestbeschlusses mehr als ein Jahr vergangen ist.[661]

In jedenfalls zwei Fällen lagen ziemlich genau 13 Monate zwischen Arrest-antritt und Arrestbeschluss, in einem weiteren Fall begann die Arrestvollstre-ckung ein Jahr und eine Woche nach dem Ergehen des Arrestbeschlusses. Da die Arrestakte nicht die Gesamtheit des Vollstreckungsverfahrens dokumentiert, kann nicht mit Sicherheit gesagt werden, ob in diesen Fällen trotz Vollstre-ckungshindernis vollstreckt wurde. Es bestehen jedenfalls dahingehende Beden-ken.

7.6.3 Weitere Vollstreckungshindernisse

Da die Vollstreckung des Beschlussarrests erzieherischen Maßstäben genügen muss, hat der Vollzugsleiter i. S. d. § 85 JGG auch hier von der Möglichkeit des § 87 Abs. 3 JGG Gebrauch zu machen.[662] Daher ist von der Vollstreckung des Arrests abzusehen, wenn dies aus Gründen der Erziehung geboten erscheint und seit Eintritt der Rechtskraft des Arrestbeschlusses 6 Monate verstrichen sind.[663] Diese erzieherischen Gründe sind nicht zuletzt stets dann zu prüfen, wenn seit dem ursprünglichen Urteil ein erheblicher Zeitraum verstrichen ist.[664] Dies

---

660 *Eisenberg* 1989, S. 20, hier noch zur alten Fassung von § 87 JGG.

661 Zu restriktiven Reformbestrebungen *Dünkel* 1991, S. 28 und *Feltes* 1993, S. 108; *Die-mer/Schatz/Sonnen* 2011, § 87 Rn. 9, § 11 Rn. 10.

662 A. A. *Landmann* 1999, S. 255, wonach § 87 Abs. 3 JGG lediglich auf Urteilsarreste anzuwenden ist.

663 *Emig* 1991, S. 55; *Weber* 1989, S. 347.

664 *Eisenberg* 1989, S. 20; vgl. *Kapitel 7.4* und *8.3.2.* zu den verstrichenen Zeitspannen.

dürfte angesichts der oben dargestellten Zeitspannen in einer Mehrzahl der Vollstreckungen der Fall sein.

Der Vollzugsleiter ist gehalten, zu überprüfen, ob nach dem Arrestbeschluss Umstände eingetreten sind, die die Vollstreckung des Arrests erzieherisch überflüssig oder gar schädlich machen.[665] In der Rechtswirklichkeit gestaltet sich die Handhabung des § 87 JGG gelegentlich problematisch, da die Bereitschaft der erkennenden Richter, die Weisung abzuändern anstatt den verhängten Arrest vollstrecken zu lassen, tendenziell gering zu sein scheint.[666]

Beispielsweise dann, wenn der Jugendliche gerade einen neuen Ausbildungs- oder Arbeitsplatz angetreten hat, würde die Vollstreckung des Arrests in der Regel mehr zerstören, als aufbauen.[667] Hierunter dürfte auch der Fall einer Arrestantin fallen, gegen welche der Arrest vollstreckt werden sollte, obwohl die Familienhelferin gerade versuchte, das problematische Verhältnis zu der aus einer Pflegefamilie zurückgekehrten einjährigen Tochter zu stabilisieren. Die Jugendgerichtshilfe teilte mit, dass eine Arrestvollstreckung die gesamte sozialpädagogische Arbeit zerstören würde. Der Vollzugsleiter ermöglichte der Arrestantin, die einem einwöchigen Arrest zugeführt wurde, die offenen Arbeitsstunden in der Arrestanstalt abzuleisten, sie wurde am Folgetag entlassen.

An dieser Stelle muss auch erwähnt werden, dass immerhin zwei Arrestanten während und wegen des Arrests von der Zeitarbeitsfirma gekündigt wurden. Ein weiterer weigerte sich, seine Ausgänge zur Ausbildung weiter wahrzunehmen, weil er dort als „Knasti" bezeichnet werde. Ein anderer, der versucht hatte, einerseits Ausgänge zu seiner Maßnahme mit Mehraufwandsentschädigung zu bekommen und gleichzeitig mit einem gefälschten Attest sein Fernbleiben von der Maßnahme erreichen und die Ausgänge anderweitig nutzen wollte, wurde in der Folge vom Träger der Maßnahme gekündigt.

---

665 *Ostendorf* 1995, S. 363.

666 *Thalmann* 2011, S. 79, aus Vollzugsleitersicht mit Zitaten des erkennenden Gerichts: „Ich könnte zwar absehen, will aber nicht"; „Ich lasse mich doch nicht zum Hampelmann machen"; „Der hatte doch genügend Zeit, die Weisungen zu erfüllen, jetzt soll er ruhig den Arrest verbüßen".

667 *Ostendorf* 2013, § 87 Rn. 9.

8.   Sonderfall: Die Voraussetzungen des § 98 Abs. 2 OWiG

Eine Sonderform des Beschlussarrestes ist in § 98 Abs. 2 OWiG für das Bußgeldverfahren geregelt. Danach kann bis zu eine Woche Dauerarrest verhängt
werden, wenn der Jugendliche einer angeordneten Ersatzrechtsfolge nicht nach-
kommt.

8.1   Anordnung einer Ersatzrechtsfolge

Mit den alternativen Vollstreckungsmöglichkeiten des § 98 OWiG wollte der
Gesetzgeber dem Jugendgericht Möglichkeiten an die Hand geben, das Vollstre-
ckungsverfahren auch in Bußgeldsachen gegen Jugendliche und Heranwachsende in jugendgemäßer Weise zum Abschluss zu bringen.[668] War der Betroffene
also zum Zeitpunkt der Festsetzung der Geldbuße noch Jugendlicher oder Heranwachsender (maßgebend ist nicht der Zeitpunkt der Ordnungswidrigkeit),[669]
so kann das Jugendgericht anstelle der Geldbuße alternative Maßnahmen anordnen, soweit die Bewilligung von Zahlungserleichterungen, die Beitreibung der
Geldbuße oder die Anordnung der Erzwingungshaft nicht möglich oder angebracht erscheint.[670] Das Gericht entscheidet hierbei nicht erneut über die Ordnungswidrigkeit, der Schuldspruch selbst bleibt soweit bestehen.[671]

Die in § 98 Abs. 1 Nr. 1-4 OWiG aufgezählten Maßnahmen sind hier enu-
merativ:[672] Die Pflicht zur Erbringung von Arbeitsleistungen, zur Schadenswiedergutmachung, zur Teilnahme an Verkehrsunterricht oder zur Erbringung einer
sonstigen Leistung. Diese Maßnahmen können als Ersatzrechtsfolge einzeln
oder auch parallel angeordnet werden.[673] Die Zuständigkeit des Jugendgerichts
kann in mehrerlei Hinsicht ausgelöst werden: Zum einen auf Antrag der Voll-
streckungsbehörde oder von Amts wegen, wenn dem Jugendgericht die Vollstreckung im Bußgeldverfahren obliegt. Zum anderen, wenn das Jugendgericht

---

668 *Göhler/Gürtler/Seitz* 2012, § 98 Rn. 1; *Krumm* 2010, S. 71; *Rebmann/Roth/Herrmann*
2012, § 98 Rn. 1; kritisch *Bohnert* 1989, S. 10, wonach die Berücksichtigung
erzieherischer Gründe nicht erst auf Vollstreckungsebene erfolgen sollte.

669 *Göhler/Gürtler/Seitz* 2012, § 98 Rn. 1; *Krumm* 2010, S. 71; *Rebmann/Roth/Herrmann*
2012, § 98 Rn. 1a.

670 Kritisch *Bohnert* 1989, S. 12, der hervorhebt, dass die Geldbuße dann von vornherein
nicht angebracht gewesen sei und das Gesetz entsprechende Möglichkeiten zur
alternativen Sanktionierung von Anfang an hätte bereithalten müssen, nicht erst auf
Vollstreckungsebene.

671 *Rebmann/Roth/Herrmann* 2012, § 98 Rn. 1.

672 *Bohnert* 2010, § 98 Rn. 10; *Göhler/Gürtler/Seitz* 2012, § 98 Rn. 7.

673 *Bohnert* 2010, § 98 Rn. 10; *Göhler/Gürtler/Seitz* 2012, § 98 Rn. 7; *Rebmann/Roth/
Herrmann* 2012, § 98 Rn. 16.

im Einspruchsverfahren oder als Beschwerdegericht für das Verfahren zuständig ist, oder wenn im Strafverfahren die Verurteilung wegen einer Ordnungswidrigkeit erfolgt.[674]

Mit diesen Ersatzrechtsfolgen trägt das Gesetz dem Umstand Rechnung, dass die üblicherweise im Ordnungswidrigkeitenrecht vorgesehenen Vollstreckungsmöglichkeiten bei Jugendlichen aus erzieherischen Gründen häufig nicht angemessen sind. Die Möglichkeit, die Geldbuße in Raten zu zahlen, würde einen Jugendlichen ohne eigenes Einkommen über unverhältnismäßig lange Zeit belasten.[675] Die Beitreibung der Geldbuße erscheint allenfalls sinnvoll, wenn der Jugendliche bereits in einem Arbeitsverhältnis steht oder über ein entsprechendes Vermögen verfügt. Die Erzwingungshaft ihrerseits würde für den Jugendlichen einen erheblichen Eingriff darstellen und womöglich negative Folgen für eventuell bestehende das Arbeits- oder Ausbildungsverhältnis haben.[676]

Die Ersatzrechtsfolgen sollen eine schnelle und erzieherisch sinnvolle Erledigung gewährleisten.[677] Sie haben dabei sowohl die Funktion einer Vollstreckungsmaßnahme,[678] als auch der eines Ahndungs- und erzieherischen Mittels.[679] Dabei dürfen sie nicht außer Verhältnis zu der ursprünglichen Ordnungswidrigkeit stehen, keinen unzumutbaren Eingriff in die Lebensführung des Jugendlichen darstellen und diesen nicht psychisch oder physisch überfordern.[680]

Die Anordnung der Ersatzrechtsfolge lässt die Geldbuße unberührt, sie kann weiterhin bezahlt werden.[681] Dies kann einerseits positiv als Wahlrecht gesehen werden: Entweder der Jugendliche bezahlt die Geldbuße, oder er erbringt die Ersatzrechtsfolge.[682] Wird die Geldbuße bezahlt, so wird die Anordnung der Ersatzrechtsfolge gegenstandslos.[683]

---

674 *Bohnert* 1989, S. 8 f.

675 *Göhler/Gürtler/Seitz* 2012, § 98 Rn. 1; *Rebmann/Roth/Herrmann* 2012, § 98 Rn. 7; kritisch *Bohnert* 1989, S. 11, der hierin eine Schlechterstellung armer gegenüber wohlhabender Jugendlicher sieht.

676 *Göhler/Gürtler/Seitz* 2012, § 98 Rn. 6; *Rebmann/Roth/Herrmann* 2012, § 98 Rn. 7; *Wieser* 2009, S. 602.

677 *Göhler/Gürtler/Seitz* 2012, § 98 Rn. 1.

678 *Bohnert* 2010, § 98 Rn. 10; *Rebmann/Roth/Herrmann* 2012, § 98 Rn. 9.

679 *Rebmann/Roth/Herrmann* 2012, § 98 Rn. 2.

680 *Rebmann/Roth/Herrmann* 2012, § 98 Rn. 14.

681 *Göhler/Gürtler/Seitz* 2012, § 98 Rn. 15.

682 *Rebmann/Roth/Herrmann* 2012, § 98 Rn. 16; *Wieser* 2009, S. 604.

683 *Rebmann/Roth/Herrmann* 2012, § 98 Rn. 20.

Andererseits bedeutet dies aber auch, dass das Gericht nach Ablauf der Frist für die Erbringung der alternativen Maßnahme[684] die Vollstreckung der Geldbuße weiter vorantreiben[685] und gleichzeitig, wie im folgenden Kapitel zu erläutern sein wird, Arrest verhängen kann. Nicht nur die Erfüllungsmöglichkeiten, sondern auch die Vollstreckungsmöglichkeiten werden durch die Anordnung der Ersatzmaßnahme also zweigleisig, was sich in einer Schlechterstellung der Jugendlichen gegenüber der Erwachsenen im Ordnungswidrigkeitenrecht äußert.[686]

8.2 Der Arrest nach § 98 Abs. 2 OWiG

Erfüllt der Jugendliche die Ersatzrechtsfolge nicht und bezahlt er auch nicht die Geldbuße, so kann das Jugendgericht gegen ihn Arrest verhängen. Dieser fungiert auch im Ordnungswidrigkeitenrecht nicht als Erzwingungshaft i. S. d. § 96 OWiG, sondern wird hier wohl von der herrschenden Auffassung als Freiheitsentzug wegen Ungehorsams,[687] also als spezifisch jugendstrafrechtlicher Tatbestand des Ungehorsams[688] gesehen.[689] Seine Vollstreckung lässt die ursprünglich verhängte Geldbuße unberührt, diese kann weiterhin durchgesetzt werden.[690]

Die Voraussetzungen für die Arrestverhängung im Ordnungswidrigkeitenrecht entsprechen denen im Jugendgerichtsgesetz: Die Ersatzrechtsfolge muss schuldhaft nicht befolgt worden sein, der Jugendliche muss also willentlich und vorwerfbar zuwidergehandelt und die Geldbuße nicht bezahlt haben. Erforderlich ist hierbei, dass die Ersatzrechtsfolge so deutlich formuliert wurde, dass der Jugendliche verstehen konnte, was von ihm wann erwartet wurde.[691] Probleme dürfte dies folgenden beiden Arrestanten bereitet haben:

Ein knapp 19-Jähriger, der wegen eines Verstoßes gegen die Abgabenordnung einem einwöchigen Dauerarrest nach § 98 OWiG zugeführt wurde, sprach nach Aktenlage überhaupt kein Deutsch. Ob eine mündliche Anhörung stattfand, ergibt sich aus der Arrestakte nicht.

---

684 *Bohnert* 2010, § 98 Rn. 11; *Göhler/Gürtler/Seitz* 2012, § 98 Rn. 14.

685 *Göhler/Gürtler/Seitz* 2012, § 98 Rn. 18.

686 *Bohnert* 1989, S. 15 f.; siehe *Kapitel 8.2.*

687 *Bohnert* 2010, § 98 Rn. 20.

688 Siehe *Kapitel 2.4.5.*

689 *Göhler/Gürtler/Seitz* 2012, § 98 Rn. 20; *Rebmann/Roth/Herrmann* 2012, § 98 Rn. 21; a. A. *Mitsch* 2006, § 98 Rn. 27.

690 *Bohnert* 2010, § 98 Rn. 20.

691 *Mitsch 2006,* § 98 Rn. 28.

Ein 17-Jähriger, der seinen melderechtlichen Pflichten nicht nachgekommen war und gegen den nun gem. § 98 Abs. 2 OWiG ein Arrest vollstreckt wurde, konnte nach Aktenlage vermutlich nicht lesen und schreiben. Ob eine mündliche Anhörung erfolgte, blieb unbekannt.

Die Voraussetzungen des § 98 Abs. 2 OWiG sind mit Vorsatz und Schuld ebenso zu prüfen, wie dies in einem normalen Straf- oder Bußgeldtatbestand der Fall wäre.[692] Zudem können entgegenstehende Anweisungen des Erziehungsberechtigten oder die fehlende Möglichkeit, die mit einer Ersatzrechtsfolge einhergehenden Kosten aufzubringen, die Schuldhaftigkeit hier ebenso ausschließen, wie im Rahmen der Prüfung der Voraussetzungen von § 11 Abs. 3 JGG.[693]

Der Jugendliche muss vor Arrestverhängung über die Bedeutung der Anordnung und die Folgen der Zuwiderhandlung belehrt worden sein, namentlich auch über die fortbestehende Möglichkeit, die Geldbuße zu bezahlen statt die Ersatzrechtsfolge zu erfüllen.[694] Zudem muss ihm gem. § 98 Abs. 2 S. 3 OWiG Gelegenheit zur mündlichen Anhörung gegeben werden, denn auch hier kann das Jugendgericht in der Regel nicht allein aus den Akten ersehen, ob der Jugendliche schuldhaft oder aus Ungeschicklichkeit der Anordnung zuwidergehandelt hat.[695] Ebenso wie in Verfahren nach dem Jugendgerichtsgesetz soll das Jugendgericht alle Möglichkeiten in Betracht ziehen, den Kontakt zu dem Jugendlichen herzustellen; erzwungen werden kann das Erscheinen jedoch nicht.[696]

Sind die Voraussetzungen des § 98 Abs. 2 OWiG gegeben, so kann das Jugendgericht bis zu einer Woche Arrest verhängen. Ob dieser Arrest verhängt wird und in welcher Dauer, steht im Ermessen des Gerichts.[697] Dauerarrest sollte nur bei besonders grobem Verschulden oder sehr hohen Geldbußen verhängt werden.[698] Eine wiederholte Arrestverhängung wegen desselben Verstoßes ist – unabhängig von der verhängten Länge – gem. § 98 Abs. 3 OWiG nicht zulässig.[699] Diese Einschränkungen hinsichtlich der Dauer gegenüber dem Jugendge-

---

692 *Göhler/Gürtler/Seitz* 2012, § 98 Rn. 22; *Rebmann/Roth/Herrmann* 2012, § 98 Rn. 22.

693 *Mitsch* 2006, § 98 Rn. 28; siehe Kapitel 5.2.

694 *Bohnert* 2010, § 98 Rn. 20; *Göhler/Gürtler/Seitz* 2012, § 98 Rn. 23; *Mitsch* 2006, § 98 Rn. 29.

695 *Göhler/Gürtler/Seitz* 2012, § 98 Rn. 23a; *Krumm* 2010, S. 71.

696 *Bohnert* 2010, § 98 Rn. 20; *Göhler/Gürtler/Seitz* 2012, § 98 Rn. 23a; *Rebmann/Roth/ Herrmann* 2012, § 98 Rn. 22a; *Mitsch* 2006, § 98 Rn. 30.

697 *Göhler/Gürtler/Seitz* 2012, § 98 Rn. 25; *Mitsch* 2006, § 98 Rn. 33.

698 *Rebmann/Roth/Herrmann* 2012, § 98 Rn. 24; *Mitsch* 2006, § 98 Rn. 32.

699 *Bohnert* 2010, § 98 Rn. 22; *Göhler/Gürtler/Seitz* 2012, § 98 Rn. 24a; *Krumm* 2010, S. 71; *Rebmann/Roth/Herrmann* 2012, § 98 Rn. 24a; *Mitsch* 2006, § 98 Rn. 32.

richtsgesetz hatte der Gesetzgeber des 1. JGG-ÄndG aus erzieherischer und v. a. aus rechtsstaatlicher Sicht für erforderlich gehalten.[700]

Das Kriterium der Verhältnismäßigkeit spielt hier eine besonders ausgeprägte Rolle: Ist die Arrestverhängung angesichts des geringfügigen Rechtsverstoßes tatsächlich erforderlich? Da die Anlasstat – hier lediglich eine Ordnungswidrigkeit – für die Beurteilung der Verhältnismäßigkeit von Bedeutung bleibt,[701] ist dies hier durchaus zweifelhaft. *Albrecht* weist insofern darauf hin, dass die Verhängung von Beschlussarrest bei zugrunde liegenden Ordnungswidrigkeiten in der Regel unverhältnismäßig sei.[702] Dies gilt umso mehr, als gem. § 98 Abs. 1 S. 2 OWiG eine Abänderung der Ersatzrechtsfolge auf Antrag oder von Amts wegen als milderes Mittel durchaus möglich ist.[703] Wie im Jugendgerichtsgesetz soll dem Jugendgericht so die Möglichkeit gegeben werden, Maßnahmen aus Erziehungsgründen anzupassen.[704] Dies kommt etwa in Betracht, wenn der Betroffene die Anordnung nicht ausführen kann oder hierdurch gegenüber der ursprünglichen Zahlungspflicht unverhältnismäßig stark belastet würde.[705]

Anders als in § 11 Abs. 2 JGG ist die Möglichkeit der Befreiung von der Maßnahme jedoch nicht vorgesehen: Die ursprüngliche Geldbuße bleibt neben der Maßnahme weiterhin bestehen, denn durch die Aufhebung der Maßnahme würde dem Jugendlichen lediglich die Möglichkeit alternativer Erfüllung genommen, nicht aber die Pflicht zur Bezahlung der Geldbuße aufgehoben.[706]

Wurde der Arrest vollstreckt, so lässt dies die Pflicht zur Zahlung der Geldbuße und die Ersatzrechtsfolge unberührt, jedoch kann das Gericht den Jugendlichen hiervon befreien.[707] Umgekehrt darf der Arrest nicht mehr vollstreckt

---

700 BT-Drucksache 11/7421 S. 25; aktuelle Bestrebungen in Sachsen-Anhalt gehen gar in die Richtung, Arrestvollstreckungen wegen Schulpflichtverletzungen generell abzuschaffen, hierzu *Höynck/Klausmann* 2012, S. 403 f.

701 *Frehsee* 1989, S. 325; *Ostendorf* 1995, S. 363, der unter diesem Aspekt die Arrestverhängung nach § 98 Abs. 2 OWiG für regelmäßig unverhältnismäßig hält; *Thalmann* 2011, S. 82 mit dem Beispiel einer Arrestverhängung fünf Jahre nach der begangenen Tat.

702 *Albrecht* 2000, S. 219 mit Verweis auf *Werlich* 1985, S. 159, wonach die Hälfte aller Beschlussarreste im Untersuchungszeitraum Vollstreckungen nach § 98 OWiG waren; ebenso kritisch *Dünkel* 1991, S. 29.

703 *Bohnert* 2010, § 98 Rn. 18; *Göhler/Gürtler/Seitz* 2012, § 98 Rn. 17; *Krumm* 2010, S. 71; *Rebmann/Roth/Herrmann* 2012, § 98 Rn. 17 ff.

704 *Göhler/Gürtler/Seitz* 2012, § 98 Rn. 17.

705 *Rebmann/Roth/Herrmann* 2012, § 98 Rn. 18.

706 *Göhler/Gürtler/Seitz* 2012, § 98 Rn. 17; *Rebmann/Roth/Herrmann* § 98 Rn. 19.

707 *Göhler/Gürtler/Seitz* 2012, § 98 Rn. 28; *Rebmann/Roth/Herrmann* 2012, § 98 Rn. 26; *Wieser* 2009, S. 605; *Mitsch* 2006, § 98 Rn. 37.

werden, wenn die Geldbuße nach seiner Verhängung bezahlt oder die Ersatz-rechtsfolge erfüllt wurde.[708]

Die Geldbuße kann also auch nach Verbüßung des Arrests weiterhin gegen den Jugendlichen vollstreckt werden, wenn nicht das Jugendgericht diesbezüg-lich eine andere Entscheidung trifft. Zumeist werden die alternativen Vollstre-ckungsmöglichkeiten angeordnet worden sein, weil der Jugendliche noch keine entsprechenden finanziellen Mittel hat, die Geldbuße zu bezahlen. Wäre er als Erwachsener nicht zahlungsfähig, so würde die Bußgeldbehörde weder beitrei-ben, noch Erzwingungshaft veranlassen; die Zahlungspflicht bestünde schlicht fort, bis Vollstreckungsverjährung eintritt.[709] Nicht zahlungsfähige Jugendliche werden dagegen mit Ersatzrechtsfolgen belegt, bei deren Nichterfüllung eine freiheitsentziehende Maßnahme verhängt werden kann – werden also deutlich eingriffsintensiveren Maßnahmen ausgesetzt, mithin schlechter gestellt.[710]

8.3 Erkenntnisse der vorliegenden Untersuchung

8.3.1 Hintergründe der Arrestverhängung

Wegen Verstößen gegen umgewandelte Bußgeldbescheide nach § 98 OWiG be-fanden sich im Untersuchungszeitraum lediglich 10 Arrestanten (2% der Ge-samtzahl) in der Arrestanstalt. Dies sind erheblich weniger als nach den Erhe-bungen von *Werlich*.[711] Demnach befanden sich im Jahr 1980-1983 über 50% der Arrestanten der Jugendarrestanstalt Bremen wegen Ordnungswidrigkeiten im Beschlussarrest.

Die in der hiesigen Untersuchung so viel kleinere Zahl dürfte nicht zuletzt darauf zurückzuführen sein, dass – anders als in anderen Bundesländern – in Berlin Verstöße gegen das Schulgesetz nicht mit Bußgeldern geahndet wer-den.[712]

Der Ersatzrechtsfolge zugrunde lagen in der vorliegenden Auswertung Ver-stöße gegen das Meldegesetz und das Waffengesetz. In lediglich zwei Fällen (betreffend denselben Arrestanten) wurde Arrest wegen Verstößen gegen das Schulgesetz verhängt. Hierbei handelte es sich jedoch um Bußgeldbescheide der

708 *Rebmann/Roth/Herrmann* 2012, § 98 Rn. 23; *Wieser* 2009, S. 605; *Mitsch* 2006, § 98 Rn. 31; was auch hier dafür spricht, den Arrest als spezielle Beugemaßnahme einzu-ordnen, ebenso *Mitsch* 2006, § 98 Rn. 27; siehe *Kapitel 2.4.6*.

709 *Mitsch* 2006, § 96 Rn. 3.

710 *Bohnert* 1989, S. 16.

711 *Albrecht* 2000, S. 219; *Werlich* 1985, S. 159.

712 *Höynck/Klausmann* 2012, S. 403, Fn. 26.

Stadt Augsburg, denn Verstöße gegen das Schulgesetz werden in Berlin nicht entsprechend sanktioniert.[713]

Die 10 anordnenden Beschlüsse enthielten stets die Aufforderung, Arbeitsstunden zu leisten.[714] Dabei ist die Handhabung der Umwandlung nach § 98 OWiG bereits in den wenigen hier vorliegenden Fällen äußerst uneinheitlich, wie sich aus *Tabelle 1* ersehen lässt:

Tabelle 1: **Umwandlungspraxis nach § 98 Abs. 1 OWiG:**

Ursprüngliche Geldbuße	Verhängte Arbeitsstunden	Verhängter Arrest
20 Euro	8 Stunden	1 Woche
50 Euro	15 Stunden	4 Tage
60 Euro	8 Stunden	1 Freizeit
100 Euro	20 Stunden	1 Woche
100 Euro	40 Stunden	1 Woche
150 Euro	32 Stunden	1 Woche
150 Euro	30 Stunden	2 Wochen
173,45 Euro	25 Stunden	3 Tage
200 Euro	20 Stunden	4 Tage
240 Euro	24 Stunden	1 Freizeit
300 Euro	32 Stunden	1 Woche

Darstellung der Umwandlungspraxis nach § 98 Abs. 1 OWiG. Aus den Umwandlungsbeschlüssen ließ sich kein Grund dafür erkennen, warum eine Geldbuße von 100 Euro einmal in 20 und einmal in 40 Arbeitsstunden umgewandelt wurde, n = 10.

20 Arbeitsstunden wurden also sowohl an Stelle einer Geldbuße von 100 Euro und als auch an Stelle einer Geldbuße von 200 Euro verhängt, während gleichzeitig für eine Geldbuße von 100 Euro in einem anderen Fall 40 Arbeitsstunden verhängt wurden.

Wurden die Stunden nicht erfüllt, so verhängte das Gericht wegen der Nichterfüllung von 8 Stunden ebenso die maximale Dauer von einer Woche Dauerar-

---

713 *Höynck/Klausmann* 2012, S. 403, Fn. 26.

714 Dies entspricht der Einschätzung von *Wieser* 2009, S. 602, dass die Erbringung von Arbeitsleistungen die praktisch häufigste Auflage darstelle.

rest wie wegen der Nichterfüllung von 40 Stunden, während in einem anderen Fall für die Nichterfüllung von 24 Stunden ein Freizeitarrest verhängt wurde. In einem Fall wurden sogar rechtswidrig zwei Wochen Dauerarrest verhängt, die jedoch nur zur Hälfte (also zum rechtmäßigen Teil) vollstreckt wurden.

Eine entsprechende Uneinheitlichkeit haben auch *Höynck* und *Klausmann* in ihrer bundesweiten Untersuchung zu Schulordnungswidrigkeiten festgestellt. Die Umwandlung durch das Jugendgericht erfolgte hier nach unterschiedlichsten Mustern, sei es Arrest nach Verstoß, Bündelung der Verstöße zu einem Arrest oder nach individuellem Ermessen.[715] In den hiesigen Fällen scheint die Methode „individuelles Ermessen" angewandt worden zu sein.

Die unterschiedliche Handhabung führt nicht nur hier, sondern auch nach der Untersuchung von *Höynck* und *Klausmann* zu enormen Unterschieden in den Arrestdauern: Bei der Methode „Arrest nach Verstoß" wurde von Arrestdauern bis zu 10 Wochen berichtet.[716]

8.3.2 Die verstrichenen Zeitspannen

Wie viel Zeit zwischen der Ordnungswidrigkeit selbst und dem Arrestantritt vergangen ist, konnte nicht nachvollzogen werden, da sich der Bußgeldbescheid nicht in der Arrestakte befand und damit keine Informationen über den Zeitpunkt der Ordnungswidrigkeit vorlagen. *Höynck* und *Klausmann* berichteten, dass ihren Erkenntnissen zufolge zwischen der Schulpflichtverletzung und der Arrestvollstreckung zwischen einem und drei Jahren vergingen.[717] Dies deckt sich mit den Angaben der Landesregierung Sachsen-Anhalt auf die Anfrage der Fraktion DIE LINKE aus dem Jahr 2012.[718]

In der vorliegenden Untersuchung musste als erstes Ereignis der ursprüngliche Bußgeldbescheid herangezogen werden. Zwischen diesem und dem diesen anordnenden Beschluss des Jugendgerichts nach § 98 Abs. 1 OWiG vergingen mindestens rund eineinhalb Monate und maximal 22 Monate. Durchschnittlich dauerte es rund ein halbes Jahr, bis auf den ursprünglichen Bußgeldbescheid hin eine Ersatzrechtsfolge angeordnet wurde (vgl. *Abbildung 73*).

---

715 *Höynck/Klausmann* 2012, S. 408.

716 *Höynck/Klausmann* 2012, S. 409.

717 *Höynck/Klausmann* 2012, S. 409.

718 Landtag von Sachsen-Anhalt, Drucksache 6/693 vom 03.01.2012.

Abbildung 73: **Zeitspanne zwischen Bußgeldbescheid und anordnendem Beschluss**

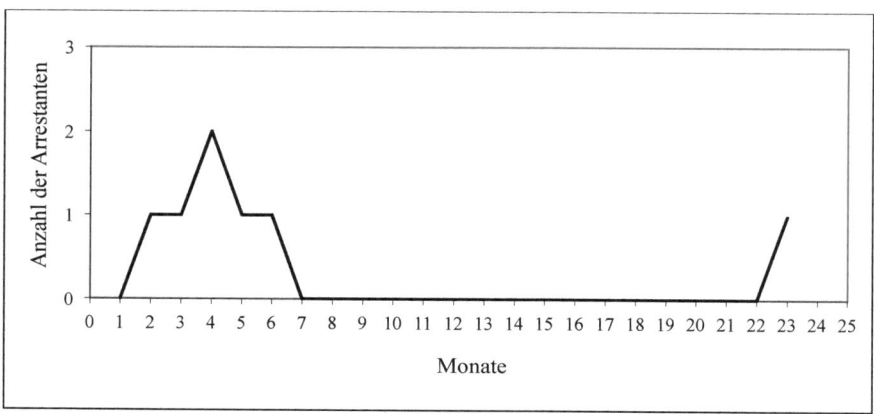

Darstellung der Zeitspanne, die zwischen dem Bußgeldbescheid und dem anordnenden Beschluss verging, die Kurve zeigt die Anzahl der Betroffenen in absoluten Zahlen an, die Monate sind gerundet, n = 8.

Zwischen dem anordnenden Beschluss und dem Arrestbeschluss vergingen mindestens gut drei Monate, höchstens jedoch rund 11 Monate. Durchschnittlich wurde der Arrestbeschluss bereits rund fünf Monate nach dem anordnenden Beschluss erlassen (vgl. *Abbildung 74*).

Abbildung 74:   Zeitspanne zwischen anordnendem Beschluss und Arrestbeschluss

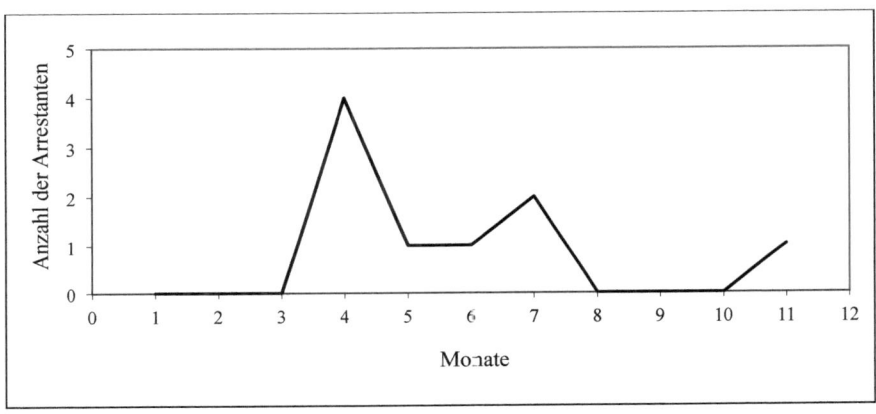

Darstellung der Zeitspanne, die zwischen dem anordnenden Beschluss nach § 98 Abs. 2 OWiG und dem Arrestbeschluss verging, die Kurve zeigt die Anzahl der Betroffenen in absoluten Zahlen an, Angabe gerundet in Monaten, n = 9.

Zwischen dem Bußgeldbescheid und Arrestbeschluss vergingen, wie sich aus *Abbildung 56* bereits ergibt, durchschnittlich rund 11 Monate, mindestens rund 6 Monate und in Extremfällen gut zwei Jahre. Zwischen dem Arrestbeschluss und Arrestantritt vergingen wiederum mindestens rund eineinhalb Monate sowie durchschnittlich rund vier Monate. Die längste Dauer zwischen dem Arrestbeschluss und dem Arrestantritt betrug hier rund 7 Monate (vgl. *Abbildung 75*).

Abbildung 75: **Zeitspanne zwischen Arrestbeschluss und Arrestantritt**

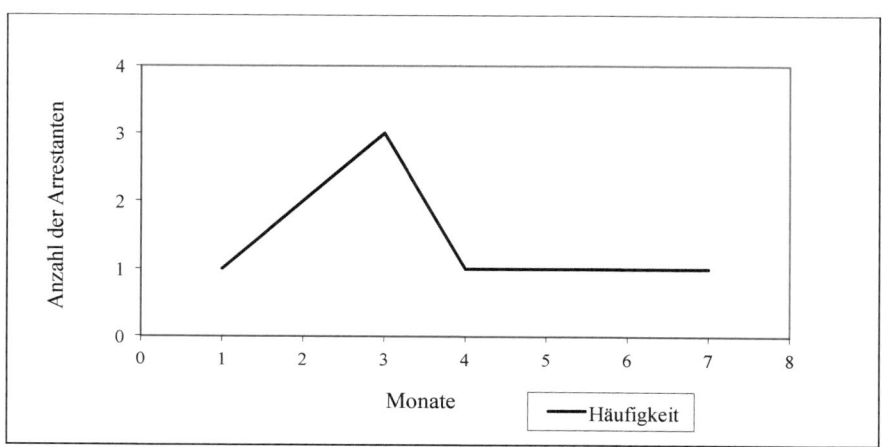

Darstellung der Zeitspanne, die zwischen der letzten Tat und dem Arrestbeschluss verging, die Kurve zeigt die Anzahl der Betroffenen in absoluten Zahlen an, Angabe gerundet in Monaten, n = 10.

Zusammenfassend vergingen damit zwischen dem Bußgeldbescheid und dem Arrestantritt mindestens rund 8 Monate, höchstens rund zweieinhalb Jahre sowie durchschnittlich rund 15 Monate (vgl. *Abbildung 76*).

Abbildung 76:   **Zeitspanne zwischen Bußgeldbescheid und**
Arrestantritt

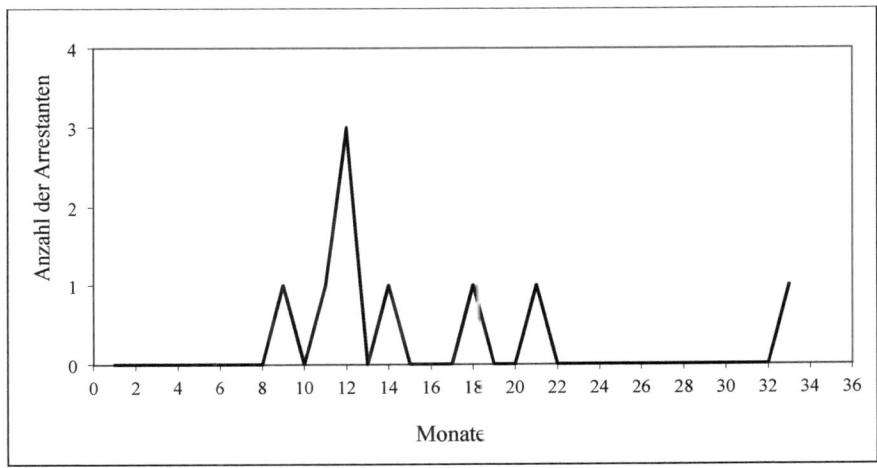

Darstellung der Zeitspanne, die zwischen dem Bußgeldbescheid und dem Arrestantritt verging, die Kurve zeigt die Anzahl der Betroffener in absoluten Zahlen an, Angabe gerundet in Monaten, n = 9. Die zugrunde liegende Ordnungswidrigkeit konnte nicht als Bezugsdatum herangezogen werden, da dieses nicht aktenkundig war.

9.   Zusammenfassung der wesentlichen Ergebnisse

9.1   Die Bedeutung des Beschlussarrests in der Praxis

Im Zusammenhang mit der Ausweitung ambulanter Maßnahmen im Zuge der Reformen zum 1. JGG-ÄndG stieg als unerwünschte Nebenfolge auch die Häufigkeit der verhängten Beschlussarreste an[719] und eröffnete neue Problemfelder in der Praxis.

Die Frage nach der dogmatischen Einordnung des Beschlussarrests ist noch immer umstritten. Dem Gesetzeswortlaut zufolge dürfte der Beschlussarrest jedoch eher als Beugemittel zu verstehen sein. Da der Gesetzgeber einerseits in der Erfüllung der Rechtsfolge ein Vollstreckungshindernis sieht, andererseits aber nach Vollstreckung des Arrests dem Jugendgericht lediglich die Möglichkeit einräumt, von der weiteren Durchsetzung der Rechtsfolge abzusehen, ist das Rechtsinstitut offenbar als Beugemittel konzipiert. Die Einordnung als eigenen jugendstrafrechtlichen Tatbestand des Ungehorsams oder korrigierende Ersatzmaßnahme scheint vor dem eindeutigen Gesetzeswortlaut nicht überzeugend.[720]

In seiner Vollstreckung ist der Beschlussarrest den ganz allgemeinen Problemen des Jugendarrests ausgesetzt. Die Rückfallquote von Jugendlichen, gegen die Jugendarrest vollstreckt wurde, ist mit 65,2% extrem hoch. Positive Resultate im Sinne einer positiven Verhaltensänderung, Neuorientierung oder eines heilsamen Schocks konnten hingegen nicht belegt werden.[721] Bereits seit Jahren fordern Kritiker deshalb neben der generellen Abschaffung des Arrests eine erzieherisch sinnvolle Ausgestaltung als stationären sozialen Trainingskurs.[722] Die aktuellen Gesetzgebungsvorhaben für ein Jugendarrestvollzugsgesetz und das bereits erlassene Jugendarrestvollzugsgesetz Nordrhein-Westfalen greifen diese Gesichtspunkte auf und legen viel Wert auf soziale Förderungsmaßnahmen und die Vermittlung von Hilfsangeboten als Nachsorge nach dem Vollzug des Arrests.[723]

Von diesen begrüßenswerten Konzepten werden auch die Arrestanten im Beschlussarrest profitieren. Gleichzeitig darf beim Vollzug des Beschlussarrests nicht aus dem Blick verloren werden, dass die Intention des Arrests gegenüber dem Urteilsarrest eine andere ist: Nicht das Unrecht der Tat soll geahndet, sondern der Arrestant soll zur Erfüllung einer anderen Rechtsfolge bewegt werden. Die erzieherische Einwirkung auf den Arrestanten muss deshalb auch in diese

---

719   Siehe *Kapitel 2.5.*

720   Siehe *Kapitel 2.4.*

721   Siehe *Kapitel 2.5.3.2.1.*

722   Siehe *Kapitel 2.5.3.2.2.*

723   Siehe *Kapitel 2.5.3.3.*

Richtung gehen. Namentlich ist den betroffenen Jugendlichen von vornherein die Möglichkeit zu geben, die Rechtsfolge aus dem Arrest heraus zu erfüllen. Da häufig auch die Unfähigkeit der Jugendlichen, sich selbst zu organisieren, hinter der Nichterfüllung steht, sollte die Arrestanstalt die Jugendlichen dabei unterstützen, die für die Erfüllung notwendigen Kontakte zu knüpfen und die entsprechenden Wege zu gehen.[724]

9.2 Die Häufigkeit des Beschlussarrests

Für den Arrestjahrgang 2009 der Jugendarrestanstalt Berlin kann festgehalten werden, dass 435 von insgesamt 1310 vollstreckten Arresten, also 33% der Gesamtzahl, Beschlussarreste waren. Dies entspricht den Ergebnissen von Hinrichs[725] und den Einschätzungen von Böttcher,[726] Feltes[727] und Albrecht.[728]

Bei diesen Zahlen muss berücksichtigt werden, dass in der Jugendarrestanstalt Berlin keine Arreste wegen Verstößen gegen das Schulgesetz vollstreckt werden, die in anderen Anstalten einen erheblichen Anteil der Arrestanten ausmachen.[729] Arreste nach § 98 Abs. 2 OWiG wurden im Untersuchungszeitraum lediglich 10 Mal vollstreckt. Obgleich eine solche Vollstreckung in Berlin nicht hinzukommt, lagen die Zahlen in Berlin 2013 mit 44% bereits in dem von *Schmidt*[730] für Hamburg geschätzten Bereich von 40-60%.

Die Häufigkeit des Beschlussarrests der Häufigkeit der verhängten Rechtsfolgen gegenüberzustellen, war in der hiesigen Auswertung in Ermangelung korrespondierender Zahlen nicht möglich.[731] Die im Untersuchungszeitraum vollstreckten Arreste beruhten nicht sämtlich auf den Rechtsfolgen des vorangegangenen Kalenderjahres, die zugrunde liegenden Urteile stammten vielmehr aus unterschiedlichen Jahren. Es war deshalb keine Vergleichszahl zu ermitteln.

Exemplarisch gegenübergestellt werden kann jedoch die Zahl der im Untersuchungszeitraum verhängten Auflagen und Weisungen: So verhängten die Berliner Jugendgerichte im Jahr 2009 1.329 Weisungen und 1.162 Auflagen, wobei letztere 71 Verurteilte zur Schadenswiedergutmachung verpflichteten, 247 eine

---

724 Siehe *Kapitel 2.4.3.2.2.*

725 *Hinrichs* 1989, S. 338 f..

726 *Böttcher* 1991, S. 7.

727 *Feltes* 1993, S. 108.

728 *Albrecht* 2000, S. 219.

729 *Höynck/Klausmann* 2012, S. 403, Fn. 26.

730 *Schmidt* 2011, S. 90.

731 Nach einer Untersuchung von *Hinrichs* 1989, S. 334 wurde im Jahre 1987/88 gegen 10% aller von einer Weisung/Geldbuße betroffenen Jugendlichen Ungehorsamsarrest verhängt und gegen 5% vollstreckt; hierzu auch *Dünkel* 1990, S. 432.

Geldauflage erhielten, sich 7 entschuldigen mussten, 824 Arbeitsleistungen zu erbringen hatten sowie 13 Arbeitsleistungen erbringen und sich entschuldigen mussten.[732] Eine Aufschlüsselung der verhängten Weisungen nach ihren Inhalten erfolgte nicht.

Diese Zahlen in Vergleich mit den nicht erfüllten Rechtsfolgen gesetzt, wären rund ein Drittel der Weisungen und 15% der Auflagen nicht erfüllt worden.

Erkenntnisse zu dem Verhältnis von verhängtem und vollstrecktem Beschlussarrest konnten ebenfalls aus den Arrestakten nicht erlangt werden.

9.3 Die Rechtsgrundlagen der vollstreckten Beschlussarreste

57% der nicht erfüllten Weisungen waren solche nach § 10 JGG, 30% der nicht erfüllten Auflagen waren nach § 15 JGG verhängt worden.

Verstöße gegen Bewährungsweisungen machten 9% der insgesamt nicht erfüllten Rechtsfolgen aus, solche wegen des Verstoßes gegen Bewährungsauflagen 3%.[733]

Arreste nach § 98 Abs. 2 OWiG wurden im Untersuchungszeitraum lediglich 10 Mal vollstreckt, dies stellt einen Anteil von 2% an den nicht erfüllten Rechtsfolgen dar.

9.4 Die Dauer der vollstreckten Beschlussarreste

Der Beschlussarrest wurde in der absoluten Mehrzahl der Fälle als Dauerarrest, und hierbei geradezu standardmäßig als zweiwöchiger Dauerarrest verhängt. Kurz- und Freizeitarrest spielten mit lediglich 2% bzw. 1% eine verschwindend geringe Rolle.[734]

Die Zeitspanne, die die Arrestantinnen in der Arrestanstalt verbrachten, betrug zwischen null und 14 Tagen, durchschnittlich waren sie 8,84 Tage im Arrest. Arrestanten verbrachten zwischen null und 14 Tage in der Arrestanstalt. Durchschnittlich waren sie 10,26 Tage im Arrest, und damit rund eineinhalb Tage länger als die Arrestantinnen.[735]

---

732 Quelle: Statistik der Senatsverwaltung Berlin.

733 Siehe *Kapitel 5.1.*

734 Siehe *Kapitel 7.1.*

735 Siehe *Kapitel 7.1.2.*

9.5 Die Anlasstat und ihre Rechtsfolgen

Am häufigsten hatten die Arrestanten sich einer Körperverletzung strafbar gemacht, dies betraf einen Anteil von 29,5%. Dem folgten Eigentumsdelikten unterschiedlicher Fassung: Diebstähle und Unterschlagungen waren von 23,3% der Arrestanten begangen worden, Sachbeschädigungen in 18,3%. Das Erschleichen von geringwertigen Leistungen, also das Schwarzfahren, machte 17,8% der Fälle aus.

Auch bei einer Auszählung nach dem personenbezogen schwersten Delikt steht die Körperverletzung an erster Stelle: 15% der Arrestanten lag eine gefährliche Körperverletzung zur Last, weiteren 9% eine einfache Körperverletzung. Es folgen einfache Eigentumsdelikte: 15% der Arrestanten begingen einen Diebstahl oder eine Unterschlagung, 12% fuhren ohne Fahrschein, 12% machten sich der Sachbeschädigung strafbar.

Insgesamt machen die Eigentumsdelikte ebenso wie in der Untersuchung von *Frehsee*[736] einen sehr hohen Teil der zugrunde liegenden Taten aus. In ganz besonderem Maße traf dies hier auf die Arrestantinnen zu, unter denen der Anteil der Körperverletzerinnen deutlich geringer war.[737]

Auch wenn das Jugendgericht in Einzelfällen sein Urteil bereits eineinhalb Monate nach der letzten abzuurteilenden Tat (dann häufig im Zusammenhang mit älteren Taten) sprach, dauerte es durchschnittlich 10 Monate, bis das Strafverfahren abgeschlossen war. Maximal waren seit der letzten Tat sogar zwei Jahre und vier Monate vergangen.

Gegen die hier betroffenen Jugendlichen wurde als auf die Anlasstat folgende Rechtsfolge in 55% der insgesamt verhängten Rechtsfolgen Weisungen verhängt, in weiteren 23% verurteilte das Jugendgericht zur Erfüllung einer Auflage. Verwarnungen, Arreste und Jugendstrafen sind mit 8%, 8% und 6% deutlich seltener unter den verhängten Rechtsfolgen vertreten.[738]

Äußerst problematisch erscheint, dass die Urteile für 78% der verhängten Rechtsfolgen keinen Erfüllungszeitraum beinhalteten. Um Beschlussarrest verhängen zu können, muss das Jugendgericht den objektiven und subjektiven Tatbestand des § 11 Abs. 3 JGG prüfen. Wurde bereits nicht mit ausgeurteilt, binnen welchen Zeitraums die Rechtsfolge zu erfüllen war, so ist die Prüfung des objektiven Tatbestands problematisch. Ist die Rechtsfolge schon nicht erfüllt, oder hatte der Jugendliche hierfür noch Zeit? Dies gilt umso mehr für die Prüfung des subjektiven Tatbestandes. Da die Rechtsfolge selbst nicht bestimmt und unmissverständlich gehalten ist, ist es dem Betroffenen nicht möglich, *konkret* abzusehen, wann mit Beschlussarrest zu rechnen war. Den Anordnungen von

---

736 *Frehsee* 1989, S. 317.

737 Siehe unter *Kapitel 4.1.1.*

738 Siehe *Kapitel 4.2.*

Jugendgerichtshelfern oder Betreuungshelfern müssen die Jugendlichen eine entsprechende Bedeutung nicht beimessen. Die „rote Linie", bei deren Überschreiten die Verhängung von Arrest zu Folge haben kann, vom Gericht gezeichnet werden.[739] Die Arrestverhängung, zumal wenn sie ohne mündliche Anhörung erfolgt, begegnet in diesen Fällen erheblichen Bedenken.[740]

9.6 Die nicht erfüllte Rechtsfolge

In den allermeisten Fällen waren die Arrestanten – basierend auf unterschiedlichen Rechtsgrundlagen – zur Erbringung von Arbeitsleistungen verpflichtet worden:

50,5% der Arrestanten, die zur Erfüllung einer Weisung verurteilt wurden, erbrachten ihre angewiesenen Arbeitsleistungen nicht. Hierauf folgten 25,8% der Arrestanten, die sich nicht dem Betreuungshelfer unterstellten und 22,2% der Arrestanten, die nicht an einem sozialen Trainingskurs teilnahmen. Die Nichterfüllung von sonstigen Weisungen betraf 19,9% der Arrestanten, die Nichterfüllung einer Weisung zur Annahme einer Ausbildungs- oder Arbeitsstelle nur 1,1%.[741]

81,5% der zur Erfüllung von Auflagen verurteilten Arrestanten erfüllten ihre Arbeitsleistungen nicht, die Nichterfüllung einer Geldauflage betraf 11,1% und die Nichterfüllung der Pflicht zur Schadenswiedergutmachung 8%.[742]

Die Auswertung der verhängten und nicht erfüllten Rechtsfolgen ließ keinen Schluss darauf zu, dass vom Arrest hauptsächlich solche Jugendliche betroffen waren, die besonders umfangreiche oder langwierige Rechtsfolgen zu erfüllen hatten:[743] Durchschnittlich hatten die Verurteilten im Wege der Weisung 36 Stunden Arbeitsleistungen zu erbringen, im Wege der Auflage waren es 46 Stunden. Vom Arrest betroffen waren damit auch solche, die mit unter 20 Stunden tatsächlich einen sehr geringen Umfang von Arbeitsstunden leisten mussten. Auch die Geldauflagen waren nicht durchweg besonders hoch, sondern begannen bereits bei einem Betrag von 50 Euro.

Insgesamt ist deshalb davon auszugehen, dass der Grund für die Nichtbefolgung weniger in der verhängten Rechtsfolge zu finden war, als vielmehr in sonstigen Lebensumständen der Betroffenen.

---

739 Siehe *Kapitel 4.3.*

740 Siehe *Kapitel 4.3.*

741 Siehe *Kapitel 5.1.1.*

742 Siehe *Kapitel 5.1.2.*

743 Mit dieser Vermutung *Eisenberg* 1989, S. 19; hierzu für den Bereich der Ersatzfreiheitsstrafen *Dünkel/Scheel* 2006.

9.7 Das Verfahren zur Arrestverhängung

Da die hier betroffenen Jugendlichen ihre Rechtsfolgen nicht erfüllten, verhängte das Jugendgericht durchschnittlich 8 Monate nach dem Urteil Beschlussarrest. In Einzelfällen verging lediglich ein Monat seit dem Urteil, maximal verstrichen nochmals zwei Jahre und vier Monate.

Zu der mündlichen Anhörung erschienen vor Arrestverhängung nur 40% der Jugendlichen, allein mit der Ermöglichung einer mündlichen Anhörung ist also der Großteil der Jugendlichen nicht zu erreichen.

Soweit die Jugendlichen zum Anhörungstermin erschienen, kamen sie meistens alleine oder wurden von Mitarbeitern der Jugendgerichtshilfe oder Bewährungshilfe begleitet. Personen aus dem näheren oder familiären Umfeld der Jugendlichen waren nur in den seltensten Fällen dabei.[744]

Die Konsequenz hieraus ist, dass gegen 60% der Jugendlichen eine freiheitsentziehende Maßnahme verhängt wurde, ohne dass das Gericht sich vor der Verhängung wirklich ein Bild von dem Betroffenen machen konnte. Dies steht zwar nicht im Widerspruch zu Art. 103 Abs. 1 GG, denn die konkrete Ausgestaltung der Gewährung rechtlichen Gehörs steht dem einfachen Gesetzgeber frei. Jedoch wird ein Verfahren, in dem keine Kommunikation stattfindet, dem Anspruch des § 2 Abs. 1 S. 2 JGG nicht gerecht, wonach auch das Verfahren vorrangig am Erziehungsgedanken auszurichten ist. Ein erzieherisches Tätigwerden setzt zwingend voraus, dass die Beteiligten miteinander kommunizieren – was ohne obligatorische mündliche Anhörung offenbar nicht gelingen kann.

Ferner ist es dem Jugendgericht kaum möglich, ohne mündliche Anhörung die Schuldhaftigkeit der Nichterfüllung beurteilen. Dies gilt vor allem für die vom Beschlussarrest betroffene Klientel, die nicht selten mit existenziellen Problemen wie Wohnungsverlust, Suchtproblematik und Arbeitslosigkeit zu kämpfen hat. Die Schuldhaftigkeit des Verstoßes kann bei einer bloßen Entscheidung nach Aktenlage nicht wirklich geprüft, sondern lediglich unterstellt werden.[745]

---

744 Siehe *Kapitel 5.4.2.*

745 Siehe *Kapitel 6.2.3.*

9.8   Der Arrestbeschluss

So deutet dann auch der Inhalt der Arrestbeschlüsse darauf hin, dass die Schuldhaftigkeit der Nichterfüllung nicht geprüft, sondern lediglich unterstellt wurde. In den allerseltensten Ausnahmefällen enthielten die Beschlüsse Anhaltspunkte dafür, dass eine Prüfung der gesetzlichen Anforderungen des § 11 Abs. 3 JGG überhaupt vorgenommen wurde. 84% der Beschlüsse beschränkten sich zur Feststellung der Schuldhaftigkeit der Nichterfüllung auf einen Textbaustein.

Das gänzliche Fehlen einer Auseinandersetzung mit der Sache in der Begründung selbst zeigt sich besonders deutlich in den Fällen, in denen die Jugendlichen in der mündlichen Anhörung Angaben gemacht hatten, weshalb sie die Rechtsfolge bislang nicht erfüllten. 70% der darauf ergehenden Arrestbeschlüsse erwähnten diese Angaben mit keinem Wort, sondern beschränkten sich auf den üblichen Begründungsbaustein. Selbst dann, wenn also von Seiten des Jugendlichen etwas entgegengesetzt wurde, wird die Begründung den gesetzlichen Anforderungen nicht gerecht.[746]

Soweit dies nach Aktenlage beurteilt werden kann, wurde hier also einem großen Teil der betroffenen Jugendlichen für durchschnittlich rund 10 Tage die Freiheit entzogen, ohne dass die Hintergründe überprüft und die Freiheitsentziehung plausibel begründet wurde.

Damit dürfte das Jugendgericht deutlich gegen den Grundsatz des rechtlichen Gehörs, Art. 103 Abs. 1 GG, verstoßen. Ganz unabhängig davon, ob zuvor in einer mündlichen Verhandlung ein produktives Gespräch stattgefunden und das Gericht seine Absichten zur Freiheitsentziehung begründet hat (was nach Aktenlage nicht beurteilt werden kann), müssen die Gründe des Arrestbeschlusses zwingend erkennen lassen, worauf die gerichtliche Entscheidung sich gründet und weshalb mildere Mittel zur Erreichung des erzieherischen Ziels nicht ausreichend waren. Eine Auseinandersetzung mit der Verteidigung des Jugendlichen muss unbedingt stattfinden. Und zuletzt muss auch deutlich werden, dass das Gericht sich darüber im Klaren war, bei der Arrestverhängung einen Ermessensspielraum zu haben. Die Begründung eines freiheitsentziehenden Beschlusses im Wege eines floskelhaften Textbausteines ist in dieser Art und Weise jedenfalls unzulässig.[747]

---

746   Siehe *Kapitel 6.2.*

747   Siehe *Kapitel 6.2.3.*

9.9   Die Arrestvollstreckung

Mindestens einen Monat nach dem Arrestbeschluss, durchschnittlich jedoch rund vier Monate und maximal sogar 14 Monate nach dem Arrestbeschluss traten die Arrestanten den Arrest an.[748]

Seit der Tat waren zu diesem Zeitpunkt mindestens 9 Monate und maximal fünf Jahre verstrichen, durchschnittlich lag die Tat bereits ein Jahr und 9 Monate zurück, so dass davon ausgegangen werden muss, dass ein Bezug der Betroffenen zu der Anlasstat kaum noch vorlag.[749]

Zwar hat sich die Mehrzahl der Arrestanten dem Arrestvollzug freiwillig gestellt, jedoch mussten immerhin 38% dem Arrest zugeführt werden.[750] Auch wenn dies eine deutlich kleinere Zahl als die 50% ist, die in der Untersuchung von *Werlich*[751] per Haftbefehl zugeführt werden mussten, erfolgte für viele Arrestanten hier weiterer Zwang und womöglich weitere Stigmatisierung.

Unter den Zugeführten hatten fast zwei Drittel gegenüber dem Gericht oder der Arrestanstalt den Konsum von Suchtmitteln bejaht. Die Hälfte der Zugeführten war bereits nicht bei der mündlichen Anhörung, so dass der Eindruck entsteht, dass sie durch behördliche Schreiben überhaupt nicht erreichbar waren.[752]

Für insgesamt 71 Arrestanten war in der Arrestakte vermerkt, dass sie zuvor von der Arrestanstalt abgewiesen worden waren, hierunter auch fünf Arrestanten, die später zugeführt wurden. Die Gründe für die Abweisung lagen teils in der Person der Arrestanten, sei es Alkoholisierung, fehlende Papiere oder falsche Zeiten, teils lagen sie aber auch auf Seiten der Arrestanstalt, wenn diese überfüllt war.

Vollständig verbüßt haben den Arrest nur 10% der Arrestanten, wobei es sich bei den vorzeitigen Entlassungen häufig lediglich um einige Stunden handelte. Zumeist war der Vollzugsleiter hier der Ansicht gewesen, dass der Zweck des Arrests erfüllt sei. In 12% der vorzeitigen Entlassungen war die Rechtsfolge erfüllt worden, 4% wurden aus gesundheitlichen Gründen entlassen.[753]

9.10   Speziell: Arreste nach § 98 Abs. 2 OWiG

Arrestanten, bei denen Arreste aufgrund einer Vollstreckung im Bußgeldverfahren nach § 98 Abs. 2 OWiG vollstreckt wurden, fanden sich im Kalenderjahr

---

748   Siehe *Kapitel 7.4* und *Kapitel 8.3.2.*

749   Siehe *Kapitel 7.4.*

750   Siehe *Kapitel 7.2.*

751   *Werlich* 1985, S. 158.

752   Siehe *Kapitel 7.2.*

753   Siehe *Kapitel 7.3.*

2009 nur ausnahmsweise in der Jugendarrestanstalt Berlin. Nur 10 Arrestanten waren hiervon betroffen. Dies dürfte zum Hintergrund haben, dass in Berlin anders als in allen anderen Bundesländern Schulschwänzer nicht mit einem Bußgeld belegt werden und damit auch eine alternative Vollstreckung nach § 98 Abs. 2 OWiG ausscheidet. Den vorliegenden Arresten lagen Bußgeldbescheide wegen Verstößen gegen das Meldegesetz und gegen das Waffengesetz zugrunde. Gegen einen Arrestant wurde der Arrest aufgrund eines bayrischen Bußgeldbescheids wegen Verstößen gegen das Schulgesetz vollstreckt.

Ebenso wie im Strafverfahren hat der Arrest nach § 98 Abs. 2 OWiG hier Beugecharakter: Erfüllt der Betroffene vor Arrestantritt die alternativ angeordnete Maßnahme oder bezahlt er die Geldbuße, darf der Arrest nicht mehr vollstreckt werden. Wurde der Arrest vollstreckt, kann das Gericht von der weiteren Vollstreckung der Geldbuße absehen.[754]

Der Umstand, dass mittellose Jugendliche über die alternativen Vollstreckungsmöglichkeiten im Bußgeldverfahren gegebenenfalls einer freiheitsentziehenden Maßnahme ausgesetzt sind, während bei mittellosen Erwachsenen weitere Vollstreckungs- oder Beugemaßnahmen wegen Erfolglosigkeit nicht vorgenommen werden, stimmt bedenklich. Ebenso die Umwandlungspraxis des Gerichts, das bei einem ausstehenden Bußgeld von 100 Euro beispielsweise einmal die Erbringung von 20 Stunden, einmal von 40 Stunden Arbeitsleistungen anordnet, und für die Nichterfüllung von 25 Stunden drei Tage Kurzarrest verhängt ebenso wie für 20 Stunden Nichterfüllung eine Woche Dauerarrest.[755]

Der Arrest nach dem Ordnungswidrigkeitengesetz wird vor allem in seiner Ausprägung als Sanktion für Schulschwänzer auch in der Praxis eher kritisch gesehen.[756] Dies gilt insbesondere angesichts der enormen regionalen Ungleichheiten: Der Anteil von Vollstreckungen allein wegen Schulordnungswidrigkeiten lag der Untersuchung von *Höynck* und *Hausmann* zufolge zwischen 3% und 33%, während in Berlin solche Vollstreckungen von vornherein nicht möglich sind.[757]

Zum Zeitpunkt des anordnenden Beschlusses waren mindestens rund eineinhalb Monate und maximal 22 Monate, durchschnittlich jedoch rund ein halbes Jahr seit dem ursprünglichen Bußgeldbescheid vergangen.

Bis nach dem anordnenden Beschluss der Arrestbeschluss erging, vergingen mindestens gut drei und höchstens 11 Monate. Durchschnittlich wurde der Arrestbeschluss bereits rund fünf Monate nach dem anordnenden Beschluss erlassen.

---

754 Siehe *Kapitel 8.2.*

755 Siehe *Kapitel 8.3.1.*

756 *Höynck/Klausmann* 2012, S. 409 und S. 403, wonach die Landesregierung in Sachsen-Anhalt diesen sogar abschaffen will; *Thalmann* 2011, S. 83.

757 Siehe *Kapitel 1.1.*

Bis zum Arrestantritt vergingen dann wiederum mindestens rund eineinhalb Monate sowie durchschnittlich rund vier Monate. Maximal verstrichen rund 7 Monate. Seit dem Bußgeldbescheid waren dann bereits mindestens rund 8 Monate, höchstens ca. zweieinhalb Jahre und durchschnittlich 15 Monate vergangen.[758] Die zugrunde liegende Ordnungswidrigkeit lag noch länger zurück, wobei dieses Datum in den ausgewerteten Arrestakten nicht aktenkundig war.

9.11 Die betroffene Klientel

Wie bereits durchweg in den vorangegangenen Veröffentlichungen[759] festgestellt, handelt es sich bei der vom Beschlussarrest betroffenen Klientel um sozial besonders benachteiligte Jugendliche.

56% der Eltern der Verurteilten lebten nach den Erkenntnissen des Gerichts getrennt. Bei nicht wenigen Arrestanten ergaben sich aus der Arrestakte zudem erhebliche familiäre Missstände sowie Gewalt- oder Suchtproblematiken der Eltern.[760]

Für 40% der weiblichen und 30% der männlichen Verurteilten hatte das Gericht festgestellt, dass diese bereits außerfamiliär untergebracht worden waren, wobei die Dauer auf Grundlage der vorliegenden Unterlagen nicht präzisiert werden konnte.[761]

Unter den Arrestantinnen, die gegenüber der Arrestanstalt Angaben zu ihrer Wohnsituation gemacht hatten, hatten 50% angegeben, dass sie im betreuten Wohnen untergebracht waren.

Daneben waren rund 11% der Arrestanten zum Zeitpunkt des Arrests ohne festen Wohnsitz. Bemerkenswert war, dass unter diesen Arrestanten 77% zum Zeitpunkt des Urteils noch angegeben hatten, einen festen Wohnsitz zu haben, so dass sich deren Situation seit der Urteilsverkündung offenbar erheblich verschlechtert hat.[762]

Zum Zeitpunkt der Arrestvollstreckung waren 60% der Arrestanten arbeitslos, über 50% der weiblichen Verurteilten und 43% der männlichen Verurteilten hatten die Schule ohne Abschluss verlassen.[763]

57% der Arrestanten bejahten gegenüber dem Jugendgericht oder gegenüber der Arrestanstalt den Konsum von Suchtmitteln, wobei es sich hier zumeist um

---

758 Siehe *Kapitel 8.3.2.*

759 *Albrecht* 2000, S. 219; *Dünkel* 1991, S. 29 („besonders schwierige Klientel"); *Eisenberg* 1989, S. 18; *Frehsee* 1989, S. 317; *Pfeiffer* 1981, S. 47 f.; *Werlich* 1985, S. 173.

760 Siehe *Kapitel 3.1.*

761 Siehe *Kapitel 3.6.*

762 Siehe *Kapitel 3.2.2.* und *5.2.4.3.*

763 Siehe *Kapitel 3.3.*

Alkohol und Cannabis handelte. Jedoch wurden auch harte Drogen konsumiert, immerhin 9 Arrestanten mussten wegen Entzugserscheinungen vorzeitig aus dem Arrest entlassen werden.[764]

Bei 7% der Arrestanten ergaben sich aus der Arrestakte psychische Auffälligkeiten, die teilweise bereits zu stationärer Unterbringung geführt hatten.[765]

83% der weiblichen und 86% der männlichen Verurteilten waren nach den Erkenntnissen des Jugendgerichts strafrechtlich vorbelastet, hierunter wiederum 47% der weiblichen und 68% der männlichen Verurteilten mehrfach. In 12,5% der Fälle hatte das Jugendgericht festgestellt, dass in einem anderen Verfahren bereits Beschlussarrest verhängt worden war. Die Arrestanstalt hat Erfahrungen mit Beschlussarrest in 41,7% der Fälle verzeichnet, allerdings hatten hier nur wenige Arrestanten überhaupt Auskunft über Vorbelastungen erteilt.[766]

Tabelle 2:   „Gefährdungsmerkmale"

Gefährdungsmerkmal	Laut Urteil	Laut Arrestakte
Ein Elternteil verstorben	29	3
Beide Eltern verstorben	5	0
Eltern getrennt	129	14
Unterbringung im Heim	4	1
Unterbringung in betreutem Wohnen	27	17
Allgemein: außerfamiliäre Unterbringung	74	18
Sonderschüler	20	Keine Angabe
Abgebrochene Ausbildung	191	60
Arbeitslos	126	264
Alkoholkonsum	70	118

Darstellung die Verteilung sogenannte Gefährdungsmerkmale auf den untersuchten Arrestjahrgang. Diese Merkmale werden in der Literatur als Anhaltspunkte für eine aufgrund zu hoher Belastungen vorliegende Arrestungeeignetheit herangezogen. Die Angabe erfolgt in absoluten Zahlen.

---

764   Siehe *Kapitel 5.2.4.2.*

765   Siehe *Kapitel 5.2.4.4.*

766   Siehe *Kapitel 3.5.*

Die vorstehende Tabelle zeigt nochmals die so genannten Gefährdungsmerkmale[767] auf, die in der Literatur als Indikator für eine aufgrund zu großer
Zusatzbelastungen bestehende Arrestungeeignetheit gewertet werden.[768] Die
gängigen Merkmale wie Fehlen eines Elternteils, Heimerziehung, Sonderschü-
ler, abgebrochene Schule/Lehre, arbeitslos sowie Alkoholeinfluss bei der Tat
wurden hier basierend auf den vorhandenen Daten noch etwas weiter aufgeschlüsselt.

9.12 Fazit

Insgesamt betrachtet ist der Beschlussarrest ein sehr umstrittenes Rechtsinstitut.
Während die einen ihn als notwendiges Damoklesschwert für die Durchsetzung
der ausgeurteilten Rechtsfolgen und zur Wahrung der Autorität der Jugendgerichte für zwingend erforderlich halten, lehnen andere ihn als überflüssig und
unverhältnismäßig ab. Vermittelnde Ansätze sehen das Problem nicht so sehr in
der Existenz des Beschlussarrests an sich, sondern in seiner Umsetzung.[769]
  Die Ergebnisse der vorliegenden Untersuchung stimmen insgesamt gegenüber dem Beschlussarrest sehr bedenklich. Bei Aufrechterhaltung dieses Rechts-
institutes sind konkrete Veränderungen notwendig, die im Folgenden aufgeführt
werden. Werden diese konkreten Veränderungen umgesetzt, dürfte für den Beschlussarrest selbst jedoch kaum ein Anwendungsbereich mehr bleiben.

9.12.1   Setzen eines konkreten Erfüllungszeitraums

Das Jugendgericht ist gehalten, in seinem Urteil für die verhängte Rechtsfolge
einen konkreten Erfüllungszeitraum zu setzen, um die Prüfung des Nichterfül-
lungstatbestandes überhaupt erst zu ermöglichen. Fehlt es hieran, kann weder
der objektive noch der subjektive Tatbestand des § 11 Abs. 3 JGG umfassend
geprüft werden – umso mehr, wenn eine mündliche Anhörung wegen des Nichterscheinens des Jugendlichen nicht stattgefunden hat.

9.12.2   Stärkung der Kommunikation im Verfahren

Nicht nur die vorliegende Untersuchung, sondern auch die Ergebnisse früherer
Forschungen weisen darauf hin, dass im Jugendstrafverfahren häufig keine erfolgreiche Kommunikation zwischen den Verfahrensbeteiligten stattfindet. Dies
dürfte seinen Hintergrund nicht zuletzt in den völlig unterschiedlichen Erfah-
rungs- und Lebenswelten haben, die sich in dem jeweils gewählten Kommunika-

---

767   *Pfeiffer* 1981, S. 38; *Werlich* 1985, S. 161.

768   *Pfeiffer* 1981, S. 35.

769   Siehe *Kapitel 2.6.*

tionsstil niederschlagen. Die Kommunikation im Jugendstrafverfahren ist deshalb generell ein Bereich, dem größere Beachtung gebührt.[770]

In den hiesigen Fällen kommt erschwerend hinzu, dass es sich bei den betroffenen Jugendlichen um eine äußerst belastete Klientel handelt, der es zumeist in noch größerem Maße schwer fällt, die behördlichen Vorgänge zu begreifen. Um den Anforderungen des § 2 Abs. 1 S. 2 JGG an ein erzieherisch ausgestaltetes Verfahren gerecht zu werden, muss das Gericht hier besonders sorgfältig ein Kommunikationsmittel auswählen, mit dem es die Jugendlichen erreicht. Hierzu ist zunächst die Erforschung der persönlichen Hintergründe des Jugendlichen erforderlich – wenn dieser bereits die deutsche Sprache nicht versteht oder es darüber hinaus an Ausdrucksmöglichkeiten mangelt, ist die Übersendung eines Formschreibens ebenso wenig erfolgversprechend, wie wenn der Jugendliche aufgrund seiner massiven Suchtproblematik ohnehin kein Verständnis mehr für seine Post aufbringt oder seine Wohnung gerade zwangsgeräumt wird.

Zeichnet sich also ab, dass es Probleme mit der Erfüllung der Rechtsfolge gibt, darf das Gericht sich nicht damit begnügen, das übliche Schreiben mit dem üblichen Textbaustein zu versenden. Es muss vielmehr in einem ersten Schritt herausfinden, wie es den Jugendlichen am besten erreicht und dann entsprechende Kommunikationsmittel wählen.

9.12.3   Zwingende mündliche Anhörung

Typischerweise wird die erfolgversprechendste Möglichkeit, mit dem Jugendlichen einen Dialog zu führen, eine mündliche Anhörung sein. Allerdings hat das Gericht bei der aktuellen Gesetzeslage keine Handhabe, deren Stattfinden auch durchzusetzen: Erscheint der Jugendliche zum angesetzten Termin nicht, kann er nicht herbeigezwungen werden.

Das hat zur misslichen Folge, dass das Gericht in vielen Fällen überhaupt nicht erfährt, warum der Jugendliche die Rechtsfolge nicht erfüllt – und das, obgleich nicht selten hinter seinem Verhalten existenzielle Umstände wie akute Probleme mit der Wohnsituation oder eine Suchtproblematik stecken.

Dem Gericht muss deshalb die Möglichkeit an die Hand gegeben werden, ein Gespräch mit dem Jugendlichen zu führen. Hier ist der Gesetzgeber gefordert: Die mündliche Anhörung muss als zwingender Termin ausgestaltet werden, das Gericht muss Möglichkeiten haben, das Erscheinen des Jugendlichen auch zwangsweise herbeizuführen, und sei es in einer Vorführung. Die Vorführung zur mündlichen Anhörung ist noch immer milder als die Zuführung zum Arrest.

Findet die mündliche Anhörung statt, so muss das Gericht sich in dem Termin tatsächlich die Zeit nehmen, die Gründe für die Nichterfüllung zu eruieren.

---

770   Hierzu ausführlich *Ohder* 2009, S. 427 ff.

Hier bietet sich an, die Anhörung nach der Art einer Hauptverhandlung auszugestalten – oder aber sich an einem „runden Tisch" gemeinsam mit dem Träger der
Maßnahme, der Jugendgerichtshilfe, dem Jugendlichen und seiner Begleitung
zusammenzusetzen.[771] Der Jugendliche muss in jedem Fall die Möglichkeit haben, seine Sicht der Dinge darzulegen – und sich sicher sein können, dass seine
Sichtweise auch wahrgenommen wird und für das Verfahren von Bedeutung ist.

9.12.4 *Ermittlung der Schuldhaftigkeit des Verstoßes*

Eine zwingende mündliche Anhörung ist nur ein Aspekt für einen Punkt in dem
dringlich Verbesserungen erforderlich sind: Die Praxis muss der Ermittlung der
Schuldhaftigkeit des Verstoßes die vom Gesetzgeber vorgesehene Bedeutung
einräumen. Der damit verbundene Mehraufwand darf keinen Hinderungsgrund
darstellen. Gegebenenfalls müssen die personellen Ressourcen der Jugendgerichte erweitert werden, um eine gelungene Strafrechtspflege zu ermöglichen.
  Allein von der Nichterfüllung der Rechtsfolge auf die Schuldhaftigkeit des
Verhaltens zu schließen, ist weder so vorgesehen noch zulässig. Vielmehr muss
das Gericht die Erfüllung des Tatbestandes des § 11 Abs. 3 JGG tatsächlich prüfen, und dies bedeutet, dass die Hintergründe für eine Nichterfüllung ermittelt
werden müssen. Bereits in objektiver Hinsicht stellt sich hier oft die Frage, ob
eine Nichterfüllung schon vorliegt – nämlich, wenn kein Erfüllungszeitraum
tenoriert wurde. In vielen Fällen wird sich darüber hinaus zeigen, dass Umstände vorliegen, die an der Schuldhaftigkeit deutliche Zweifel aufwerfen und die
viel eher darauf hindeuten, dass die verhängte Maßnahme nicht geeignet war
und eine Umwandlung zu erwägen ist.
  Da die Ermittlungen der subjektiven Hintergründe dem Gericht in der Praxis
kaum möglich sein werden, ist die Einschaltung einer Zwischeninstanz sinnvoll.
Hier bietet sich an, den Mitarbeiterstab der Jugendgerichtshilfe um „Arrestver-
meidungsstellen" zu erweitern. Diese Mitarbeiter könnten sich mit dem Jugendlichen auseinandersetzen und als Ergebnis des Gesprächs entweder den Jugendlichen zur Erfüllung der Rechtsfolge bewegen, oder dem Gericht die für die
Prüfung des Tatbestandes des § 11 Abs. 3 JGG erforderlichen Informationen
übermitteln.

9.12.5 *Ausschöpfung der milderen Mittel*

Das Gericht ist auf Basis dieser Informationen sodann gehalten, die vom Gesetzgeber in §§ 11 Abs. 2, 15 Abs. 3 JGG vorgesehenen milderen Mittel auszu-
schöpfen. Hierunter fällt namentlich die Umwandlung der Rechtsfolge in all den

---

771 *Bottke* 1984, S. 26; *Meier/Rössner/Trüg/Wulf* 2011, § 65 Rn. 8; in diese Richtung auch
  Dünkel 1991, S. 29.

Fällen, in denen sich die Verhältnisse in der Zwischenzeit erheblich verändert haben oder sich die Rechtsfolge als ungeeignet herausgestellt hat.

Milderes Mittel in diesem Sinne ist auch, mit Blick auf die Legalbewährung gegebenenfalls von der weiteren Durchsetzung der Rechtsfolge abzusehen, wenn der Jugendliche sich bereits seit langem legal bewährt, ist ein erzieherischer Bedarf offenbar nicht mehr gegeben.

9.12.6 Begründung der Freiheitsentziehung

Entscheidet sich das Gericht dennoch, Beschlussarrest zu verhängen, so darf dies nicht mittels eines Textbausteines geschehen. Die Freiheitsentziehung von immerhin durchschnittlich über 10 Tagen muss dezidiert begründet werden und erkennen lassen, dass das Gericht die Hintergründe geprüft und seine Entscheidung auf dieser Basis in Kenntnis des ihm zustehenden Ermessens getroffen hat.

9.12.7 Bemühung alternativer Methoden

Zuletzt stellt sich dann die Frage, ob der Beschlussarrest überhaupt das geeignete Mittel ist, um den erzieherischen Erfolg der ursprünglich verhängten Maßnahme zu erreichen. In Anbetracht der doch zahlreichen Probleme in der Umsetzung des Beschlussarrestes gilt insofern zu erwägen, ob und mit welchen alternativen Modellen auf die Nichtbefolgung reagiert werden kann. Ansatzpunkt könnte hier die Problematik der Kommunikation im Jugendstrafverfahren sein. Wie bereits ausgeführt[772] scheint die Verständigung zwischen Jugendlichen und Gericht gewissermaßen holprig zu sein:

Das Gericht versendet aufgrund seiner Erkenntnisse aus der Akte Formschreiben, welche die Jugendlichen ihrerseits häufig nicht begreifen oder im Wege des Verdrängens ignorieren. Dementsprechend bleibt das Gericht oft in Unkenntnis etwaiger Gründe für die Nichtbefolgung, schließt deshalb – unzulässigerweise – auf deren Schuldhaftigkeit und verhängt Beschlussarrest. Die Jugendlichen wiederum nehmen dies als notwendige Folge hin und begreifen oftmals noch nicht einmal, dass sie die Vollstreckung des Arrests durch die Erfüllung der Rechtsfolge noch abwenden könnten – trotz entgegenstehender Hinweise im Arrestbeschluss.[773]

Der Schlüssel für die Vermeidung dieser Verständigungsdefizite liegt deshalb in verbesserter Kommunikation:

Beispielhaft herangezogen werden kann hier das von *Emig* geschilderte Modell einer bei der Jugendgerichtshilfe eingerichteten Arrestvermeidungsstelle. Aufgrund einer Vereinbarung mit dem Jugendgericht sollten die Akten derjeni-

---

772 Siehe *Kapitel 5.4.* und *6.2.*

773 *Hinrichs* 1990, S. 336.

gen Jugendlichen, für die eine Arrestverhängung bevorstand, vorab der Arrest-vermeidungsstelle übersandt werden. Der zuständige Mitarbeiter wandte sich dann an die betroffenen Jugendlichen, um die Gründe für die Nichterfüllung herauszufinden und auf die Erfüllung der Rechtsfolge bzw. auf deren Abände-rung hinzuwirken. Mit diesem Modell konnten die vollstreckten Beschlussarres-te im Jahr 1989/90 im Vergleich zum Jahr 1987 um 64,1% gesenkt werden.[774]

Dies ist wenig überraschend: Wie in der vorliegenden Untersuchung hat sich auch bei der Auswertung von *Emig* gezeigt, dass viele betroffene Jugendliche mannigfaltige Probleme anderer Art haben, die von Sucht- und Wohnungspro-blemen über Sprachbarrieren bis zur Verschuldung reichen.[775] In solchen Fall-gestaltungen kann es bereits genügen, wenn der zuständige Mitarbeiter der Jugendgerichtshilfe dem Jugendlichen noch einmal Verpflichtung und mögliche Folgen erläutert und ihm bei der Knüpfung der für die Erfüllung erforderlichen Kontakte hilft. Zeigt sich, dass angesichts der persönlichen Verhältnisse die Er-füllung der Rechtsfolge aussichtslos ist, so kann der Mitarbeiter das Gericht hiervon in Kenntnis setzen und so wiederum den Weg für eine Abänderung der Rechtsfolge zu bereiten.

Die Kommunikation mit einem Mitarbeiter der sozialen Dienste ist für die Jugendlichen zudem womöglich einfacher als die Kommunikation mit dem Ge-richt. Mit der Einschaltung einer solchen Zwischeninstanz könnten Arreste die-sen Erkenntnissen zufolge vielfach vermieden werden.

So kam auch *Kuil* in seinen Untersuchungen zu dem Ergebnis, dass durch die frühzeitige Einschaltung der Jugendgerichtshilfe Beschlussarreste vermieden werden können: Wirkte die Jugendgerichtshilfe mit, so wurde nach seiner Er-kenntnis jeder zweite Arrest durch die nachträgliche Erfüllung der Rechtsfolge abgewendet.[776]

In die gleiche Richtung gehen die Feststellungen von *Hinrichs*. Seiner Auf-fassung nach müsste der allergrößte Teil der Beschlussarreste nicht vollstreckt werden, wenn die Jugendlichen im Vorfeld mehr Unterstützung für die Erfül-lung der Rechtsfolge erhalten würden. Seine Zahlen zugrunde gelegt, wurde in nur 27% der abgeschlossenen Vollstreckungsersuchen der Arrest noch voll-streckt, die meisten Jugendlichen erfüllten mit Unterstützung der Jugendge-richtshilfe noch vorher ihre Weisungen. Von denjenigen, gegen die Arrest voll-streckt wurde, waren zwei Drittel ohne weiteres erfüllungsbereit und hätten, so

---

774 *Dünkel* 1990, S. 26; *Emig* 1990, S. 52.

775 *Emig* 1990, S. 53.

776 *Kuil* 1990, S. 333, der jedoch kritisch darauf hinweist, dass die Jugendgerichtshilfe nicht durchweg bereit ist, arrestvermeidend einzuwirken sondern in einigen Fällen auch explizit die Vollstreckung des Arrests befürwortet.

die Einschätzung von *Hinrichs,* bei einer besseren Betreuung die Rechtsfolge auch vor Arrestvollstreckung noch erfüllt.[777]

In diese Richtung deuten auch die aktuellen Ergebnisse von *Höynck* und *Klausmann:* In ihrer Untersuchung zum Arrest gegen Schulverweigerer haben sie darauf hingewiesen, dass in Gegenden mit speziellen Jugendhilfeangeboten tendenziell weniger Arreste wegen Verstößen gegen das Schulgesetz vollstreckt werden.[778] Dies erscheint mit Blick auf die Hintergründe des Schulschwänzertums logisch: Bleibt ein Schüler dem Unterricht fern, so handelt es sich hierbei nicht um einen schlichten Ordnungsverstoß wie beispielsweise bei einem Verstoß gegen das Meldegesetz. Das Verhalten des Jugendlichen hat in der Regel komplexe Ursachen, die sich unter geeigneten Umständen schnell ändern können. Durch die Schaffung entsprechender Anreize mit passenden Hilfsangeboten kann hier das gewünschte Verhalten eher herbeigeführt werden, als durch die Vollstreckung von Arresten.[779]

Ebenso weisen *Seidl/Holthusen/Hoops* darauf hin, dass die Gefahr des Scheiterns der ursprüngliche Maßnahme durch eine bessere Begleitung durch die Jugendhilfe bereits im Strafverfahren, aber auch bei Zuweisung und Durchführung, reduziert werden könnte.[780]

Alle genannten Autoren kamen mithin zu der Erkenntnis, dass ein Mehr an Kommunikation zu einem Weniger an Arresten führt. Sicherlich werden nicht alle Rechtsfolgen durch diese Vorgehensweise erfüllt werden, es wird immer ein kleiner Anteil der Totalverweigerer übrig bleiben. Ob der Beschlussarrest für diese Fälle das erzieherisch sinnvollste Mittel ist, ist jedoch fraglich. Die Erzwingung der Teilnahme an sozialpädagogisch motivierten Weisungen wie sozialem Trainingskurs, Betreuungsweisung und Täter-Opfer-Ausgleich ist außerdem wohl eher nicht im Sinne des eigentlichen Weisungsziels: Pädagogische Ziele lassen sich mit purem Zwang nicht erreichen, eine gewisse Freiwilligkeit ist Grundvoraussetzung.

Mit Blick auf die im Zuge dieser Untersuchung aufgeworfenen Probleme und unter Würdigung des Erziehungsgedankens scheint sinnvoller, wie von *Hinrichs*[781] vorgeschlagen die Legalbewährung des Betroffenen zum Maßstab der Entscheidung zu machen:

---

777 *Hinrichs* 1990, S. 336.

778 *Höynck/Klausmann* 2012, S. 408 f.

779 *Höynck/Klausmann* 2012, S. 409 mit dem Hinweis, dass Bußgeldverfahren gegen Schulschwänzer ohnehin fragwürdig sind; entsprechend auch der Antrag der Fraktion DIE LINKE im Landtag Sachsen-Anhalt, der auf eine Abschaffung des Arrests für Schulschwänzer gerichtet ist, Drucksache 6/1885.

780 *Seidl/Holthusen/Hoops* 2013, S. 294.

781 *Hinrichs* 1990, S. 337.

Hat sich der Jugendliche zwischenzeitlich – und das bedeutet hier in den letzten durchschnittlich 21 Monaten seit der Tat – legal bewährt, so sind offenkundig keine erzieherischen Maßnahmen mehr erforderlich, um ihn auf dem Wege der Legalbewährung zu unterstützen. Angesichts der potenziell schädlichen Wirkungen des Arrestvollzuges[782] erscheint es problematisch und womöglich kontraproduktiv, einen in den letzten 21 Monaten strafrechtlich nicht in Erscheinung getretenen Jugendlichen einer solchen freiheitsentziehenden Maßnahme auszusehen. Das verfolgte Ziel – nämlich die Legalbewährung des Jugendlichen – wurde schließlich bereits erreicht. Hat der Jugendliche sich nicht legal bewährt, so wird sein Verhalten in dem neuen Verfahren Berücksichtigung finden.[783]

9.12.8 Ausblick und Schlussfolgerungen

Die der Untersuchung zugrunde liegenden Daten stammen aus dem Kalenderjahr 2009. Das Thema hat jedoch an Aktualität nicht eingebüßt: Sowohl die Senatsverwaltung Berlin als auch die Jugendarrestanstalt Berlin haben Zahlen für die Kalenderjahre 2009-2012, die Jugendarrestanstalt sogar bis 2013 zur Verfügung gestellt. Diese zeigen, dass einerseits die Anzahl der nach Jugendstrafrecht formell Sanktionierten seit 2009 kontinuierlich sinkt, die Anzahl der vollstreckten Beschlussarreste aber andererseits unabhängig davon ziemlich konstant blieb (vgl. *Abbildung 77*). Dementsprechend stellt sich das Problem des Beschlussarrests mit immer höherer Brisanz: Belief sich sein Anteil an den insgesamt vollstreckten Arresten in der Jugendarrestanstalt Berlin im Untersuchungszeitraum 2009 noch auf 33%, war der Anteil im Jahr 2013 bereits auf 44% gestiegen. Nun war also fast die Hälfte der Arrestanten im Beschlussarrest (vgl. *Abbildung 78*).
   Dies steht im Einklang mit den einleitend genannten aktuellen Entwicklungen[784] in Schleswig-Holstein und Hamburg: In beiden Bundesländern hat sich der Anteil der Beschlussarreste im Verlauf der Jahre erhöht und lag im Jahr 2011 bei 47,5% (Hamburg)[785] und 41% (Schleswig-Holstein).[786]

---

782 Siehe *Kapitel 2.5.3.2.1.*

783 *DVJJ* 2002, S. 78; *Ostendorf* 1989, S. 330 mit Verweis auf die Rechtslage in Österreich.

784 Siehe *Kapitel 1.1.*

785 *Kolberg/Wetzel* 2012, S. 119.

786 Landtag Schleswig-Holstein, Drucksache 18/891 vom 04.06.2013, S. 32.

Abbildung 77: **Entwicklung der Sanktionierungspraxis in Berlin 2009-2012**

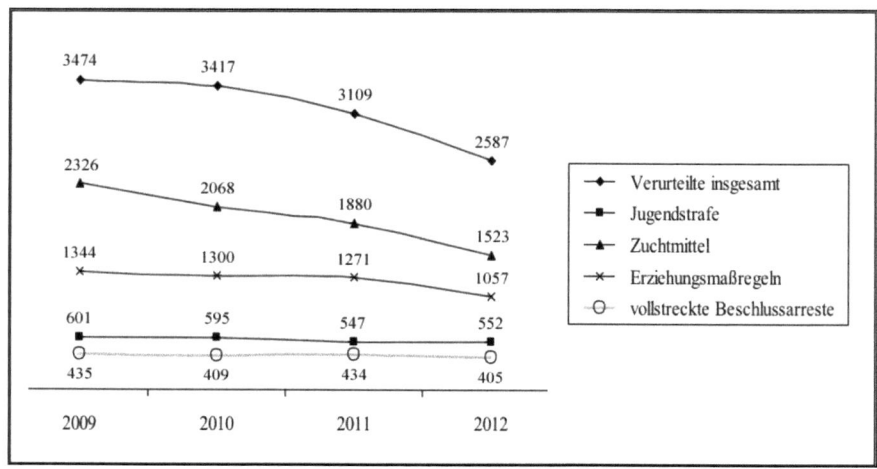

Darstellung der Verurteiltenzahlen insgesamt, der Zahl der Verurteilten, die Jugendstrafe, Zuchtmittel oder Erziehungsmaßregeln erhielten sowie der Zahl der vollstreckten Beschluss-arreste. Quellen: Strafverfolgungsstatistik Senatsverwaltung Berlin und Auskunft Jugendar-restanstalt Berlin.

Abbildung 78: **Vollstreckte Arreste in der Jugendarrestanstalt Berlin 2009-2013**

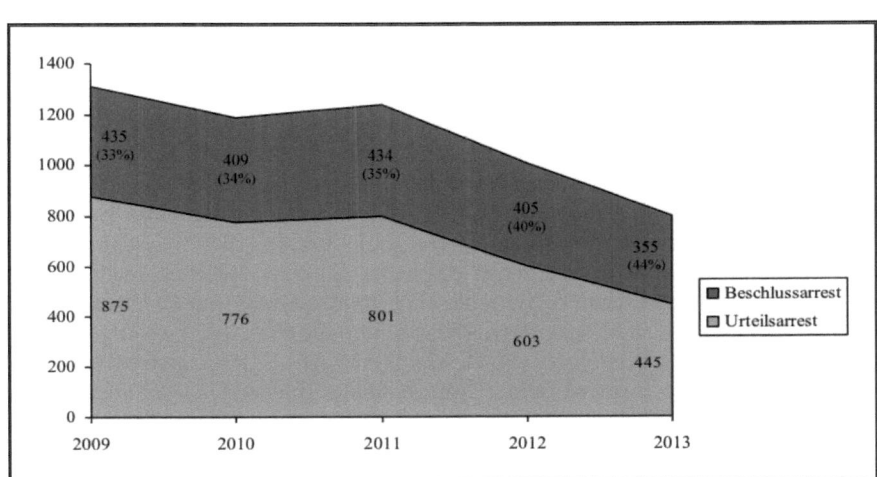

Darstellung der vollstreckten Arreste aufgeschlüsselt in Urteils- und Beschlussarrest. Angabe in absoluten Zahlen (Häufigkeiten) sowie dem prozentualen Anteil des Beschlussarrests am insgesamt vollstreckten Arrest. Ersichtlich sinken die Zahlen der vollstreckten Arreste, gleichzeitig nimmt der Anteil des Beschlussarrests mehr und mehr zu.

Trotz des regionalen Charakters der Untersuchungsergebnisse sind die Parallelen zu den Erkenntnissen von *Werlich*[787] (Bremen), *Hinrichs*[788] (Hamburg), *Emig*[789] (Bremen) und *Kuil*[790] (Bremervörde) sowie der bundesweiten Telefonumfrage von *Seidl/Holthusen/Hoop*[791] nicht zu übersehen. Insoweit lässt sich jedenfalls festhalten, dass es sich nicht um eine berlinspezifische Problematik handelt, und dass sich seit den 1980er und 1990er Jahren kaum etwas geändert hat.

In Ermangelung entsprechender Vergleichsdaten kann leider nicht beurteilt werden, wie viele Verurteilte ihre Weisungen und Auflagen deshalb erfüllten, weil Beschlussarrest verhängt worden war oder die Androhung einer Verhän-

---

787   *Werlich* 1985, S. 140 ff..

788   *Hinrichs* 1989, 334 ff., wonach nur in 5% aller Verurteilungen zu Arbeitsauflagen oder Geldbußen Beschlussarrest vollstreckt wird.

789   *Emig* 1991, S. 51.

790   *Kuil* 1992, S. 332.

791   *Seidl/Holthusen/Hoops* 2013, S. 293.

gung im Raum stand. Es muss an dieser Stelle also offen bleiben, wie sehr die gewünschte Eigenschaft des Beschlussarrests als Damoklesschwert tatsächlich Wirkung zeigte.[792] Nach hiesiger Überzeugung dürfte der Beschlussarrest jedoch unabhängig davon kaum einen Anwendungsbereich haben, wenn das Jugendgericht die gesetzlichen Möglichkeiten zuvor voll ausschöpft. Dafür ist eine wirkliche Bereitschaft von Nöten, den vorhandenen Spielraum auch zu nutzen. Die Nichterfüllung durch den Jugendlichen darf nicht als Kränkung oder mangelnde Respektsbekundung interpretiert werden,[793] schließlich können die Gründe mannigfaltig sein und haben in den allermeisten Fällen ihren Ursprung nicht speziell in einer Ablehnungshaltung gegenüber der Justiz. Das Jugendgericht muss die Bereitschaft mitbringen, von seiner ursprünglich für richtig gehaltenen Maßnahme abzurücken, wenn diese bei näherem Besehen nicht (mehr) passt. Die den Jugendlichen betreffenden Gesamtumstände sind einem schnellen Wandel unterlegen, und aus eben diesem Grunde hat der Gesetzgeber die Abwandlungsmöglichkeiten in §§ 11 Abs. 2, 15 Abs. 3 JGG geschaffen. Das Gericht soll gerade nicht an seiner Entscheidung „kleben" – was aber häufig doch der Fall zu sein scheint. Dementsprechend ist der erste Schritt zur Vermeidung des Beschlussarrests die Rückbesinnung darauf, dass die jugendliche Klientel mitten in einem Entwicklungs- und Sozialisationsprozess steht und das Jugendgerichtsgesetz mit Blick darauf eine gewisse Flexibilität mitbringt.[794] Diese Flexibilität muss von den Jugendgerichten erkannt und genutzt werden. Insofern kann womöglich vom Erfordernis einer zweiten „inneren Reform" im Sinne von Karl Peters gesprochen werden, nämlich einer „*Neugestaltung innerhalb der gesetzlichen Gegebenheiten durch deren Ausschöpfung und vor allem der Wandel des Geistes*"[795] – also die Nutzung der Möglichkeiten, die Rechtsfolgen den tatsächlichen Gegebenheiten anzupassen, indem das Gericht sich von der ursprünglichen Entscheidung löst.

Die auch bei optimaler Kommunikation und Ausschöpfung sämtlicher milderer Mittel verbleibenden Totalverweigerer dürften wenige sein – und mit großer Wahrscheinlichkeit auch dann nicht erfüllen, wenn ihnen Arrest droht, sondern diesen einfach absitzen. Der Beschlussarrest erfüllt dann aber gerade nicht die Funktion, das ursprüngliche erzieherische Ziel herbeizuführen, sondern wird unfreiwillig zur Ersatzsanktion. Insofern erscheint es angebracht, von der Ver-

---

792 *Seidl/Holthusen/Hoops* 2013, S 293 sprechen bzgl. einer Arrestanstalt von 1.545 Arrestersuchen und 645 Arrestantritten. Handelt es sich hierbei tatsächlich um verhängte Ungehorsamsarreste, die aufgrund der zwischenzeitlichen Erfüllung der Rechtsfolge hinfällig geworden sind, wäre die Funktion als Damoklesschwert wirklich beachtlich.

793 Hierzu auch unter *Kapitel 2.6.*

794 Hierzu unter *Kapitel 2.1* und *2.2.*

795 *Peters* 1966, S. 62.

hängung von Beschlussarrest auch in diesen Fällen abzusehen – und die Nichterfüllung der Rechtsfolge ggf. bei zukünftigen Strafverfahren zu berücksichtigen.

Bleiben diese Verfahren aus, gibt es ohnehin keinen Grund, den
Jugendlichen einer potenziell schädlichen, freiheitsentziehenden Maßnahme
auszusetzen.

Literaturverzeichnis

Albrecht, P.-A. (2000): Jugendstrafrecht. Ein Studienbuch. München.

Albrecht, P.-A. (2010): Kriminologie. Eine Grundlegung zum Strafrecht. 4. Auflage, München.

Böhm, A. (1991): Zur Änderung des Jugendgerichtsgesetzes. NJW 44, S. 534-538.

Böhm, A. (1994): Aus der neueren Rechtsprechung zum Jugendstrafrecht. NStZ-RR, S. 528-532.

Böhm, A. (2001): Aus der neueren Rechtsprechung zum Jugendstrafrecht. NStZ-RR, S. 321-326.

Böhm, A. (2004): Aus der neueren Rechtsprechung zum Jugendstrafrecht. NStZ-RR, S. 257-261.

Böhm, A., Feuerhelm, W. (2004): Einführung in das Jugendstrafrecht, 4. Auflage, München.

Bohnert, J. (1989): Ordnungswidrigkeiten und Jugendrecht. Eine Zusammenstellung. Tübingen.

Bohnert, J. (2010): Kommentar zum Ordnungswidrigkeitengesetz. 3. Auflage, München.

Böttcher, R. (1991): Erstes Gesetz zur Änderung des Jugendgerichtsgesetzes 2. Teil. NStZ-RR, S. 7-10.

Bottke, W. (1984): Generalprävention und Jugendstrafrecht aus kriminologischer und dogmatischer Sicht. Berlin, New York.

Brunner, R. (1980): Strafrechtliche Rechtsfolgen und Therapie als Gesamtkonzeption für Drogenabhängige. ZBl 67, S. 415-422.

Brunner, R., Dölling, D. (2011): Jugendgerichtsgesetz. Kommentar. 12. Auflage, Berlin, Boston.

Bundesarbeitsgemeinschaft für ambulante Maßnahmen nach dem Jugendrecht in der Deutschen Vereinigung für Jugendgerichte und Jugendgerichtshilfen e.V. (1986): Ambulante sozialpädagogische Maßnahmen für junge Straffällige. Zwischenbilanz und Perspektiven. 2. Auflage, München.

Bundesministerium des Innern/Bundesministerium der Justiz (2001) (Hrsg.): Erster Periodischer Sicherheitsbericht. Berlin.

Coerdt, E. (2011): Mädchen und junge Frauen im Arrest – nur Strafe oder auch Chance? FS 60, S. 90-92.

Dallinger, W., Lackner, K. (1965): Jugendgerichtsgesetz. Mit ergänzenden Vorschriften. 2. Auflage, München, Berlin.

Diemer, H., Schatz, H., Sonnen, B.-R. (2011): Jugendgerichtsgesetz. Mit Jugendstrafvollzugsgesetzen. 6. Auflage, Heidelberg, u. a.

Dölling, D. (1989): Rechtsprobleme der Jugendstrafrechtsreform durch die Praxis. In: Bundesministerium der Justiz (Hrsg.): Jugendstrafrechtsreform durch die Praxis. Informelle Reaktionen und neue ambulante Maßnahmen auf dem Prüfstand. Symposium vom 6.-9. Oktober 1988 in der Universität Konstanz. Bonn, S. 243-265.

Dörig, H. (1987): Ablehnung der Arrestvollstreckung durch den Jugendrichter – ein Fall für die Dienstaufsicht. DRiZ 65, S. 277-278.

Dreier, H. (2008): Grundgesetz. Kommentar. 2. Auflage, Tübingen.

Drewniak, R. (1996): Ambulante Maßnahmen für junge Straffällige. Eine kritische Bestandsaufnahme in Niedersachsen. Baden-Baden.

Dünkel, F. (1990): Was bringt uns der Jugendarrest? ZBlJ 2, S. 425-436.

Dünkel, F. (1990a): Freiheitsentzug für junge Rechtsbrecher. Situation und Reform von Jugendstrafe, Jugendstrafvollzug, Jugendarrest und Untersuchungshaft in der Bundesrepublik Deutschland und im internationalen Vergleich. Bonn.

Dünkel, F. (1991): Zur Situation des Jugendarrests in der Bundesrepublik vor und nach der Vereinigung. DVJJ-Journal 2, Nr. 1, S. 23-34.

Dünkel, F., Geng, B., Kirstein, W. (1998): Soziale Trainingskurse und andere neue ambulante Maßnahmen nach dem JGG in Deutschland. Bonn (Bundesministerium der Justiz).

Dünkel, F. (2008): Jugendstrafrecht im europäischen Vergleich im Licht aktueller Empfehlungen des Europarats. NK 20, S. 102-114.

Dünkel, F., Scheel, J. (2006): Vermeidung von Ersatzfreiheitsstrafen durch gemeinnützige Arbeit: das Projekt „Ausweg" in Mecklenburg-Vorpommern. Ergebnisse einer empirischen Untersuchung. Mönchengladbach.

Dünkel, F. (2011): Die Europäischen Grundsätze für die von Sanktionen oder Maßnahmen betroffenen jugendlichen Straftäter und Straftäterinnen („European Rules for Juvenile Offenders Subject to Sanctions or Measures", ERJOSSM). ZJJ 22, S. 140-154

Dünkel, F., Baechtold, A., van Zyl Smit, D. (2009): Die Europäische Empfehlung für inhaftierte und ambulant sanktionierte jugendliche Straftäter („European Rules for Juvenile Offenders Subject to Sanctions or Measures", ERJOSSM). In: Bundesministerium der Justiz (Hrsg.): Das

Jugendkriminalrecht vor neuen Herausforderungen? Jenaer Symposium. Mönchengladbach, S. 297-316.

DVJJ (Deutsche Vereinigung für Jugendgerichte und Jugendgerichtshilfen e. V.), 2. Jugendstrafrechtsreform-Kommission (2002): Vorschläge für eine Reform des Jugendstrafrechts. Abschlussbericht der Kommissionsberatungen von März 2001 bis August 2002. DVJJ-Journal Extra, Nr. 5. Hannover.

Eisenberg, U. (1989): Jugendarrest wegen schuldhafter Nichtbefolgung von Weisungen oder Auflagen. ZBlJ 76, S. 16-24.

Eisenberg, U. (2005): Kriminologie. 6. Auflage, München.

Eisenberg, U. (2013): Jugendgerichtsgesetz. 16. Auflage, München.

Eisenhardt, T. (1988): Gutachten über den Jugendarrest. Klosters.

Emig, O. (1991): Die Vermeidung von Ungehorsamsarresten. Jugendgerichtshilfe auf neuen Wegen. DVJJ-Journal 3, S. 51-55.

Feltes, T. (1993): Der Jugendarrest. Aktuelle Probleme der „kurzen Freiheitsstrafe" im Jugendstrafrecht. NStZ-RR, S. 105-112.

Frehsee, D. (1988): Zur Suche nach „alternativen Sanktionen" im Jugendstrafrecht. MschrKrim 80, S. 281-298.

Frehsee, D. (1989): Ungehorsamsarrest. Repressive Antwort auf schwierige Fälle? Wege zu seiner Vermeidung. In: DVJJ (Hrsg.): Erlebnisweisen und Reaktionsformen, Dokumentation des 21. Deutschen Jugendgerichtstages vom 30. September bis 4. Oktober 1989 in Göttingen. Bonn 1989, S. 314-329.

Gercke, B., Julius, K.-P., Temming, D., Zöller, M. A. (2012): Strafprozessordnung. Heidelberger Kommentar. 5. Auflage, Heidelberg, u. a.

Goeckenjan, I. (2013): Der Vollzug des Jugendarrests. Anspruch und Wirklichkeit einer umstrittenen jugendstrafrechtlichen Maßnahme. ZJJ 24, S. 67-73.

Göhler, E., Gürtler, F., Seitz, H. (2012): Gesetz über Ordnungswidrigkeiten. 16. Auflage, München.

Göppinger, H., Bock, M. (2008): Kriminologie. 6. Auflage, München.

Götz, A. (1973): Aktuelle Fragen des Bundeszentralregistergesetzes. GA 120, S. 193–199.

Graf, J. P. (2012): Strafprozessordnung. Mit Gerichtsverfassungsgesetzen und Nebengesetzen, 2. Auflage, München.

Grunewald, R. (2003): Die De-Individualisierung des Erziehungsgedankens im Jugendstrafrecht. Berlin.

Hackstock, T. (2002): Generalpräventive Aspekte im österreichischen und deutschen Jugendstrafrecht. Eine strafzweckorientierte Analyse jugendstrafrechtlicher Sanktionen unter besonderer Berücksichtigung der (positiven) Generalprävention. Tübingen.

Hartwig, J., Krieg, H., Rathke, H.-H. (1989): Vom „Zuchtmittel" zum Hilfsangebot. Ein Praxisbericht zur Schließung der Jugendarrestanstalt Bremen und zum Aufbau ambulanter Alternativen. NK 1, Heft 3, S. 40-41.

Heinz, W. (2012): Das strafrechtliche Sanktionensystem und die Sanktionierungpraxis in Deutschland 1882-2010. Internet-Publikation: Konstanzer Inventar Sanktionsforschung www.uri-konstanz.de/rtf/kis/Sanktionierungspraxis-in-Deutschland-Stand-2010.pdf Version 1/2012.

Heinz, W. (2011): Jugendarrest im Aufwind? Einige rechtstatsächliche Betrachtungen. FS 60, S. 71-78.

Heinz, W. (1989): Jugendstrafrechtsreform durch die Praxis. Eine Bestandsaufnahme. In: Bundesministerium der Justiz (Hrsg.): Jugendstrafrechtsreform durch die Praxis. Informelle Reaktionen und neue ambulante Maßnahmen auf dem Prüfstand. Symposium vom 5.-9. Oktober 1988 in der Universität Konstanz. Bonn, S. 13-44.

Heinz, W., Huber, M. (1986): Ambulante sozialpädagogische Maßnahmen für junge Straffällige. Eine Bestandsaufnahme. In: Bundesarbeitsgemeinschaft für ambulante Maßnahmen nach dem Jugendrecht in der Deutschen Vereinigung für Jugendgerichte und Jugendgerichtshilfen e.V. (DVJJ): Ambulante sozialpädagogische Maßnahmen für junge Straffällige. Zwischenbilanz und Perspektiven. 2. Auflage, Bonn, S. 37-56.

Hellmer, J. (1957): Erziehung und Strafe. Zugleich ein Beitrag zur strafrechtlichen Zumessungslehre. Berlin.

Herrlinger, W. (1991): Hat der Arrest noch eine Zukunft? ... Vielleicht doch! DVJJ-Journal 3, S. 156-157.

Hinrichs, K. (1989): Der Ungehorsamsarrest. Repressive Antwort auf schwierige Fälle? Wege zu seiner Vermeidung. In: DVJJ (Hrsg.): Erlebnisweisen und Reaktionsformen. Dokumentation des 21. Deutschen Jugendgerichtstages vom 30. September bis 4. Oktober 1989 in Göttingen. Bonn, S. 330-343.

Hinrichs, K. (1999): Auswertung einer Befragung der Jugendarrestanstalten in der Bundesrepublik Deutschland. DVJJ-Journal 10, S. 267-274.

Hoferer, C. (1997): Zur Frage der Rechtmäßigkeit von Weisungen nach dem Jugendgerichtsgesetz, sich des Umganges mit Betäubungsmitteln zu enthalten und zum Nachweis der Drogenfreiheit für eine bestimmte Zeit Urinproben abzugeben. NStZ 17, S. 172-174.

Höll, S. (2011): Neuordnung des Jugendarrestvollzugs in Baden-Württemberg. Die Jugendarrestanstalt Rastatt. FS 60, S. 86-87.

Höynck, T., Klausmann, J. (2012): Ordnungsrechtliche Durchsetzung der Schulpflicht durch Jugendarrest. Ergebnisse einer bundesweiten Erhebung zur quantitativen Bedeutung der Arrestvollstreckung wegen Schulpflichtverletzungen. ZJJ 23, S. 403-410.

Itzel, P. (1987): Die Abgrenzung der Weisungen von den Auflagen nach dem Jugendgerichtsgesetz. Heidelberg.

Jarass, H., Pieroth, B. (2012): Grundgesetz für die Bundesrepublik Deutschland. 12. Auflage, München.

Jehle, J.-M., Albrecht, H.-M., Hohmann-Fricke, S., Tetal, C. (2013): Legalbewährung nach strafrechtlichen Sanktionen. Eine bundesweite Rückfalluntersuchung 2007 bis 2010 und 2004 bis 2010. Berlin (Bundesministerium der Justiz).

Karstadt-Henke, S. (1989): Sanktionserfahrungen und Sanktionserwartungen von Jugendlichen. Eine empirische Studie zur Integration von Individual- und Generalprävention. In: Bundesministerium der Justiz (Hrsg.): Jugendstrafrechtsreform durch die Praxis. Informelle Reaktionen und neue ambulante Maßnahmen auf dem Prüfstand. Symposium vom 6.-9. Oktober 1988 in der Universität Konstanz. Bonn, S. 168-196.

Keiner, E. (1989): Jugendarrest: Zur Praxis eines Reform-Modells. Wiesbaden.

Kolberg, J. H., Wetzels, P. (2012): Jugendarrestvollzug: Ungesund, unwirksam und ungesetzlich? Reformbedarf, Reformansätze und Regelungsvorschläge. Praxis der Rechtspsychologie 22 (1), S. 113-146.

Kornprobst, H. (2002): Ist das deutsche Jugendstrafrecht noch zeitgemäß? JR, S. 309-314.

Kreuzer, A. (2012): „Warnschussarrest": Ein kriminalpolitischer Irrweg. ZRP 45, S. 101-103.

Kreuzer, A. (2002): Ist das deutsche Jugendstrafrecht noch zeitgemäß? NJW 55, S. 2345-2351.

Kropp, C. (2003): Ursachen und Wirkungen von Jugendkriminalität. NJW 56, S. 238-240.

Krumm, C. (2010): OWi-Verfahren vor dem Jugendrichter – 10 Fragen und 10 Antworten. NZV 23, S. 68-71.

Kuil, J. (1992): Der Umgang mit Beugearrest in der JAA Bremervörde. DVJJ-Journal 3, S. 332-334.

Kutschaty, T., Kubink, M. (2011): Wirksame Kriminalprävention im Jugendbereich. Neue Sichtweisen der Justiz. ZRP 44, S. 52-55.

Kümmerlein (1943): Das neue Reichsjugendgesetz. DJ, S. 529-538.

Landmann, W. (1999): Ist Ungehorsamsarrest vorläufig vollstreckbar? Der Deutsche Rechtspfleger 107, S. 251-256.

Landmann, W. (2003): Ist Ungehorsamsarrest weiterhin vorläufig vollstreckbar? Anmerkungen zur Rechtslage nach dem Beschluss des BGH vom 4.9.2002. Der Deutsche Rechtspfleger 111, S. 483-490.

Laubenthal, K., Baier, H., Nestler, N. (2010): Jugendstrafrecht. 2. Auflage, Heidelberg, u. a.

Lenz, T. (2007): Die Rechtsfolgensystematik im Jugendgerichtsgesetz (JGG). Eine dogmatische Strukturierung der jugendstrafrechtlichen Reaktionsmöglichkeiten am Maßstab des Verhältnismäßigkeitsgrundsatzes. Berlin.

Meier, B.-D., Rössner, D., Schöch, H. (2013): Jugendstrafrecht. 3. Auflage, München.

Meier, B.-D., Rössner, D., Trüg, G., Wulf, R. (2011): Jugendgerichtsgesetz. Handkommentar. Baden-Baden.

Merkle, T., Newinger, B., Risse, K., Skrobanek, I. (1994): Vergleich der Reformvorschläge der DVJJ und der AWO zum Jugendkriminalrecht. DVJJ-Journal 5, S. 11-18.

Meyer, D. (1989): Neue ambulante Maßnahmen nach dem Jugendgerichtsgesetz – insbesondere Betreuungsweisungen / soziale Trainingskurse / erzieherische Gruppenarbeit. In: Bundesministerium der Justiz (Hrsg.): Jugendstrafrechtsreform durch die Praxis. Informelle Reaktionen und neue ambulante Maßnahmen auf dem Prüfstand. Symposium vom 6.-9. Oktober 1988 in der Universität Konstanz. Bonn, S. 203-215.

Meyer-Goßner, L., Schmitt, B. (2012): Strafprozessordnung. Gerichtsverfassungsgesetz, Nebengesetze und ergänzende Bestimmungen. 55. Auflage, München.

Meyer-Höger, M. (1998): Der Jugendarrest. Entstehung und Weiterentwicklung einer Sanktion. Baden-Baden.

Miehe, O. (1964): Die Bedeutung der Tat im Jugendstrafrecht. Göttingen.

Mitsch, W. (2006): Kommentierungen zu § 98 OWiG. In: Senge, L. (Hrsg.): Karlsruher Kommentar zum Gesetz über Ordnungswidrigkeiten. 4. Auflage, München.

Niehaus, H. (2012): Jugendarrest und Jugendarrestvollzug nach dem „Gesetz zur Erweiterung der jugendgerichtlichen Handlungsmöglichkeiten". Infomagazin der Neuen Richtervereinigung 11, S. 23-25.

Nothacker, G. (2001): Jugendstrafrecht. Fälle und Lösungen. 3. Auflage, Baden-Baden.

Ohder, C. (2009): Genügen Jugendliche und Heranwachsende nicht mehr den Anforderungen des Jugendstrafverfahrens? In: Müller, H. E., Sander, G. M., Válková, H. (Hrsg.): Festschrift für Ulrich Eisenberg zum 70. Geburtstag. München, S. 427-441.

Ostendorf, H. (1983): Wider die Verselbständigung des sog. Ungehorsamsarrests zu einer zusätzlichen jugendgerichtlichen Sanktion. ZBlJ 70, S. 563-576.

Ostendorf, H. (1989): Zukunft des Jugendstrafrechts. In: Bundesministerium der Justiz (Hrsg.): Jugendstrafrechtsreform durch die Praxis. Informelle Reaktionen und neue ambulante Maßnahmen auf dem Prüfstand. Symposium vom 6.-9. Oktober 1988 in der Universität Konstanz. Bonn, S. 325-335.

Ostendorf, H. (1995): Diskussionen. Reform des Jugendarrests. MschrKrim 88, S. 352-365.

Ostendorf, H. (2002): Jugendstrafrecht in der Diskussion. ZRP 35, S. 103-107.

Ostendorf, H. (2010): Mindeststandards zum Jugendarrestvollzug. ZRP 43, S. 20-22.

Ostendorf, H. (2013): Jugendgerichtsgesetz. 9. Auflage, Baden-Baden.

Ostendorf, H. (2013a): Jugendstrafrecht. 7. Auflage, Baden-Baden.

Peters, K. (1966): Die Grundlagen der Behandlung junger Rechtsbrecher. MschrKrim 49, S. 49-62.

Pfeiffer, C. (1981): Jugendarrest – für wen eigentlich? Arrestideologie und Sanktionswirklichkeit. MschrKrim 74, S. 28-52.

Pfeiffer, C. (1983): Kriminalprävention im Jugendgerichtsverfahren. Jugendrichterliches Handeln vor dem Hintergrund des Brücke-Projekts. Köln, Berlin, Bonn, u. a.

Pörksen, A. (2011): Jugendarrest auf dem Prüfstand. Eine fast wahre Geschichte. FS 60, S. 67-70.

Potrykus, G. (1955): Kommentar zum Jugendgerichtsgesetz. Mit ergänzenden Gesetzen, Verordnungen und Verwaltungsvorschriften auf dem Gebiete des Jugendstrafrechts, der Jugendhilfe und des strafrechtlichen Jugendschutzes. 4. Auflage, Nürnberg, u. a.

Pütz, Edwin (2011): Jugendarrest. Die Praxis. FS 60, S. 83-85.

Rebmann, K., Roth, W., Herrmann, S. (2012): Gesetz über Ordnungswidrigkeiten. Kommentar. Band 2. 3. Auflage, 17. Lieferung, Stuttgart.

Reisenhofer, M. (2012): Jugendstrafrecht in der anwaltlichen Praxis. 2. Auflage, Bonn.

Roos, H. (2011): Eckpunkte zum Jugendarrest. FS 60, S. 100-103.

Roxin, C. (2006): Grundlagen der Verbrechenslehre. 4. Auflage, München.

Sachs, M. (2011): Grundgesetz. Kommentar. 6. Auflage, München.

Schaffstein, F. (1970): Zur Problematik des Jugendarrests. ZStW 82, S. 853-895.

Schaffstein, F., Beulke, W. (2002): Jugendstrafrecht. Eine systematische Darstellung. 14. Auflage, Stuttgart, u. a.

Schmidt, T. (2011): Jugendarrest in Hamburg. Chancen nutzen, Risiken minimieren. FS 60, S. 87-90.

Hofmann, H., Hopfauf, A. (2011): Kommentar zum Grundgesetz. 12. Auflage, Köln, München.

Schnitzerling, M. (1956): Der Jugendarrest des § 11 Abs. 2 JGG. JZ 12, S. 274-275.

Schönke, A., Schröder, H. (2014): Strafgesetzbuch. Kommentar. 29. Auflage, München.

Schüler-Springorum, H. (1982): Mehrfach auffällig. Untersuchungen zur Jugendkriminalität. München.

Schumann, K. F. (1985): Jugendarrest und/oder Betreuungsweisung. Empirische Untersuchungen über die Anwendungs- und Vollzugspraxis im Lande Bremen. Bremen.

Schumann, K. F., Berlitz, C., Guth, H.-W., Kaulitzki, R. (1987): Jugendkriminalität und die Grenzen der Generalprävention. Neuwied, Darmstadt.

Schwind, H.-D. (2013): Kriminologie. Eine praxisorientierte Einführung mit Beispielen. 22. Auflage, Heidelberg, u. a..

Seidl, C.; Holthusen, B.; Hoops, S. (2013): Ungehorsam? – Arrest! Ungehorsamsarrest als vergessene Herausforderung im Jugendstrafverfahren. ZJJ 24, S. 292-295.

Sodan, H. (2011): Grundgesetz. Beck'scher Kompaktkommentar. 2. Auflage, München.

Spieß, G., Storz, R. (1989): Informelle Reaktionsstrategien im deutschen Jugendstrafrecht: Legalbewährung und Wirkungsanalyse. In: Bundesministerium der Justiz (Hrsg.): Jugendstrafrechtsreform durch die Praxis. Informelle Reaktionen und neue ambulante Maßnahmen auf dem Prüfstand. Symposium vom 6.-9. Oktober 1988 in der Universität Konstanz. Bonn, S. 127-153.

Streng, F. (2012): Jugendstrafrecht. 3. Auflage, Heidelberg, u. a.

Streng, F. (2012a): Strafrechtliche Sanktionen. Die Strafzumessung und ihre Grundlagen. 3. Auflage, Stuttgart, u. a.

Thalmann, D. (2011): Kritische Anmerkungen zum Jugendarrest und seiner praktischen Umsetzung. FS 60, S. 79-83.

Tietjen, P., Feuerhelm, W. (2011): SofiT – Sofort im Team. Ein Projekt zwischen Jugendarrest, Wohngemeinschaft für Demenzkranke und Fachhochschulen. FS 60, S. 92-94.

Trenczek, T. (1996): Strafe, Erziehung oder Hilfe? Neue Ambulante Maßnahmen und Hilfen zur Erziehung – Sozialpädagogische Hilfeangebote für straffällige junge Menschen im Spannungsfeld von Jugendhilferecht und Strafrecht. Bonn.

Trenczek, T. (1991): Das neue Jugendstrafrecht. Zu den Änderungen des Jugendstrafrechts durch das 1. JGGÄndG und das KJHG. NJ 45, S. 195-197.

Vietze, R. (2004): Der Einstiegsarrest. Eine zeitgemäße Sanktion? Neue Sanktionsformen im Jugendstrafrecht. Berlin.

Vogl-Petters, M., Reinecke, P. (1992): Meinerzhagen und die ambulante Bewegung – Entstehung und Entwicklung der Praktiker-Treffen der Bundesarbeitsgemeinschaft für ambulante Maßnahmen nach dem Jugendrecht. In: Bundesarbeitsgemeinschaft für ambulante Maßnahmen nach dem Jugendrecht in der DVJJ (Hrsg): Ambulante Maßnahmen und sozialpädagogische Jugendhilfeangebote für junge Straffällige. Standort und Standards. Bonn, S. 390-394.

Walkenhorst, P. (2011): Pädagogische Perspektiven des Jugendarrests. Bildung – Soziales Training – Prävention. FS 60, S. 95-99.

Walter, M. (1992): Rezension zu Peter Itzel: Die Abgrenzung der Weisungen von den Auflagen nach dem Jugendgerichtsgesetz. GA 139, S. 331-332.

Walter, M., Neubacher, F. (2011): Jugendkriminalität. Eine systematische Darstellung. 4. Auflage, Stuttgart, u. a. .

Walter, M., Wilms, Y. (2004): Kriminalrechtlicher Erziehungsgedanke und elterliches Erziehungsrecht. Zur Zulässigkeit und den Voraussetzungen jugendrechtlicher Weisungen gemäß § 10 I JGG. NStZ-RR, S. 600-607.

Walter, M. (1992): Über die Fortentwicklung des Jugendstrafrechts. Vom besonderen Sanktionssystem zur Reduktion der Eingriffstatbestände. NStZ 12, S. 470-477.

Weber, K. (1989): Der Ungehorsamsarrest. Repressive Antwort auf schwierige Fälle? Wege zu seiner Vermeidung. In: DVJJ (Hrsg.): Erlebnisweisen und Reaktionsformen, Dokumentation des 21. Deutschen Jugendgerichtstages vom 30. September bis 4. Oktober 1989 in Göttingen. Bonn, S. 344-353.

Werlich, M. (1985): Der Ungehorsamsarrest. In: Senator für Justiz und Verfassung der Freien Hansestadt Bremen (Hrsg.): Jugendarrest und/oder Betreuungsweisung. Empirische Untersuchungen über die Anwendungs- und Vollzugspraxis im Lande Bremen. Bremen, S. 140-170.

Welzel, H. (1969): Das Deutsche Strafrecht. Eine systematische Darstellung. 11. Auflage, Berlin.

Wieser, R. (2009): Handbuch des Bußgeldverfahrens. 6. Auflage, Stuttgart, München, Hannover, u. a.

Wohlfahrt, P. (2012): Zur Rechtsprechung des Beschlussarrests nach § 11 Abs. 3 JGG – Gleichzeitig kritische Anmerkung zu LG Zweibrücken vom 04.07.2011-Qs 63/11. ZJJ 23, S. 392-398.

Wulf, R. (2010): Diskussionsentwurf für ein Gesetz über stationäres soziales Training („Jugendarrestvollzugsgesetz"). ZJJ 21, S. 191-195.

Wulf, R. (2011): Jugendarrestvollzug. Quo vadis? FS 60, S. 104-107.

Zieger, M. (2013): Verteidigung in Jugendstrafsachen. 6. Auflage, Heidelberg, u. a.

Reihenübersicht

Schriften zum Strafvollzug, Jugendstrafrecht und zur Kriminologie

Hrsg. von Prof. Dr. Frieder Dünkel, Lehrstuhl für Kriminologie an der Ernst-Moritz-Arndt-Universität Greifswald

Bisher erschienen:

Band 1
Dünkel, Frieder: Empirische Forschung im Strafvollzug. Bestandsaufnahme und Perspektiven.
Bonn 1996. ISBN 978-3-927066-96-0.

Band 2
Dünkel, Frieder; van Kalmthout, Anton; Schüler-Springorum, Horst (Hrsg.): Entwicklungstendenzen und Reformstrategien im Jugendstrafrecht im europäischen Vergleich.
Mönchengladbach 1997. ISBN 978-3-930982-20-2.

Band 3
Gescher, Norbert: Boot Camp-Programme in den USA. Ein Fallbeispiel zum Formenwandel in der amerikanischen Kriminalpolitik.
Mönchengladbach 1998. ISBN 978-3-930982-30-1.

Band 4
Steffens, Rainer: Wiedergutmachung und Täter-Opfer-Ausgleich im Jugend- und Erwachsenenstrafrecht in den neuen Bundesländern.
Mönchengladbach 1999. ISBN 978-3-930982-34-9.

Band 5
Koeppel, Thordis: Kontrolle des Strafvollzuges. Individueller Rechtsschutz und generelle Aufsicht. Ein Rechtsvergleich.
Mönchengladbach 1999. ISBN 978-3-930982-35-6.

Band 6
Dünkel, Frieder; Geng, Bernd (Hrsg.): Rechtsextremismus und Fremdenfeindlichkeit. Bestandsaufnahme und Interventionsstrategien.
Mönchengladbach 1999. ISBN 978-3-930982-49-3.

Band 7
Tiffer-Sotomayor, Carlos: Jugendstrafrecht in Lateinamerika unter besonderer Berücksichtigung von Costa Rica.
Mönchengladbach 2000. ISBN 978-3-930982-36-3.

Band 8
Skepenat, Marcus: Jugendliche und Heranwachsende als Tatverdächtige und Opfer von Gewalt. Eine vergleichende Analyse jugendlicher Gewaltkriminalität in Mecklenburg-Vorpommern anhand der Polizeilichen Kriminalstatistik unter besonderer Berücksichtigung tatsituativer Aspekte.
Mönchengladbach 2000. ISBN 978-3-930982-56-1.

Band 9
Pergataia, Anna: Jugendstrafrecht in Russland und den baltischen Staaten.
Mönchengladbach 2001. ISBN 978-3-930982-50-1.

Band 10
Kröplin, Mathias: Die Sanktionspraxis im Jugendstrafrecht in Deutschland im Jahr 1997. Ein Bundesländervergleich.
Mönchengladbach 2002. ISBN 978-3-930982-74-5.

Band 11
Morgenstern, Christine: Internationale Mindeststandards für ambulante Strafen und Maßnahmen.
Mönchengladbach 2002. ISBN 978-3-930982-76-9.

Band 12
Kunkat, Angela: Junge Mehrfachauffällige und Mehrfachtäter in Mecklenburg-Vorpommern. Eine empirische Analyse.
Mönchengladbach 2002. ISBN 978-3-930982-79-0.

Band 13
Schwerin-Witkowski, Kathleen: Entwicklung der ambulanten Maßnahmen nach dem JGG in Mecklenburg-Vorpommern.
Mönchengladbach 2003. ISBN 978-3-930982-75-2.

Band 14
Dünkel, Frieder; Geng, Bernd (Hrsg.): Jugendgewalt und Kriminalprävention. Empirische Befunde zu Gewalterfahrungen von Jugendlichen in Greifswald und Usedom/Vorpommern und ihre Auswirkungen für die Kriminalprävention.
Mönchengladbach 2003. ISBN 978-3-930982-95-0.

Band 15
Dünkel, Frieder; Drenkhahn, Kirstin (Hrsg.): Youth violence: new patterns and local responses – Experiences in East and West. Conference of the International Association for Research into Juvenile Criminology. Violence juvénile: nouvelles formes et stratégies locales – Expériences à l'Est et à l'Ouest. Conférence de l'Association Internationale pour la Recherche en Criminologie Juvénile.
Mönchengladbach 2003. ISBN 978-3-930982-81-3.

Band 16
Kunz, Christoph: Auswirkungen von Freiheitsentzug in einer Zeit des Umbruchs. Zugleich eine Bestandsaufnahme des Männererwachsenenvollzugs in Mecklenburg-Vorpommern und in der JVA Brandenburg/Havel in den ersten Jahren nach der Wiedervereinigung.
Mönchengladbach 2003. ISBN 978-3-930982-89-9.

Band 17
Glitsch, Edzard: Alkoholkonsum und Straßenverkehrsdelinquenz. Eine Anwendung der Theorie des geplanten Verhaltens auf das Problem des Fahrens unter Alkohol unter besonderer Berücksichtigung des Einflusses von verminderter Selbstkontrolle.
Mönchengladbach 2003. ISBN 978-3-930982-97-4.

Band 18
Stump, Brigitte: „Adult time for adult crime" – Jugendliche zwischen Jugend- und Erwachsenenstrafrecht. Eine rechtshistorische und rechtsvergleichende Untersuchung zur Sanktionierung junger Straftäter.
Mönchengladbach 2003. ISBN 978-3-930982-98-1.

Band 19
Wenzel, Frank: Die Anrechnung vorläufiger Freiheitsentziehungen auf strafrechtliche Rechtsfolgen.
Mönchengladbach 2004. ISBN 978-3-930982-99-8.

Band 20
Fleck, Volker: Neue Verwaltungssteuerung und gesetzliche Regelung des Jugendstrafvollzuges.
Mönchengladbach 2004. ISBN 978-3-936999-00-6.

Band 21
Ludwig, Heike; Kräupl, Günther: Viktimisierung, Sanktionen und Strafverfolgung. Jenaer Kriminalitätsbefragung über ein Jahrzehnt gesellschaftlicher Transformation.
Mönchengladbach 2005. ISBN 978-3-936999-08-2.

Band 22
Fritsche, Mareike: Vollzugslockerungen und bedingte Entlassung im deutschen und französischen Strafvollzug.
Mönchengladbach 2005. ISBN 978-3-936999-11-2.

Band 23
Dünkel, Frieder; Scheel, Jens: Vermeidung von Ersatzfreiheitsstrafen durch gemeinnützige Arbeit: das Projekt „Ausweg" in Mecklenburg-Vorpommern.
Mönchengladbach 2006. ISBN 978-3-936999-10-5.

Band 24
Sakalauskas, Gintautas: Strafvollzug in Litauen. Kriminalpolitische Hintergründe, rechtliche Regelungen, Reformen, Praxis und Perspektiven.
Mönchengladbach 2006. ISBN 978-3-936999-19-8.

Band 25
Drenkhahn, Kirstin: Sozialtherapeutischer Strafvollzug in Deutschland.
Mönchengladbach 2007. ISBN 978-3-936999-18-1.

Band 26
Pruin, Ineke Regina: Die Heranwachsendenregelung im deutschen Jugendstrafrecht. Jugendkriminologische, entwicklungspsychologische, jugendsoziologische und rechtsvergleichende Aspekte.
Mönchengladbach 2007. ISBN 978-3-936999-31-0.

Band 27
Lang, Sabine: Die Entwicklung des Jugendstrafvollzugs in Mecklenburg-Vorpommern in den 90er Jahren. Eine Dokumentation der Aufbausituation des Jugendstrafvollzugs sowie eine Rückfallanalyse nach Entlassung aus dem Jugendstrafvollzug.
Mönchengladbach 2007. ISBN 978-3-936999-34-1.

Band 28
Zolondek, Juliane: Lebens- und Haftbedingungen im deutschen und europäischen Frauenstrafvollzug.
Mönchengladbach 2007. ISBN 978-3-936999-36-5.

Band 29
Dünkel, Frieder; Gebauer, Dirk; Geng, Bernd; Kestermann, Claudia: Mare-Balticum-Youth-Survey – Gewalterfahrungen von Jugendlichen im Ostseeraum.
Mönchengladbach 2007. ISBN 978-3-936999-38-9.

Band 30
Kowalzyck, Markus: Untersuchungshaft, Untersuchungshaftvermeidung und geschlossene Unterbringung bei Jugendlichen und Heranwachsenden in Mecklenburg-Vorpommern.
Mönchengladbach 2008. ISBN 978-3-936999-41-9.

Band 31
Dünkel, Frieder; Gebauer, Dirk; Geng, Bernd: Jugendgewalt und Möglichkeiten der Prävention. Gewalterfahrungen, Risikofaktoren und gesellschaftliche Orientierungen von Jugendlichen in der Hansestadt Greifswald und auf der Insel Usedom. Ergebnisse einer Langzeitstudie 1998 bis 2006.
Mönchengladbach 2008. ISBN 978-3-936999-48-8.

Band 32
Rieckhof, Susanne: Strafvollzug in Russland. Vom GULag zum rechtsstaatlichen Resozialisierungsvollzug?
Mönchengladbach 2008. ISBN 978-3-936999-55-6.

Band 33
Dünkel, Frieder; Drenkhahn, Kirstin; Morgenstern, Christine (Hrsg.): Humanisierung des Strafvollzugs – Konzepte und Praxismodelle.
Mönchengladbach 2008. ISBN 978-3-936999-59-4.

Band 34
Hillebrand, Johannes: Organisation und Ausgestaltung der Gefangenenarbeit in Deutschland.
Mönchengladbach 2009. ISBN 978-3-936999-58-7.

Band 35
Hannuschka, Elke: Kommunale Kriminalprävention in Mecklenburg-Vorpommern. Eine empirische Untersuchung der Präventionsgremien.
Mönchengladbach 2009. ISBN 978-3-936999-68-6.

Band 36/1 bis 4 (nur als Gesamtwerk erhältlich)
Dünkel, Frieder; Grzywa, Joanna; Horsfield, Philip; Pruin, Ineke (Eds.): Juvenile Justice Systems in Europe – Current Situation and Reform Developments. Vol. 1-4.
2nd revised edition.
Mönchengladbach 2011. ISBN 978-3-936999-96-9.

Band 37/1 bis 2 (Gesamtwerk)
Dünkel, Frieder; Lappi-Seppälä, Tapio; Morgenstern, Christine; van Zyl Smit, Dirk (Hrsg.):
Kriminalität, Kriminalpolitik, strafrechtliche Sanktionspraxis und Gefangenenraten im
europäischen Vergleich. Bd.1 bis 2.
Mönchengladbach 2010. ISBN 978-3-936999-73-0.

Band 37/1 (Einzelband)
Dünkel, Frieder; Lappi-Seppälä, Tapio; Morgenstern, Christine; van Zyl Smit, Dirk (Hrsg.):
Kriminalität, Kriminalpolitik, strafrechtliche Sanktionspraxis und Gefangenenraten im
europäischen Vergleich. Bd.1.
Mönchengladbach 2010. ISBN 978-3-936999-76-1.

Band 37/2 (Einzelband)
Dünkel, Frieder; Lappi-Seppälä, Tapio; Morgenstern, Christine; van Zyl Smit, Dirk (Hrsg.):
Kriminalität, Kriminalpolitik, strafrechtliche Sanktionspraxis und Gefangenenraten im
europäischen Vergleich. Bd.2.
Mönchengladbach 2010. ISBN 978-3-936999-77-8.

Band 38
Krüger, Maik: Frühprävention dissozialen Verhaltens. Entwicklungen in der Kinder- und
Jugendhilfe.
Mönchengladbach 2010. ISBN 978-3-936999-82-2.

Band 39
Hess, Ariane: Erscheinungsformen und Strafverfolgung von Tötungsdelikten in Meck-
lenburg-Vorpommern.
Mönchengladbach 2010. ISBN 978-3-936999-83-9.

Band 40
Gutbrodt, Tobias: Jugendstrafrecht in Kolumbien. Eine rechtshistorische und rechtsvergleichende Untersuchung zum Jugendstrafrecht in Kolumbien, Bolivien, Costa Rica und
der Bundesrepublik Deutschland unter Berücksichtigung internationaler Menschen-
rechtsstandards.
Mönchengladbach 2010. ISBN 978-3-936999-86-0.

Band 41
Stelly, Wolfgang; Thomas, Jürgen (Hrsg.): Erziehung und Strafe. Symposium zum 35-jährigen
Bestehen der JVA Adelsheim.
Mönchengladbach 2011. ISBN 978-3-936999-95-2.

Band 42
Yngborn, Annalena: Strafvollzug und Strafvollzugspolitik in Schweden: vom Resozialisierungs-
zum Sicherungsvollzug? Eine Bestandsaufnahme der Entwicklung in den letzten 35 Jahren.
Mönchengladbach 2011. ISBN 978-3-936999-84-6.

Band 43
Kühl, Johannes: Die gesetzliche Reform des Jugendstrafvollzugs in Deutschland im Licht der
European Rules for Juvenile Offenders Subject to Sanctions or Measures (ERJOSSM).
Mönchengladbach 2012. ISBN 978-3-942865-06-7.

Band 44
Zaikina, Maryna: Jugendkriminalrechtspflege in der Ukraine.
Mönchengladbach 2012. ISBN 978-3-942865-08-1.

Band 45
Schollbach, Stefanie: Personalentwicklung, Arbeitsqualität und betriebliche Gesundheitsför-
derung im Justizvollzug in Mecklenburg-Vorpommern.
Mönchengladbach 2013. ISBN 978-3-942865-14-2.

Band 46
Harders, Immo: Die elektronische Überwachung von Straffälligen. Entwicklung, Anwendungs-
bereiche und Erfahrungen in Deutschland und im europäischen Vergleich.
Mönchengladbach 2014. ISBN 978-3-942865-24-1.

Band 47
Faber, Mirko: Länderspezifische Unterschiede bezüglich Disziplinarmaßnahmen und der Auf-
rechterhaltung von Sicherheit und Ordnung im Jugendstrafvollzug.
Mönchengladbach 2014. ISBN 978-3-942865-25-8.

Band 48
Gensing, Andrea: Jugendgerichtsbarkeit und Jugendstrafverfahren im europäischen
Vergleich. Mönchengladbach 2014. ISBN 978-3-942865-34-0.

Band 49
Rohrbach, Moritz Philipp: Die Entwicklung der Führungsaufsicht unter besonderer Berück-
sichtigung der Praxis in Mecklenburg-Vorpommern. Mönchengladbach 2014.
ISBN 978-3-942865-35-7.

Band 50/1 bis 2 (nur als Gesamtwerk erhältlich)
Dünkel, Frieder; Grzywa-Holten, Joanna; Horsfield, Philip (Eds.): Restorative Justice and Medi-
ation in Penal Matters. A stock-taking of legal issues, implementation strategies and outcomes
in 36 European countries. Vol. 1 bis 2.
Mönchengladbach 2015. ISBN 978-3-942865-31-9.

Band 51
Horsfield, Philip: Jugendkriminalpolitik in England und Wales – Entwicklungsgeschichte, aktuelle Rechtslage und jüngste Reformen. Mönchengladbach 2015. ISBN 978-3-942865-42-5.

Band 52
Grzywa-Holten, Joanna: Strafvollzug in Polen – Historische, rechtliche, rechtstatsächliche, menschenrechtliche und international vergleichende Aspekte. Mönchengladbach 2015. ISBN 978-3-942865-43-2.

Band 53
Khakzad, Dennis: Kriminologische Aspekte völkerrechtlicher Verbrechen. Eine vergleichende Untersuchung der Situationsländer des Internationalen Strafgerichtshofs. Mönchengladbach 2015. ISBN 978-3-942865-50-0.

Band 54
Blanck, Thes Johann: Die Ausbildung von Strafvollzugsbediensteten in Deutschland. Mönchengladbach 2015. ISBN 978-3-942865-51-7.

Band 55
Castro Morales, Álvaro: Jugendstrafvollzug und Jugendstrafrecht in Chile, Peru und Bolivien unter besonderer Berücksichtigung von nationalen und internationalen Kontrollmechanismen. Rechtliche Regelungen, Praxis, Reformen und Perspektiven. Mönchengladbach 2016. ISBN 978-3-942865-57-9.

Band 56
Dünkel, Frieder; Jesse, Jörg; Pruin, Ineke; von der Wense, Moritz (Eds.): European Treament, Transition Management, and Re-Integration of High-Risk Offenders. Results of the Final Conference at Rostock-Warnemünde, 3-5 September 2014, and Final Evaluation Report of the Justice-Cooperation-Network (JCN)-Project "European treatment and transition management of high-risk offenders". Mönchengladbach 2016. ISBN 978-3-942865-58-6.

Band 57
Kratochvil-Hörr, Regine: Der Beschlussarrest: Dogmatische Probleme und Anwendungspraxis im Land Berlin. Mönchengladbach 2016. ISBN 978-3-942865-60-9.